公共管理名著译丛
陈振明 主编

创造公共价值

政府战略管理

CREATING PUBLIC VALUE:

STRATEGIC MANAGEMENT IN GOVERNMENT

〔美〕马克·H.穆尔 著
伍满桂 译
陈振明 校

商务印书馆
创于1897 The Commercial Press
2017年·北京

CREATING PUBLIC VALUE

by Mark H. Moore

感谢“厦门大学哲学社会科学繁荣计划”
之公共管理项目的支持

“公共管理名著译丛”
总　　序

作为当代管理科学和社会科学研究与教学的一个重要领域或专业，公共管理(学)以公共部门(特别是政府)的管理作为研究对象，其前身是形成于19世纪末20世纪初的传统公共行政学。在百余年的发展历程中，该学科的视野、范围、理论和方法不断地发生改变，出现多次“范式”的转移。在当代，随着全球化、信息化和知识经济时代的演进，国外的公共管理的理论与实践发生了深刻的变化。在国外出现了声势浩大的公共部门改革或政府治理变革的浪潮。这场改革不仅改变了公共部门管理的实践模式，而且也改变了公共部门管理的理论形态以及知识体系，出现了被称为“新公共管理”和“(新)公共治理”之类的实践模式与理论范式。较之于传统的公共行政学，今天的公共管理的研究视野、学科框架、学科分支、理论主题、知识体系以及知识的应用都已今非昔比、大异其趣了。

20世纪80年代初中期，我国恢复了公共管理领域的教学与研究。经过了三十余年的发展，我国公共管理学科的学术研究、人才培养、知识应用以及学科的社会建制(学科的制度化建设)成就斐然，公共管理作为一个一级学科的地位得以确立，学科的社会影响也逐步增强。然而，与西方相比，我国公共管理学科发展的起步较晚，存在着学科视野狭窄，基础不牢，学科知识体系不完整，理论研究落后于实践发展，本土化特色不够鲜明，以及对国外尤其是西方公共管理理论和方法缺乏系统全面的了解，对它的新发展及新趋势的跟踪不紧与批判、消化和吸收不足等问题。

我国全面深化改革和经济社会的快速发展，对公共管理研究提出了更高的要求。党的十八届三中、四中全会分别做出的《中共中央关于全面深化改革若干重大问题的决定》和《中共中央关于全面推进依法治国若干重大问题的决定》，对我国在新的历史起点上全面深化改革和依法治国做出了战略部署，提出了“完善和发展中国特色社会主义制度，推进国家治理体系和治理能力现代化”以及依法治国的改革总目标。全面深化改革，国家治理现代化，依法治国，建设法治国家、法治政府、法治社会，决策的科学化、民主化，都迫切需要公共管理理论的指导及其知识的更广泛应用。这为中国公共管理学科的发展提供了前所未有的发展机遇，改革与发展中的大量公共管理与公共政策问题需要系统研究，政策实践及其经验需要及时总结。新形势要求我们迅速改变公共管理理论发展滞后于管理实践的局面，推动中国公共管理的理论创新，以适应迅速变化着的中国公共管理实践发展的需要。

中国公共管理的学科发展及理论构建需要世界眼光，既要突出本土化及其传统，采取中国立场，解决中国问题，发出中国声音；又要具有全球视野，面向世界，开放包容，兼容并蓄，海纳百川，彰显中国特色。习近平总书记在 2014 年 2 月 17 日省部级主要领导干部学习贯彻十八届三中全会精神全面深化改革专题研讨班上的讲话中指出：“中华民族是一个兼容并蓄、海纳百川的民族，在漫长历史进程中，不断学习他人的好东西，把他人的好东西化成我们自己的东西，这才形成我们的民族特色。”公共管理的学科发展及理论构建必须具备世界的视野和开放的心态，继续紧密跟踪研究国外公共管理学科的发展、演变及其动态与学术前沿，注意借鉴和吸收全人类包括西方公共管理的理论和方法的成果，立足于我国的国情及现实的公共管理实践进行深入研究，批判、改造、消化和吸收其中的科学成分以及合理因素，进而形成有我们自己民族特色的公共管理学或中国特色的公共管理学。因此，当前我国公共管理学科发展的一项重要的任务仍然是要在突出本土化研究的同时，紧密跟踪研究国外公共管理学科的发展与演变中出现的新理论、新方法，大胆借鉴其新成果。

正是基于这种想法，我们组织翻译出版这一套“公共管理名著译丛”。所选的首批书目包括：格雷厄姆·艾利森和菲利普·泽利科的《决策的本质》（第2版），马克·H. 穆尔的《创造公共价值》，小约瑟夫·S. 奈、菲利普·D. 泽利科和戴维·C. 金主编的《人们为什么不信任政府》，梅里利·S. 格林德尔主编的《打造一个好政府》，罗纳德·A. 海费茨的《并不容易的领导艺术》，托马斯·沃尔夫的《管理21世纪的非营利组织》（第4版），梅里利·S. 格林德尔和约翰·W. 托马斯的《公共选择与政策变迁》。这些著作都是世界顶尖公共管理学院——哈佛大学肯尼迪政府学院的教学用书，主要作者是肯尼迪政府学院名师，也是美国乃至整个西方的公共管理学界的名家。

艾利森和泽利科的《决策的本质》是公共政策与公共管理以及国际关系领域的“大”经典，更是案例研究的杰作。该书的主旨是通过古巴导弹危机的案例分析，说明政府决策的过程及其本质，以理解国家的政策选择和所采取的行动。在书中，作者分别用三种概念模式——理性行为体模式（rational actor model）、组织行为模式（organizational behavior model）和政府政治模式（governmental politics model）来解释古巴导弹危机中美国政府的决策过程。该书的基本观点是：政策制定者和政策分析者以及一般的公民是根据大部分隐藏着的概念模式思考政策方面的问题，这些模式对思考产生重要影响。《决策的本质》是肯尼迪政府学院的MPP和MPA以及在职官员培训项目（executive programs）“政策分析”课程长期使用的教材。

穆尔的《创造公共价值》一书倡导公共管理的一种新途径，即公共价值及战略管理途径。作者所要回答的问题是：公共部门的管理者应该怎样根据所处的环境来思考和行动，以创造公共价值。该书的目的是创造一个概念框架，帮助公共部门管理者找出各种机遇，并充分利用它们来创造公共价值，为社会做出更大的贡献；同时也为公共事业的管理者提供一个找出问题症结的框架。作者假定，在寻求创造价值方面，社会不仅需要私人部门的管理者具有丰富的想象力以及相应的技巧，也需要公共部门的管理者具有这种能力。他在书中明确界定了什么是公共价值和战略管理，并运用大量的案例来说明公共价值及战略管理的概念框架以及在公共管理实践中如何应用公共价值及战略管理途径。作为公共价值管理途径的开山之作及政府战略管理的代表作，《创造公共价值》曾被大量引用，学术影响大。它也是包括肯尼迪政府学院在内的众多院校“政府战略管理”之类课程的教材或必读书目。

小约瑟夫·S. 奈、菲利普·D. 泽利科和戴维·C. 金主编的《人们为什么不信任政府》一书集中探讨了不信任的根源，澄清了人们许多似是而非的认识，得出了意料之外的结论。作者们发现，不信任多半与国民经济状况、全球化挑战、冷战、官员无能、腐败等无关，不信任的原因“是一种文化与政治纷争互相影响的混合物，后者被不断增长的带有腐蚀性的新闻媒体所激化”。此书的出版在西方引起了较大的反响，不仅被公众当作理解“不信任政治”这一政治现实的权威性理论文献，而且因全书展现了当代公共管理研究的新的宽广视野，集纳了许多著名学者对前沿问题的学术见解，被许多大学列为公共管理学、政治学等领域的必读书目。

梅里利·S. 格林德尔主编的《打造一个好政府》是一本专门探讨好政府以及发展中国家如何打造好政府（即政府能力建设）问题的学术著作，它主要从如何通过能力建设提升政府的治理能力方面来讨论发展中国家的治理问题。“本书力求帮助人们理解政府如何能够获得激励从而更好地运行,也力求帮助人们理解国家的能力如何能够以某些繁荣市场与民主的方式而获得发展。从那些设计用以推动公共部门人力资源开发、强化有助于实现政府公共目的的组织、改革为经济和政治交互作用设立规则的制度的特定努力中,作者们得出了比较性的经验与教训。”(该书英文原版封底说明)。该书的作者们达成了以下共识:政府能力应该包括政府的人员、组织与制度能力,因而能力建设就要从这三个方面着手进行,即人员的开发、组织的强化与制度的建设,这具有相当的理论洞察力。该书是哈佛大学肯尼迪政府学院公共管理特别是政府能力建设课程的教材。

海费茨的《并不容易的领导艺术》是一本具有独特性的领导学著作,主旨是提出的一种经验理论,以应对真实领导问题带来的挑战。作者围绕以下两个重要差异来构建他的领导理论:一是技术性问题和适应性问题的差异;二是领导和权威的差异。前者表明,对于需要创新和学习才能解决的问题,其行动模式不同于常规问题;后者提供了一个框架,使人们可以根据自己是否有权威来评估资源和制定领导战略。围绕这个思路,作者先界定“领导”、“适应性”和“权威”等概念,然后着重讨论有权威和无权威的领导策略,最后用具有实际指导意义的建议对如何领导和保持生存加以总结。《并不容易的领导艺术》是肯尼迪政府学院的 MPP 和 MPA 以及在职官员培训项目的“领导学”课程使用的教材。

梅里利·S. 格林德尔和约翰·W. 托马斯的《公共选择与政策变迁》是政策变迁研究方面的有影响的著作。作者提出的问题是:“到 20 世纪 80 年代,在有关促进发展的政策中,把政策重心的基础看作是刺激和维持经济增长和社会福利的观念已经广为接受。然而,难以理解的是为什么这样的政策能够替代那些已经存在的政策的过程。”作者力图解释 20 世纪 80 年代发展中国家改革政策的选择和变迁过程,他们的研究结论表明:政府官员在变革政策的采纳、范围和追求上具有显著的不同,人们在理解政府官员追求自身利益、阶级利益或组织利益的复杂动机和行为上存在广泛的误解，他们基于不同的动机和观点从事政策调整，既可能是受到个人和职业价值的鼓舞，也可能是出于关心公共利益和社会公共福利的目的。事实上，为公共利益做出变革追求的决策既不会更好也不会更坏，但是影响政策制定和执行的因素为将来的矫正和变化提供了前进的机会。

托马斯·沃尔夫的《管理21世纪的非营利组织》是非营利组织管理领域最早的教科书之一。该书系统介绍了非营利组织管理的理论与实务，涉及非营利组织的性质和类型、董事会、人事管理、财务管理、资金筹措、计划、领导和可持续性等方面的内容。该书初版于1983年问世（是作者在哈佛大学上课的讲义）。如作者在序言中所说，“之所以写下第一版手稿，是因为当时没有涵盖我的学生所需知识的教科书，大多数学生有一些在非营利组织工作的经验，但是他们急需一些简单、实用的建议。这些课堂资料是为满足那些完全没有受过训练或是通过工作实践略知一二的小型非营利组织的员工和志愿者的要求而写的”。到2012年的第四版出版，该书已历经四十年，不仅被许多大学用作非营利组织或第三部门管理课程的教材或列为必读书目，也被实务界的管理者及专业人士作为参考书及指南而广泛使用。

“公共管理名著译丛”所译介的这些著作已经成为公共管理与公共政策领域的经典之作。它们凝结了作者多年的研究心得与教学经验，被经常引证，并被许多大学用作教材或教学参考书，在美国及西方的公共管理和政治学界产生了广泛影响。这些论著大都经过较长时间的检验，有的经过修订、再版，学术水准高。这些著作还具有很强的现实性、应用性和可读性。它们立足于当代公共管理实践尤其是美国及西方的公共管理实践，探讨公共管理实践中出现的重要问题；作者用大量的案例材料以及实践经验来说明相关的理论原理，或从大量的事实材料中提炼出可检验的理论;作者所提出的理论与方法往往具有针对性和可操作性,因而具有较高的实际应用价值。

本译丛从一个侧面反映了西方公共管理学科的研究与教学的发展与演变及其现状和理论成就,展示出其学科框架、研究途径和知识体系,可以为我国公共管理学科的教学和科研提供参考与借鉴,为我国读者特别是公共管理各专业的师生、研究人员提供公共管理学科的教学与研究资料,为我国公共管理知识体系的创新提供参考和借鉴。这些著作所提供的理论、方法、案例及经验对于我国公共部门管理者更新观念、开阔视野、增强理论素养和实践技能,对于推进国家治理体系和治理能力现代化,具有一定的实际参考价值。

这是一套迟到了十年的译丛,好在经典不会过时。本译丛的翻译出版缘起于2000年我作为"燕京学者"在哈佛大学肯尼迪政府学院和燕京学社的访学,尤其是旁听了肯尼迪政府学院举办的一个为期两周的"发展中的领袖"培训班(对象为发展中国家及转轨国家的部长和国会议员)之后的一个想法。该培训班的部分教师与参考资料是本译丛的作者及其著作,这给了我一次了解本译丛的几种主要著作的机会,觉得这是公共管理领域中难得的好书。回国前在哈佛书店买了这几本书带回来,着手组织翻译,并确定由商务印书馆出版。2003年基本完成了译丛各书稿的翻译,由于编辑等方面的原因,本译丛未能按时出版。去年我们与商务印书馆重启了本译丛的翻译出版,对各书再做了一次校译(其中的《管理21世纪的非营利组织》则按2012年新的版本重新翻译)。作为主编和主译,我选择并指定了各书的译者,在翻译过程中与各书的译者就翻译中的难点进行了认真的讨论,并最后通读了各书的译稿。我也为其中的部分著作写了译者序言,包括"政府能力建设与'好政府'的达成:评梅里利·S.格林德尔主编的《打造一个好政府》一书"(载于《管理世界》2003年第8期);"战略管理的实施与公共价值的创造:评穆尔的《创造公共价值》一书”（载于《东南学术》2006 年第 2 期）和“政府信任与民主治理——评小约瑟夫 · S. 奈等人的《人们为什么不信任政府》一书”等。

本译丛的翻译出版得到了“厦门大学哲学社会科学繁荣计划”之公共管理项目的支持，其中的《决策的本质》一书的翻译还得到了教育部人文社科基金后期项目的支持，特此说明。

陈振明

2014 年 12 月 28 日

译 者 序

马克·穆尔(Mark H. Moore)的《创造公共价值》一书是哈佛大学肯尼迪政府学院公共政策硕士(MPP)与公共管理硕士(MPA)专业的核心课程“公共组织的战略管理”的教学用书。该书出版后,被广为引证,并被许多大学指定为MPA和MPP专业的教学参考书,公共部门管理者则将它当作战略管理的实践指南。该书在美国以及西方公共管理学界产生了较大的影响,是西方公共部门战略管理领域的一本名著。

一

战略管理既是公共部门管理(尤其是政府管理)研究的新途径或新范式,又是公共部门管理实践的新模式。传统的公共行政学以内部取向,关注行政过程和日常管理,文官被假定为仅仅是执行政治家所制定的政策与法律,他们不必考虑组织的外部环境、长远目标以及如何通过资源的优化配置去实现目标。因此,在传统的公共行政学中,战略思维是没有地位的,它很少考虑外部环境、长期目标或组织的未来等一类的问题。战略管理途径力图克服传统公共行政学的这些局限性,着眼于公共组织与外部环境的相互作用,系统考虑组织的未来远景、长期目标和近期目标,将关注的焦点由内部转向外部,从注重日常管理、常规管理转向未来的发展管理和危机管理。它试图通过对组织内外环境变量、组织长期目标以及组织角色与环境的匹配的关注,来提高组织实现其使命的内在能力。

公共部门战略管理兴起于20世纪80年代。它的出现是公共部门管理改革以及环境变化的必然结果,也与私人部门战略管理的示范性影响有关。二战后,军事领域的"战略"概念被逐步引入工商管理领域,最终发展成为一种新的管理研究途径或新学科分支。20世纪60年代兴起的战略规划是战略管理的先导。加拿大著名的管理学家亨利·明茨伯格(Herry Mintzberg)在"战略规划的衰落与兴起"一文中说:战略规划兴起于20世纪60年代中期;到了80年代,战略规划衰落,代之兴起的是战略管理。战略规划和战略管理途径的兴起使一般的组织与管理理论的研究焦点转移,即从过去关注内部管理机制和过程转向关注战略和商业政策;它对管理教育尤其是MBA教育也产生了重大影响,战略管理(或公司战略)和商业政策一类的课程成为MBA的核心课程(这与当时的全美商学院联合会的提倡和引导是分不开的);20世纪70、80年代许多商学院(School of Business Administration)纷纷更名为"管理学院"(Management School),据说这也与战略管理途径的兴起密切相关。

在私人部门战略计划和战略管理模式的示范性影响下,公共部门战略规划(或计划)和战略管理途径也随后兴起。按照欧文·休斯(Owen E. Hughes)在《公共管理导论》一书中的说法,预算与财务控制在公共部门很早就出现了。从20世纪60年代开始,公共部门开始借鉴私人部门的长期计划。战略计划在公共部门的运用,是在20世纪80年代,它落后于私人部门十几年;而战略管理的引入,却是在20世纪80年代后期,只比私人部门晚了几年。

20世纪80年代中期以后,战略计划局限性日益显露,一些学者认为它已失效,因为它缺乏组织管理所需要的灵活性和回应性;战略计划发展于相对稳定的年代里,但80年代中期以后,公共部门管理的环境开始变得更加动荡和不确定。在私营部门，战略计划向战略管理转变是因为战略管理更为现实；同样，在公共部门，正是人们认识到了战略计划的局限性以及管理环境的变化，而开始向战略管理转变。

20 世纪 80 年代末 90 年代初，在公共部门管理领域出现了首批论公共部门与第三部门（非营利组织）战略管理的著作或教科书。最早较系统讨论公共部门战略管理的著作要算加州旧金山市的 Jossey-Bass 出版社出版的“公共行政系列丛书”中的两本书，即巴里·博兹曼（Barry Bozeman）和杰弗里·斯特劳斯曼（Jeffrey D. Straussman）的《公共管理战略》（1990 年）和保罗·纳特（Paul Nutt）、罗伯特·巴可夫（Robert W. Backoff）的《公共和第三部门组织的战略管理》（1992 年）。该丛书还收进了一本后来很有影响的论公共部门战略规划的著作，即前面引述过的布莱森的《公共组织和非营利组织的战略规划》（1988 年）。同时，在公共管理的教学方面，20 世纪 90 年代以来，公共部门战略管理成为西方尤其是美国大学公共管理硕士（MPA）及公共政策硕士（MPP）等研究生教育项目的一个重要课程领域（核心课程或必修课程）。例如，近几年哈佛大学肯尼迪政府学院的 MPP 项目中，“公共组织的战略管理”与“市场与市场失败”、“公共政策的经济学分析”、“量化分析和经验方法”、“公共行动的责任”、“公共部门组织的财政管理”等课一起，并列为 MPP、MPA 的核心课程。这意味着公共部门战略管理途径已基本成熟。

战略管理旨在将计划功能与整体的管理工作整合在一起，它不仅包括战略计划过程，而且把战略扩大到包含战略执行和战略控制在内的更大的范围。小阿瑟·汤姆森（Arthur A. Thompson, Jr.）给战略管理下的定义是：“战略管理是一个过程，在这个过程中，高层管理者确定组织的长期方向，设定特别绩效目标，根据与组织相关的内外环境，制定出能达成这些目标的战略，并且卓有成效地实施这些被选定的决策方案。”纳特和巴可夫在《公共和第三部门组织的战略管理》（1992 年）一书中说：“战略管理处理这样一个关键问题，即为面临着日益增加的不确定性未来的组织定位”；“战略管理通过产生用以指导战略行动的计划、计谋、模式、立场和观点而为一个组织创造焦点、一致性和目的”。

博兹曼和斯特劳斯曼在《公共管理战略》一书中则认为，战略包含着处理组织的外部环境、使命和目标，战略管理途径有三个主要的特征，即界定目标和目的，提出一个能协调组织与环境的行动计划，设计有效的执行方法。而公共部门战略管理是具有如下四个基本特征的管理：(1)关注长期；(2)将长期目标和近期目标整合成一个连贯的层级；(3)认识到战略管理和计划并不是自行贯彻的；(4)采取一种外部观点，强调不是去适应环境，而是期待和塑造组织的变迁(这一点是最重要的)。此外，战略性的公共管理必须充分认识到政治权威的影响。

公共部门战略管理途径的兴起具有重要的理论与实践意义。从理论上看，公共部门战略管理途径，可以看作是对传统的公共行政学途径的过时或失效所做出的一种反应，是作为它的竞争或替代途径出现的。在20世纪20、30年代所形成的，并在60年代中期以前一直居于支配地位的传统公共行政学范式是建立在官僚制理论和政治—行政二分法的基础上的，它将自己的研究对象主要集中于行政组织或官僚体制上，以组织的内部取向，注重机构、过程和程序以及行政原则的研究，并以行政效率作为追求的最高目标。在与林德尔·厄威克(Lyndall Urwick)合编的《行政科学论文集》中，卢瑟·古利克(Luther Gulick)将公共行政学的基本原则概括为著名的“POSDCORB”，即计划(Planning)、组织(Organizing)、人事(Staffing)、指挥(Directing)、协调(Coordinating)、报告(Reporting)和预算(Budgeting)七个原则或原理。

战略管理是作为克服传统公共行政模式以内部定向、不考虑外部环境、长期目标或组织的未来等局限性而被引入公共部门的。它将关注的焦点由内部转向外部，从注重日常管理转向组织未来的发展管理；它着重考察组织的内外环境，确定组织的目标和使命；它面向未来，给组织以正确的定位，以处理日益增长的不确定性。

公共管理（学）以战略管理作为核心，它与传统的公共行政学的主要区别在于是否具有战略视野。博兹曼和斯特拉斯曼的《公共管理战略》可以说是第一本为“公共管理（学）”确立学科基本框架的教科书。他们在该书中说：“本书所用的概念是‘公共管理’而不是‘公共行政’……。这里使用‘公共管理’一词有两个理由：第一，本书关心战略问题，涉及公共组织的外部环境和它们更广泛的使命和目标。‘公共管理’一词似乎也正是按照这种方式进化的，这使得它所关心的东西比内部行政要多得多。第二，公共管理不必只是在政府机构的背景上出现，而‘公共行政’一词总是或最终在整体上与政府官僚机构相联系。‘公共管理’这一新术语可能更具弹性。”在另一处地方，他们又说：“当代公共管理是某种不同于传统的公共行政的东西。……我们并不简单地反对传统的公共行政。我俩都仍对公共行政感兴趣，我们教公共行政的各种课程，我们也曾经是公共行政学者。但公共管理则不同，不同的主要方面是：如果它要成功地运转的话，那么它就必须要有战略的轮子。与公共行政相比，公共管理更广泛、更综合和更少受功能专门化的限制。在很大程度上可以说，公共管理是对组织外部环境的管理，公共行政则存在于组织的脉络之中。”

从实践上看，战略管理途径是一种新的公共部门管理模式，它为公共部门管理者提供了一种新的思考与行动的概念框架。在公共部门尤其是政府中为什么如此重要？博兹曼和斯特劳斯曼在《公共管理战略》一书中认为，政府部门必须进行战略管理，才能解决公共部门中所发生的问题，提高公共部门的效率。纳特和巴可夫在《公共和第三部门组织的战略管理》一书中指出：战略通过可指导战略行为的计划、策略、模式、立场和洞察力，来造就公共组织的焦点、连贯性和目标。他们还列举了可能引起组织战略改革的12个契机，即新兴组织明确角色的需要，稳定资助的需要，扩张的欲望，扮演更多角色的需要，监事会成员教育的需要，领导的更换，法令对计划的要求，整合服务的需要，协调行动的需要和应对政治威胁的需要。休斯在《公共管理导论》中说："战略观念在公共部门的应用中会存在一些问题，并招致一些批评，但归根结底这是传统的行政模式所具有的问题，而引入某种形式的战略观点，起码可以保证结果得到改善。"布赖森认为，战略计划能"促进沟通与参与，协调利益与价值差异，推动有序决策的制定和展开"。

虽然公共部门战略管理的出现被许多学者当作一种公共部门管理的新理论范式和新实践模式，但是，这一新途径或新范式并未成熟，它的实践应用也产生不少问题，因而受到了来自各个方面的批评。例如，有学者认为，战略管理是一种理性的科学方法和工具，它被用来产生和评价主要议题和选择方案时会减损政治程序；在政治领域，许多决策建立在政治谈判上，各方的讨价还价上。又如，有学者批评说，政府的政策目标是一般性的和模糊的，即使制定得很明确，也与政府的真正意图不一致，它可以有一个隐秘的议程。而目标不明确，就很难实施管理。

欧文·E.休斯在《公共管理导论》中将对或公共部门引入战略管理及战略计划的批评意见归纳为七个方面（前三种是奥尔森和伊迪提出的），并逐条进行分析。(1)正式的战略计划过程被描述为比它的实际情况或所能做到的更具逻辑性和分析性，它的设计过于抽象，没有考虑在社会—政治环境的动态发展；(2)正式的战略计划过程过于呆板，因此面对要求做出快速反应的迅速变化和动荡不安的外部环境时，显得过于迟钝；(3)正式的过程与创造性和革新相违背；(4)将战略概念照搬到与私营部门差异很大的公共部门可能产生问题；(5)产生追究责任问题以及造成政治控制上的问题；(6)公共部门设定组织的目标不清，战略考虑毫无意义；(7)公共部门的时间观念过于短暂，因而任何长期观点都必定遭到失败。

二

马克·穆尔的《创造公共价值》是一本专门讨论政府战略管理(公共部门战略管理)的著作。它将战略管理看作另一种公共管理途径,他在该书的序言中说:本书只有一个简单明了的目的,即为公共事业的管理者提供一个找出问题症结的框架。本书要回答的问题是:公共部门的管理者应该怎样根据所处的环境来思考和行动,以创造公共价值。为达此目标,本书提出了几个不同的方法。首先,它提出了一套公共管理的哲学,也就是普通公民对公共部门管理者的期望,他们由于所担任职务而承担的道德责任,以及他们行使职责时应具有哪些美德。其次,本书制定了几个诊断框架,管理者可以据此分析他们所处的环境和评估行动的有效性。最后,本书指明了管理者可以充分利用的几种干预措施,通过对这几种干预措施的利用,他们可以使所处的政治和组织环境更有利于创造公共价值。

穆尔还说,本书的一个基本目的是:创造一个概念框架,帮助公共部门管理者找出各种机遇,并充分利用它们来创造公共价值,为社会做出更大的贡献。他假定,在寻求创造价值方面,社会不仅需要私人部门的管理者具有丰富的想象力(以及相应的技巧),也需要公共部门的管理者具有这种能力。该书由三篇七章以及序言和结论所构成,基本理论框架和内容如下:

序言:说明本书的写作意图、资料来源和方法以及本书观点的检验。

第一章"管理联想"。用图书馆管理员如何应对新情势的案例说明公共部门战略管理途径的重要性。

第一篇"公共价值展望"(由第二章和第三章所构成)。第二章"界定公共价值"。讨论公共部门管理工作的目的。穆尔认为,管理者应该寻求"创造公共价值"。因为"公共价值"是一个抽象的概念,所以随后他说明管理者应如何辨明所领导的机构的公共价值。由于公共部门管理者最终必须在某种公共价值理论的基础上采取行动，所以第三章“公共部门的组织战略”着重论述一种操作性很强的方法，根据此方法可以获得具体环境下的公共价值。这一方法采用了私人部门组织战略的概念，并将它应用于公共部门。这是本书的重点内容。

第二篇“获得支持与合法性”（由第四章和第五章所构成）。第四章和第五章探讨政治管理的功能和技巧——这一部分着重关注如何将管理朝向上方，即政治。在第四章（动员支持、合法性与合作：政治管理的职能）中，穆尔解释政治管理为什么是公共部门管理者的一项重要工作，以及怎样才能对政治环境做出正确的评判。为了达成目标，管理者不仅要动员他领导的组织中的各种资源，同时还要动员该组织之外的、可以帮助他们达成此目标的资源。在第五章（倡导、谈判和领导：政治管理的技巧）中，穆尔详细说明五种不同的政治管理方法，即企业家式倡导、政策制定管理、谈判、公议和领导，以及公共部门营销。在公共管理者所有的五种功能中，政治管理功能对民主价值的威胁最大，所以我近些年论述了什么是正当的和什么是有效的这两个问题。

第三篇“创造公共价值”（由第六章和第七章所构成）。着重论述战略管理的另一部分，即将管理朝向下方，朝向组织本身。第六章“公共部门生产再造：运作管理的职能”展示了一个分析框架，穆尔用这个框架来分析公共部门组织生产的“产品”、公共部门所依赖的生产程序以及塑造了生产程序的组织管理系统。因为战略管理认为具体的政治环境是千变万化的，所以作者特别强调了管理者用以创新以及鼓励在其组织中连续创新的技巧。第七章“战略执行：运作管理的技巧”探讨了管理者将具有重要战略意义的创新引入组织的技巧。

最后是结论部分（为多元、不确定的社会而行动）。作者又回到第一章提出的问题：如果公共部门管理者要民主和有效地管理公共组织，他们需要具备哪些气质？作者认为，公共部门管理者必须在道德上做出表率并身体力行才能成为真正成功的公共部门管理者。

三

为什么公共部门管理需要战略途径或战略思维？穆尔在本书的第一章中对这个问题作了详细的说明。穆尔认为，美国的公共管理者都依赖一个传统的教条，即他们必须循规蹈矩，照章办事，目的在于将公共部门的管理者置于严密的民主控制之下。根据这一教条，公共事业的目标应该是早已在立法或民选首脑签署的正式政策中确定好了的；同样地，它们还制定了管理者的具体操作规程，指出了特定的公共机构所应追求的特定目标，以及达成这些目标应采取的方法。简言之，授权规定的目标和达成目标的方法就是管理者必须对之负责任的各种条款。就公共管理者而言，他们应该忠实地执行这些规定，他们的责任就是最快、最好地达成授权规定的目标。

这一教条在公共部门管理者头脑中形成了一个思维定式：他们往往从官僚的角度而非企业家、领导者或执行官的角度来思考问题。他们思维的导向既不是向下的，也不是向上或向外的。向下的目的是为了更可靠地控制组织的运作，而向外是为了获得好的结果，向上则是为了重新商讨政治授权。一般而言，公共部门管理者不将发起或促进变革当成他们的任务。相反，在反复无常的政治环境中，他们倾向于将维持组织的稳定性当成自己的任务。他们的首要管理目标是将组织的传统工作做得更好，而不是寻求创新，以改变组织扮演的角色或增加它们对整个社会的价值。

事实上，从这一传统信条问世的那一刻起，有识之士就开始对它刻意在政治和行政之间划一道清晰界线的做法进行了批判，说它理论上不可行，实践上行不通。从理论上说，传统信条使官僚不敢在政府的目标这一点上发挥想象，更不敢担负确定政府目标这样的责任。从实践上说，传统信条完全不能阻止非民选公共部门管理者。足智多谋的官员通常能按自己的方式行事，通过各种隐秘的方法来影响政府对公共利益的看法。

穆尔认为，人们倾向于认为公共部门（非民选）执行官的想象和创新危险且不合公共利益。而对于私人部门的执行官的这种思想，人们却认为是可以接受的，并且认为它将有助于社会福利的发展。毫无疑问，产生这些相互矛盾的要求的原因多种多样。首先，监管公共部门的机制是政治机制，控制私人部门的机制是财经机制，而前者远比后者脆弱和易于受到操纵及假象的迷惑，所以公共部门管理者必须受到更为严格的约束。其次，公共部门管理者的决定对所有的公民都有约束力，而私人部门管理者的决定只对少部分（自愿的）股东有约束力，所以前者的任何创新举动都必须经过更仔细的检讨。最后，与私人部门相比，公共部门的决定所带来的影响需要更长的时间才能表现出来，而且对影响的评价也更为主观，公共部门不可以像私人部门那样根据管理者的工作结果来评价他们等。但是，这些不同的要求所产生的影响却没有得到广泛的认可和讨论。私人部门要保持反应灵敏、充满活力和能够不断创造价值，需要两个重要的因素，即适应性和高效率。它们来自于管理者的想象力、对公众需求的知觉、对资源的利用、对运作能力的控制以及将以上四方面结合起来以创造价值的能力。社会反对公共管理者所持的创新想法和可能由此引起的行动，也就堵住了这两个重要因素进入公共部门的门路。

对于公共部门管理者扮演的角色，有一种截然不同然而却更有用的认识，这个角色更接近于社会对私人部门管理者的期望。依据这一看法，公共部门管理者是应当是一个探索者，他们与其他人一起，致力于寻求、确定和创造公共价值。他们不仅要用种种方法为达成授权的目标而工作，还应成为寻求和确定“怎样做才是有价值的”这一问题的重要机构；他们不仅要保证一致性，还要成为改变公共部门行事内容和行事方式的创新者。据此看来，公共部门管理者应该是战略家，而不是技工。他们不仅向下看，注意自己行动的有效性和优先顺序，同时也向外看，注意自己正在创造什么。他们不像工程师那样关心组织的运作，同时还考虑与组织紧密相关的政治环境，以确定什么是公共价值。在他们看来，政治斗争变幻无常，技术日新月异，组织需要经常进行变革。

最后，穆尔指出，虽然上述公共行政的传统信条已经被打破，但是，人们并没有构造出一个公共部门管理者应如何思考和行动的框架。战略管理所要提供的正是这样一种框架。

作为一种新的管理途径或思维方式，战略管理为公共部门管理者提供了一个应当如何思考和行动的框架，因而日益受到了公共部门管理者的重视。公共部门战略管理途径的兴起不是偶然的，它的兴起有其实践背景。它是作为“新公共管理运动”以及新公共管理范式的一个重要组成部分而出现的，是公共与非营利组织对急剧变迁的不确定环境的能动适应。20 世纪 80 年代以后，公共管理的实践及环境发生了新变化，信息化和经济全球化导致的公共部门外部环境的不确定性加大。信息技术的迅猛发展使得公共部门面临的环境正在变得更加动态和不确定，不可预测的突变在整个社会中随时发生，引发混乱和危机。同时，随着政府改革运动（新公共管理运动、重塑政府运动、管理主义改革等）的全面展开，公共部门尤其是政府的职能、角色、地位、组织结构及其与社会的关系都发生了深刻的变化，公共机构经常面临重组、合并和私有化的威胁，并被置于与私人部门竞争来提供公共物品及服务的境地。因此，任何公共部门都再也不能像过去那样对自身的生存、发展和未来高枕无忧了。考虑组织所面临的环境（优势、劣势、机遇和威胁），考虑组织的长远发展目标和未来，增强组织灵活性、能动性和适应性，提高自身竞争力，成为公共部门管理者最基本的管理任务及内容。公共部门管理者需要战略思想，这正是公共部门战略管理途径兴起的现实原因。

在我国，随着加入 WTO、市场经济的发展和行政体制改革深化以及政府职能的转变,我国的公共管理者与西方的公共管理者面临着某些类似的困境,我国的公共管理迫切呼唤战略思维。进入 21 世纪,经济全球化和信息化社会加速发展,国际竞争加剧。中国于 2001 年 12 月加入 WTO 以后,这意味着中国公共部门将面临更复杂多变的国际环境。在国内,随着体制转轨和社会转型,社会问题复杂多变,矛盾冲突加剧,社会危机随时可能出现,这要求政府从日常管理转向风险管理或危机管理(2003 年 SARS 危机的爆发就是一个典型例子);随着改革开放的深入和民主政治建设的发展,公民的民主意识和参与意识增强,对公共部门管理的效益、效率和公平提出了更高的要求,对公共部门回应公众服务需求的呼声高涨;随着行政体制改革深入以及公共服务企业化、市场化和社会化改革的拓展,公共部门日益面临着重组、合并、民营化、公私竞争、公共部门之间竞争、政府干预范围的缩小等威胁;随着绩效评估在地方的实行,绩效导向的评估与预算挂起钩来,更让公共部门压力重重。所有这些变化莫测的国内外环境就成为中国公共部门实行战略管理的直接驱动力。美国学者乔治·洛奇说:“全球化能保证将生活中的美好事物有效地传播给迫切需要它们的人们,而对落伍的人则构成威胁,把他们排除在受益范围之外。”这句话也可以用来说明在我国公共部门实行战略管理的重要性和必要性。

就公共管理的科研与教学方面来说,在我国,公共部门战略管理的研究一直没有得到应有的重视,对这一领域的研究才开始起步。在教学方面,尽管在工商管理教育尤其是 MBA 教育中,战略管理早已成为一门重要课程(学位课或必修课),但在公共管理教育特别是行政管理研究生以及 MPA 专业学位研究生教育中,战略管理课程的重要性也未被人们所认识,除了极少数学校(如厦门大学)之外,我国大部分院校的公共管理尤其是行政管理研究生及本科生专业都没有设置“公共部门战略管理”一类的课程。中国公共管理科研与教学尤其是 MPA 专业学位教育迫切需要“公共部门战略管理”的论著及教材。

公共部门战略管理途径对于我国公共部门管理尤其是政府管理职能与方式的转变,对于我国公共管理的知识体系以及课程体系的更新,都具有重要的参考价值。现阶段中国公共部门管理的理论与实践迫切需要引入战略途径或战略思维!我们翻译本书的目的也正在于此:为我国公共部门的管理者、公共管理研究的学者以及公共管理各专业师生提供公共部门战略管理方面的教学与研究的参考资料。我们相信,该书深刻的理论洞察力,丰富生动的案例材料,深入浅出、引人入胜的说明,一定会给读者以启迪。

目　　录

第二篇　获得支持与合法性

第三篇　创造公共价值

致谢

在过去二十年中,哈佛大学肯尼迪政府学院的学生和老师殚精竭虑地研究如何改善公共管理,以使其结果日臻完美。作为这一不断深化的研究过程的记录者,我深感荣幸。也仅仅是因为这个原因,本书才会以本人的名义出版。这本书真正的作者应该包括下文提到的各位。

我深感欠理查德·诺伊施塔特(Richard Neustadt)与格雷厄姆·艾利森(Graham Allison)太多,是他们让我在二十年前走上了学习公共管理的道路。尽管这条道路比我们任何人当初所能料到的都要漫长,但更出乎意料的是在这条道路上我们所要担负的任务,它们不但更加复杂,而且更加吸引人。一群优秀的访问学者也让我受益匪浅。他们是约瑟夫·L.鲍尔(Joseph L. Bower),查尔斯·J.克里斯滕森(Charles J. Christensen),菲利浦·B.海曼(Philip B. Heyman),斯蒂芬·V.希契纳(Stephen V. Hitchner)和小劳伦斯·E.林恩(Laurence E. Lynn)。他们教会了我一些最基本的概念,如什么是"执行"和"管理",什么是"政策"和"组织",它们之间的区别在哪里。没过多久,另外一些优秀的实践工作者加入了这一群人的行列,他们是:曼纽尔·卡巴洛(Manuel Carballo),黑尔·钱皮恩(Hale Champion),高登·蔡斯(Gordon Chase),理查德·达曼(Richard Darman),以及哈里·韦纳(Harry Weiner)。他们为理论的清晰度和相关性设立了标准。哈佛大学肯尼迪政府学院的科勒·克拉姆(Colyer Crum)和乔治·洛奇(George Lodge)也教会了我许多东西,我曾与他们一起在一个公共部门经理人培训项目中任教,大家合作得非常愉快。

随着肯尼迪政府学院的教学和科研项目逐步走上正轨(这一点多亏了院长格雷厄姆·艾利森,行政院长黑尔·钱皮恩和副院长彼得·齐默尔曼(Peter Zimmerman)的领导,以及阿尔弗雷德·P.斯隆基金会的一笔慷慨捐款)。一批富有创造力的教员(他们或是学术工作者,或是实践工作者)开始聚在学校开展研究、制订教学计划、向学生授课和开办培训项目。就政治管理这一部分来说,从事这些工作的人有南希·奥尔特曼(Nancy Altman)、理查德·达曼、迈克尔·杜卡基斯(Michael Dukakis)、罗尼·海菲茨(Ronnie Heifetz)、苏珊·欧文(Susan Irving)、马丁·林斯基(Martin Linsky)、乔纳森·穆尔(Jonathan Moore)、加里·奥伦(Gary Orren)、罗杰·波特(Roger Porter)、罗伯特·赖克(Robert Reich)、詹姆斯·K.西伯利斯(James K. Sebenius)、拉里·史密斯(Larry Smith)和格雷格·特雷弗顿(Gerg Treverton)。就实际操作这一部分来说,从事这些工作的人有玛丽·J.贝恩(Mary J. Bane)、迈克尔·巴扎雷(Michael Barzelay)、沃尔特·布罗德纳克斯(Walter Broadnax)、奥利维娅·戈尔登(Olivia Golden)、史蒂夫·科尔曼(Steve Kelman)、达奇·伦纳德(Dutch Leonard)、罗伯特·莱昂内(Robert Leone)、迈克尔·奥黑尔(Michael O' Hare)以及史蒂夫·罗森塔尔(Steve Rosenthal)。而负责分析以指导公共部门管理者的同事则有H.詹姆斯·布朗(H. James Brown)、托尼·戈麦斯-伊巴涅斯(Tony Gomez – Ibanez)、马克·罗伯茨(Marc Roberts)和詹姆斯·维迪尔(James Verdier)。迈克尔·纳赫特(Michael Nacht)和彼得·齐默尔曼则为整个团队提供了动力,使他们始终将研究的注意力放在公共部门战略上。

我们曾开过一个教员研讨会(在斯隆基金会的帮助下),名字叫"如何管理政策制定过程"。这个研讨会极大地促进了对政治管理的研究。参与这个研讨会的人有黑尔·沙潘、理查德·达曼、理查德·诺伊施塔特、罗杰·波特和格雷格·特雷弗顿。罗伯特·佐利克(Robert Zoellick)是这个研讨会最得力的组织者。另外,这些研究也得益于罗伯特·赖克的公众意见理论与罗尼·海费茨的领导力概念,特别是罗伯特·赖克强烈要求我们出一本书——即《公意的力量》——的决心和努力。詹姆斯·西伯利斯在谈判分析领域的出色领导让我们更是受益匪浅。我们还与马丁·林斯基和拉里·史密斯一起参加了一个政治管理防御政策研讨,这也让我们受益良多。

"联邦和州政府中的创新"计划中有一部分是专门研究创新的,福特基金会的一笔捐助极大地促进了该项研究的发展。艾伦·阿特休勒(Alan Altshuler)、迈克·奥黑尔以及马克·热冈斯在这项研究中起了特别巨大的作用。稍后一些时候,由于有了弗兰克·韦尔(Frank Weil)的一笔捐资,再加上马克·艾布拉姆森(Mark Abramson)以及"政府中的卓越"的帮助,我们得以对公共部门和私营部门中的创新进行研究,并就此议题召开了一次研讨会。

我对霍华德·胡索克(Howard Husock)的帮助也深表感激,他所领导的肯尼迪政府学院的案例项目为本书提供了基本的材料,他慷慨地允许我们使用该项目开发的各种案例。

此外,我也应该感谢肯尼迪政府学院以外的同事,他们的研究激励了我,他们的建议启发了我。这些同事有尤金·巴达克(Eugene Bardach)、罗伯特·贝恩(Robert Behn)以及马蒂·莱文(Marty Levin)。

最近,一批新来的教员给我们的事业带来了一些全新的视角,他们是:阿瑟·阿普尔鲍姆(Arthur Applbaum)、罗伯特·布莱克韦尔(Robert Blackwell)、罗宾·埃利(Robin Ely)、简·方丹(Jane Fountain)、奥尔维娅·戈尔登、琳达·卡宝莲(Linda Kaboolian)、克里斯·莱茨(Chris Letts)、马克·林登堡(Marc Lindenberg)、简·舒伯特(Jan Shubert)、马尔科姆·斯帕罗(Malcolm Sparrow)、迈克尔·沃特金斯(Michael Watkins)以及菲利普·泽利科(Philip Zelikow)。

很多人在本书出版前的不同阶段阅读了书稿,并提出了宝贵的意见,我对他们深怀感激。除了前文提到过的肯尼迪政府学院的一些同仁外,我还要感谢爱德华·班菲尔德(Edward Banfield)、德雷克·博克(Derek Bok)、温斯罗普·诺尔顿(Winthrop Knowlton)、西奥多·莱维特(Theodore Leavitt)以及雷·弗农(Ray Vernon)。三位年轻的同事,大卫·肯尼迪(David Kennedy)、扎卡里·图明(Zachary Tumin)和马克·热冈斯,在阅读本书手稿的过程中,成了本书得以最终成稿不可缺少的伙伴。另外两个“来自英联邦的同事”——约翰·奥尔福德(John Alford)、格雷格·帕斯顿(Greg Parston),在不断鼓励我的同时,也向我提出指正意见,使我尽量将本书写得更符合他们国家(澳大利亚和英国)管理领域的现状和发展趋势。我所认识的两个最有思辨力的实践工作者,朱迪·平克(Judy Pinke)与艾伦·沙尔(Ellen Schall),他们也给了我不少鼓励和建议。

正如本书漫长的孕育过程所表明的那样,将所有这些思想用文字表达出来并不是一件很容易的事。在两个关键的时刻,我从琳达·卡宝莲和艾达·唐纳德(Aida Donald)那儿得到了我需要的支持。此外,在一个我认为所有的东西都要失去的时候,我的侄儿柯蒂斯·丘奇(Cuitis Church)给了我不少如何编辑本书的意见,这些意见弥足珍贵。我的助教芙洛·陈(Flo Chen)、金卡德·邓(Kincade Kin)和珍妮特·弗莱切尔(Janet Fletcher)也给了我不少的支持。

本书的面世离不开以上各位的帮助,请让我再次向他们表示诚挚的感谢。

序言

本书为什么需要序言？我的同事格雷厄姆·艾利森精辟地对此做出了解释。他说:“写书就像你不断往谷仓的墙上扔泥巴,而序言就像是在所有这些泥团的周围用红线画一个圈,以表明你打中了目标。”这也是本序言的宗旨,即描述一下我所要努力打中的目标。此外,我还会描述一下用以得出论点的材料,以及可以用来验证我是否真正打中了目标的方法。

目的

本书只有一个简单明了的目的:即为公共部门的管理者提供一个实用的推理框架。[1] 本书要回答的问题是:公共部门的管理者应该怎样根据所处的环境来思考和行动以创造公共价值。

为达到此目标,本书提出了几个不同的方法。首先,它提出了一套公共管理的哲学,也就是普通公民对公共部门管理者的期望,他们由于所担任职务而承担的道德责任，以及他们行使职责时应具有哪些美德。其次，本书制定了几个诊断框架（diagnostic frameworks），管理者可以据此分析他们所处的环境并评估行动的有效性。最后，本书指明了管理者可以充分利用的几种干预措施（interventions），通过对这几种干预措施的利用，他们可以使所处的政治和组织环境更有利于创造公共价值。

由于本书的目标简单具体，所以它会“有所为，有所不为”。譬如说，本书既不会解释公共组织为什么会以当前的方式行事，[2] 也不会解释公共管理者为什么会以当前的方式行事。[3] 本书之所以不解释组织行为，是因为它专注于对管理者——而不是组织——的研究；同样，本书之所以不解释管理者为什么以现在的方式思考和行动，是因为它专注于研究管理者应该如何思考和行动。简而言之，我将在本书中阐明一套关于管理行为的规范理论（而非实证理论）。

但哪些公共管理者才是本书所要面对的读者？很不幸，答案并非显而易见。美国宪法的精神是分权，而不是集权。[4] 这一精神所导致的必然结果便是许多官员都可以影响政府的运作，从而使他们在某种程度上都可以被称为公共管理者。

总统、州长和市长等民选首脑都是当之无愧的公共管理者。[5] 从宪法意义上说，他们负责执行法律和分配公共资源。此外，这些民选官员任命的直线部门官员——即那些被称为部长、署长或执行官的人——也可以被看成是公共管理者。[6] 有时，为了完成某项特别的政策动议，政治首脑也会委任政策官员负责管理该项动议。[7] 只要这些政策官员还在执行政策，他们就可以被看成是公共管理者。公共管理者也可以是那些支持政治首脑及其助手的资深公务员。这些人当中，一部分在行政事务办公室工作，他们负责设计公共组织的财务或人事系统，并维持这些系统的正常运作，以保证公共组织能正确行使其职能；[8] 另一部分人具有某些领域的专业知识（或很丰富的经验），他们通常在公共组织的直线部门中担任职务。由于以上所有这些都与公共权力相关,所以都可以被称为公共管理者。

某些监督机构的职位虽然距直线权力较远,但它们的影响力并不因此而略有逊色。例如,尽管与传统观念相左,我们仍可以认为,立法监督委员会成员是公共事业的重要管理者。[9] 当立法委员会试图对某项计划强制实行一定的限制时,这一点显得特别可信。另一种监督来自于法官,他们被授予了保护个人权益不受政府行为侵害的权力。事实上,当学校、监狱、精神病院或房屋署的公共管理者侵害了个人权益时,法官会直接进行干涉。[10]

因为利益团体的领导者经常会促成公共部门的产生和废止,所以他们也可以算是重要的公共部门经理人或管理者。[11]最后,某些私营部门的管理者也可以算是公共部门管理者,因为他们的产品主要卖给政府。事实上,随着公共产品生产的私营化不断加深,越来越多的公共部门管理者会为“私营部门”工作。[12]

尽管有很多官员可以算是公共管理者,但其中却只有一小部分真正被赋予了支配公共资源的权力,并对公共部门的工作绩效负责。一般来说,这一小部分官员属于我所描述的第一类官员——即那些民选官员、委任的分支部门官员和协助他们的高级公务员。这本书主要是给各级政府中的这类官员看的。

但是,由于我不但关注公共管理的整体职能,也关注个体管理者的工作表现,所以我也希望将本书献给那些监督人员和游说人员。公共管理者所处的环境和目标达成度不但受这部分人对公共管理者的预期和要求的影响,还受到这些人对其本身工作的认识和工作方法的影响。所以,本书不仅仅是为直线部门和独立机构的领导而作,也同样是为那些决定了管理行为背景的人员而作。

请各位读者注意,虽然我将重点放在管理者应该怎样思考和行动上,但这并不表明我赞同或反对以下观点：即改善管理是唯一或最好的改善工作绩效的方法。[13]我个人认为，除了管理行为之外，还有许多其他因素影响着公共机构的成败。事实上，我认为管理者个人的具体行为对管理结果的影响非常小。此外，我还坚信，制度结构和程序形塑了管理者的思维方式，并影响了他们的行事内容。在我看来，应该将管理者的工作表现看成因变量，而将制度结构看成自变量。简而言之，我并不试图对以下重要问题——即“制度变革”和“更好的管理”二者中，哪一个是改善公共部门工作绩效的最好方法——采取任何立场。

在说了这么多之后，我想最好还是解释一下我为什么最终选择了如何改善管理这个主题，而没有选择制度变革这一主题。首先，我在哈佛大学肯尼迪政府学院任教，这一特殊位置使我在研究如何改善管理这一问题上更有优势。每年都会有几百名公共管理实践者进入肯尼迪政府学院的课堂，毫无疑问，这些人会对政府体制的一般性知识感兴趣，但比较而言，他们对如何改善自己实际工作的方法和主意更感兴趣。从这个角度来说，如果我们不将重点放在他们最关心的问题上，无疑是在浪费他们的才智和精力，这也是我们的失职。

其次，我相信改进管理思想和管理方式仍然是提高公共部门组织工作绩效的最重要途径。因为，不论怎么说，制度变革不能没有管理者的参与，制度变革只是对他们的位置和责任的重新定义。管理者在他们的新位置上的所作所为往往决定了制度变革的最终成败。例如，在分权和“全面质量管理”过程中，下层管理者被赋予了新的责任，从而决定了分权和“全面质量管理”的成败。[14]

此外，现今大多数人持有的观点，即他们认为公共管理者能够和应该为我们做什么的观点，才是最需要改革的“体制”。[15]事实上，只要我们能改变这一观点，我们就可以让现在的许多体制做得更好。由于以上原因，我们除了进一步改革体制以外，还必须将重点放在提高管理技术上。本书的建议是一种宏观性质的，旨在为绝大多数公共部门的管理职位提供指导。但另一方面，它也是非常微观的，管理者只要对其中的各种方法加以细微的修改，就可以将它们用于自己面对的具体情形。正因为如此，我们才认为本书是一本关于管理的书，而不是一本关于如何管理某一机构、行使某一管理职能或处理某一类管理问题的书。

本书并不是一本文化中立或与历史背景无关的书。恰恰相反，它的前提和案例都取自20世纪后25年美国政府的实践。它们对其他国家或其他时段的管理者们是否有借鉴作用，我现在尚不敢下定论。[16]但总体上说，我是一个20世纪后期的公共行政研究者，我所要做的就是帮助那些正在从事这一工作的人。

资料来源和方法

要想知道布丁的味道，只有尝了才知道。我不想太啰唆，耽误了大家吃正餐的时间。尽管如此，一个小心的用餐者在动筷子之前，还是会想知道布丁的用料是什么。为了满足这一起码的要求，我将本书的“用料”列明如下：

本书的基础是一些学术文献，它们有助于理解公共部门执行人员所处的背景、目标以及所用的技巧。这些文献涵盖了政治学、经济学、组织理论、公共管理、行政法和企业管理等多个学科。也许没有人（当然也包括我在内）能够精通这么多门类的学科文献，或从中提炼出全部有益于形成规范的公共管理学的观点。尽管如此，我还是略微浏览了以上各类文献，并从中学到了一些重要内容，从而为完成这一艰巨的任务起了巨大的帮助。

政治学文献探讨了公共部门管理者所处的众多环境特征，如围绕公共政策制定和执行的政治环境、[17]立法机关的性质和行为方式、[18]媒体的行为方式以及它们的行动如何影响政府的决定，[19]以及民选首脑的行为动机和规定了他们的行动方式的因素。[20]

经济学的各种理论文献不仅明确地指出了政府在社会中所扮演的角色,[21]而且提出了许多有用的方法,以评估政府准备实施的和正在实施的行动。[22]此外,经济学还指出了所有者和监督者应如何构建激励方案,以激发那些为他们工作的管理者的积极性,[23]以及如何分析和实施复杂的谈判。[24]

组织理论揭示了各种各样的组织形式,这些形式清楚地解释了公共和私营部门组织为什么会按它们现在的方式行动。[25]这些理论还有助于解释各类组织为什么会难以接受和发扬创新精神,以及管理者为什么会在提升组织工作绩效时遇到各种各样的障碍。[26]

公共管理理论为民主社会中的公共管理提供了一套丰富而完善的理论。[27]公共管理的目标有两个:既要保证对公共部门组织的有效民主控制,同时又要保证公共部门组织的一致性和有效性。公共管理理论以此为基础,贡献了一整套哲学理论。[28]另外,公共管理理论还描述了一套有效地施加管理影响的工具,以及如何使用这套工具才能得到最好的效果。[29]除此以外,它还揭示了几项重要的研究结果,即公共部门管理者实际上做了什么,公共部门组织为什么在运作中没有保持一致性,它们为什么没有适应变化了的环境。[30]

行政法的文献制定了一套规范理论,即那些涉及公共资源的决策应该如何拍板定案才能保证公平。它们不仅强调公共部门在决策制定过程的效率和效果,同时也强调公正和程序的完备性。[31]行政法理论还研究了几个重要的案例,案例涉及的机构卷入了司法判决。[32]

最终,私营部门管理理论提供了一套不同的,甚至是与以上理论有些冲突的背景、哲学、管理工具与组织领导理论。[33]这一理论将研究焦点放在变化的市场上,而不是稳定的政府命令上;[34]将焦点放在如何激励创新和变化以适应新使命上,而不是提升现有的经营效率;[35]将焦点放在想象、管理者的企业家精神、技术能力和恪尽职守上。[36]

在所有这些理论文献中,与我们正要进行的研究最相关的当然是公共管理理论。这一理论文献是个巨大的宝库,它为试图指导公共部门管理实践者的人提供了一个起点。我竭尽所能从这一宝库借用了想要的东西。

同时,我特别注意到了两个问题,它们虽不是任何经典理论文献的中心,然而在实践中,公共管理者却时刻将它们放在心上。第一个问题是:管理者应如何应对前后矛盾、变化多端的政治命令?第二个问题是:在风云变幻的环境中,他们怎样才能在组织中展开试验、创新工作,并重新定位公共组织?[37]

为了解决这些问题,肯尼迪政府学院的同事和我在我们共同制作的“布丁”中加入了新成分:公共管理实践者在运作过程中的经验。我们对这些经验进行了三方面的处理。首先,我们将管理者面临的种种问题、他们对问题的权衡、选择的干预手段以及这些干预造成的结果(我们所能看到的全部细节)等用案例的形式记录下来。事实上,肯尼迪政府学院的案例项目已经撰写并发表了超过600个案例,它们全都是描述管理问题与干预手段的。[38]

其次,在肯尼迪政府学院的教学项目(主要是我们的执行官项目)中,我们每年都会接触几百名管理实践者。因为我们的执行官教学是采取互动的案例调查方式进行的,所以这么多年以来,我们已经熟悉了他们和案例中的反面人物将如何分析问题并采取行动。这意味着不单是他们从我们这儿学到了如何进行管理,我们也从他们那儿学到了同样多的东西。正如一个声望颇高的同事所说的那样:“他们不仅仅是学生,也是数据和老师!”[39]

最后,一些实际工作者取得了卓著的成就,并显示出他们知道如何洞悉和利用机会以创造公共价值。[40]我们邀请这些人加入肯尼迪政府学院的教师队伍,从而保证了相互之间紧密无间的联系。就像各个项目中的学生一样,他们的观点和智慧丰富了我们对“最佳实践”这一术语的解释。

写完案例并就这些案例与学生和管理实践者讨论之后,我们才开始理解以下问题:怎样才能最恰当地分析案例中的机构,它们面临哪些障碍,成功的前景如何?按照这个思路,我们分析了多个案例,才渐渐学会如何从个别案例中总结和抽象出一般规律,并使这些总结变成连贯的理论。这些理论就是本书要尽力阐述的。

另外,我还得益于另一因素:肯尼迪政府学院作为一个研究机构带来的特殊影响。可以说,学院中发展起来的管理理论既反映了外面世界的要求,也反映了我们自身的学术传统。更确切地说,正是因为学院强调要运用经济学、运筹学和统计学的分析工具来分析拟定的或正在执行的公共政策的实质价值,我们的管理理论才得以形成。

公共政策研究(不同于公共行政管理研究)有趣的一点是,它不仅关心政府的方法,还关心政府的目的;它更关注政府的新观念和创新,而不是政府机构的惯例。要深入研究下去,就必须掌握复杂的分析技巧,能从不同的角度分析政治决策,从而估算出拟成立的或现有的政府组织的公共价值。[41]

不难理解,我们最终形成的管理观念并不是集中于管理控制系统的维护和改善(长期以来,这一点才是公共行政管理的研究重点),而是努力去了解某个政策决定是如何形成与执行的。其实,在一段时期内,如何有效执行某个政策(而不是公共部门组织的有效管理)曾是公共管理的中心问题。[42]这种将管理看作是政策执行的观念逐渐被淘汰,因为它关心的是政策而不是组织,从而忽视了最重要的问题,即如何发展和利用公共部门组织。例如,没有人研究如何运用组织中未参与某一新政策的资产,似乎也没人关心执行新政策将对组织的整体绩效和地位产生什么影响。[43]

最终,公共行政管理领域最关心的问题——即如何有效地管理和发展公共部门组织——必须重新提上议事日程,并和公共政策研究对政策的关注结合到一起。这两种传统的自然结合使人们相信:公共组织具有一定的灵活性,是达成公共目标的工具。这些公共目标会随着政治需求和社会问题的变化而变化。正是认识到了这一点,肯尼迪政府学院的教员对这两种趋势做出了相应的回应:一是对公共部门组织的不一致和变动的政治环境的政治科学研究;二是政府先扩张后收缩管辖范围时产生的创新需要。[44]这种管理观念也可从公共部门管理观念和正出现的私营部门管理理论之间的相似性上得到证实。[45]

很自然,肯尼迪政府学院中必会产生出一种公共部门的"战略管理"思想,它强调目的性、适应性和柔性,并且要与不断变化的政治要求相匹配。或许可以说,这种思想之所以对肯尼迪政府学院有吸引力,更多地是因为它们与学院的文化传统和组织理念吻合,而不是因为它们在现实世界中的真实性和适用性。

检验

由于本书的观点源于特殊的文化环境,因而有必要对这些观点进行检验。在理论上,检验不外乎将这些观点交给管理者使用。[46]应该说,那些理解这些观点并运用它们来分析自己的角色、判断所处情景并做出相应措施的管理者,会比那些不运用这些技巧的管理者做得更好。然而,在实际中很难进行这样的检验。首先,让我们来讨论一下管理者"做得更好"是什么意思。

根据一般的理解,成功强调的是管理者个人的成功,即如果管理者的声望提高并得到升职,那么他就是成功的。倘若管理者的声望是通过正当途径获得的话,那么个人的成功就在一定程度上表明了管理的成功。

但是,我们并不能保证声望是管理绩效的真实反映。我们都见过很多善于提高自己声望却不善于做实事的管理者。

还有一种关于成功的理解,即看管理者是否成功地建立了一个颇具规模的、能长期存在的强大组织。[47]这种理解的优点是,它强调管理绩效而不是声望,而且似乎与私营部门对成功管理的认识相吻合。[48]

然而,我们只要稍微考虑一下(联系几个强大公共部门组织的创立者的例子),就可以看出这种理解不适用于公共部门管理。[49]维持公共部门组织的存在很容易,关键是如何使它们有效运转、降低成本和适应变化的政治环境和新任务。[50]另外,当不需要这些部门的时候,将资源从这些部门撤回是一件非常困难的事。因此,就公共部门而言,某个机构能力的不断增强和规模的不断扩大,既可能是一种成功,也可能是一个问题。

公共管理中还有第三个关于成功的定义,它与管理者偏好的政策被采纳和执行的比率有关:如果管理者偏好的政策目标被接受并被执行,那么这个管理者就是一个成功的管理者。这一定义有一个好处,即它超越了建立和维持组织存在这一目标,更加注重管理者达成目标的努力。但这一定义同样不是完美无瑕的,它太过于强调管理者个人的想法。没有人敢说公共管理者只应该追求他们自己偏好的政策目标;恰恰相反,他们所处的位置使他们应该为社会工作,而不是追求他们自己主观片面地认为社会需要什么。[51]

当然,管理者有时不得不在一些重要的政策问题上采取立场。但问题是,这一立场的力量和合法性在于它是否代表了政治环境中其他人的观点,而不在于他本人采取了某种观点。因此,那种认为公共管理者的成功是获得个人偏好的政策结果的看法是不完全正确的,它使管理者没有足够的空间去考虑其他人的想法,给管理者太多的自由,让他们在决策过程中主观武断地决定什么是公共利益这一重要问题。

关于公共部门的成功管理,我比较赞同的定义是:能够发起创新,不断改革公共部门组织，使它不仅能在短期内，也能在长期内为公众创造更多的价值。有时候，这意味着在现有的工作中提高效率、效果和公平；有时候，这意味着对新的政治意图作出响应，或在新的组织任务环境中满足新的需求；还有些时候，这意味着重新制定组织的使命，给组织在新的政治和工作环境中重新定位以更积极有效地利用它的能力。在某些场合，这还意味着减少政府机构的开销，将它们用于其他的公共或私人目的。显然，这才是关于管理者成功的不二定义：即在短期和长期增加公共部门组织生产的公共价值。事实上，在管理者必须使公共组织创造价值这一点上，它与衡量私营部门的成功标准是一样的。[52]

但我们如何将这一定义用于实践？私营部门可以用历史盈利来衡量工作绩效，我们既没有这种历史盈利记录，也不能用类似于股价的机制来预期未来的价值。因此，即使关于公共管理者的成功定义是清晰明确的，如何来具体衡量成功却是模糊不清的。我们不可能用严格的测试来证明一种管理实践要比另一种管理实践更高明。

另外，要确切地定义“做”和“做得更好”也是件非常困难的事情。毕竟，我们这儿提出的主意是帮助管理者思考“如何做”的问题，而“如何做”又必须在实际“做”的过程中完成。很多时候，管理者干预行为的有效性不仅取决于执行过程中的细节，还取决于管理者的观念。有鉴于此，本书只涉及了管理思想和行动这一复杂过程中的一小部分。

最后，我们都知道，很难将组织工作绩效的变化归因于特定管理者的干预行为。一般来说，组织的工作绩效受许多因素的影响，我们根本不能将某一明显的变化归功于任何特定的管理者干预行为。事实上，本书多次建议管理者关注平衡已有的各种力量和压力，以帮助他们达成目标。只要管理者接受这一建议而且这一方法还在起作用，则以下两者——管理者的行为产生的影响，以及外部力量对管理者的影响——之间的区别就不再重要。一部分人认为管理者的行为很重要，另一些则对此持怀疑态度。前者高度评价那些激发、引导和利用外部压力的管理者,而后者则认为管理者在外部压力下,只能随波逐流,他们的成功并非出于自身的原因。

由于对本书论述的方法进行严密的检验是一件困难重重的事情,所以我建议以两种更为简单的方式来检验它们的合理性和实用性。首先,这些方法应该可以确定一类问题,并能精确地指出要解决这类问题必须考虑的各种因素。因为本书所要论述的正是管理者应如何思考这一问题,而不是实证地论述某个变量是如何与其他变量相关联的,所以这一检验方式无疑是恰到好处的。

其次,这些方法应该是"有用的",能帮助那些面对各种问题的实践者辨明周边环境中各种因素的轻重缓急,从而适当地分配他们的注意力,激发解决问题的思路,并提供一些基本的建议,帮助他们将好的解决方法与不好的解决方法区分开来。这一检验方式也是恰当的,因为它反映了这些方法要达成的目的。

在某种程度上,我既将本书中的方法置于严格的检验之下,又将它们置于不太严格的检验之下。就严格的检验而言,我将"成功的"与"不成功的"管理者做了比较,然后比较了"成功的"管理者与"不成功的"管理者可能的想法与做法。尽管本书对成功的管理者和不成功的管理者都做了描述,但我的理论的最终形成却有赖于比本书中所提到的案例更多的案例。这些案例以不争的事实证明了以下三点:(1)保持清晰的目标至关重要;(2)必须清醒地认识到"政治管理"(political management)是公共部门管理中一个重要的因素;(3)必须重塑运作管理的形象,使其更注重激发各种创新。但不管怎么说,我在抽样和数据收集方面不是那么严格,因而不能说本书的方法具有因数据的严谨性而来的力量。

就不太严格的检验而论,我依赖于从公共部门管理者得到的反馈信息。无一例外,这些公共部门管理者都接触了本书提到的方法,而他们的反馈信息都是正面的和鼓舞人心的。最后,我想声明的一点是,我并不认为我证明了什么东西。我所做的只是提出一套公共管理者如何熟悉工作、了解环境和设计干预方式的方法,而这套方法必须经过进一步的检验和修正。本书提出的这些方法与许多公共管理者正在使用的方法不同,也与他们曾经学到的、被鼓励去使用的思考方式和行为方式不同。而我提出的这些方法或许比他们过去所依赖的方法更加贴近现实,可以帮助他们更好地将注意力放在确定和创造公共价值上,从而更好地利用社会托付给他们管理的资源,最终也帮助他们自己获得成功。这才是我最热切的期望。

注释

1. 多亏了同事 Michael Barzelay,我才能用这类词语来描述本文的特征。参见 Donald A. Schon,*The Reflective Practitioner:How Professionals Think in Action*(New York:Basic Books,1983)。

2. 参见 James Q. Wilson,*Bureaucracy:What Government Agencies Do and Why They Do It*(New York:Basic Books,1989),该书详细解释了公共部门以现在的方式运作的原因。

3. 参见 Herbert Kaufman,*The Administrative Behavior of Federal Bureau Chiefs*(Washington,D. C.:Brookings Institution,1981),该书对此有详细的论述。

4. Richard E. Neustadt 描述了制度对美国总统的影响:"讨价还价的需要是制度系统的产物,这套制度系统规定由不同的机构共同分享正式权力。"参见 Neustadt,*Presidential Power and the Modern Presidents:The Politics of Leadership from Roosevelt to Reagan*(New York:Free Press,1990),第 191 - 192 页。Laurence E. Lynn Jr. 认为,对总统的描述同样适用于公共部门的基层官员。参见 *Managing the Public's Business:The Job of the Government Executive*(New York:Basic Books,1981),第 3 - 17 页。Graham T. Allison 指出,这种影响是区分公共部门管理与私营部门管理最重要的一点。参见 Allison,"Public and Private Management:Are They Fundamentally Alike in All Unimportant Respects?"选编于 Jay M. Shafritz and Albert C. Hyde,*Classics of Public Administration*,2d ed.(Chicago:Dorsey Press,1987),第 159 页。我将在本章不断引用 Shafritz 与 Hyde 的精彩分析。

5. 在 *The President as Policymaker:Jimmy Carter and Welfare Reform*(Philadelphia:Temple University Press,1981,第 35 页)一书中,Laurence E. Lynn. Jr. and David DeF. Whitman 将总统看作管理者。Martha Weinberg 在其著作 *Managing the State*

(Cambridge, Mass. : MIT Press, 1977)中,以同样的词汇来描述州长。在 *The Ungovernable City*: *The Politics of Urban Problems and Policy Maker*(Cambridge, Mass.: MIT Press, 1977,第 28 页)一书中,Dong Yates 对州长也作了类似的描述。

6. 在其著作 *The Administrative Behavior* 中,Herbert Kaufman 重点研究了这些官员。Jameson Doig 和 Erwin C. Hargrove 在 *Leadership and Innovation*: *A Biographical Perspective on Entrepreneurs in Government* (Baltimore: Johns Hopkins University, 1987)一书中,也对这些官员作了重点研究。

7. 参见 Jerry Mechling: "Analysis and Implementation: Sanitation Policies in New York City," *Public Policy*, Vol. 27, no. 2 (Spring 1978):263 – 284。在职能方面,这些职位或许与私营部门的新产品经理或"整合者"的相似,主要是为了指明组织的创新。参见 Paul R. Lawrence and Jay W. Lorsch, "New Management Job: The Integrator," *Harvard Business Review*, 1967 年 11 – 12 月刊,第 142 – 151 页。

8. 欲详细了解这些官员如何对任命的政治执行官施加影响,参见 Hugh Heclo, *A Government of Strangers*: *Executive Politics in Washington* (Washington, D. C.: Brookings Institution, 1977)。

9. Joel D. Aberbach, *Keeping a Watchful Eye*: *The Politics of Congressional Oversight* (Washington, D. C.: Brookings Institution, 1990),第 217 – 219 页。另参见 Morris S. Ogul, *Congress Oversees the Bureaucracy*: *Studies in Legislative Supervision* (Pittsburgh: University of Pittsburgh Press, 1976)第 11 页。

10. 本书第六章和第七章波士顿公屋署的案例是对公共组织进行司法管理的例子。欲了解更多这方面的讨论,参见 Robert C. Wood, *Remedial Law*: *When Courts Become Administrators* (Amherst: University of Massachusetts Press, 1990)。

11. Charles McCarry 在其著作 *Citizen Nader* (New York: Saturday Review Press, 1972)一书中,生动地描述了利益集团领袖如何极大地影响了公共部门组织。

12. E. S. Savas 正在鼓励这种趋势。参见 Savas, *Privatizing the Public Sector*, (Chatham, N. J. Chatham House, 1982)。John D. Donahue 指出了其中的某些限制性前提条件。参见 Donahue, *The Privatization Decision*: *Public Ends*, *Private Means* (New York: Basic Books, 1989)。

13. 欲了解对公共部门"以行动者为中心"管理方式的批评意见,参见 Laurence E. Lynn, Jr., "Public Management Research: The Triumph of Art over Science," *Journal of Public Policy and Management*, vol. 13, no. 2 (spring 1994): 231 – 259。David Osborne and Ted Gaebler 将注意力放在系统变革上,极少提到不断变化的管理信条。参见 Osborne and Gaebler, *Reinventing Government*: *How the Entrepreneurial Spirit is Transforming the Public Sector from Schoolhouse to Statehouse*, City Hall to the Pentagon (reading, Mass.: Addison – Wesley, 1992)。

14. 欲详细了解公共部门全面质量管理,参见 Steven Cohen and Ronald Bran, *Total Quality Management in Government*: *A Practical Guide for the Real World* (San Francisco: Jossey – Bass, 1993)。

15. 我应该感谢 Marc Zegans，他帮我认识到，关于公共管理者应如何完成工作的观念本身也是一种重要的制度。参见 Zegans，"Innovation in the Well - Functioning Public Agency，" *Public Productivity and Management Review*，Vol. 16，no. 2（Winter 1992）：141 - 156。Hugh Heclo 也提出了类似的观点。他说："在政府的舞台上，公务员似乎与现有的美国政治制度相分离……或许这种情况最重要的影响就是官僚们的思想。作为公务员，美国的高层官僚对自己所处的位置并不感到十分踏实……作为公务员，他们的职业并不是美国制度结构的一部分。"参见 Heclo，"The State and America's Higher Civil Service"（Department of Government，Harvard University，影印本，1982），第 5 页。

16. 必须承认，在向全世界各地的公共部门执行官提出这些想法的过程中，我得到了不少鼓励。Kennedy School of Government 的学生来自全世界四十多个国家，其中不少是政府官员。我还在澳大利亚、加拿大、英国、波兰、西班牙和乌克兰等国的政府官员培训项目中提出了这些观点。无论是在哪种情况下，这些官员都能根据自己国家的文化和制度特征，将这些想法吸收利用。尽管如此，这也不能充分说明我的方法一定正确。

17. 参见 James Q. Wilson，*American Government：Institutions and Policies*（Lexington，Mass.：D. C. Heath，1981）。该书对美国政府作了全面描述。参见 Charles E. Lindblom，*The Policy - Making Process*（Englewood Cliffs，N. J.：Prentice - Hall，1980），该书对政策制定程序作了精彩的讨论。参见 John E. Chubb and Paul E. Peterson，eds.，*Can the Government Govern?*（Washington，D. C.：Brookings Institution，1989），该书对当代公共部门管理者所处的环境作了精彩的讨论。

18. 参见 David Mayhew，*Congress：The Electoral Connection*（New Haven，Conn.：Yale University Press，1974）与 Richard Fenno，*Congressmen in Committees*（Boston：Little，Brown，1973）。这两本书对美国国会作了深入的分析。欲了解执行委员会的性质和工作方式，参见 Aberbach，*Keeping a Watchful Eye*。Philip B. Heymann，*The Politics of Public Management*（New Haven，Conn.：Yale University Press，1987）描述了政府官员与国会的互动关系。

19. 参见以下著作：Harry M. Clor，*The Mass Media and American Democracy*（New York：Rand，McNally，1974）；Martin Linsky，*Impact：How the Press Affects Federal Policymaking*（New York：Norton，1986）；Stephen Hess，*The Government/Press Connection：Press Officers and Their Offices*（Washington，D. C.：Brookings Institution，1984）；Leon V. Sigal，*Reporters and Officials*（Lexington，Mass.：D. C，Heath，1973）。

20. 这一领域的经典之作当然是 Neustadt，*Presidential Power and the Modern Presidents*。另参见 Robert Behn，*Governors on Governing*（Washington，D. C.：National Governors' Association，1991），该书对州长作了讨论。

21. 参见 Walter Nicholson，*Microeconomics Theory：Basic Principles and Extensions*，2d ed.（Hinsdale，Ill.：Dryden Press，1978），第 607 - 678 页。如只想做大致的了解，参见 Edith Stokey and Richard Zeckhauser，*A Primer for Policy Analysis*（New York：Norton，

1978),第 292 - 319 页。另参见 Richard Zeckhauser and Derek Leebaert, *What Role for Government: Lessons from Policy Research*(Durham, N. C. : Duke University Press, 1983)。

22. Dwight Waldo 说:"可以令人信服地说明,在令人晕眩的变革中,官僚应该起稳定作用。当官僚们看上去显得行动迟缓和愚蠢时,那是因为他们正在这样做。据此看来,官僚起着一种平衡作用。"但是,Waldo 进而对这种观点进行了批驳,认为公共部门管理者应该更富于回应性,更具有领导性。参见 Waldo "Public Administration in a Time of Revolution," *Public Administration Review*, 28 (July - August 1968),重印于 Shafritz and Hyde, *Classics*, 第 367 页。Rufus Miles 在"Administrative Adaptability to Political Change"一文中,提出了公务员应该在何种程度上适应政治家的需要(*Public Administration Review*, September 1965,第 221 - 225 页)。欲了解描述公务员对急剧政治变化的反应的案例,参见以下案例:"Surviving at the EPA: David Tunderman," KSG Case #C16 - 84 - 588. 0 号案例;"Surviving at the EPA: Mike Walsh," KSG Case #C16 - 84 - 589. 0 号案例,"Surviving at the EPA: Mike Cook," KSG Case #C16 - 84 - 590. 0 号案例;"Surviving at the EPA: Bill Hedeman," KSG Case #C16 - 84 - 591. 0 号案例;"Surviving at the EPA: Gary Dietrich," KSG Case #C16 - 84 - 592. 0 号案例;"Note on the EPA under Administrator Anne Gorsuch,", KSG Case #N16 - 84 - 587. 0 号案例(均为 Cambridge, Mass. : Kennedy School of Government Case Program, 1984)。

23. 参见 John W. Pratt and Richard Zeckhuser, *Principals and Agents: The Structure of Business*(Boston: Harvard Business School Press, 1985)。欲了解公共部门对这些看法的批评,参见 Mark H. Moore and Margaret J. Gates, *Inspectors - General: Junkyard Dogs or Man's Best Friend?* (New York: Russell Sage, 1986)。

24. Howard Raiffa, *The Art and Science of Negotiation* (Cambridge, Mass. : Harvard University Press, 1982).

25. 想了解对组织的一般性介绍,请参阅 Gareth Morgan, *Images of Organizations* (Thousand Oaks, Calif: Sage Publications, 1986)对组织作了全面的介绍。如想知道公共部门组织为什么会以现在的方式行事,参见 Wilson, *Bureaucracy*。

26. 这一领域的经典之作是 James G. March and Herbert Simon, *Organizations*(New York: Wiley and Sons, 1986)。另参见 Herbert Kaufman, *Red Tape: Its Origins, Uses, and Abuses*(Washington, D. C. : Brookings Institution, 1977)。欲了解当代各种阻碍创新的障碍及其克服办法,参见 Rosabeth Moss Kanter, *When Giants Learn to Dance: Mastering the Challenge of Strategy, Management, and Careers in the 1990's* (New York: Simon and Schuster, 1989)。

27. 参见 Shafritz and Hyde, *Classics*, 该书对公共管理的传统观点作了详尽的论述。其他经典作品还包括 Leonard D. White, *Introduction to the Study of Public Administration*(New York: Macmillan, 1926); E. Pendleton Herring, *Public Administration and the Public Interest* (New York: McGraw - Hill, 1936); Dwight Waldo, *The Study of Public Administration*(New York: Random House, 1955); Frederick C. Mosher, *Democracy and the Public Service*(New York: Oxford University Press, 1968)。欲了解更现代的研

究,参见 James W. Feslerand Donald F. Kettl, *The Politics of the Administrative Process*(Chatham, N. J. : Chatam House, 1991)。若想了解批评的意见,参见 Michael Barzelay and Babak J. Armajani, *Breaking through Bureaucracy: A New Vision for Managing in Government*(Berkeley: University of California Press, 1992)。

28. 参见 Mosher, *Democracy and the Public Service*; Judith E. Gruber, *Controlling Bureaucracies: Dilemmas in Democratic Governance*(Berkeley: University of California Press, 1987)。

29. 在"Notes on the Theory of Organization"一文中, Luther Gulick 发明了"POSDCORB"首字母拼写法,参见 Shafritz and Hyde, *Classics*,第 79 – 89 页。

30. Kaufman, *Administrative Behavior of Federal Bureau Chiefs*; Herbert Kaufman: The Forest Ranger(Baltimore: Johns Hopkins University Press, 1960); Jeffrey Manditch Prottas, *People Processing*(Lexington, Mass. : D. C. Heath, 1979); Martha Derthick, *Agency under Stress: The Social Security Administration in American Government*(Washington, D. C. : Brookings Institution, 1990)。欲了解学界将管理行动与公共部门组织工作绩效联系起来的努力,参见 John J. DiIulio Jr. : *Governing Prisons: A Comparative Study of Correctional Management*(New York: Free Press, 1987)。

31. Richard B. Stewart, "The Reformation of American Administrative Law," Harvard Law Review, vol. 88, no. 8 (June, 1975): 1667 – 1813。Jerry L. Mashaw, *Due Process in the Administrative State*(New Haven, Conn. : Yale University Press, 1985).

32. Jerry L. Mashaw, *Bureaucratic Justice: Managing Social Security Disability Claims*(New Haven, Conn. : Yale University Press, 1983).

33. 私营部门的管理经典著作如 Chester Barnard, *The Functions of the Executive*(Cambridge, Mass. : Harvard University Press, 1938); Peter F. Drucker, *Management: Tasks, Responsibilities, Practices*(New York: Harper and Row, 1973); Thomas J. Peters and Robert H. Waterman: *In Search of Excellence: Lessons from America's Best – Run Companies*(New York: Warner, 1982); Michael E. Porter, *Competitive Strategy: Techniques for Analyzing Industries and Competitors*(New York: Free Press, 1980)。

34. Porter, *Competitive Strategy*.

35. Kanter, *When Giants Learn to Dance*; Donald K. Cliffford and Richard E. Cavanagh, *The Winning Performance: How America's High – Growth, Midsize Companies Succeed*(New York: Bantam, 1985).

36. John Kotter, *A Force for Change: How Leadership Differs from Management*(New York: Free Press; London: Collier Macmillan, 1990).

37. 论述公共管理与公共部门企业家精神的文献越来越多,它们均选取了相似的议题,形成一种新的传统。本文就是以这类议题为中心的。这一领域的主要著作如 Lynn, *Managing the Public's Business*、Gordon Chase and Elizabeth C. Reveal, *How to Manage in the Public Sector*(Reading Mass. : Addison – Wesley, 1983), Doig and Hargrove, *Leadership and Innovation: A Biographical Perspective*, Laurence E. Lynn, Jr. , *Managing*

Public Policy(Boston:Little, Brown, 1987), Heymann, *The Politics of Public Management*, Steven Kelman, *Procurement and Public Management: The Fear of Discretion and the Quality of Government Performance*(Washington, D. C.:AEI Press, 1990); Erwin C. Hargrove and John C. Glidewell, *Impossible Jobs in Public Management*(Lawrence: University of Kansas Press, 1991)、Robert Behn, *Leadership Counts: Lessons for Public Managers from the Massachusetts Welfare, Training and Employment Program*(Cambridge, Mass.: Harvard University Press, 1991)、Martin A Levin and Mary Bryna Sanger, *Making Government Work: How Entrepreneurial Executives Turn Bright Ideas into Real Results*(San Francisco: Jossey – Bass, 1994); Richard N. Haass, *The Power to Persuade: How to Be Effective in Government, the Public Sector, or Any Unruly Organization*(Boston: Houghton Mifflin, 1994)。

38. 欲了解这些案例的清单,请参见 Kennedy School of Government, *The Kennedy School Case Catalog*, 3d ed.(Cambridge, Mass.: Kennedy School of Government Case Program, 1992)。

39. Nelson Polsby,个人通讯。

40. 这些实践工作者包括 Nancy Altman – Lupu, Robert Blackwell, Manuel Carballo, Hale Champion, Gordon Chase, Richard Darman, Michael Dukakis, Richard Haass, Martin Linsky, and James Verdier。

41. 在"Policy Analysis vs. Social Science: Some fundamental Differences,"一文中,Mark H. Moore 对这些希望的局限性作了分析。该文选编于 Daniel V. Callahan and Bruce Jenning eds., *Ethics: The Social Sciences and Policy Analysis*(New York: Plenum Publishing, 1983)。

42. Graham T. Allison and Mark H. Moore, "Special Issues on Implementation Analysis", *Public Policy*, *vol.* 26, no. 2(1978 年春季); Daniel A. Mazmanian and Paul A. Sabtier, *Implementation and Public Policy*(Glenview, Ill.: Scott, Foresman, 1983)。

43. Mark Moore, "Gordon Chase and Public Sector Innovation"(Kennedy School of Government,影印本,1987)。

44. John E. Chubb and Paul e. Peterson, eds., *Can the Government Govern?*(Washington, D. C.: Brookings Institution, 1989).

45. 参见 Peters and Waterman, *In Search of Excellence*; Kanter, *When Giants Learn to Dance*; Donald K. Cliffford, *The Winning Performance: How America's High – Growth, Midsize Companies Succeed*(New York: Bantam, 1985)。这些书讨论了灵活、富于创新和追求价值对私营企业具有的重要意义。

46. Chris Argyris 让我们深刻地理解了这一点,即"得到支持的理论"意味着"使用中的"理论。参见 Argyris and Schon: *Organizational Learning*。

47. William A. Niskanen, Jr. 认为这是公共部门负责人的首要动机。参见 Niskanen, *Bureaucracy and Representative Government*(Chicago: Aldine – Atherton, 1971)。该书第 118 – 120 页表达了这一看法,但 James Q. Wilson 对此抱怀疑态度。我认为这种观点很难作为一个规范标准。

48. 在私营部门,生存和增长是评价管理成就的重要标准,因为这些指标表明,组织经受住了市场的考验。事实上,建设能够生存和繁荣的组织也是 Peters 和 Waterman 在 *In Search of Excellence* 一书中对管理成就的定义。

49. Robert Caro, *The Power Broker: Robert Moses and the Fall of New York* (New York:Knopt,1974)。另请参见 J. Edgar Hoover and Robert Moses 在 James W. Doig and Erwin C. Hargrove 编著的 *Leadership and Innovation: A Biographical Perspective* (Baltimore:Johns Hopkins University Press,1990)中提供的故事。

50. 参见 Phil Heymann 在 *The Politics of Public Management* 一书第 15 – 17 页中对联邦贸易委员会的描述。

51. 参见第五章和第八章对这一点的论述。

52. Peters and Waterman 不但关注生存与增长,也关注"获利能力"。这是我们需要在公共部门进行类比的概念。参见 Peters and Waterman, *In Search of Excellence*, 第 22 – 23 页。

第一章　管理联想

某镇图书馆管理员最近注意到一个现象。[1] 每天下午 3:30 左右，潮水般的孩子涌入图书馆阅览室，而到下午 5:00 左右，这股潮水则开始退落，到了 6:00，图书馆重又归于安静。一项非正式调查揭示了这一现象的由来：图书馆被当成了双职工家庭孩子的日托所。图书馆管理员应如何应对这一情势？

图书馆管理员与双职工家庭孩子

她的第一反应是尽量制止这种做法，因为这些潮涨潮落的人流扰乱了图书馆的正常运作。在一天中的大多数时间里，阅览室都是安静而宽松的，当这些孩子涌入时，则变得喧闹而拥挤。桌子和地面上到处都是孩子们散落的书，平装书更是遭了殃，因不时从书架上掉下来而损坏了书脊。图书馆的助理平白增加了大量的工作，不得不在下班前将山一样的书重新整理归架。就连清洁工也多了不少事，需要花费额外的精力才能保持厕所的整洁。

另外，无论从什么角度来说，照顾这些双职工家庭的孩子都是家长或日托所的职责，而不是镇图书馆管理员的工作。或许她应该给当地报纸写一封信，提醒公民应正确使用图书馆，如果这样做仍不奏效的话，她就应该制定一些新规则以限制孩子使用图书馆。

但是，该管理员产生了一个更有企业家精神的想法：[2] 或许她可以利用这些双职工家庭孩子从镇上不宽裕的预算那儿得到更多的拨款。她可以声称双职工家庭孩子带来了新需求，因此需要申请更多的资源。她需要更多的职员才能管理好孩子们，使他们不打搅其他的读者；她还需要更多的加班费，这样才能补贴加班加点工作的图书馆助理和清洁工。或许图书馆本身需要重新设计，以增加小学生和初中生的阅览室。事实上，她还认为，重建工程还可以帮她完成一个多年以来的心愿，即将整个图书馆的内部再粉刷一遍。但所有这些都需要资金，而州税收返还条例已经使镇上的可用资金十分有限。

从镇预算委员会那儿申请更多的钱似乎不太可能，随着图书馆管理员越来越清楚地认识到这一点，她想到了另一个办法：或许可以向双职工家庭孩子的父母收费，用这些资金来开展一些对孩子有益的项目。[3] 当然，也有一些实际问题需要解决。例如，她具体应收多少钱？[4] 她可以很轻易地记录下开展某个新项目需要的直接费用，并制定一个可以负担这些费用的定价。但是，一些间接的费用，如组织这类活动产生的管理费、建筑物的折旧费等，却是难以计算的。如果她在定价时少算了这部分费用，则造成了所有公众都补贴双职工家庭的局面；如果她多算了这部分费用，则会造成双职工家庭补贴图书馆的局面。

她还考虑到，镇上的居民和他们的代表或许会对使用图书馆的设施开展这类项目有不同意见，而且她也不能肯定这些意见到底会偏向哪一方。如果她发起一项收费服务，那么镇上的居民是会敬佩她的企业家精神还是会担心她太过于自以为是呢？[5]他们将把为双职工家庭孩子服务当成一个有价值的事业呢，还是会认为这是一项仅对少部分不应得到这种待遇的人的服务呢？很显然，她必须在镇务会议上才能得到这些问题的回答。[6]

面临着向使用者收费这一难题，图书馆管理员还想到了另外一个解决办法：或许这项新的服务可以由志愿者来"提供资助"；[7]或许可以将这些孩子的父母组织起来，由他们来承担部分监管和清洁工作；或许甚至可以引导他们帮助管理员改造一下图书馆，以使它既能容纳新的项目，又能维持适当的功能分区；既维持一个安静场所，让老年人有地方阅读和聚会，同时也给好动和嘈杂的孩子们一个适当的场所。一般来说，公众对于将图书馆变成双职工家庭孩子的日托所肯定会有意见，会抱怨公众资源被用于补贴少部分人的利益。但是，上述这类活动中表现出来的社区精神或许可以平息公众心中的不满。

动员志愿者参与是件非常棘手的事情，因为管理员对这类事务并不在行。事实上，她考虑的所有事项看起来都非常困难而陌生，因为它们都会将她卷入外部的政治活动。向镇预算委员会作陈述，或就此问题给当地报纸写封信是一回事，而发起一个可以自给自足的项目和发动志愿者则完全是另一回事。

接着，她又想到了另一个主意：或许她可以在组织内部找出解决问题的方法。对上班时间做小小的调整，也许这样就能腾出足够的人手来看管孩子，甚至可以有足够的人手来提供一些趣味阅读活动。或许只要在图书馆内重新作些安排，就可以挤出一间房来开展这些项目。作为课余活动的一部分，甚至可以在适当的时候，在这间房里放放电影。

事实上，管理员对这件事想得越多，她就越觉得在图书馆内照顾这些孩子正是她的组织的工作内容的一部分。这或许可以给她和她的助理一次机会，使他们可以鼓励这些孩子读书和爱护图书，而这又可能让孩子们受益终生。更为重要的是，她逐渐意识到，这些孩子和他们的家长对图书馆提出的要求，与那些将图书馆用作其他目的的人士提出的要求一样正当：高中生晚上来图书馆做课题研究，或与人聊天；老年人白天来图书馆阅览报纸杂志，与朋友闲侃；自助主义者来图书馆学习，以帮助他们完成某个思考已久却缺乏清晰计划的工程。

双职工家庭的孩子们对图书馆提出了新要求，管理员在思考她的组织应如何应对这些要求的过程中，逐渐用一种全新的眼光来看待自己的组织。[8] 她自己和她的职员所受到的专业训练使她们认为图书馆是一个存放图书、将图书提供给公众的地方。为了实现这个功能，人们开发了一套完整的系统，以管理库存和记录图书的位置。同时，人们还开发了另一套系统，以记录哪个居民借了哪本书，并向那些逾期不还的借阅者收取罚款。这些是图书馆的核心功能，也是图书馆职员强烈认同的地方。

不管怎么说，图书馆的功能都在随着公民的需求及其自身能力的变化而不断增多。一旦图书馆有了管理库存的系统，它就自然而然地可以用同一套系统来管理磁带、激光唱片和录像带（当然，音像制品的借阅系统必须稍作修改以避免与商业机构竞争）。人们扩大了保管书籍的地方，将它弄得更加漂亮，以鼓励人们在图书馆阅览。图书馆在冬天提供暖气，夏天提供冷气，以方便那些希望使用图书馆和在图书馆工作的人。此外，图书馆还为学生们提供自修室，又专门为儿童提供摆有图书和玩具的房间。人们越来越多地将图书馆用作业余音乐会的举办地、手工艺协会的聚会地以及读书会的碰头地点。

因此，图书馆已不再是一个简单的图书存放地，而日益成为众多公民为各种目的而使用的室内公园。如果这个案例中的图书馆管理员可以想出某种办法，以经济、有效、公平以及不与图书馆的传统功能相冲突的方式来为双职工家庭孩子提供看护，谁又能说这种服务不是正当而有价值的呢？

公共管理者与公共管理

镇图书馆管理员是公共管理者。之所以这么说,是因为人们将一部分公共资产交由她管理,负责将这些资产用于对该镇及其居民有利的地方。显而易见,作为管理者,责任之一便是把这些资源用于最有价值的地方。[9] 现在她面临的问题便是:她的组织是否应响应双职工家庭孩子提出的新要求,为他们提供看护,这样做是否值得,如果值得的话,应该怎样提供。

一个重要的信条

一直以来,美国的公共管理者都依赖于一个传统的信条,这个信条告诉他们应该如何看待和做好工作。[10]受自我利益驱动的、受到误导的官员可能将社会引入歧途。这个信条就是为了降低这种可能性设计出来的,旨在将公共部门管理者置于严格的民主控制之下。[11]

根据这个信条,公共事业(如图书馆)的目标应该是早已在立法或民选首脑签署的正式政策中确定好了的。[12]作为民主讨论的结果,这些正式授权给了公共事业一个合法的身份:它们庄严地宣布某个据此成立的机构符合公共利益,因而有权动用社会资源。[13]此外,它们还制定了管理者的具体操作规程,指出了特定公共机构应追求的目标,以及达成这些目标应采取的方法。[14]简而言之,授权规定的目标和达成目标的方法就是管理者必须对之负责的各种条款。[15]

就公共管理者而言,他们应该忠实地执行这些规定,他们的责任就是最快、最好地达成授权规定的目标。[16]他们应是自己工作领域的专家,了解这一领域的基本操作原则,能熟练应用这些原则以产生期望的结果,同时也知道哪些因素是衡量其运作的实质和有效性的标准。[17]他们还应是行政管理领域的能手,不但善于制定合适的组织结构,以保证组织有效和高效地运作，而且擅长做出恰当的人事安排，以保证社会交由他们管理的财力和人力资源不至于挥霍、浪费或失窃。[18]

这一信条在公共部门管理者头脑中形成了一个思维定式：他们往往从官僚的角度，而非企业家、领导者或执行官的角度来思考问题。[19]他们思维的导向既不是向下的，也不是向上或向外的。我们知道，向下的目的是为了更可靠地控制组织的运作，向外是为了获得好的结果，向上则是为了重新商讨政治授权。一般而言，公共部门管理者不将发起或促进变革当成他们的任务。相反，在反复无常的政治环境中，他们倾向于将维持组织的稳定性当成自己的任务。他们的首要管理目标是将组织的传统工作做得更好，而不是寻求创新以改变组织扮演的角色或增加它们对整个社会的价值。

正是在这一思维定式的指导下，图书馆管理员才萌发了最初对双职工家庭孩子的看法——用官僚的方式，简单地对他们说“不”。而事实上，由传统的观点来看，她的责任不是响应这些新要求，而是尽其所能拒绝这些不在其授权范围的、新出现的滥用图书馆的要求。

进一步说，由于职业的关系，她的大多数员工也会以同样的眼光看待图书馆的功能，从而赞同以上结论。同理，许多以传统眼光看待图书馆的公民也会立刻作出结论，即图书馆应保持肃静，不应成为不负责任的家长的托儿所。

对这一流行信条的小小挑战

有趣而重要的是，图书馆管理员比她的第一反应想得更远。她的第二个反应是用双职工家庭孩子这个问题来为图书馆争取更多的资金。这是公共管理者们不敢明说的，然而却最一般的反应。[20]（事实上，也正是因为基于这个反应，才使得纳税人下定决心对管理者们严加约束。）

新的管理思想正逐渐在私营部门和公共部门普及，作为新思想的代表，图书馆管理员走出了官僚企业划定的管理思想圈子，大胆地对自己的授权做出了种种不同于传统的联想。[21]从而超越了传统对其工作做出的各种限制，对自己可以做的工作重新做了一番规划。

她没有将对图书馆的新需求当成难以解决的问题，而是把它们当成机遇。她意识到，通过允许和鼓励双职工家庭孩子使用图书馆，至少可以为镇上的某些公民创造价值。她开始思考怎样才能创造这一价值，以及怎样才能获得创造这一价值所需要的资金和必要的批准手续。

从这方面来说，图书馆管理员正在从另一个角度思考问题，而从这个角度思考问题正是社会对私营部门执行官的期望。她关注这一点，即是否可以用图书馆现有的资源为小镇创造更多的价值。她既不认为图书馆的资源或工作使命是一成不变的，也不认为图书馆除了提供已有的服务之外，绝不能再有丝毫别的产出。恰恰相反，她发挥了自己的想象力，开始思考如何重新定位自己的组织，使它能够适应和满足双职工家庭孩子的新需要。简而言之，她正在用领导者和企业家的方式思考问题。

对许多人来说，公共管理者以这种方式考虑问题既不正当，也不应提倡。在他们看来，如果该管理者是职业公务员，而不是选举或任命的政治执行人员时，这一点尤其重要。[22]公民对官僚的创新行为一向持怀疑态度，认为他们之所以这样做，只不过是对自己有利，或是追求官僚们所认定的公共利益，而他们心目中的公共利益通常是一些稀奇古怪的东西。[23]此外，他们还厌恶公务员系统，因为它使官僚们可以在某种程度上不受公众的监管。由于公众可以通过选举箱来监管民选官员和任命官员，所以在发起革新方面，他们通常给这部分人更大的自主权。尽管如此，公民对这些官员的革新举措也是冷眼相看，因为他们的企业家精神通常看起来像是为了满足小部分人的利益以赢得更多的选票，而不是为了发现和创造对公众有利的东西。[24]

这些看法在某种程度上是正确的，但是，它低估了一个显而易见却常被忽视的社会事实：社会对公共部门管理者和对私营部门管理者的要求有天壤之别。我们倾向于认为公共部门（非民选）执行官的想象力和创新危险且不合公共利益。而对于私营部门的执行官的这种想法，我们却认为是可以接受的，并且认为它将有助于社会福利的发展。

毫无疑问，产生这些相互矛盾的要求的原因多种多样。首先，监管公共部门的机制是政治机制，控制私营部门的机制是财务机制，而前者远比后者脆弱、易于受到操纵及被假象迷惑，所以公共部门管理者必须受到更严格的约束。[25]其次，公共部门管理者的决定对所有的公民都有约束力，而私营部门管理者的决定只对少部分（自愿的）股东有约束力，所以前者的任何创新举动都必须经过更仔细的检讨。[26]最后，与私营部门相比，公共部门的决定所带来的影响需要更长的时间才能表现出来，而且对影响的评价也更为主观，公共部门不可以像私营部门那样根据管理者的工作结果来评价他们。[27]等等。

但是，这些不同要求产生的影响却没有得到广泛的认可和讨论。私营部门要反应灵敏、充满活力和不断创造价值，需要两个重要的因素，即适应性和高效率。它们源于管理者的想象力、对公众需求的知觉、对资源的利用、对运作能力的控制以及将以上四方面结合起来以创造价值的能力。社会反对类似图书馆管理员所持的创新性想法和可能由此引起的行动，因此这两个重要因素进入公共部门的大门也就被堵死了。

当然，仍有一些公共部门管理者富有想象力且兢兢业业，而我们的社会亦因此受益匪浅。长期以来，这些公共部门管理者被各种限制缚住了手脚，但他们想尽办法绕过这些束缚，为整个社会谋得了不少利益。[28]之所以提到这一点，是要表明这样的观点，即社会不配得到这些利益：社会既不珍惜公共部门管理者创造的这种利益，也不因此而奖励公共管理者，因而它也不配向管理者提出或期望得到这种利益。因此，即使社会按某种方式组织起来，使它可以向公共部门管理者提出或期望这种要求，抑或仅仅是允许公共管理者用自己的智慧去创造公共价值时，它能得到的这类贡献也必定少而又少。

公共部门的战略管理

对于公共部门管理者扮演的角色，有一种截然不同然而却更有用的认识，这个角色更接近于社会对私营部门管理者的期望。依据这一看法，公共部门管理者应当是探索者，他们与其他人一起，致力于寻求、确定和创造公共价值。他们不仅要用种种方法为达成授权的目标而工作，还应成为寻求和确定“怎样做才是有价值的”这一问题的重要机构；他们不仅要保证一致性，还要成为改变公共部门行事内容和行事方式的创新者。

据此看来，公共部门管理者应该是战略家，而不是技工。[29]他们不仅向下看，注意自己行动的有效性和优先顺序，同时也向外看，注意自己正在创造什么。他们不仅像工程师一样关心组织的运作，同时还考虑与组织紧密相关的政治环境，以确定什么是公共价值。他们认为，政治斗争变幻无常，技术日新月异，组织需要经常进行变革。他们不憧憬死水一潭的环境和墨守成规。[30]在这个世界里，图书馆管理员思考如何满足双职工家庭孩子的需要是一件极有价值的事情，而不是一心一意要建立官僚帝国的野心家的危险思想。

对这种想法产生忧虑的主要原因，当然是众所周知的传统观念要努力避免的东西——受自我利益驱动的或误入歧途的官僚支配民主政治程序。[31]但是，传统观念同样存在问题，即它不仅压抑了公共部门管理者做出贡献的积极性，而且也不能保护政治程序免受官僚影响。

事实上，从这一传统信条问世的那一刻起，有识之士就开始对它刻意在政治和行政之间划一道清晰界线的做法进行了批判，说它理论上不可行，实践上行不通。[32]从理论上说，传统信条使官僚不敢在政府的目标这一点上发挥想象，更不敢担负确定政府目标这样的责任。从实践上说，传统信条完全不能阻止非民选公共部门管理者。足智多谋的官员通常能按自己的方式行事,通过各种隐秘的方法来影响政府对公共利益的看法。[33]此外,对公众而言,他们这种施加影响的隐秘方法特别恶毒,因为它不仅破坏公信力,而且败坏了那些卷入其中的人的道德。[34]

有一种方法可以降低行政操纵政治的可能性,即承认它潜在的作用及其不可避免性,并且提供这样做的正式渠道,使各种可以创造公共价值的主意能够正当地表达出来。当然,教导公共管理者如何寻求和确定公共价值也是一项非常重要的工作。这种努力能够帮助社会看到,即使事出迫不得已,其中也隐含了一定的好处。从而使社会既享有公共管理者的经验和想象力带来的好处,又不必屈从于他们对公共利益的稀奇古怪的看法。不幸的是,这项工作并没有完成。虽然我们已经彻底打破了公共管理的传统信条,却没有构建起公共部门管理者应如何思考和行动的框架。

另一种公共管理途径

这也是本书的基本目的:提出一个概念框架,帮助镇图书馆管理员等公共部门管理者找出各种机遇,并充分利用它们来创造公共价值,为社会作出更大的贡献。我们假定,在寻求创造价值方面,社会不仅需要私营部门的管理者具有丰富的想象力(以及相应的技巧),也需要公共部门的管理者具有这种能力。[35]我通过以下步骤来构造这个框架。

在第二章中,我将讨论公共部门管理工作的目的。我认为,管理者应该寻求“创造公共价值”。因为“公共价值”是个抽象的概念,所以随后我提出了一些见解,以说明管理者应如何辨明所领导的机构的公共价值。

这一任务绝非轻而易举。衡量公共价值的标准多种多样,但没有任何标准可以单独胜任此项工作。例如,民主理论和实践都将注意力放在民选代表对组织工作绩效的满意度上,将其作为组织是否创造了公共价值的衡量标准。此外，通过项目评估技术，管理者可以确定组织是否达成了它的（政治授权的和定性分析的）主要目标。[36]此外，通过收益—成本分析，我们可以估计组织受益人得到的好处与其他支持该组织的人必须付出的代价的比例。[37]最后，我们甚至可以利用时兴的"顾客导向型政府"理论，将公共部门管理者和私营部门管理者作大致的对比，通过测算与政府打交道的顾客的满意度而估算出组织创造的价值。[38]

以上每个标准都可以帮助管理者（和其他公民）衡量公共组织的价值，但各个标准相互之间却存在着不一致的地方，而且每个标准都有它的不足之处。

尽管存在这些困难，还是有几个基本问题可以帮助管理者熟悉将要面对的工作。当然，这些问题并不是在任何时候都有价值。但事实上，不断质问公共组织的价值，可以帮助管理者在为全社会利益工作时目的更明确和更富创造性。

由于公共部门管理者最终必须在某种公共价值理论的基础上采取行动，所以第三章重点论述一种操作性很强的方法，根据此方法可以获得具体环境下的公共价值。这一方法采用了私营部门组织战略的概念，并将它应用于公共部门。[39]我认为，只要公共部门管理者将以下三点统一起来，他们便可以大致了解到公共价值之所在：（1）对什么是有价值和有效的实质性判断（substantive judgement）；（2）正确地判断各种政治期望（political expectations）；（3）对可行性有清醒的认识。[40]简而言之，为了认识公共价值，管理者必须找出一条道路，以将政治、实质（substance）和管理三者统一起来。

一个战略三角形或许可以帮助我们对这一论断有个基本认识。为了检测管理者对组织目标的认识是否完整，战略三角形将他们的注意力引向三个必须回答的问题：（1）这个目标是否对公众有价值？（2）它是否会得到政治和立法支持？（3）它是否在管理和运作上可行？

还可以将这个三角形当成一种工具,以提醒管理者在确定和实现公共价值时必须完成的职能与任务。具体来说,它指出管理者的工作应围绕以下三个方面:(1)确定自己头脑中的目标的价值;(2)将管理指向上方,即政治一面,以将目标和合法性及获得支持结合起来;(3)将管理指向下方,即提高组织的能力以达成既定的目标。所有这些,都将是本书以下章节的重点内容。

第四章和第五章探讨政治管理的职能和技巧——这一部分着重关注如何将管理指向上方,即政治。在第四章,我将解释政治管理为什么是公共部门管理者的重要工作,以及怎样才能对政治环境做出正确的评判。为了达成目标,管理者不仅要动员他领导的组织中的各种资源,同时还要动员该组织之外的、可以帮助他们达成此目标的资源。[41] 在第五章,我将详细说明五种不同的政治管理方法,即企业家式倡导[42]、政策制定管理、[43] 谈判、[44]公议和领导[45],以及公共部门营销。[46]在公共管理者所有的五种职能中,政治管理职能对民主价值的威胁最大,所以我近些年论述了什么是正当的和什么是有效的政治管理这两个问题。[47]

第六章和第七章着重论述战略管理的另一部分,即将管理指向下方,指向组织本身。第六章展示了一个分析框架,我们将用这个框架来分析公共部门生产的“产品”、公共部门依赖的生产程序以及塑造了生产程序的组织管理系统。[48]因为战略管理认为具体的政治环境是千变万化的,所以我特别强调管理者用以创新以及鼓励在组织内部连续创新的技巧。[49] 最后,第七章探讨了管理者将具有重要战略意义的创新引入组织的技巧。

最后,在第八章,我又回到本章提出的问题:如果公共部门管理者要民主和有效地管理公共组织,他们需要具备哪些气质?我认为,他们必须在道德上作出表率并身体力行才能成为真正成功的公共部门管理者。[50]

在我们讨论技巧和美德之前,我们必须认真考虑一下什么是公共价值这个问题,这也是下一章的主题。

注释

1. 这是一个虚构的故事，它是我从马萨诸塞州贝尔蒙特故乡的各种民间议论中整理出来的。图书馆管理员将采取什么行动似乎是个很热闹的话题。最近进行的一次电子调查表明，这个问题被引用了十二次。Frances Smardo Dowd 在 *Latchkey Children in the Library and the Community*(Phoenix:Onyx Press)一书中对这个问题进行了全面的研究。对于管理父母与儿童合理使用图书馆的难处，Paul G. Allvin 在 "Library Goes by the Book:Restrictions on Children Faulted by Andover Parents"一文中进行了讨论(Boston Globe,1990 年 7 月 22 日，第 27 页)。

2. Aaron Wildavsky 看到了联邦预算制定过程中的这种行为方式。参见 Wildavsky,*The Politics of the Budgetary Process*,4*th ed.*(Boston:Little,Brown,1984)，第 108 – 123 页。

3. 这种思想是 David Osborne 和 Ted Gaebler 所说的"企业政府"的一个例子。参见 Osborne and Gaebler,*Reinventing Government*:*How the Entrepreneurial Spirit Is Transforming the Public Sector from Schoolhouse to Statehouse*,*City Hall to the Pentagon*(Reading Mass.:Addison – Wesley,1992)，第 195 – 218 页。

4. 参见 Joseph T. Kelly,*Costing Government Services*:*A Guide for Decision Making*(Washington D. C.:Government Finance Research Center,1984)。该书讨论了给政府服务定价时遇到的困难。

5. 在其他意想不到的情况下，也会遇到类似的问题。例如，海湾战争的资金给付。美国的盟国已经同意向美国支付部分战争费用，问题在于，它们应将这笔费用付给谁。其中存在两种可能：一是付给美国国防部(DOD)；二是付给美国国会，再由国会拨付给 DOD。第一种做法似乎简单明了，但 DOD 的监督者却反对这样做。因为：第一，这将使国会难以控制流向 DOD 的资金。第二，这样做意味着 DOD 成为一支世界各国的雇佣军，有权向其"客户"收取军事保护费。但是，如果这笔钱是直接支付给美国国会，然后由国会拨付给 DOD，这就意味着 DOD 仍在民主的掌控之下，这笔费用反映的仍是美国的国家意志，而不是 DOD 这个机构的目标。感谢 Sean O'Keefe 向我讲述了这个故事。

6. 请注意，对图书馆管理员而言，"请求镇议会的建议"解决了她所有的问题。首先，她不再需要为以下问题——即用图书馆资源满足双职工家庭孩子是否具有公共价值——而苦恼(当然，这样她也失去了一个机会)。其次，根据她的请求方式和她表达的取向的不同，镇议会可能会将双职工父母的利益转化成公共利益，也可能不会。在辩论中，她可以站在这些父母一边，为他们争取利益，说满足这些孩子的要求所需的费用极少，也不会有多大困难。同样，她也可以站在截然相反的立场说话，尽量高估这样做可能给其他人带来的困难及其需要的费用。在决定是否参与辩论以及如何参与辩论时，她可能会受到以下因素的影响：一是她自己认为何种选择为最优选择；二是她对组织使命的认识；三是她感知的镇议会决定的理性程度。例如，如果她认为某些政客可能会利用这一点来攻击单亲家庭,说他们对孩子漠不关心,为社会上其他人带来了巨大的负担,她可能决定,由于这个问题难以在镇议会得到很好的解决,因此,将其公开化不符合社会利益。或者,她可能认为这是一项值得讨论的重要议题,需要好好整理后提出来。不管在什么情况下,她都要面对以下问题,即是否要征求镇议会的建议,以及如何与议会接触。第四、第五和第八章对此都有详尽的讨论。

7. 美国一直以发达的公民文化而自豪(其他国家也敬佩这一点)。美国已经孕育了各种各样的、难以计数的志愿组织。在19世纪中期,Alexis de Tocqueville就注意到了这一特征对美国民主的重要性,*Democracy in America*, ed. Francis Bowen (New York: Vintage Books, 1945), 198 – 206。最近,Robert Putnam也注意到了志愿组织对地方政府工作质量的重要影响。参见Putnam, *Making Democracy Work: Civic Traditiions in Modern Italy*(Princeton, N. J.: Princeton University Press, 1993)。若想了解当代美国的例子,请参见"Finding Black Parents: One Church, One Child," KSG Case #C16 – 88 – 856.0(Cambridge, Mass.: Kennedy School of Government Case Program, 1988)。

8. 欲了解对公共图书馆扮演的角色及其使命的讨论,请参见David Gerard, *Libraries in Society: A Reader*(New York: K. G. Sauer, 1978)。若要了解认为图书馆应该积极帮助市民的观点,请参见Bernard Vavrek, "Public Librarianship: Waiting for something to Happen," *Wilson Library Bulletin*, vol. 67, no. 8 (April 1993): 70。

9. 有人宣称,公共部门管理者有责任以最有价值的方式使用交托其管理的公共资源。这一观点并不奇怪。事实上,就其鼓励公共部门管理者考察环境并找出有用的事情来做这一点来说,人们的意见分歧很大。正如我们下文将要讨论的那样,这与私营部门的管理者要做的事情是一样的,但它不应是公共部门的执行官要做的。公共部门的执行官应该有节制,只在授权范围内寻找最有效的实现授权目标的方法。因此,公共部门管理者一般都认为,自己的责任就是"尽可能以最高效和有效的方法实现授权的目标",而不是"找出最有价值的使用受托资源的方法"。实现这一看似简单实则意义深远的转变——即从职能执行者的角色转变成探索者的角色——正是本书的要义所在。

10. 这一概念主要来源如下: Woodrow Wilson的经典论文"The Study of Administration," Political Science Quarterly, 2 (June 1887): 197 – 222; Frank J. Goodnow, *Politics and Administration: A Study of Government*(New York: Russell and Russell, 1900); Leonard D. White, *Introduction to the Study of Public Administration*(New York: Macmillan, 1926); E. Pendleton Herring, *Public Administration and the Public Interest* (New York: McGraw – Hill, 1936); Luther Gulick, "Notes on the Theory of Organization," Luther Gulick and Linda Urwick eds., *Papers on the Science of Administration*(New York: Institute of Public Administration, 1937); Luis Brownlow, Chares E. Merriam, and Luther Gulick, *Administrative Management in the Government of the United States* (Washington, D. C.: United States Government Printing Office, 1937)。Jay M. Shafritz and Albert C. Hyde已经将这些经典著作收集起来,并出版了 *Classics of Public Administration* 2d ed. (Chicago:

Dorsey Press,1987)。

很多学者都以这种方式来描述公共部门执行官的任务,例如,Woodrow Wilson 写道:“行政学的研究目标就是要发现和解决以下问题,第一,政府应该和能够成功地做什么;第二,政府怎样才能最有效和最经济地完成这些应该做的事情”(引自 Shafritz and Hyde,*Classics of Public Administration*,第 10 页)。然后,他又进一步解释了“政策”与“行政”的区别。传统上,前者关注政府应该做什么,后者关注政府如何有效地完成自己的工作。他说:“行政在‘政治’范畴以外。行政问题不是政治问题。虽然行政的任务是由政治确定的,但政治也不应该无限制地操纵行政”(Shafritz and Hyde,*Classics of Public Administration*,第 18 页)。不仅如此,他还讨论了构成公共行政人员“好”行为的要素:“坚决、忠诚地与政府的政策保持一致”(Shafritz and Hyde,*Classics of Public Administration*,第 22 页)。Goodnow 同意 Wilson 对政策和行政的区分。他说:“政治即政策,它反映了国家意志。行政即政策执行”(引自 Shafritz 和 Hyde,*Classics of Public Administration*,第 26 页)。多年之后,White 更详细地论述了行政的职能。他说:“公共行政为了实现国家的目标而对人和物进行管理……但是,行政本身在多大程度上参与国家目标的制定,却是有待进一步研究的问题。……公共行政的目标是使政府官员及雇员最有效地利用受其支配的资源……无论从哪方面来说,好的公共行政都试图消除浪费、节约原材料和能源、以最快的速度最完整地实现与经济和劳动者福利一致的目标。”(引自 Shafritz 和 Hyde,*Classics of Public Administration*,第 56 – 57 页)。

但是,值得指出的是,以政治和行政二分法为基础的传统观点,在认为行政的目标是高效和有效地实现政治制定的目标这一点的同时,总是还要加上以下注脚,说事情并非如此简单。例如,White 指出,“当今立法机关要解决的问题通常与专业技术问题纠缠在一起,外行只有利用专家的帮助才能解决这些问题。例如,针对如何控制地方政府、管理公用事业、执行禁止令、向海军拨款、组建卫生机构或维持某项全国性的农业研究等问题,都必须得到熟悉本行业的专家的帮助,才能写成相关法令……这些专家已不仅仅是对立法委员有用的人,他们已成为后者不可缺少的帮手了。从某种意义上说,专家们才是政府”(Shafritz and Hyde,*Classics of Public Administration*,第 59 页)。Emmette S. Redford 在 *Democracy in the Administrative State*(New York:Oxford University Press,1969,第 31 – 36 页)一书中也强调了这一点。Herring 对专家的作用看得更重,他认为,公共部门管理者在确定和执行公共目标时起关键作用,之所以会出现这种情况,不仅与公共部门管理者的专长有关,也与政治内在的缺陷有关。他写道:“官僚的肩上不仅担负了大部分协调不同派别利益的重任,而且担负了具体实施立法程序通过的各项经济和社会议案的重任。因此,国会只是通过确定一般原则的法令,而具体的实施则必须交给各种补充规定来完成。官僚们则成为执行法令规定的主体。在执行法令时,他们所处的位置比立法委员更为优越。他的日常工作使他与法令试图应对的情势保持了紧密的联系”(引自 Shafritz 和 Hyde,*Classics*,第 74 页)。

因此,关于以下问题,即公共行政管理者是否应该是能想出有效的方法以实现立法意图的技术人员、帮助立法委员思考的专家、保护公共利益不受短视或动机不纯的政客的侵害的官员等，都是公共行政领域和公众所没有解决的。1968 年，Frederick C. Mosher 说道："最近几十年'现实'政府的发展给政策—行政二分法带来了难以忍受的压力。事实上，从理论上说，当今公共行政的最大问题是找到一个可以替代这种二分法的办法。正如其他诸多想法一样，这种想法同样难以被人接受。在克服这种二分法方面，存在着难以逾越的内在障碍。一般而言，议员不愿贬低自己，承认自己的作用比看起来的要小得多。如果他们的确这样做了，往往是为了抨击行政（或司法）对立法权力的'侵蚀'。同样，行政官员……也不愿意承认自己对政策具有极大的影响力，以免招来这种攻讦。"参见 Mosher，*Democracy and the Public Service*（New York：Oxford University Press，1968），第 6 页。因此，即使学术界和实际工作者都知道传统公共行政理论中有不尽如人意的地方，他们也不愿意以新理论来取代传统理论。如果想了解这一理论为什么延续了这么长的时间，请参见 Alasdair Roberts，"Demonstrating Neutrality：The rockefeller Philanthropies and the Evolution of Public Administration，1927 – 1936，" *Public Administration Review*，vol. 54，no. 23，第 221 – 228 页。

11. Judith E. Gruber，*Controlling Bureacracies：Dilemmas in Democratic Governance*（Berkeley：University of California Press，1987）.

12. Woodrow Wilson，"The Study of Administration."

13. 至少来说，这是立法程序应该做的事情。参见 Dennis Thompson，*Political Ethics and Public Office*（Cambridge，Mass.：Harvard University Press，1987），第 96 – 122 页。

14. 参见 Herbert Jacob，*Law and Politics in the United States* 一书中对法律形式的讨论（Boston：Little，Brown，1986，第 241 – 243 页）。

15. 欲了解国会如何实施对公共部门管理者的监督职能，请参见 Joel D. Aberbach：*Keeping a Watchful Eye：The Politics of Congressional Oversight*（Washington，D. C.：Brookings Institution，1990），第 195 – 198 页。欲了解国会的监督是否受法律的制约，请参见 Harvey C. Mansdfied，Sr.，"Accountability and Congressional Oversight"。此文选编于 Bruce L. R. Sith and James D. Carroll，eds.，*Improving the Accountability and Performance of Government*（Washington，D. C.：Brookings Institution，1982）。欲了解督察长如何使政府官员向议会的要求负责，请参见 Mark H. Moore and Margaret J. Gates：*Inspectors – General：Junkyard Dogs or Man's Best Friend*？（New York：Russell Sage，1986）。

16. 参见注释 9。

17. 在"The Training of the Executive，"（Public Policy，vol. 10（1960）：20 – 21）一文中，Edward C. Banfield 将管理人员的技能分为"专业的"（substantive）和"行政的"（administrative）两类。Michael Barzelay 注意到，"官僚改革模型"为这两种技能提供了不同的职位：具有专业技能的专家一般负责直线运作，而行政专家则负责与行政和人事管理有关的工作。参见 Barzelay 和 Babak J. Armajani，*Breaking through Bureaucracy：A New Vision for Managing in Government*（Berkeley：University of California Press，1992），第 5 页。

专业知识对政府官员的重要性在以下事实中得到了体现，即公务员系统将职业知识和经验当成一项重要的任职资格。但是，对于专业知识与管理知识哪个更重要这个问题，公共行政领域则没有达成共识。长期以来，美国都试图效仿英国等大陆国家政府，建立起一个主要依靠一般管理知识与原则——而不是某个领域的专业知识——行事的行政管理阶层。在美国，也有人对这种做法表示怀疑，具体请参见 Rufus D. Miles 的论文“Rethinking Some Premises of the Senior Executive Service”，此文载于 Bruce L. R. Smith and James D. Carroll, eds., *Improving Accountability and Performance of Government*（Washington, D. C.: Brookings Institution, 1982），第 41 – 45 页。

18. White, *Introduction to the Study of Public Administration*; Luther Gulick: *Papers on the Science of Administration*（New York: Institute of Public Administration, 1937）对“管理”能力的构成要素作了规定。

19. 在过去的几十年中，我通常会在黑板上写上几个词语作为执行官培训项目的结束语，这些词语是对管理较大规模机构的人士的描述。它们是：领导者、企业家、执行官、经理、行政长官、行政官和官僚等。然后，我会在“领导者”与“企业家”两个词下面画一道线，在“行政长官”、“行政官”和“官僚”三个词上面画一道线，并问参训人员是否觉得以上两组词之间有什么不同之处。通常，他们都觉得这两组词在赋予自由度与创新方面所包含的意义有所不同。领导者与企业家都有自由采取行动的权力，而后三者则必须在他人授权之后才能采取行动。此外，他们还觉得企业家与领导者隐含了较大的风险，而后三者则比较安全。他们认为，风险是由创造性和采取某条不确定的道路引起的。值得注意的是，大多数参训者都认为，“行政长官”、“行政官”与“官僚”通常指公共部门人员。

20. 欲了解对官僚的这种看法，请参见 Edward C. Banfield, *Political Influence*（New York: Free Press of Glencoe, 1961）; William A. Niskanen, *Bureaucracy and Representative Government*（Chicago: Aldine – Atherton, 1971），第 40 页。

21. 以下两本书对这种变化起了推波助澜的作用：Osborne and Gaebler, *Reinventing Government*; Barzelay, *Breaking through Bureaucracy*。

22. 要了解这两个机构的区别及其人员在公共管理方面的相互联系，请参见 Hugh Heclo, *A Government of Strangers: Executive Politics in Washington*（Washington, D. C.: Brookings Institution, 1977）。

23. Niskanen, *Bureaucracy and Representative Governmen*，第 39 页。Terry Moe 也同意 Niskanen 的观点，他说：“机构一经创立，政治世界就不再与它相关。机构的官僚成为具有自我行动能力的政治参与者。他们具有自己的职业利益和机构利益，这些利益可能与他们负有的正式使命相背离。他们拥有很多资源，如专业知识和授予的权力等，并且可以用这些资源来满足个人私利。他们是新的政治玩家，他们的个人利益与拥有的资源改变了整个政治游戏。”参见 Moe, “The Politics of Bureaucratic Structure”，收录于 John Chubb and Plaul Peterson, eds., *Can the Government Govern?*（Washington, D. C.: Brookings Institution, 1989），第 282 页。

24. David Mayhew, *The Electoral Connection*（New Haven, Conn.: Yale University Press, 1974）.

25. Niskanen, *Bureaucracy and Representative Government*，第 138 – 154 页；Terry M.

Moe,"Political Institutions:The Neglected Side of the Story," *Journal of Law, Economics, and Organization*, vol. 6 (1990):213 - 254。

26. 参见第二章的讨论。

27. Graham T. Allison, "Public and Private Management: Are They Fundamentally Alike in all Unimportant Respects?" 该文载于 Jay M. Shafritz and Albert C. Hyde, *Classics of Public Administration*,第 501 - 529 页。

28. Herring 在 *Public Administration and the Public Interest* 一书中对这一观点作了深入的阐述。

29. Herman S. Leonard "Theory Sand Theory T" (Kennedy School of Government,影印本,1984)。Robert D. Behn 表达了相同的观点。参见 Robert Behn, *Leadership Counts: Lessons for Public Managers from the Massachusetts Welfare, Training and Employment Program* (Cambridge, Mass.: Harvard University Press, 1991),第 203 - 209 页。

30. 在这个世界上,私营部门管理者起的作用越来越大。参见 Thomas J. Peters, *Thriving on Chaos:Handbook for a Management Revolution*(New York:Knopt,1987)。

31. 自我服务与被误导之间有重要的区别。参见 Mark H. Moore and Malcolm K. Sparrow, *Ethics in Government: The Moral Challenge of Public Leadership*(Englewood Cliffs, N. J.:Prentice - Hall,1990)。另请参见本书第八章的讨论。

32. 参见注释 9。

33. 参见 Robert A. Caro, *The Power Broker: Robert Moses and the Fall of New York* (New York: Knopt, 1974)。另请参见 Jameson Doig and Erwin C. Hargrove, *Leadership and Innovation: A Biographical Perspective on Entrepreneurs* (Baltimore: Johns Hopkins University, 1987)。

34. Michael Maccoby, *The Gamesman: The New Corporate Leaders* (New York: Simon and Schuster, 1976)。Laurence E Lynn, Jr. 也用此形象来描述公共部门管理者。参见 Lynn, "Government Executives as Gamesmen: A Metaphor for Analyzing Managerial Behavior," *Journal of Policy Analysis and Management*, vol. 1, no. 4 (Summer 1982),第 482 - 495 页。

35. 对公共部门来说,有效的管理同样起着非常重要的作用。要了解这方面的证据,请参见 John J. DiIlulio, Jr., *Governing Prisons: A Comparative Study of Correctional Management*(New York:Free Press,1987);Osborne and Gaebler, *Reinventing Government*。

36. 欲了解项目评估的基本内容,请参见 Carol H. Weiss, *Evaluation Research: Methods of Assessing Program Effectiveness*(Englewood Cliffs, N. J.:Prentice - Hall,1972)。要了解对现实生活中的评估起指导作用的论文,请参见 Jerome T. Murphy, *Getting the Facts: A Fieldwork Guide for Evaluators and Policy Analysts*(Santa Monica, Calif.:Goodyear publishing,1980)。欲了解让组织采纳项目评估以提高其工作绩效遇到的困难,请参见 Aaron Wildavsky "The Self - Evaluating Organization," *Public Administration Review*, vol. 32(September - October 1972):509 - 520。

37. Edith Stokey and Richard Zeckhauser: *A Primer for Policy Analysis* (New York: Norton, 1978), 第 134 – 158 页。

38. Osborne and Gaebler, *Reinventing Government*, 第 166 – 194 页。

39. 有关管理者对组织整体目标的重要性, 以下学者均有论述。参见 Philip Selznick, *Leadership in Administration: A Sociological Interpretation*, rev. ed. (Berkeley: University of California Press, 1984); Peter Drucker, *Management: Tasks, Responsibilities, Practices* (New York: Harper and Row, 1973)。对于私营部门组织战略的概念, 以下作者有非常精彩的论述。参见 Kenneth Andrews, *The Concept of Corporate Strategy*, rev. ed. (Homewood, Ill.: R. D. Irwin, 1980); Michael E. Porter, *Competitive Advantage: Creating and Sustaining Superior Performance* (New York: Free Press, 1985)。

40. Philip B. Heymann: *The Politics of Public Management* (New Haven, Conn.: Yale University Press, 1987), 第 12 – 15 页; David A. Lax and James K. Sebenius, *The Manager as Negotiator: Bargaining for Cooperation and Competitive Gain* (New York: Free Press, 1986), 第 264 – 267 页。

41. Lax and Sebenius 对"非直接管理"作了更精辟的论述。参见 Lax and Sebenius, *Manager as Negotiator*, 第 315 – 330 页。

42. 参见 Heymann, *The Politics of Public Management*; Richard N. Haass, *The Power to Persuade: How to Be Effective in Government, the Public Sector, or Any Unruly Organization* (Boston: Houghton Mifflin, 1994)。

43. Laurence E. Lynn, Jr. and John M. Seidl, "Bottom – Line Management for Public Agencies," *Harvard Business Review*, *vol.* 55, no. 1 (January – February 1977): 144 – 153; Roger Porter, *Presidential Decisionmaking: The Economic Policy Board* (Cambridge: Cambridge University Press, 1980).

44. Lax and Sebenius, *Manager as Negotiator*.

45. Robert B. Reic, *Public Management in a Democratic Society* (Englewood Cliffs, N. J.: Prentice – Hall, 1990); Ronald A. Heifetz, *Leadership without Easy Answers* (Cambridge, Mass.: Harvard University Press, 1994).

46. Philip Kotler and Eduardo L. Roberto, *Social Marketing: Strategies for Changing Public Behavior* (New York: Free Press, 1989).

47. Arthur Isak Applbaum 在"Democratic Legitimacy and Official Discretion"一文中对政府官员面临的道德约束作了理论探讨。此文载 *Philosopy and Public Affairs*, vol. 21, no. 3 (Summer 1982): 240 – 274; John P. Burke, *Bureaucratic Responsibility* (Baltimore: Johns Hopkins University Press, 1986)。欲了解更详细的论述, 参见 Moore 和 Sparrow, *Ethics in Government*。

48. 我应该感谢同事 Robert Leone, Michael O'Hare, Steven Kelman 与 Michael Barzelay。在我们多门课程的合作中, 他们教会我以这种方式来思考公共部门的运作。

49. 欲更好地了解怎样才能在私营部门建立富于创新的组织, 请参见 Rosabeth

Moss Kanter, *The Change Masters: Innovation and Entrepreneurship in the American Corporation*(New York:Simon and Schuster,1983);Peter M. Senge:*The Fifth Discipline: The Art and Practice of the Learning Organization*(New York:Doubleday,1990)。欲了解这些经验对公共部门的指导作用,请参见 Alan Altshuler 和 Marc Zegans "Innovation and Creativity: Comparisons between Public Management and Private Enterprise," *Cities*, 1990 年 2 月,第 16 – 24 页;Mark H. Moore, *Accounting for Change: Reconciling the Demands for Accountability and Innovation in the Public Sector*(Washington,D. C.:Council for Excellence in Government,1993)。

50. 关于道德约束的论述,请参见注释 31。关于心理学方面的论述,请参见 Max Weber "Politics as a Vocation," H. Gerth and C. W. Mills trans., *From Max Weber*(New York:Oxford University Press,1985);Heifetz, *Leadership without Easy Answers*。

第一篇　公共价值展望

第二章　界定公共价值

在接受任命的那天，环卫署署长开车沿整个城市兜了一圈。[1] 在城市的每个角落，他都看到公共部门和个人表现出的对环境卫生的漠然态度。垃圾箱由于长时间无人清理，里面的垃圾堆得像山一样，散发出阵阵恶臭。在偏僻一点的小巷里，遍地都是装满了的垃圾桶，似乎从来就没有人将它们清空过。偶尔看见几个空垃圾桶，也是东倒西歪，桶面布满了令人作呕的污渍。在一些经济状况较差的地区，老鼠在垃圾桶之间横冲直撞，如入无人之境。

也许是由于新官上任的缘故，环卫署署长觉得他肩上的担子特别沉。为了维持环卫署的正常运转，该市每年都拨出不少资金。环卫署雇用了上千职工，其中不少人把环卫署的工作当成自己的事业。此外，环卫署还养着几十台车，花大把的钱来维护和保养它们。最重要的是，该市几百万人依靠环卫署为他们提供干净和健康的环境。

让署长稍微欣慰一点的是，在他绕着城市兜圈的时候，他也看到了环卫署努力工作的影子。颜色鲜艳夺目的庞大垃圾车不断驶过，清洁工不停地将街道上垃圾桶内的垃圾倒入车上的大拖斗内。拖车将违规停放的车辆拖走，清道车则紧跟其后，将街道打扫干净。偶尔，他还会看到几个手持扫帚和灰斗的清洁工将置于街边的废物箱清理干净。

尽管如此，署长心中还是有个挥之不去的想法：他这个组织可以做得更多。俗话说，新官上任三把火，他很想做出一点成绩来。他想看到环卫署彻底改变他所看到的环境，他想为市民创造价值。但是，怎样才能实现这一目标？

这已是当务之急，因为新当选的市长要求他尽快制定出环卫署的工作目标。作为他战略计划的一部分，市长想弄清楚是不是可以将环卫署的工作私营化。

管理工作的目的

环卫署署长是一个实干家。但问题是，他应干什么？他努力工作的意义何在？

我们都知道私营部门管理工作的目的，那就是：为企业的股东赚钱。[2] 不止于此，我们也清楚如何达成这个目的：通过向消费者提供售价高于产出成本的产品或服务。[3] 当然，我们也知道衡量管理成效的标准，它们是利润、亏损等财务数据和企业的股票价格。[4] 如果私营企业管理者可以发明和生产出能带来利润的产品，而且他们领导的企业能在一段较长的时间内维持这种局面，我们便可以断定这个管理者创造了价值。[5]

但是，在公共部门，管理工作的整体目标不清晰，要求管理者创造的价值大都是模棱两可的，而要判断他们是否创造了价值，这些价值到底有多少，则更是难上加难。然而，要阐述一套公共管理者应如何行动的理论，首先就要解决这些最基本的问题。如果不知道公共管理工作的目的，我们便不能对特定的管理行动做出好坏的判断。毕竟，公共管理学不仅是一门规范性的学科,也是一门工具性的学科。

作为立论的起点,我首先提出一个非常简单的观点:正如私营部门管理工作的目的是创造“私有”价值一样,公共部门管理工作的目的是创造“公共”价值。

然而,这个简单的观点却激起了众多的不满,有些人甚至对此观点愤慨不已。我们的社会是一个自由主义充斥的社会,人民习惯将政府看作“非生产部门”。这种观点认为,政府不能创造价值,它最多不过是“一个必需的恶”而已。它充其量可以算是一个制定规则以保证市场经济正常运作的裁判,或者是一个填补自由资本主义市场空缺的机构。虽然有时这些活动必不可少,但无论怎么说,它们远不能算是创造价值的活动。但是,这一自由主义的观点却与公共管理者的日常工作不符。在公共管理者看来,只有政府才是英雄,它保护国家不受敌国侵略,维护街道治安秩序与卫生,为孩子们提供教育,保护公众远离天灾人祸。他们认为,政府创造公共价值,这一点毋庸置疑。这也是他们工作的全部意义所在。

当然,这样说未必有点牵强:它只看到了政府活动带来的利益,却忽视了由此付出的成本。俗话说:“巧妇难为无米之炊”,如果公共管理者不消耗那些本可作为其他用途的资源,他们绝对不可能凭空制造出所需要的结果。例如,无论是保持街道的整洁,还是帮助残疾人远离贫困、文盲和失业,抑或是向公众征收他们同意支付的税款,公共管理者都需要资金来购买设备、支付工资和向雇员提供其他法定福利。他们通过强制征税来得到这些钱,因此对其他方面——特别是私人消费——来说,这些钱就永远失去了。要得到公共部门创造的利益,就必须付出代价。

不仅如此,公共管理者还经常会用到金钱以外的资源:他们利用国家权威来迫使个人为实现公共目标做贡献。[6] 他们对乱扔废物的人处以罚款以维持街道整洁,强制领取社会福利的人找工作,每个公民都被迫为实现集体目标而纳税。[7]

如果一个社会看重个人消费更甚于达成集体目标,极度珍惜个人自由,将个人创业精神——而不是政府——看成社会和经济发展的引擎,那么,它的人民一定会对公共管理者极度吝啬。因此,仅仅说公共管理者创造了公共价值是不够的,他们必须能够证明,这些创造的价值超过了人民为此失去的个人消费值和自由度。只有这样,我们才可能说他们真正创造了公共价值。

政治市场:作为集体消费者的"公民"

但应该向谁来表明这一点?如何让人信服这一点?

在私营部门,当消费者用自己辛勤劳动换来的钱购买产品,并且他付出的价钱高于该产品的生产成本的时候,这一问题就算得到了清晰的回答。这一事实昭示了企业的价值。很显然,当个体消费者认为产品或服务不值得他们为之付款,他们就不会购买;而如果他们不购买该产品,该产品就不会继续生产。[8]

但公共部门的情况却不一样。公共部门赖以创造价值的金钱并非源于个体消费者的自主选择,而是通过征税这一强制力实现的。也正是因为这一事实,才给评价政府的行动制造了一个难题(至少从某种角度来看)。[9]

问题(从这个角度来看)是强制力的使用破坏了"消费者自主权",即个体对价值的独立判断和对生产什么产品的控制权二者间最重要的联系,而这一联系正是衡量私营企业创造价值与否的关键。[10]强制力的运用不但使个体失去了表达个体偏好的机会,也使他失去了依据个体偏好控制生产何种产品的机会。由于个体既不能选择他是否购买政府的产品,也不能选择他是否要对生产这些产品做贡献,所以我们不能决定他是否想要政府提供的这些产品。这样一来,我们就不得不在某种程度上承认这一点,即我们不能确定政府是否生产了任何有价值的东西。

但是，这一表述也有欠缺。公共部门管理者所用的资源的确是通过自主选择程序获得的。这一自主选择程序就是代议制政府。毫无疑问，这套系统并不受制于个体的自主选择。但是，在不牺牲个体意愿的前提下，代议民主制的体制和程序提供了一个条件，使我们可以自主聚会并集体决定大家的共同目标。在一群自由的个体中，代议制是我们所知的唯一可以创造"我们"这个概念的方法。[11]反过来，这个"我们"可以决定大家的共同目标、获取资源以及组织各方以实现目标，而所有这些活动都与政府的政策制定和执行角色有关。

事实上，正是大家认同政治权力确立的集体目标具有的强制性，才使立法和政治授权成为传统公共行政的中心。正是由于立法规定了集体的愿望，所以它才能指导公共部门的具体操作程序。另一方面，正如市场机制反映了个体价值一样，集体愿望反映了公共价值——至少当它可以在授权规定的条件下得到实现时可以这么说。因此，我们不应依据个体消费者的市场经济标准来评价公共部门管理者的工作，而应依据政治市场的标准来评价他们的工作，公民和民主代议机构的集体决定组成了政治市场。[12]

正是基于以上原因，环卫署署长准备了一份将要提交给市长的计划，借此向公众代表表明他的组织正在回应公众的愿望。一旦这一计划被提交给市长，他就要对这一计划负责，制定出恰当的衡量标准，以向公众表明计划中的各项目标得到了落实。[13]

那么，是不是说，如果公共管理者通过了政治市场的考验，他们就可以宣称自己创造了公共价值？人们经常对这一说法嗤之以鼻。相信我们每个人都痛苦而深刻地体验过民主代议机构所做出的种种愚蠢选择。[14]

但是，民主代议过程产生的种种决定构成了公共部门行动的指南，公共管理者除了尊重（至少在某种程度上）这些决定之外，没有其他选择。因为在公共部门中，管理者所用的资源是公众的，所以即使他们对这些决定心怀疑虑，在采取行动时，也必须假定的确存在一个前后一致的、规范的"我们"。否则的话，他们领导的组织就缺乏一个稳健的基础。

多种界定公共价值的标准

一方面，民主政治容易产生各种腐败，另一方面，人们又希望由民主政治来决定哪些才是值得公共部门生产的东西。那些试图找出民主社会中公共管理理论的研究者，在面对这一问题时都要大伤脑筋。[15] 长期以来，我们都依据不同的标准来确定管理目标。

高效和有效地达成规定的目标

过去的绝大多数时候，大家都认为公共管理者应该努力以最高效和有效的方式达成法律所规定的组织目标。[16] 所以，环卫署署长的工作就是让他的组织以最高效和有效的方式清洁街道。

乍看起来，这种说法很有说服力。但只要深入地想一想，就不难看出，这个标准中有一点很重要的东西被人忽略或想当然地接受了：这一标准认为政治——特别是立法——程序决定了哪些是公共部门应该生产的价值。对以下两类人来说，这个标准毫不奇怪：一是认为政治是产生集体意愿的方法的人；二是认为民主政治是调和个体利益和集体利益的最好中介的人。[17] 在他们看来，任何其他程序都有悖于民主原则。

但对那些不信任政治程序的人来说，他们绝难接受公共价值应由政治决定的观点。他们已经见过太多的政治腐败，绝难相信政治程序能够正确地决定公共价值。他们认为，最低限度而言，政治程序应该能够坚持原则、愿意对政府进行合理限制。它应具有一定的能力，在考虑要做出何种规定时，应维持最低限度的公平标准。[18] 因此，他们提出另一个标准，即在决定公共机构的价值时，应该有一个客观的方法和平台，并将这些客观信息与政治程序做出的决定相比较。[19]

政治中立的能力

19 世纪末,伍德罗·威尔逊(Woodrow Wilson)提出了一个解决办法:将政治与行政分开,并在各自的范围内完善其活动。[20]据此,公共管理者会以为,政治授权是以一致的、明晰的政策形式交给他们的,这些政策是政治程序中艰难的讨价还价的产物,具备民主政治所能给予的一切道义力量。

出于对政治的尊重,公共管理者现在可以专注于寻求最高效和有效的实现规定目标的方法了。为了完成这个任务,公共管理者应该具备这一领域的专业知识和管理艺术。[21]公共管理者既知道应生产什么,又了解如何驾驭组织来生产这些产品,所以他们保住了自己的位置。

但是,这一传统观念没能考虑到这一点:如果政治现实没有达到它的理想标准,情况将会怎样?现实中,经常会出现这种情况:政治授权的本意是要保护公众的利益,但同时它又包容了许多难以协调的特殊利益。[22]有时,公共管理者还会接到前后不一致的授权,如:政策要求他们同时完成几件不同的事项,这些事项相互矛盾,但政策却没有指明当矛盾发生时,应优先处理哪个事项。[23]有些时候,政治授权摇摆不定,难以预测,使此前已经投入的资金和努力付诸流水,当新的政治平衡建立起来时,又要从头来过。[24]

面对这种政治现实,甚至连信奉威尔逊的公共管理者有时也不得不怀疑以政治形式表达的政策授权。他们之所以这样做,是因为他们认为自己有义务维护公共利益和保持某些重要的公共机构的一致性。[25]在他们看来,丰富的实践经验和管理知识使自己有权站出来反对政治的各种胡思乱想。他们认为,那些敢于反对不良政治动机以维护长远公共利益的人,正是恪尽职守、兢兢业业的公务员形象。

在我们的民主制度下,官僚对政治的这类抗拒无异于螳臂当车。事实上，官僚的这种行为正是大众政治攻击的靶子。有鉴于此，这种抗拒常是暗地里进行的。在官僚的眼里，政治家只不过是些无知的、短视的或动机不纯的人。因此，如果政治家要求他们做出某些改变，他们进行变通或还击也就合情合理了。

评估公共价值的分析技巧

然而，我们的政治文化并不相信政治。不久，就出现了一个约束民主政治的平台。平台的基础是一种新的专业知识。传统的公共行政理论依靠专家的管理经验和管理知识（从实际的经验和学习中得来），而这种新的专业知识认为，可以通过经济学、统计学和实地研究中得来的分析技术客观地估算——或事后得知——公共组织是否有价值。[26]这些技术包括政策分析、项目评估、成本—效益分析以及收益—成本分析等。改革者希望通过这些技术帮助人们依据客观事实从多个方面来分析政策。例如，某项政策可在何种程度上起作用，政府付出的成本可带给社会多少公益。

至于这些技巧是否真的像它们当初所说的那样有效，则不是三言两语就能说清楚的，至少在本书有限的篇幅内难以做到。就这些技巧对政策制定的影响来说，分析人士认为，技巧的应用不是流于形式，就是不如设想的那么好。[27]尽管如此，它们还是在一定程度上改变了政府各种项目的轨迹。此外，在争论某个项目多大程度上实现了初始目标或满足了社会公益时，它们也使政治程序更加注重事实。[28]

毫无疑问，这些技巧对管理者确定和衡量他们所创造的公共价值起到了一定的作用，但在具体讨论这些技巧的作用时，我们必须注意三个至关重要的方面。首先，这些技巧既可用于评估特定项目或政策的价值，又可用于评估某个组织所付出的全部努力的价值，但它们似乎对前者更有用。我估计，造成这个现象的原因之一便是：为了有效地利用这些技巧，管理者的目标和实现方法都必须维持在一个较窄的范围内。明晰的目标和方法正是政府政策和项目的核心。

与此相反的是，组织很少只有一个项目或政策，它往往同时包容了多个项目和政策。这些不同的项目和政策结合成一个更大的、更一致的目标。不过，要衡量这个更大的目标是件非常困难的事，有时甚至不能用单个组织的所有项目和政策的运作情况来衡量它。

正如前文所提到的那样，公共组织具有变革以适应环境和新挑战的能力，这使它具备了其他价值。因此，仅以现行的工作和项目来评估某个公共组织，并不能反映它对社会的整体价值。不论在哪种情况下，这些技巧都被更多地用以评估特定的项目或政策，而较少用于评估公共组织创造的整体价值。

其次，我们还应区分两种情况：(1)这些技巧用于事先评估，以确定特定的政府创新和措施能否带来价值；(2)这些技巧用于事后评估，以确定某个已实行的项目是否成功。政策分析常关注第一点，而项目评估则关注第二点。当人们将公共部门管理者与私营部门管理者相比较，以帮助公共管理者更好地认识他们的组织创造的价值时，这一区分尤其重要。

前文提到过，与公共部门相比，私营部门有更可靠的方法来衡量其产品的价值。售卖特定产品和服务所获得的收入和利润（即众所周知的底线）成为衡量私营部门组织成功与否的直接标准。有趣的是，盈利能力只是对历史的评价。但这一点对私营企业却有至关重要的意义，其原因有二：一是可以据此评价其管理者的工作表现，并给他们提供适当的激励；二是因为它给私营企业管理者规划未来提供了不少帮助。设计战略计划是为了对未来做出更准确的预测，但事实上，已有许多专家建议私营企业减少对战略计划的依赖，并建议他们转向依赖于对瞬息万变的市场的快速反应。

这样看来，私营部门的宝贵经验便是：获得关于历史表现的准确信息，而不是将注意力集中在对未来的猜测上。在某种程度上，这种说法是对的。换句话说,公共机构应该更注重项目评估,而不是政策分析。但依据我的印象,公共机构的做法刚好相反。这是一件非常不幸的事。因为人们不太注意项目评估,从而使公共机构丧失了责任心、积极性和快速反应能力,而私营部门则正是通过密切关注项目评估才获得了责任心、积极性和应变能力的。

最后,我们需要研究一下,公共机构的组成方式到底是为了优先满足何种目的。一般来说,分析技巧是一种工具,旨在帮助政府了解它的努力是否有效。收益—成本分析通常被当成是最好的分析技巧,也是最常用和与价值最紧密相关的分析技巧。不依赖收益—成本分析的唯一原因是它们太难以完成。所以,项目评估和成本—效益分析成为收益—成本分析的代替品。

但是,我认为各种分析技巧之间还存在着其他重要区别。对大多数公共机构而言,项目评估和成本—效益分析在理论上和实际上都要胜过其他技巧。根据福利经济学理论的收益—成本分析方法,公共活动的价值应该等于各个个体所获结果的总和(不管是正数还是负数)。项目评估和成本—效益分析则与此相反,它们不以个体认定的政府政策的价值为标准,而以政策达成政府特定目标的程度为标准。所以说,项目评估评价特定项目达成目标的程度,而这些目标又是政策本身所规定的。成本—效益分析度量政府某项工作取得的成绩,其度量的标准则是事先为这些工作设定的目标——或许一些人(如帮助政策制定者确定什么构成了有价值的"效益"的人)在这一过程中起了指导作用。

简而言之,两者的区别在于,项目评估和成本—效益分析都以集体决定的目标来确定公共价值,公共价值从集体决策程序中产生,而收益—成本分析则依据个体的欲望来确定公共价值,丝毫也不考虑集体决策程序。由于收益—成本分析依赖于纯粹的个体偏好,从而使福利经济学家在理论上更看重它。但是,另外一些人却更看重政治程序,认为应该由它来决定集体的意愿。对于这部分人来说，这才是公共行动的正确指引。也正是由于项目评估和成本—效益分析忽略个体偏好、看重集体目标，所以它才是更好的技巧。

注重顾客服务和客户满意度

最近，公共机构的管理者引入了一些新观念，并以此来衡量其机构的价值。他们从私营部门引入顾客服务一词，并努力在“客户”满意度方面发现自己工作的价值。[29]从某个角度来说，这种观念具有重要意义。这一观念认为，应该将与政府机构打交道的公民当作顾客，从而促使政府机构管理者思考如何提高这种交往的质量，使这些交往更让人满意。相信我们以前都经历过官僚的无礼，痛恨过政府低效的操作和烦琐的程序。将公民当作顾客观念的引入无疑使这一现象有了改善。

可这种观念也并非毫无瑕疵。人们很难确定谁是政府机构的顾客。可能人们会想当然地将自己——即各机构在单个交往和交易中打交道的“业务端”的公民——当成政府的“客户”。

在政府向公民提供服务和福利时，这一模式当然是非常有用的。但是，政府的职能并不局限在提供服务上。很多时候，政府扮演着规制的角色。[30]警察部门、环境保护机构、反种族歧视委员会和税务部门等都是这样的机构。这些组织不是以服务提供者的身份，而是以政府代表的身份来与个体打交道，他们代表整个社会，强制行为对象接受某项费用。

规制和法律执行部门能将本部门的行为对象当作顾客看待，并制定周全的服务指南，这当然是一件非常有益的事。[31]但是，用这些部门强制对象的满意度来公正地评价其工作表现，无疑是极为不合理的。要公正地评价这些部门的表现，只能依据其他大部分人的意见。因为除了强制对象之外，还有许多人关心规制过程中的公正与公平，他们不希望这种不公正或不公平的事也被强加在自己头上。

这一点非常重要，因为它提醒我们，服务提供机构不但要受其顾客的评判和评估，还要受全体公民的评判和评估。以福利部门为例，在评价其工作表现时，我们需要了解顾客对其提供的服务的看法。但是，我们却不能仅仅依据这些看法来评价福利部门的服务的价值。有时候，这些看法甚至都算不上是最重要的依据。公民和他们的代表要确保各项开支维持在较低水平，以及没人窃取福利项目中的金钱（哪怕防范措施的开销将超过实际可能被窃取的数额）。他们甚至还希望让领取福利的人感觉到一点羞辱（以区分自食其力的人和依靠国家生活的人）。

简而言之，公民及其代表对政府行为的评价与政府部门顾客的评价是不一样的，将这些评价区别开来非常重要。警察部门行动的价值如何，不应由被逮捕的人来评价；福利部门的价值如何，也不应由其顾客来评价。政府行为的最终消费者不是那些在单个服务或强制行为中遭遇的对象，而是公民和他们在政府中的代表。这些人对如何组织警察部门以及如何发放福利救济有独特看法，他们不但决定公共部门应该生产何种价值，而且最终决定了政府各项目的价值。

在决定公共部门应生产何种有价值的产品时，无论是“政治中立”、“政策分析”，还是“项目评估”或“顾客满意度”，都不能抹杀政治在其中的首要作用。正如私人消费选择仍是私人价值的最后仲裁者一样，政治仍是公共价值的最后仲裁者。公共管理者必须找出一条途径来改善其政治处境，并使它成为决定何者才是具有公共价值的指导纲领。也只有这样，公共管理者才有可能继续开展工作。这也是政治管理成为公共管理者工作中不可或缺的一部分的原因。[32]

为了更好地看清以上分析如何影响公共管理者的思考和行为方式，我们再回到篇首提到的环卫署署长的案例。他应创造什么价值？为谁创造？怎样创造？

案例：城市卫生

环卫署署长接管了一个公共机构，并且被授予一定的资产（以税收、公共权力、建筑、卡车和长年累积的经验等形式出现）以完成多个清晰或模糊的目标。他将负责调配这些公共资产（这也是他成为公共管理者的原因）。他刚上任的时候，这些资产并非可以随心所欲地调配，它们已各有用途：有的一以贯之，用于特定的用途；有的用于标准的程序化运作，有的用于技术。[33]

当前的运作产生了一系列特定的结果。公民团体、传媒、城市议会和市长等都在向环卫署发号施令，要求以自己的方式调配资源。其中甚至还包括这样的建议：将环卫署名下的资源返还给私营企业，或用于支持私营企业，而不是花在官僚身上。[34]

环卫署署长在建议和决定如何调配资源时非常谨慎，其原因是多方面的：一是因为公共部门的目标只是一个大概的目标，而不是一个明确界定的目标；二是公共部门的监督者自己并未就目标行动达成一致意见；三是公共部门的管理者自认为是确定和解决社会问题的专家。[35]因此，环卫署署长的问题是：怎样调配由他掌控的资源，以使他主管的组织的价值增值。[36]

环卫署的产品：垃圾收集

只要对环卫署的运作略加观察，就不难发现它正在生产什么价值：环卫署使城市的房屋和大街小巷更加清洁。但这一观察会引发出新的疑问：为什么这些结果是有价值的？这个问题一旦提出，分析便会脱离对现象的观察，进入到对理念的思考，即：公民珍惜什么？

请各位注意，如果垃圾收集服务被当作普通的商品在市场出售，则不会产生这个问题。那时，公民对洁净的街道的价值评判将通过他们购买该服务的意愿表现出来。只有当税收被用以支持该行为时,负责调配此资源的公共管理者才必须就“此服务为什么具有价值”作全面的、政治上可接受的回答。动用公共资金支持某个行为分割了个人欲望(通过个人花费金钱的愿望来表达)和生产的产品之间的联系。它不仅使人们怀疑公民对服务(及它的价值)的欲望,也使向整个社会(而不是该项服务的受益人)解释该组织的价值成为必要。

尽管并不存在一个统一的、对公共组织提供的社会服务有清晰偏好的消费者,但在行动时,政府必须假设这个消费者的确存在,并就政府行为向他作全面的、政治上可接受的回答。这一点是确定政府行为的价值过程的中心问题。无论这样做在理论上有多困难,在实践中,政治系统每天都必须解决这一问题。解决办法是授予公共管理者支配公共资源的权力。

关于公共机构的价值的解说——或仅仅是杜撰——通常可以对这一授权做出合理的解释。[37]为了使解说(或杜撰)的作用更大,它就要具有更大的说服力,即不仅要说服那些干净街道的受益人,还要说服整个社会——或者更精确地说,要说服构成社会的公民和他们在各种政治组织中的代表。当然,并不需要每天都将这些杜撰的故事重复一遍,因为只要这一故事已经得到了认可,传统就会将它不断地传下去。但是,当需要重新考虑或重新授权予公共机构时,这个故事就得重提一次。

在上文提到的垃圾收集案例中,其中一个解说便是:从审美的角度看,干净的街道比肮脏的街道更富吸引力。因为公民对干净的城市更具好感,所以清洁街道无疑就是创造了公共价值。

如此直接的语言反而使这一道理听起来很怪异,因为它让人以为,政府收税就是为了保持街道洁净。但是,人们并不会认为值得为洁净本身大动干戈。事实上,在自由社会中,如果人们坚持要求政府收税以保持洁净,甚至会让人感到难堪。这样一来,我们就必须寻找比洁净更有说服力的公共价值——即更好的故事——来确定公共机构的价值。

有一个更有说服力的解释，即环卫署保护公众健康。根据这种说法，环卫署收集垃圾之所以具有价值，是因为这一行为产生了一系列后果，并最终保护了公众，使他们免受疫病之侵。[38]街道上没有有机废物，病菌便难以生长（更不用提到老鼠了，它们既让人觉得恶心，又对人类健康构成威胁）。环卫署的这类例行工作减少了疫病暴发的可能性。

请注意，这种解释带来了一个新的问题，即垃圾收集是否在事实上阻止了疫病的暴发。这个问题——即从政府进行干预开始，公共机构的价值就引发了一连串因果关系——在公共机构中普遍存在。只要我们不能确定政府输出（收集垃圾）和期望的社会输出（死亡率和发病率降低）之间的因果关系，这个解释的说服力就会大打折扣。[39]但是，只要目标足够重要，人们就会理解公共机构存在的必要，哪怕该机构所带来的结果并不确定。

对垃圾收集的两种看法——即提供惬意的环境和保护公众的健康——会给公众评估公共服务机构的水准及其所需要的资源带来截然不同的后果。就提供惬意的环境而言，公共机构的行动并不具有特别重要的意义，因为人们并不急于需要这项服务。更重要的是，人们并不会太在意这项服务的分配。就保护公众健康而言，公众的努力就显得必不可少了。人们会愿意在这上面花更多的钱，因为它实在太重要了。人们对这项服务的分配也会更加关心，他们会认为每个人都有权要求保障其健康免受侵害。

许多政治决定都牵涉到这个问题，即某项事务仅仅是一种便利呢，还是一项权力。如果仅是一项便利，则它就应该由个体按照自己的意愿自行购买；如果是一项权力，那它就应该由广义的社会来保障。[40]这一争论也反映了区分某项事务是公共事务或私人事务的界线。当某种物品或服务被当成一种权力，并与公平和正义联系起来时，公共部门就必须将它纳入自己的责任范围,保证该物品(或服务)的数量和分配。当社会认为某种物品或服务虽然具有一定的价值,但与公平和正义没有必然的联系时,它就不属于公共部门的义务范围。

收集垃圾的成本

洁净街道的价值之所以会成为一个议题,不仅是因为人们可用别的方法来实现这一目标,而且还因为清洁街道需要一定的成本。之所以说清洁街道需要成本,是因为这些资源本可以用于其他目的,现在却被用于垃圾收集了。如果这项工作没有任何成本,那么,只要有些微的利益,就可以解释环卫署存在的合理性。正因为它牵涉到巨大的成本,所以,它生产的价值是否超过了其生产成本就成了议题的关键。

收集垃圾必然会引发两种成本。最明显的一种成本是提供此项服务所需要的预算。为了保持街道清洁,人们将本可以用于私人消费的钱来资助公共事业。该服务花费的金钱数目通过预算和会计系统反映出来,数目大小因街道的清洁度和清洁街道方法的不同而变化。

另一种成本并不那么显而易见:除金钱之外,该项服务还卷入了公共权力。通常,我们只注意到政府强制部门会用到政府权威。但事实上,垃圾收集也牵涉到政府权威。至少来说,政府权威被用以征集资助该项服务的税收。

除此之外,它还被用于另一个重要方面。只要某项有价值的服务成为公共服务,私人就不会再购买或提供该项服务。以垃圾收集为例,当政府承担起这项工作时,人们就会减少这方面的投入。他们将不再从私营企业购买该项服务,甚至不再打扫自己商店门前的人行道。

当私人不再做这项工作时,街道就会变得不如此前整洁。这样会产生一种新的利益,即人们有更多的闲暇。对此前花费时间和金钱从私营企业购买垃圾收集服务的人来说,他们还会有更多的可支配收入。然而不幸的是,城市再没有以前那么整洁了。在极端情况下,人们维持街道清洁的意愿会降到极低的程度,以至于城市要比原来肮脏很多。

为了防止这种结局,政府便动用它的道德权威,制定种种正式或非正式的规章制度,以保持街道的整洁。[41]就非正式的制度而言,政府可以广为宣传,建立起喜好整洁、厌恶乱扔垃圾的社会风气。[42]例如,环卫署可以资助公众运动,敦促人们不要乱扔垃圾,或在全市范围内放置垃圾筒。[43]这些活动的目标是帮助人们养成良好习惯,并杜绝任何可以让人们不负责任的借口。

更有强制力(也是更昂贵)的办法是制定法令,禁止人们乱扔垃圾,要求公民清扫自家门前的人行道,以维持私人清洁街道的努力。同时,动用罚款等强有力的措施来保证这些法令的实施。这样一来,这一行动便带上了强制色彩。

一般来说,我们不会认为公共权力的运用存在着不同的级别:它或者存在,或者不存在。但事实是,就像金钱一样,在公共机构中,公共权力的运用存在着不同的级别。权威的级别可以通过以下几点反映出来:一是加在公民身上的负担大小;二是违反规定所引致的处罚力度;三是强制方法的强制程度。[44]

另外,制定和执行规章制度所需程序的复杂性也反映了权威的级别:程序越复杂,涉及的权威就越高。以禁止乱扔垃圾或要求公民清扫人行道为例,它们需要正式的法律行动。一般而言,类似的行动需要经过反复的公众讨论之后方可施行。此外,对违反规章制度的公民处以罚款也要经过正式的法庭审议。这些程序的意义在于,它们说服了公民放弃部分自由以实现公共目的。所以,它们是给予政府权威合理性的工具,保证了政府权威被用于适当和有价值的地方。[45]

因此,为了让公共部门来收集垃圾,必须使用两种资源:一是通过税收征集的金钱,二是道义或国家权威对个人参与解决公共问题的约束。

在民主自由社会,这两种资源都是稀缺品。因此,收集垃圾产生的利益必须超过这样做的成本。

政府干预的正当理由

作为政治哲学问题,自由社会中的绝大多数人都情愿将生产工作交给市场和私人机构,而不愿交给公共机构或政府官僚。作为这一观点的结果,公共机构要证明自己的价值,就不仅要表明自己的产品的价值超过了用以生产该产品的资源的价值,而且还要表明为什么要将这个机构设置成公共机构,而不是私人机构。[46]

这一偏好源于意识形态的三个支柱,它们奠定了自由社会中机构的设置方式:首先,对市场的尊重,市场使生产行为对个体的需求做出恰当的反应;其次,对私营企业的信念,人们坚信私营企业比官僚企业更易利用个人的创新能力,从而更能适应环境,效率更高;第三,人们坚信私营企业可以成为抵御政府权力的重要堡垒。

在某种程度上,环卫署署长可以将这些观点看成抽象的概念,与他领导的组织的日常工作没有多少直接联系。另外,他也可以将这些观点看成重要的哲学原则,努力将它们引入组织的工作,并不断将这些观点付诸实践。或者,他还可以这样想:尽管这些原则对他并不重要,但对那些监督他的机构的公民和代表来说,却具有极为重要的意义,因而必须尽量坚持这些原则。

事实上,当这些观点在该市的政治程序中得到了政治支持,或在全国各个城市都在将环卫署私有化时,上面最后一种看法便会自然而然地浮现出来。在自由社会中,人们要求各个机构之间保持合理的关系,为了满足这些人的要求,公共机构的管理者就要解释为何某项服务需要政府的权威支持。

大体上说,有两种情况可以说明政府干预的合理性。一是市场在供应某项物品时，存在某种技术缺陷——例如生产者和消费者间的自由交换不能带来最合适的生产水平，[47]政府必须进行干预以纠正市场的这一缺陷。

另一种情况是这类服务涉及公平和正义问题——某个公民声称自己有某项权利，而社会上其他人也认为此项权利应该得到尊重。[48]政府必须干预以确保此项权利得到他人的尊重——这样做不仅是为了当前声称有这项权利的人，也是为了所有的人。

请注意，在第一种情况下，个人偏好仍是社会价值的首要决定者。理想的状态是，某特定产品的生产和分配都只由个体偏好决定。

第二种情况与第一种情况相反，决定社会价值的是另一个因素。某个公共机构的价值是由集体决定来裁定的。正如消费者通过市场决定产品的数量和分配一样，公民通过政治过程来决定公共机构的数量和分配。公民要求不断改善社会条件，而公共机构必须满足公民的这一集体偏好。

确定垃圾收集的价值有两个框架，而以上两种解释或多或少与这两个框架相吻合：生产洁净和生产公众健康。在第一个框架中，公共机构通过收集垃圾，向公众提供了一个美好的环境，这种产品与其他任何消费品没有两样。此时，政府要对此进行干预，其主要原因是市场结构中存在着技术问题。

在第二种框架下，由公共机构来收集垃圾提供了一种更为基本的东西——即对公众健康的保护。此时，政府的干预更多地是保证公平地分配利益及由此引起的义务，以满足某种公认的、对社会有价值的社会条件。

两种截然不同的框架表明了两种价值（即整洁和健康）在我们的政治过程中的不同地位。整洁只不过是一种美好的事物，而不是一种必需品，所以，除非市场结构存在技术问题，应该将它交给市场来生产和分配；健康则是一种“最重要的物品”，它与基本的社会原则相联系，因而成了社会关注的焦点,必须将它交给政府来生产和分配,以保证“公正”。[49]

在高效地生产和分配一项便利给那些真正需要它的人这一框架里,有三种情况可以合理地解释政府的干预。[50]第一,非常明显的规模经济。有两种原因会出现明显的规模经济:一是对垃圾收集的研究显示,在一定的数量范围内,成本随垃圾收集量的增加而递减;二是只有在市容从不太整洁转为整洁,或从较安全转为完全安全的这一时刻,垃圾收集的价值才集中体现出来。

社会有两个办法可以充分利用规模经济,而又不使公民沦为私人垄断的剥削对象:设置管理机构,以监督私营部门可能出现的自然垄断,或者由社会来提供该项产品。以收集垃圾来说,社会经常决定由政府来提供该项服务。

第二,虽然公民珍惜洁净的街道、清新的空气和干净的小巷,但它们现在不属于任何个人,个人这样做也不能得到任何报酬。[51]这样一来,单个的公民便没有“生产”这些物品的动机,他们自然不会将垃圾扔到该扔的地方,而是随手就将它们丢弃在大街小巷里。

为了处理这个问题,社会或许会决定由它来拥有这些公共空间的所有权。一旦社会得到了这一所有权,它就可以设立一个交易市场,向公民在这些空间扔垃圾收取费用。另外,它还可以依靠权威,要求公民维持这些空间的整洁,并对违反者处以罚款或承担违反公共条例所带来的羞辱。[52]社会还可以决定由政府来提供这项服务,使公民不能乱扔垃圾。以垃圾收集来说,社会通常综合运用以上各种方法,但把重点放在由公共机构提供该项服务上。

第三,因为垃圾收集所带来的美观和健康利益会惠及城市中的所有公民,如果某个公民拒绝为此付款,社会也很难将他排除在受益者之外。[53]所以,任何公民都会隐藏他对整洁街道的兴趣。如果他不为此做任何贡献,或许其他人也会这样做,这样他就可以免费享受别人的努力所带来的好处。或者,他们甚至会因为担心被别人利用或讥笑而不愿意承担任何应该承担的责任。无论出现哪种情况,城市的洁净度都将低于人们的期望,因为每个人都不愿做分内的贡献。为了避免这一结果,社会可以强迫每个人都以金钱或其他形式做出应有的贡献。

所有这些关于政府干预的解释都源于以下假设,即个体偏好可以恰当地确定此类服务的价值,但由于提供此类服务的市场结构存在技术问题,必须由政府来干预。正如前文提到的那样,我们可以从一个完全不同的角度来看待这个问题。我们不将这个问题看成是如何组织以最有效地满足个体对整洁街道的需要的问题,而将它看成是一个如何公平分配权利和义务,以满足公众对健康的需要的问题。社会中的个体则已认识到,这是一个需要集体解决的问题,它是集体的责任。

这种推理以及它带来的分析框架,极大地改变了我们对垃圾收集的公共价值的看法。我们不再将它的价值看成仅是满足了个体消费者对整洁和健康的欲求,而将它看成是公众健康必不可少的保护。至此,清洁的街道成为公共必需品,公民的权利必须得到保障。这类呼声取代甚至战胜了个体偏好在确定公共机构的价值中的地位。[54]

这类主张经常是由外界提出的,它们一般从日常提到的市场和政治机制以外引入。例如,一位有名望的医生提醒世人警惕一场近在咫尺的传染病;又如,一位为穷人奔波的人士向人们展示公寓区老鼠肆虐的图片,以揭露现有卫生服务的分配不公。这样看来,好像是某种客观的现实,或某个大家公认的道德准则,使社会中的每个人都认可垃圾收集是一种公共必需品。事实上,这些判断使人们不再将自己看成个体的消费者,而是将自己看成社会的一员,面对同样的问题,受同样的道德准则约束。

但在实践中,如果这类主张仅仅停留在主张的阶段上,它们就永远不会具有强制性。为了能在社区中立足——能够确立、维持和指导收集垃圾的公共机构——它们必须通过政治上的考验。这些主张必须得到公民的同意,并且得到代议机构的授权。只有这样,它们才可能替代个体偏好所起到的种种作用。

公民一旦对垃圾收集的价值达成了一致意见,效率就不再是问题,如何公平地分配权利和义务则成了关注的核心问题。[55]如前文所述,公平之所以会成为议题,是由于要牵涉到公共权力。在民主社会中,公共权力属集体所有。[56]作为规范性原则,只有代议机构才能决定使用公共权力。[57]此外,在行使公共权力时,它必须有利于全部公民。[58]这些指导政府机构行为的政治原则是我们社会的基本原则,就如市场中的个体偏好是指导私营企业的原则一样。

就垃圾收集而言,这些原则的意义是:公共权力的使用必须让拥有权威的人(即公民和他们的代表)满意,使他们认为公共权力得到了较好的运用。较好地运用公共权力的意思是公共机构在运作中保持了公平(即相同处境的人得到了相同的对待),[59]受到权威处置的人能够辨别出在他的个案中,该处置是合理的。[60]请注意,公共机构的特征之一便是公平——它并不一定与效率和效果相联系。虽然某个单独的交易可能不太公平,但从根本上说,公共机构在总体上应该是公平的。公民认为公平有重要价值,于是他们集体决定将这一特质赋予公共机构。在这一点上,公民不是以单个的、公共机构服务的委托人或受益人的身份出现的。(对感受到公共机构的强制力——而不是它们提供的服务——的公民来说,这无疑是一段难得的体验。这种体验也将在他们决定是否要授权某一公共机构时产生重要影响。最终而言,强力机构的公平度将影响到它的执行效率。)

从这个角度来看,有两点原因合理地解释了为什么要由公共机构来收集垃圾:一是社会对健康(和整洁)的环境的向往;二是通过公共机构来公平地分配利益和生产这些利益所引起的义务。公共机构的价值也通过两方面表现出来:一是享有整洁街道的个体(享受的代价是纳税和接受规制，以帮助垃圾收集机构）；二是公民看到了集体需要，并通过设置公共机构来满足这种需要，从而参与社区建设带来的满足感（这种满足感的代价是担心由公共机构完成某项私人机构可能做得更好的工作，将对现有社会结构产生威胁）。

这些观点常常被看作是不具代表性和不一致的。有的人从高效生产和分配的角度看问题，有的人从正义和公平地分配利益和义务的角度看问题。但是，我认为，公共管理者必须同时从以上两个角度看问题。他们既不能不考虑高效地生产和分配服务的问题，也不能忽视公平地分配利益和义务的问题。一旦涉及公共权力，就不得不考虑公平问题。一旦需要花费税收，就得涉及公共权力。

授权过程的价值

公共机构总是要涉及公共权力，这一事实引出了两个重要问题：(1)公共机构的工作必须令哪些人满意？(2)令人满意的工作应具有哪些特征？由于涉及公共权力，而公共权力只有公民及其代表才能授予，所以它的使用必须受到政治协议——而不是个体市场交易的指导。各个公民对社会利益（而不是作为公共机构服务对象的个体利益）有不同的定义，公共机构的行为不仅要让其直接的服务对象满意，也要让其他公民以及授权予该机构的代议机构满意。

关于公共机构的价值，政治讨论过程很少达成一致意见，甚至在是否应该设立公共机构这样的问题上也存在着不少争论。从某种意义上说，这种政治对话之于公共机构就如市场之于个体努力。在市场上，消费者决定他们买什么。但两者之间存在以下三方面的区别：(1)在授予政府代理权时，公民付出的代价不仅是金钱，也包括自由；(2)某种政治观点认为某种产品能给整个社会带来好处，于是人们根据这一观点购买这种产品，购买的出发点是为了全社会每个人的利益；(3)他们购买整个机构，而不是该机构生产的某一种或几种产品。总而言之，公民（与服务对象相对）希望得到他们认为公平、高效的垃圾收集服务。

对于环卫部门而言，这些抽象的问题往往会变得非常真切而实在。最常见的，如怎样在不同的地域范围、民族聚居点、阶层和政党成员间合理分配现有服务。[61]这些问题之所以会引起政治争议，不仅仅是由于其中隐含着利益冲突，还因为可以根据多种合理的原则来决定分配服务的方法。

如果用市场效率或福利最大化来考虑服务的分配，我们就很容易得出这样的结论，即应该将收集垃圾的努力用在可以产生最大好处的地方，也就是那些每单位努力可以带来最大的美观和公共卫生程度的地方。[62]除此以外，还有一种分配方式，即将公共服务分配到那些已经付出了很大私人努力的地区。这主要是出于两方面的考虑：一是作为激励手段，以保持或增加私人的热情奉献；二是私人的这种努力表明他们对洁净有更高的标准，因此也是投入公共资源的更好场所。[63]

如果用满足社会需要这一标准来衡量公共机构的价值，我们就会得到截然不同的结论，即应该向那些最需要清洁服务的地区提供垃圾收集服务。[64]这种做法会在全市范围内保持最低程度的清洁度。第二条原则与公平密切相关，它在全市不同地区提供同样数量的服务，而让不同区域实际的整洁程度反映当地居民维护整洁的欲望和能力。[65]

无论何时，以上两条原则都会有人支持。但最后，它们都不能成为分配服务的基础。在实际中，分配问题是由连续的政治和行政过程来解决的。在这个过程中，两种原则始终处于一种张力状态，实际分配状况根据政治要求和政策不同而变化。

一般来说，对管理效率和项目效益的辩论主要集中在效果和成本两方面，通常不会涉及公平和公正。事实上，即使是在政府部门报告某种工作出现短缺时，人们也很少会注意到公平和公正问题。引发这种问题的诱因通常来自外部，如：突降大雪，以致不能及时清扫街道；报纸上揭露环卫署腐败、浪费和低效的报道；新来的行政管理当局要求大规模提高服务能力；新任署长发起了新项目（如一场消灭空置住房中的鼠害的运动）；鼓励社区团体清洁社区环境。[66]这些辩论最后都会通过报告、研究以及制定新政策等办法来平息。

有两个原因给公平和高效地收集垃圾的政治辩论赋予了重要意义。首先，它们重新确认了公共机构的权威，从而维持了公共机构清扫街道所需的资源。其次，它们为社会提供了一个机会，使其得以重新考虑公共机构是否合理地使用了授予它们的资源。就像企业一年一度的股东会议一样，环卫署署长与利益集团、传媒和人民代表间不定期的、经常的会面，给了环卫署署长一个解释其机构存在价值的机会，他可以运用这一机会来维持已有的投资或吸引新的投资。

这种不间断的、授权继续收集垃圾的政治过程具有多方面的特征。它可以公开，也可以不那么公开；可能更公平，也可能更不公平；可能会，也不能不会更好地了解过去的工作情况和未来的机会；其决策可能更合理，也可能更不合理。这一授权过程具有的特征非常重要，因为它联结了社会的两个主体，即垃圾收集机构和公民，前者收集垃圾，而后者则消费这一机构提供的服务。[67]

公民期望公平、高效和有效的公共卫生服务，但他们对这一过程既可能感到满意，也可能感到失望。同时，由于他们满意与否是衡量公共机构成功或失败的重要因素，所以我们应当认为，这一过程创造了某种价值。如果授权的程序得到适当的管理，公民的共同愿望通过咨询和评估过程得到了满足，他们就会趋向于认为这一机构具有更高的价值。这种公共价值是独立存在的，它与洁净的价值、生产成本和资源二者间的区别毫不相关。

机构的资本价值

关于垃圾收集，还有一点需要注意。这项工作通常是由现有组织，即市环卫部门来负责。长期以来，这个组织已经积累了一整套关于如何收集垃圾的经验。[68]在全市调集工人和设备来清理各处的垃圾是一项巨大的工程，而这个组织已制定了一整套程序来完成它。此外，这个组织还雇用着一群职员，他们知道该去哪里收集垃圾。它还使用一套会计系统，以帮助组织的管理人员了解收集垃圾的成本和预算的执行情况。最后，它还雇用一些管理人员，以确保组织中的每个人都在做自己该做的工作。所有这些运作能力都是社会已经投入到该组织的资源的表现形式。

许多人会说，这些累积的经验和运作能力是必须加以保护的重要资产，或至少不应随便抛弃。他们认为，公共部门组织具有长远的眼光以及由此而来的竞争力，从而可以平衡狭隘的、短视的政客们的影响。[69]

这种看法具有相当的合理性。组织累积的经验无疑是有价值的，放弃这些经验需要付出代价。即使该组织许多由经验而来的生产能力已经由于管理者的松懈而丧失，它也仍比任何其他组织在这一领域具有更高的生产能力。[70]

问题是，尊重组织的连续性也可能成为阻碍变革的借口。像垃圾收集这种看似简单的事情，其实也不是一成不变的。世界在变化。社区人口的增减、私人努力的消长、垃圾收集新技术的涌现、新问题（如有毒物品）对组织分拣处理能力提出的新要求，以及新劳工合同对员工结构的改变等，都会影响到垃圾收集的基本运作。

此外，对环卫署的政治要求也可能会改变。也许一个丑闻会迫使环卫署改变服务的地域分配或监管层次。也许环卫署突然接到指令，要求它不仅要收集垃圾，还要为穷苦青少年提供就业和改善生活的机会。环卫署署长或许会在街道清洁工的身上看到一线机会，希望利用他们的力量来鼓励社区团体的发展，并通过他们来重树衰败社区的自信和刺激外界向这些社区投资。

关键是该组织的价值不一定限于其现有目标所具有的价值，它还具有某种资本价值。这种资本价值源于它具有以下两种能力：一是它拥有采用不同方法以适应垃圾收集过程中出现的新问题的能力，二是生产对社会有潜在价值的其他物品的能力。如果该组织具有以下三方面的特征，那么它具有的价值就会高于外界从观察中得到的印象。这些特征是：它能更有效或公正地利用机会以完成其传统使命，它能适应变化的环境，它能用自身的独特竞争力生产其他对公民有价值的东西。事实上，对私营部门组织来说，正是组织的适应能力决定了它们的长期价值。[71]也许，这一标准也适用于公共部门组织。[72]

公共价值管理理念的建构

关于垃圾收集的公共价值的讨论提出了这样的问题：公共管理者与所有依赖于公共管理者的市民，应该如何分析公共机构的价值？以下六点看起来很关键。

其一，正如格言所说：价值源于个体的需求与感觉，它不存在于任何物理上的形体变化或被称作"社会"的抽象名词之中。因此，公共部门管理者必须满足人们的某种需求，并依据某种感觉来具体达成这一目标。

其二，必须满足多种多样的需求。其中一部分可以通过市场生产并分销的物品或服务得到满足，这是私营部门管理者关心的问题，我们不作讨论；另一部分则必须由公共机构来生产，公民通过代议制政府来表达他们要求公共机构生产这些物品的要求，这部分才是公共部门管理者要关心的问题。

市民的需求可以大致分为两类。第一类是为个体所需并消费的公共物品，由于它们不能分割并逐一卖给消费者，所以不能通过市场机制来提供。第二类与人们对社会条件的总体要求有关,这些要求包括以下政治期望:在公共和私营部门组织间适当分配权利与义务、公平分配经济机会和社会责任,以及公共部门组织必须合理利用国家税收,等等。

在实践中,这两种不同的需求融为一体,因为无论何时,一旦要公共权力解决市场中的技术问题,该组织就会具有公共特征。只要组织直接运用公共权力要求个体为公益事业做贡献,或使用征税得来的款项以满足公民或代议制政府批准的需求时,这一组织就必须接受公众按照正义与公平、效率与效果标准对它做出的评价。一旦公众利用通过国家权力征集的公共资源进行生产,它就不能再被视作独立于公众的政治偏好和要求之外。因此,公共机构满足这些偏好的能力是其价值创造能力的重要组成部分。

第三,公共机构的管理者能通过两种活动创造价值(从满足公民和直接服务对象的需求这一点而言),它们分别针对不同的市场。最常见的就是调度授予他们的财力和权力,为委托人和受益人创造价值。如建造公园、向瘾君子提供治疗、部署兵力确保个人安全及对未来的信心。我们将这种方式称为通过公共部门的生产来创造价值,尽管所生产的产品也许不是个体受益人消费的有形物品或服务。

公共管理者还能通过建立并经营某个机构来创造价值,这样做的前提是这个机构能满足公民(及其代表)对于适当和富有效率的公共机构的要求。如果该组织在过去满足了公民对效率的要求,并且能在未来继续满足这种要求,公共管理者便可以据此从公民及其代表那儿继续获得授权。我们也许会认为这种行为只不过是有助于定义公共价值,而不是创造公共价值。但事实上,因为公民要求公共机构保持公平、高效和负责任,而这种行为恰恰满足了这一要求,所以说,这种行为的确创造了公共价值。在这种情况下,主要是公民——而不是委托人或受益人——的需求得到了满足。

公共部门价值创造的双重性质看起来有点特别。但事实上，私营部门也存在着类似的情况。私营企业的管理者需要满足两个不同的群体。首先，他们必须满足消费者，生产某种他们愿意购买的产品，且购买价格必须足以弥补产品的生产成本。其次，他们必须满足股东和贷款人，向他们表明企业有永续经营的能力。公共部门的管理者面临同样的问题：他们必须生产某种在委托人看来价值大于成本的产品，并且让公民及其代表相信他们生产了有价值的产品。简而言之，无论在什么情况下，管理者的行为都必须既让顾客满足，又让所有者满足。

其四，由于政府行为都涉及政治权威，这两种管理具有不同的重要性。因为涉及权力，所以与满足“委托人”和“受益人”的要求相比，向“所有者”保证其资源得到了合理使用显得更为重要。而且，使企业在最大化地满足受益人的要求之外，赋予“生产方”一些其他的特征也非常重要。该组织的生产和产品分配必须公平和富有效率，它不但要很好地利用自身的权威，还要很好地利用花在它们身上的金钱。

其五，公民及其代表（相对于委托人和受益人）从公共管理者手中购买的是对公共事业的承诺——这种承诺表现在政策之中。从这一角度来说，政策之于公共机构管理者就如同计划书之于私营企业管理者。从交易中的管理者这一方来看，他得到了授权，使用一定数目的公共资源和手段以实现某些公共目标。从另一方，即公民的角度来看，授权等于购买了某个承诺创造价值的机构。这是一个集体政治决定，意在通过某种途径解决某个问题（或利用某种机会）。在自由民主社会中，对于用公共资源生产何种产品以满足公益这样的问题，政治是最好的答案。

当然，我们知道，把政治协议当成民意或公共利益的精确反映是危险的。政治决策难免受到各种腐败形式的影响——其中最重要的是特殊利益侵蚀公共利益。[73]它还受限于各种非理性行为，如目光短浅、不愿做出短期牺牲、不能正确对待风险，等等。[74]在公民和管理者眼中，这些众所周知的困难能够而且实际影响了政治决策对政府行为的道德评判。哪怕这些政治协议中有诸多缺陷,市民和管理者最多也只能挑战达成这一协议的智慧,而绝不能漠视或忽略这些协议所隐含的道德分量。

如果公共管理者希望长期创造价值,那么他们还有一项很重要的工作要做,即巩固那些授权者同意的政策。更准确地说,指导一个组织活动的政策需反映公民及其代表的正当利益和要求;有关创造价值的承诺需植根于准确的推理和实际经验;通过发展适当的会计体系来衡量组织绩效和成本,组织的实际运作需有政治监督者的监督。在这里,政策分析、项目评估、成本—效益分析和收益—成本分析等分析工具发挥了很大作用。[75]没有这些分析工具,我们就无法充分利用政治过程的优势和管理者的知识与经历,更无法改善政治过程中公认的不足之处。

其六,公共管理者所处的世界不断发展变化。公民的期望并非一成不变,完成工作的方法也日新月异,因此,组织所处的环境也会跟着变化:组织会面对新问题,也会不断找出解决它们的方法,正如图书馆解决双职工家庭孩子的问题一样。如此看来,管理者只是在维持组织的连续性,或使组织更有效地做好现有的工作。组织必须能够灵活地适应新目标,富有创新意识。

这些都是公共部门管理者的目标。正如私营部门的管理者一样,公共部门的管理者必须努力工作,以确定怎样才能使公共机构更有价值,并生产出有价值的产品。此外,除了保证公共机构的连续性之外,他们还要时刻准备改变和重新定位所领导的公共机构。

不幸的是,这些建议太过抽象,对公共管理者没有多少指导意义。它们只不过使公共部门管理者认识到公共部门管理要达到的一般目标和要面对的基本问题,却未能对公共价值作有意义的界定,以指导他们自己和组织的工作。这些建议也没能告诉他们在实践中如何根据组织所处的政治环境来定义和生产公共价值。

本书以下章节的将提出一整套定义公共价值、动员政治力量、从政治中不断学习和重塑公共组织的技巧。第三章介绍公共管理实践者如何看待和应对这些需要，特别是他们如何应用这些工具来“确立公共价值”，其中一些做法已为当今许多公共管理者所效仿。在随后的章节中，我将描述几个可以做我们的老师的管理者，他们将讲授利用政治环境改善组织绩效的技巧。

注释

1. 正如图书馆管理员的案例一样，本案例也是根据故事改编而成。它不是某位特定管理者的写照，而是一般的管理者可能经历的经验。我用这个案例来说明管理者可能遇到的问题和他们思考问题的方式。

2. Richard A. Brealey and Stewart C. Myers, *Principles of Corporate Finance*, 4th ed. (New York: McGraw - Hill, 1991)，第 22 页。

3. 私营部门的管理者也不一定对提出产品和服务理念负责。通常，他们只对根据别人——如企业的执行官或市场营销人员——提出的理念生产相应的产品负责。但是，如果我们把企业执行官与市场营销人员看成管理者，则可以说，私营企业的管理者不但对提出产品理念负责，也对生产这种产品负责。此外，私营企业正不断调整其企业结构，以激励中层管理人员的企业家精神。参见 Rosabeth Moss Kanter, *The Change Masters: Innovation and Entrepreneurship in the American Corporation* (New York: Simon and Schuster, 1983)，第 129 - 179 页。公共部门似乎也有这种趋势。参见美国农业部林业署“The Evolution of Middle Management in the Forest Service,” *New Thinking for Managing in Government* (Washington, D. C.: USDA, Forest Service, n. d.)。

我们经常将产品的理念（通常指具有生产价值的某类物品的形象）与该产品的生产（通常指技术问题）区分开来，并将产品的理念与“领导”和“企业家精神”联系起来。这一事实反映了第一章注释 9 讨论的内容。很显然，我们将领导及企业家精神与运用想象力以找出有价值的东西联系在一起，而将经营、管理与发明技术方法以达到我们想象中的有价值的目标联系在一起。要了解对这一观点的更详尽的讨论，请参见 John Kotter, *A Force for Change: How Leadership Differs from Management* (New York: Free Press; London: Collier Macmillan, 1990)，第 1 - 18 页。James Krantz and Thomas N. Gilmore 在“The Splitting of Leadership and Management as a Social Defense”一文中，对领导与管理在理论和实践上的差异进行的极为精辟的论述，此文载于 *Human Relations*, vol. 43, no. 2 (February 1990): 183 - 204。

4. 这些是 Thomas J. Peters and Robert H. Waterman 用以找出“卓越”的企业的标准；他们认为，私营部门面临的主要挑战是建立能够确保长期获利的组织。参见

Thomas J. Peters and Robert H. Waterman, *In Search of Excellence: Lessons from America's Best - Run Companies*(New York: Warner, 1982),第 121 - 125 页。

5. 当然,企业能在短期或长期赢利这一事实并不能完全说明该企业具有创造价值的能力。如果企业用对他人有价值,但却没有所有权或没有定价的资源(如空气、水或对工人有潜在风险的物品)从事生产活动,它财务上的成功可能是对整体活动的歪曲反映。但是,大致上讲,企业财务上的成功的确表明该企业为消费者,也为整个社会创造了价值。

6. James W. Fesler 和 Donald F. Kettl 在 *The Politics of the Administrative Process* (Chatham, N. J.: Chatham House, 1991)第 9 页中也将权威当成公共部门管理者具有的重要资源。Terry M. Moe 认为,国家对公共权力的控制诱使个人用政府谋私利,或者将个人的偏好强加于公共政策之上。参见 Moe, "Political Institutions: The Neglected Side of the Story," *Journal of Law, Economics, and Organizations*, vol. 6(1990):221。

7. 关于纳税是如何成为"义务"的论述,请参见 Mark H. Moore, "On the Office of Taxpayer and the Social Process of Taxpaying," Philip Sawcki, ed., *Income Tax Compliance* (Reston, Va.: American Bar Association, 1983),第 275 - 291 页。

8. 有趣的是,经济学家不再坚持认为市场才是进行产品分配的唯一办法。我试图在各种微观经济学文献中找出几篇持有上述观点的文章,但却空手而归。要寻找从哲学高度为市场机制辩护的论文,读者必须去翻阅早期对政治理论进行规范研究和讨论经济运作方式的论文。参见 John Stuart Mill, *Utilitarianism and Other Writings*, ed. Mary Womack(Utica, N. Y.: Meridian, 1974),第 21 - 30 页。要了解当代对市场配置稀缺社会资源的辩护,请参见 Steven E. Rhoads, *The Economist's View of the World: Government, Markets, and Public Policy*(Cambridge: Cambridge University Press, 1985),第 62 - 64 页。

9. 我在这里要表明的观点与"福利经济学"有关。要了解对这些观点的概述和它们与社会决策程序的联系,请参见 Edith Stokey, *A Primer for Policy Analysis* (New York: Norton, 1978),第 257 - 290 页。福利经济学的一个基本观点是,社会活动的整体价值由个体从社会活动中感觉到的满意度体现。从原则上说,个体的满意度不但包括他对生活于其中的社会组织生产的公正和公平的感受,也包括了社会生产消费品的效率。但在实际上,福利经济学主要关注消费品生产效率带来的个体满意度,较少关注公正的社会可能给人带来的满意度,极少关注政治参与或允许人们自由表达对特定政策意见的政府机制可能给人带来的满意度。福利经济学最为特别的一点是,它认为在个体满足感以外,没有任何"集体"满足感。在福利经济学看来,无论何时,个体的品位、偏好与满足感才是分析的单位,而家庭、团体和政体则不是。从这一点来看,福利经济学与亚里士多德对人性和社会的看法不一致,而与 John Stuat Mill 的相近。要了解为什么不能将个体视为独立于其他中间结构的存在物,以及公共部门为什么要回应个体通过中间结构表达的偏好,请参见 Michael Sandel, "The Political Theory of the Procedural Republic,"收编于 Robert Reich, ed. *The Power of Public Ideas* (Cambridge, Mass.: Ballinger, 1988),第 109 - 122 页。

10. Rhoads, *The Economist's View of the World*,第 62 - 63 页。

11. 一致的"我们"这一概念与当今盛行的"自由"政治和经济哲学相悖。后者强调个体的重要性,以及通过政治程序将个体结成具有共同偏好与意见的、一致的整体的困难和不可能之处。"社团主义"哲学认为,个体可以结成具有共同意愿的社团。我较为认可这一观点。关于社团主义哲学的代表作,请参见 Michael Sandel, *Liberalism and Its Critics* (New York: New York University, 1984); Amy Gutman, "Communitarian Critiques of Liberalism," *Philosophy and Public Affairs*, vol. 14, no. 3 (Summer, 1985): 308 - 322; George Will, *Statecraft as Soulcraft: What Government Does* (New York: Simon and Schuster, 1983); Robert Reich, *The Power of Public Ideas* (Cambridge, Mass.: Ballinger, 1988)。欲了解关于我在此处提出的观点的详细论述,请参见 Sandel, "The Political Theory of the Procedural Republic," 第 109 - 121 页。这类哲学观点与 John Rawls 对正义概念的阐述相近。他说:"如果人的私利使他必须防范其他人,他们对公共安全的共同看法就有可能使他们结成紧密的组织。在具有不同目标的个体中,对正义的共同观点可能成为他们友谊的纽带。对正义的共同追求会限制对其他目标的追求。"参见 Rawls, *A Theory of Justice* (Cambridge, Mass.: Harvard University Press, 1971),第 5 页。要了解更多对美国政府倾向于社团主义政治哲学理念的论述,请参见 Steven Kelman, *Making Public Policy: A Hopeful View of American Government* (New York: Basic Books, 1987)。

请注意,我之所以用社团主义的观点来看待政府,部分是因为我偏向这种哲学立场。更重要的是,如果公共管理者不采取这种立场,他们将无法解释自己的生活。也只有采取这种立场,我们才可能要求他们为社会的公共利益而使用公共资源,或通过不完善的政治程序告诉他们公共价值到底在哪里。

12. 毫无疑问,市场的形势如何、它想要购买什么等问题是政治科学关注的核心问题。从规范的角度来说,这也是全体公民、民选代表和公共管理者关心的问题。要想了解这个市场怎样执行其职能,请参见 Kelman, *Making Public Policy*。Arthur Mass 在 *Congress and the Common Good* (New York: Basic Books, 1983),第 4 - 12 页中认为,即使毁誉最多的机构——国会——的目标也是生产公共价值。也有学者认为,这也是各种规章制度的政治指南。参见 James Q. Wilson, "The Politics of Regulation," James Q. Wilson, ed., *The Politics of Regulation* (New York: Basic Books, 1980),第 357 - 364 页。

13. William F. Willoughby 在 1918 年时曾强调,提供精确的、说明计划执行情况的资料具有高度的重要性。他说:"除非公众有足够的办法知道政府过去行事的情况、现在的形势以及将来的行动计划,公众难以形成和表达高明的意见。"参见 Willoughby, *The Movement for Budgetary Reform in the States* (New York: D. Appleton, for the Institute for Government Research, 1918); Jay M. Shafritz and Albert C. Hyde 在 *Classics of Public Administration, 2d ed.* (Chicago: Dorsey Press, 1987) 中,再次表达了 Willoughby 的这一观点。这种观点也是正确认识"公民委托人"与他们的代理人——立法者与官僚——之间的关系的中心所在。参见 John W. Pratt and Richard Zeckhauser,

Principals and Agents：*The Structure of Business*（Boston：Harvard Business School Press，1985），第1－24页。

14. Kenneth A. Shepsle，"Positive Theories of Congressional Institution"，临时文档92－18，Center for American Political Studies，Harvard University，1992。如想了解更多对政治程序的批判意见，请参见William Niskanen，*Bureaucracy* 和 *Representative Government*（Chicago：Aldine－Atherton，1971），第138－154页。如想了解关于这一方面的经验批判意见，请参见Robert Dahl，*Who Governs*：*Democracy and Power in an American City*（New Haven，Conn.：Yale University Press，1961）。

15. John Chubb和Paul Peterson精练地表达了这一观点。他们说："美国治理的核心问题是创设制度或治理安排，这类制度或安排能保证制度的一致性、连贯性、前瞻性与稳定性，也能保证国家福利不会因为狭隘、短期的利益而受损。"参见Chubb和Peters eds.，*Can the Government Govern?*（Washington，D. C.：Brookings Institution，1989），第4页。如果能确认以下几点，我将更加支持这一观点：第一，他们能将指导公共部门管理者的伦理引入"制度与治理安排"概念；第二，他们接受这一观点，即"国家福利"很大程度上受到政治的影响，也会随集体看法与客观环境的变化而变化。

16. 参见第一章注释9。

17. 如想了解支持这一立场的论述，请参见Kelman，*Making Public Policy*。

18. 例如，Woodrow Wilson认为，政治要推动政府切实采取行动，就必须解决这一问题，即"先找出政府应该和能够成功地做什么"。摘自Wilson，"The Study of Administration，"*Political Science Quarterly*，2（June 1887），Shafritz and Hyde，*Classics*，第10页，第二次印刷。现代经济学家也认为，与政府行动相关的程序应该满足这些条件。参见Stokey and Zeckhauser，*Primer*，第283－285页、第292－293页与第310－319页。

19. Richard Zeckhuser and Derek Leebaert说："我们的政府结构规定，人们只能通过选举程序表达自己的信仰与价值观，而不管这些信仰是否具有坚实的信息基础，也不管其价值观是利己的还是利他的。在实践中，我们国家只采取了极少的措施来鼓励政治程序提供信息充分的产出。在这极少的措施中，大部分是通过公共教育系统提供的。尽管如此，美国还是没有将教育当作公民的一项特有权力，也没有让代议制政府发生丝毫转变以获得更为理性的政治产出。与此相对，人们却相信，政府——特别是执行部门——采取的政策，应该是经过全面考虑和理性分析的政策。没有任何证据能说明这种观点源于何时何处。当然，它绝对不是源于宪法。如果我们的国父们预见到现代政府与公民的生活具有如此紧密的关系，他们或许会为政府决策制定出某些程序。但是，在这方面，他们没有留下任何建议。"参见Zeckhauser and Leebaert，*What Role for Governement*：*Lessons from Policy Research*（Durham，N. C.：Duke University Press，1983），第10－11页。

20. 参见Woodrow Wilson，"The Study of Administration."如想了解更多此方面的论述，请参见Frank J. Goodnow，*Politics and Administration*：*A Study of Government*（New York：Russell and Russell，1990），选编于Shafritz and Hyde，*Classics*，第26－29页。

21. Edward Banfield 对专业知识与管理知识作了区分。参见 Banfield,"The Training of the Executive,", *Public Policy: A Yearbook of the Graduate School of Public Administration*, vol. 10 (1960):20－23。

22. E. Pendleton Herring 对这一点非常执着。参见 Herring, *Public Administration and the Public Interest*(New York:McGraw－Hill,1936)。

23. 这个问题今天仍然存在,也是公共管理之所以这么难的原因之一。参见 Erwin C. Hargrove and John C. Glidewell, *Impossible Jobs in Public Management*(Lawrence: University of Kansas Press,1991)

24. 关于变幻无常的指令,请参见 Martha Derthick, *Agency under Stress: The Social Security Administration in American Government*(Washington, D. C.: Brookings Institution, 1990),第 4 页。另请参见 Mark H. Moore,"Small Scale Statesman: A Conception of Public Management," *Politiques et Management Public*, vol. 7, no. 2 (June 1989): 273－287。

25. Dwight Waldo 说:"可以令人信服地说明,在令人晕眩的变革中,官僚应该起稳定作用。当官僚们看上去显得行动迟缓和愚蠢时,那是因为他们正在这样做。据此看来,官僚起着一种平衡作用。"但是,Waldo 进而对这种观点进行了批驳,认为公共部门管理者应该更富于回应性,更具有领导性。参见 Waldo "Public Administration in a Time of Revolution," *Public Administration Review*, vol. 28 (July－August 1968),重印于 Shafritz and Hyde, *Classics*,第 367 页。在"Administrative Adaptability to Political Change," *Public Administration Review*, vol. 25, no. 3 (September 1965):221－225, Rufus Miles 提出了一套公务员应该在何种程度上适应新任政治执行官的看法。要了解描述公务员对急剧的政治变化的回应,请参见 KSG Case 以下案例:"Surviving at the EPA: David Tundermann," KSG Case #C16－84－588. 0;"Surviving at the EPA: Mike Walsh", KSG Case #C16－84－589. 0;"Surviving at the EPA: Mike Cook," KSG Case # C16－84－590. 0;"Surviving at the EPA: Bill Hedeman," KSG Case #C16－84－591. 0; "Surviving at the EPA: Gary Dietrich," KSG Case #C16－84－592. 0;"Note on the EPA under Administrator Anne Gorsuch,", KSG Case #N16－84－587. 0(均为 Cambridge, Mass.: Kennedy School of Government Case Program,1984)。

26. 现在已有大量这方面的文献,它们或是描述技巧,或是评价技巧对组织内外政策制定的影响,或是对其作用及适应性进行批评。欲了解对这些技巧具有的潜力进行评价的文献,请参见 Ronald McKean, *Efficiency in Government through Systems Analysis*(New York: John Wiley, 1958); E. S. Quade, *Analysis for Public Decisions*(New York: American Elsevier,1975)。要了解最近对这些方法的评价,请参见 Stokey and Zeckhauser, *Primer*; Peter W. House, *The Art of Public Policy Analysis*(Thousand Oaks, Calif: Sage Publications, 1982); David L. Weimar and Aidan R. Vining, *Policy Analysis: Concepts and Practice*(Englewood Cliffs, N. J.: Prentice－Hall, 1989)。要了解质疑这类技巧对政府决策的影响的观点,请参见 Laurence E. Lynn, Jr., *Knowledge and Power: The Uncertain Connection*(Washington, D. C.: National Academy of Science, 1978); Arnold

J. Meltsner, *Policy Analysts in the Bureaucracy*(Berkeley: University of California Press, 1976);Henry Aaron, *Politics and Professors: The Great Society in Perspective*(Washington, D. C. :Brookings Institution,1978);Aaron Wildavsky, *Speaking Truth to Power: The Art and Craft of Policy Analysis*(Boston: Little, Brown, 1979)。要想了解当代对政策分析的影响力的评估,请参见 Laurence E. Lynn 的论文"Policy Analysis in the Bureaucracy: How New? How Effective?" *Journal of Policy Analysis and Management*, vol. 8, no. 3, (Summer 1989):375。他在这篇论文中写道:"从长期来看,政策分析人士的主张或多或少地起了一些作用。一般的政策制定者在决策时都用到了政策分析技巧,杰出的政策制定者偶尔也会用这些手法。"要了解对政策分析的批判,请参见 Peter Self, *Econocrats and the Policy Process: The Politics and Philosophy of Cost – Benefit Analysis*(Boulder, Colo. : Westview, 1975); John Forester, *Planning in the Face of Power*(Berkeley: University of California Press, 1989);Charles E. Lindblom, *Inquiry and Change: The Troubled Attempt to Understand and Shape Society*(New Haven, Conn. : Yale University Press, 1990)。要想知道政策分析如何支持稳健的政府,请参见 Giandomenico Majone, "Policy Analysis and Public Deliberation," 收编于 Reich, *The Power of Public Ideas*, 第 157 – 178 页。

27. 参见前一注释,特别是 Lynn, Meltsner, Wildavsky, Forest 与 Lindblom 的注释。

28. 对成功的政策分析案例的论述,远多于对政策分析技巧与政策评估本身的论述。这些案例并未说明政策分析过程对政策制定过程的影响。这种现象的早期代表如 John P. Crecine, ed. , *Research in Public Policy Analysis and Management*(Greenwich, Conn. :JAI Press, 1981)。要了解对政策制定有重要作用的各种观点,以及怎样更好地运用政策分析技巧,请参见 Mark H. Moore, "What Sorts of Ideas Become Public Ideas?" 收编于 Reich, *The Power of Public Ideas*, 第 55 – 84 页。

29. 参见 David Osborne and Ted Gaebler, *Reinventing Government*(Reading, Mass. : Addison – Wesley, 1992), 第 166 – 194 页; Michael Barzelay and Babak Armajani, *Breaking through Bureaucracy: A New Vision for Managing in Government*(Berkeley: University of California Press, 1987), 第 8 – 9 页。

30. Malcolm Sparrow, *Imposing Duties: Government's Changing Approach to Compliance*(Westport, Conn. : Praeger, 1994).

31. 关于私营部门服务的概念,请参见 John A. Czepiel, Michael R. Solomon and Carol F. Surprenant eds. , *The Service Encounter: Managing Employee/Customer Interaction in Service Breakthroughs*(Lexington, Mass. : D. C. Heath, 1985); James L. Heskett, W. L. Sasser, and Christopher W. L. Hart, *Service Breakthroughs: Breaking the Rules of the Game*(New York: Free Press, 1990)。

32. 要了解政治管理的作用与技巧,请参见本书第四章和第五章的内容。

33. Graham T. Allison 强调了公共部门组织的死板,并认为这种死板源于它们此前的承诺与经验。参见 Graham T. Allison, *Essence of Decision: Explaining the Cuban Missile Crisis*(Boston: Little, Brown, 1971), 第 67 – 100 页。

34. 关于对公共组织的监督,请参见 John D. Donahue "The Architecture of

accountability," *The Privatization Decision*: *Public Ends*, *Private Means*(New York: Basic Books, 1989),第 3 – 13 页。

35. 这可以被视为委托人与代理人的问题。参见 Pratt and Zeckhauser, *Principals and Agents*。关于对公共部门中遇到的这类问题的讨论,请参见 Fesler and Kettl, *The Politics of the Administrative Process*,第 319 – 321 页;Mark H. Moore and Margaret J., Gates, *Inspectors – General*: *Junkyard Dogs or Man's Best Friend*? (New York: Russell Sage, 1986),附录 A,第 95 – 115 页。要了解更近期对这一观点的批判,请参见 John DiIulio, Jr., "Principled Agents: The Cultural Bases of Behavior in a Federal Government Bureaucracy," *Journal of Public Administration Research and Theory*, vol. 4, no. 3, (July 1994):277 – 318。

36. James Q. Wilson 提出了一种老生常谈的看法。他说:"在传递邮件或发放驾驶执照方面,无所谓自由主义或保守主义的方法。"参见 Wilson, *Bureaucracy*: *What Government Agencies Do and Why They Do It*(New York: Basic Books, 1989),第 66 页。其实,他还可以(像其他人一样)在这句话结尾加上"捡垃圾"。事实上,人们越来越清楚地看到,即使在如何完成这类事情上,也的确存在自由主义和保守主义两种方法。最显而易见的是这类服务是否应该私有化。一般来说,自由主义者认为应该由公共部门来提供这类服务,而保守主义者认为应将这类服务私有化。

更重要的是,这两种方法在以下方面存在差异:一是提供的服务的多少;二是是否需要公共资金补贴,如果需要,是事前补贴,还是事后补贴;三是是否需要公共权力来动员公民参与这类活动。例如,为了让个体公民更方便地获得驾驶执照,公众可以支付更多或更少;他们还可以决定是否需要以更强硬的手段来执行有证才能驾车的规定。同样,正如下文将要论述的那样,对于如何分配这类公共服务,不同的人有不同的观点。例如,人们可以在以下问题上持不同立场:邮箱放在什么位置;机动车辆登记处设置在哪里;应以什么频率收集某个地方的垃圾。

这些问题之所以重要,是因为人们对以下两个方面可能存在一致的看法:一是什么构成了这些服务的有效性;二是公共部门管理者可以在多个方面改善工作——包括工作的公平性。我也同意这一看法。然而,公共部门管理者——包括环卫署署长在内——必须经常做出有关价值的重要决策。

宣称环卫部门的管理者有责任为公众创造价值,就等于默认了这一点,即他具有比私营部门的管理者更多的责任。我认为这一点是理所当然的,大多数人也会同意这一观点。事实上,人们认为,管理者有义务鼓励他的下属努力工作,并找出更好的方法,以更有效地实现既定的目标。他们担心的是管理者超越自己的授权。很显然,这个问题在这里并不突出。这是第一章中提到的图书馆管理员的忧虑。

37. 我的同事 William Hogan 帮我确定了这个可以说明公共政策的故事,在此表示感谢。说这仅是一个故事,或说它是虚构的,除了使这个组织具有合理性之外,达不到别的目的。我的意思是,我们必须将公民及其代表视为具有共同愿望的集体消费者。

38. 关于公共卫生项目的论述,请参见 Stuart Galishoff, *Safeguarding the Public*

Health:*Newark*,*1895* - *1918*(Westport,Conn.:Greenwood Press,1975)。

39. Paul Berman,"The Study of Macro - and Micro - Implementation," *Public Policy*, vol. 26,no. 2 (Spring,1978):157 - 184.

40. 自由社会中,值得被确立为"权力"的东西,也是规范政治理论研究的核心问题。参见 Rawls, *A Theory of Justice*; Ronald M. Dworkin, *Taking Rights Seriously* (Cambridge,Mass.:Harvard University Press,1978)。

41. 政府使用一系列动用了权威和金钱的政策工具。关于这方面的详尽论述,请参见 Michael O'Hare:"A Typology of Governmental Action," *Journal of Policy Analysis and Management*,vol. 8,no. 4 (Fall,1989):670 - 672。

42. 关于吸烟及政府规定的论述,参见 Thomas C. Schelling,Nancy Rigotti,Michael Stoto and Mark Kleiman:*Implementation and Impact of a City's Regulation of Smoking in Public Places and the Workplace*:*The Experience of Cambridge*,*Massachusetts*(Cambridge,Mass.:Harvard University,Kennedy School of Government Institute on Smoking Behavior,1988)。关于酒精消费及政府规定的论述,参见 Mark H. Moore and Dean R. Gerstein, eds.,*Alcohol and Public Policy*:*Beyond the shadow of Prohibition*(Washington, D. C.:National Academy Press,1981)。

43. 关于这类活动的设计与使用的一般性论述,请参见 Philip Kotler and Eduardo L. Roberto,*Social Marketing*:*Strategies for Changing Public Behavior*(New York:Free Press,1989)。关于其效力的论述,请参见 Janet A. Weiss and Mary Tschirhart,"Public Information Campaigns as Policy Instruments,"*Journal of Public Policy and Management*, vol. 13,no. 1,1994,第 82 - 119 页。

44. 关于刑法过分之处的论述,请参见 Herbert L. Packer,*The Limits of Criminal Sanction*(Stanford,Calif:Stanford University Press,1968)。

45. 从这个角度来看,可以将法庭当作管理和预算办公室,其目的是消除欺诈、浪费和滥用公共权力!

46. Stokey and Zeckhauser 在 *Primer* 第 291 - 319 页为公共干预作了辩护。

47. 同上。

48. 同上。

49. 在 *A Theory of Justice* 第 62 页,Rawls 对"基本物品"与"自然物品"作了区分。他认为,前者与正义有关。他还提醒人们不要做我在这一部分将要做的事,即将他用来定义正义的理论,放到更广泛的社会层次来定义特定政策环境下的正义。

50. Zeckhauser 和 Leebaert,*Role for Government*,第 3 - 15 页。

51. 同上。

52. Robert Stavins 提出了环境政策领域方面的观点。参见 Stavins,*Project 88*:*Harnessing Market Forces to Protect Our Environment*(Washington, D. C.:U. S. Senate,1988)。

53. 这个观点也出自于 Zeckhauser 和 Leebaert,*Role for Government*,第 3 - 15 页。

54. Dworkin,*Taking Rights Seriously*,第 82 - 100 页。

55. 公平概念是 Rawls,*A Theory of Justice* 的一个中心概念。它是“初始地位”(original position)的重要组成部分。Rawls 用“初始地位”来指称一种条件,以及在这种条件下个体希望得到的正义。从某些方面来看,他认为这是可能从“初始地位”可能达到的最重要的正义目标。参见第 17 – 22 页、第 60 – 75 页。

56. John Locke, *Two Treatises of Government* (New York: New American Library, 1960)第二篇,第 87 – 89 节、第 366 – 369 页。

57. 同上,第 131 节。

58. 同上,Jeremy Bentham 也同意这种看法。他论述功利主义的论著题为 *The Theory of Legislation*。书的开头写道:“公共利益应是立法者的目标。”接着,他进一步解释了这一问题,即为什么个体效用应成为立法部门的目标。参见 *The Theory of Legislation*(Dobbs Ferry, N. Y. :Oceana, 1975)。

59. Ken Winston, “On Treating Like Cases Alike,” California Law Review, vol. 62, no. 1(1974):1 – 39.

60. 关于政府运作过程中“程序完备”的重要性,请参见 Jerry L. Mashaw, *Bureaucratic Justice: Managing Social Security Disability Claims* (New Haven, Conn. : Yale University Press, 1983),第 21 – 34 页。

61. Doug Yates, *The Ungovernable City: The Politics of Urban Problems and Policy – Making* (Cambridge, Mass. :MIT Press, 1977).

62. 关于效率标准的详尽论述,请参见 Stokey and Zeckhauser, *Primer*, 第 155 – 158 页。

63. 同上,第 312 – 315 页。

64. 这是一种关于分配公正的自然观点。关于需要的论述,参见 Rawls, *Theory of Justice* 第 274 – 284 页。要想了解对现代美国公民的实证研究,请参见 Jennifer L. Hochschild, *What's Fair: American Beliefs about Distributive Justice* (Cambridge, Mass. : Harvard University Press, 1981)。

65. 这是“水平公平”的一条原则:无论个体地位如何,公众都应平等对待他。关于税收的详尽论述,请参见 Richard. A. Musgrave 和 Peggy B. Musgrave, *Public Finance in Theory and Practice*, 5th ed. (New York: McGraw – Hill, 1989),第 218 – 219 页、第 223 – 228 页。关于法律与正义的讨论,请参见 Winston, “*On Treating Like Cases Alike*”。

66. 许多人都会对公共部门组织的会计系统感到失望,因为它不能像私营部门的会计系统一样反映出公共部门组织的成本—收益比。之所以会出现这种情况,或许是因为公共部门组织的计量系统难以反映组织的价值生产能力。但是,它也反映了这样的事实,即政治市场对“数字”的兴趣远不如对“故事”的兴趣,因为后者表明了组织的重要程度。当然,这种偏见也说明了为什么监督系统关注公众的注意力与传媒的报道多过关注日常的程序监督。更重要的是,“故事”比数字更易吸引传媒的注意力。要了解传媒对公共部门管理者的声誉及公共部门组织工作的重大影响,请参见 Esther Scott, “Managing a Press ‘Feeding Frenzy’: Gregory Coler and the Florida Department of Health and Rehabilitative Services,” KSG Case # C16 – 92 – 1135. 0

(Cambridge,Mass.:Kennedy School of Government Case Program,1992)。

67. 关于对政治审议程序可取面的论述,请参见 Kelman,*Making Publi Policy* 第 248-270 页;Robert Reich,*The Power of Public Ideas*,第 123-156 页。

68. Graham T. Allison,*Essence of Decision*,第 67-100 页。关于组织持续存在对其整体效益的重要性的讨论,请参见 Herbert Kaufman,*The Forest Ranger*(Baltimore:Johns Hopkins University Press,1960);Arthur Mass,(Muddy Waters:The Army Engineers and the Nation's Rivers)(New York:Da Capo Press,1974)。

69. Hugh Heclo 言简意赅地说道:"通过拒绝变革,公务员能够向有志变革的政治执行人提供某些最有价值的服务。这是一个矛盾。"参见 Heclo,*A Government of Strangers: Executive Politics in Washington*(Washington, D. C.: Brookings Institution, 1977),第 176 页。然后,他又解释了公务员如何通过自己的专业知识、管理知识和政治知识帮助政治领导人解决问题。但是,他没有说明的是,公务员会在何种程度上保护自己的组织,这样做是好还是坏。之后,他又精确地描述了以变革为导向的政治领导与忠于组织的公务员之间的冲突。他说:"整体情况似乎是政治领导人物控制了官僚。事实上,他们变化无常、组织分散、互不了解且各有一班支持人马……他们人数太少,在位的时间太短,难以真正控制政府机器的运作。与这帮人相对的是'其他人',即高层官僚……政治领导只有通过这些人才能控制政府……这些人并非对当今所有的政治领导都忠心耿耿……相反,上层官僚可以通过与外部权力中心结成同盟而得到更多的保护。"(第 242-243 页)。

70. Jay R. Galbraith 在 *Designing Complex Organizations*(Reading Mass.:Addison-Wesley,1973)一书中,论述了"组织冗余"对加强组织的灵活性具有的重要作用。

71. Peters 和 Waterman,*In Search of Excellence*,第 121-125 页。

72. 参见本书序言部分对成功的管理的讨论。

73. 关于政府易受利益团体影响的经典实证研究,参见 David Truman,*The Governmental Process:Political Interests and Public Opinion*(New York:Knopt,1951)。要了解最近关于政治程序易受自私的公民及其代表的影响的论述,请参见 Morris P. Fiorina,*Congress, Keystone of the Washington Establishment*(New Haven, Conn.: Yale University Press,1977)。

74. Daniel Kahneman and Amos Tversky, *Extensional vs. Intuitive Reasoning*, *The Conjunction Fallacy in Probability Judgment*(Boston: Harvard Business School Press, 1983).

75. Giandomenico Majone, "Policy Analysis and Public Deliberation," 收编于 Reich,*The Power of Public Ideas*。

第三章　公共部门的组织战略

公共管理者创造了公共价值。但问题是他们不能肯定什么是公共价值。[1] 即使他们今天能够肯定，明天又会对此产生怀疑，因为那时候公众的意见与需要很有可能又改变了，而公众意见和需要又是他们确定公共价值的标准所在。[2]

尽管概念上比较模糊，但管理者仍需要考虑这一问题，即他们的组织到底需要创造什么价值。组织的运作每天都要消耗公共资源，有意或无意地对社会产生实实在在的后果。如果管理者不能用承诺和成果向公众证明其组织的工作价值，那么组织的合法性和领导力就会遭到削弱。[3]

他们的责任也不限于现有的运作。有些当前所用资源的价值要到将来才能体现出来。比如说，出于对未来变化的预测，他们在设备、知识及人力资源方面进行投资。但是，这些投资的价值只有在未来才能表现出来。即使人们没有明显的投资行为，当前的运作也会影响未来的绩效，因为今天的经验会影响组织未来的文化和能力。因此，公共管理者必须对今天和未来可能形成的公共价值有深刻认识。

为了深入了解这个抽象的问题,我们从威廉·拉克尔肖斯(William Ruckelshaus)和杰尔姆·米勒(Jerome Miller)两个人所面临的情况说起。前者被任命为美国环境保护署(Environmental Protection Agency/EPA)署长,后者被任命为麻省青少年服务部(Department of Youth Services/DYS)部长。

威廉·拉克尔肖斯与环境保护署

20世纪60年代末,一场声势浩大的环境保护运动席卷美国政坛。[4]石油泄漏污染了海洋,露天采矿在山体上留下一道道伤疤,成片砍伐使大片森林变成不毛之地,工业废气笼罩难以计数的城市。深受其害的普通市民(以及媒体的关注)提高了环保组织的地位,使它们成为督促政府采取行动清理环境的强大压力集团。[5]

作为参议院公共工作委员会的主席,民主党总统候选人埃德蒙·马斯基(Edmund Muskie)参议员觉察到了这一重要的政治机遇,成为大力支持环境保护事业的领袖。在他的积极推动下,国会通过了控制污染的相关法律。作为回应,尼克松总统命令建立一个独立机构来协调全国环境保护和污染治理工作。这个机构就是美国环境保护署。全社会通过民选代表表达了他们利用公共资金与公共权力来刺激公民清洁与保护环境的决心。

从政治上说,人们显然对环境保护有着广泛的热情,但是,仍有许多问题难以解决。例如,没有人能够确定,社会作为一个整体愿意为环境清理工作付出多大代价。开始清理工作是件很简单的事,但其后需要的费用却难以估算。然而,一旦这项工作变得昂贵起来(要么由于企业不得不为减少污染而调整生产,从而降低经济增长率,要么由于政府为了减少污染而调整环保政策,从而增加税率),各种各样的团体便会开始挑战这项计划。

环境法规和新机构的监管职能引发了各种意见，反映了不同团体在环境保护方面的不同利益。“环保主义者”认为环保计划的社会价值很高，费用较低，强烈要求尽快开展清理工作。“污染者”（主要是工业组织和市政当局）对环保计划的社会效益持怀疑态度，认为清理工作的成本过于高昂，反对立即开展清理工作。但是，公众对环境保护的热情掩盖了污染者的呼声，使利益各方达成了一个不稳定的平衡。

一些特殊的价值诉求激发了人们的环保意识，但由于这些诉求仍不十分明朗，所以这种不稳定的平衡至少仍将维持一段时间。许多团体为了清理环境这一共同目标联合起来，但对于这一行动背后的意义，他们却无法取得一致看法。[6] 有的说是为了保护环境的优美与审美价值，有的说是为了人类的健康，还有的说是为了保护自然规则免遭人类破坏。开始时，这些分歧并不重要，他们仍可以就共同的目标联合起来，组成支持环保的政治联盟。但是，如果环保费用上升，或某些环保政策倾向于支持其中某一种价值时，各个团体间的分歧就会公开暴露出来。

从实质上说，人们仍不清楚具体有哪些因素会对环境产生威胁。研究环境污染物与人类健康危害之间的关系的基础科学仍然非常薄弱，消除或减少工业污染物所需的工程知识也不完备。此外，尽管联邦已经为此做了近十年的努力，监督环境状况和污染源的系统还远不够全面和精确。因此，EPA 面临着一项不确定的任务：没有人知道对环境的主要威胁是什么，它来自何处，怎样消除。

从运作上看，这个组织还未成型，欠缺经验，没有经受过考验。新机构的核心是两个当时正在进行的项目，其中一项的主要目标是控制水污染，另一项的主要目标是控制大气污染。这两个项目都是从其他机构完整地转移过来的。不仅如此，新成立的 EPA 还合并了其他组织的一些机构。这样一来，EPA 就需要从运作和文化两个层面对这些不同的机构进行整合。更糟糕的是,两个核心项目并不具有完全的可操作性。它们都没有建立起据以追究污染者责任的标准框架。就整体而言,组织在执行和科研等方面还存在着不少弱点。

作为新成立的 EPA 的管理者,威廉·拉克尔肖斯通过 EPA 得到了金钱与权力,也面临着制定组织行动计划与目标的挑战,这个目标必须体现出 EPA 为社会创造的公共价值。

杰尔姆·米勒与青少年服务部

1968 年春,当人们正在争论如何更好地管理少年犯时,麻省的一所少年犯管教所——桥河男孩之家(Bridgewater Home for Boys)发生了一场骚乱。[7]

在这之前,青少年权益组织曾批评麻省青少年服务部把少年犯羁押在偏远的管教所,而不是在与家庭和社区邻近的地方设置感化项目来教育他们。批评家们认为,这种做法对轻犯而言显得太过严厉,增加了他们继续犯罪的可能性,因而是失败的。总之,这样做既不公平也没有效果。[8]

州长弗朗西斯·萨金特(Francis Sargent)和他的秘书彼得·戈德马克对此深表同情。为了提高帮教服务质量,他们释放了尽可能多的少年犯。这项改革还呼吁青少年法规也朝这一方向变革。麻省议院的领袖托马斯·麦吉(Thomas McGee)也看到了批评者观点中的可取之处。

这项改变州对少年犯态度的运动影响了麻省的议会。后者通过了一项法案,重新规定了麻省青少年服务部的任务。新法案改变了组织的名称,授权它启动一些新计划,并拨付了不少款项。杰尔姆·米勒,一位此前没有任何管理经验的密歇根大学教授,被委派去执行这项新法案。

正如前面拉克尔肖斯与 EPA 的案例一样,表面上看,政治系统已经给了一些新的授权。但事实上,也正如拉克尔肖斯与 EPA 的案例一样,应该做什么、怎么做都是不明确的。

实际上,社会似乎正在短期利益与长远利益之间寻求新的平衡。短期利益是将少年犯限制在安全范围内,以防止他们再次犯罪。长远利益是阻断青少年从事犯罪职业的道路。最初,这两种目的通过少管所得到了统一。[9] 少管所满足了双方的要求,它既为少年犯重新做人提供了全面的感化服务,同时又对他们进行严格的监管。

但批评家们又指出,在这个倾向于限制少年犯自由的系统中,感化服务会越来越少,少管所将最终沦为监狱,而不是改造重生的社区。[10] 他们还认为,如果不努力让少年犯重新融入社区与家庭,改造必将失败。[11] 批评家们倡导的这种努力不仅需要"病后调养"服务,而且构成了对少管所这一机构的挑战。最后,批评家们相信,将少年犯与社会隔离,将轻犯者与重犯者混合,必然使少管所成为推动少年犯罪而不是远离犯罪的学校。[12]

虽然这些批评颇具说服力,但是人们没有其他选择。批评家们认为改革的关键是增加感化服务和"病后调养"服务。但他们似乎还抱着另一种观点,即少管所容纳了许多根本不需要呆在那里的少年。对于这些孩子,他们建议另外安置,包括较宽松的监管和使他们更积极有效地融入社区。

这些观点遭到了另一些人的反对,他们认为其他安置办法难以提供足够的监管以确保孩子们不会再次犯罪。还有人预言其他安置办法不能强有力地阻止他们重新犯罪,难以保障青少年犯罪的受害人的权益。

尽管这些争论大都围绕"哪种方法有效",但同时,它也涉及了另一个问题——我们怎样做才算是公平对待有前科的孩子?有些人认为,孩子们对他们犯下的罪行是有责任的,并且担心惩罚不会使孩子们产生责任感。另一些人认为必须承认青少年对自己所犯罪行承担的责任比成年人要小,社会必须付出比现在更大的努力来促进青少年的健康发展。[13]

许多这类关于"哪种方法更有效"和"怎样才算公平"的问题至今仍然没有解决。然而,在有关 DYS 的新法规中,重点明显转移了。法律界和政府官员双方似乎都认为公共价值在于冒更大的风险来促进青少年的社会发展，甚至可以在短期内不惜以青少年犯罪率的升高为代价。并且，这些新目标能够通过诸如“中间站”（halfway houses）计划和社区中的严密监督来实现。

但是，法规既没有确立也没有阐明这些目标。就像不清楚主张环境清理的政治力量能够在多长时间内完全压倒那些企图避免此项花费的力量一样，我们也不知道在多长时间内，主张青少年发展的力量足以压倒那些主张控制犯罪的力量；就像不知道怎样对付环境威胁才算最好一样，我们也不知道怎样做才算防止青少年再犯罪的最好办法。

在运作上，与拉克尔肖斯一样，米勒所领导的组织的目标和他的个人目标并不一致。但不一样的是，前者接手了一个不成熟、不健全、部门差异巨大的组织，后者则接手了一个全部资源都用于单一目标的组织：即负责运作一个惩罚性机构。他所有的预算都用于支持这一机构，所有的下属管理者都负责领导这一机构。拉克尔肖斯面临着这样的问题，即把松散与混乱的机构组织起来，而米勒则是为一系列全新的计划找到活动空间。

像拉克尔肖斯一样，米勒也必须为他领导的组织设定未来道路——一条以组织的资源去确定和满足公众期望的道路。

公共部门管理中的自主决策权与领导

在这些例子中，拉克尔肖斯与米勒在领导他们的组织时所遇到的模糊之处特别引人注目。其中最重要的就是目的与手段的模糊不清。例如，没有人告诉拉克尔肖斯，应该在清理环境所需要的费用与更优美、安全的环境所带来的利益之间如何权衡；也没有人告诉米勒应该怎样平衡短期的犯罪控制与感化服务的不确定性。[14]

他们也遇到了手段不确定性的问题。开始时，拉克尔肖斯不知道什么计划才能以较低的成本来降低环境危险，米勒也不能肯定其他的计划是否能在短期或长期有效地控制犯罪。

由于目的和手段的不确定性，管理者需要一定程度的自主决策权，这为他们成为领导提供了机会。管理者的领导能帮助社会认识到这一点，即他们所负责的公共领域内，哪些是需要做并且可能做到的。[15]

当然，人们很容易夸大公共管理者拥有的自主决策权。[16]由于长期受到行政代表、法律界、媒体和各种利益团体的密切监督，他们的自主决策权受到了限制。[17]管理者还受到他们所领导的机构的能力以及创新机会的限制。[18]总之，政治上和组织上的限制只给他们留下很小的回旋空间。

不过，在大多数情况下，公共管理者享有的自主决策权比他们口头上承认的要多。[19]政治家们总是有意提出几种有关公共价值的观念，这些观念都有道理，却互相矛盾。[20]同样，总有人不断对现行运作提出批评，从而让公共部门的管理者总是能为创新和实践找到回旋的余地。[21]

有时，尤其当原来的解决办法失效或出现新问题时，公共管理者会被授予很大的权限。这时，社会更愿意接受管理者的领导来获得更多的行动方案。其实，也正是这种时世造就了拉克尔肖斯和米勒。对拉克尔肖斯而言，当时出现了一个新问题且似乎没有明确的解决办法；而对于米勒，则是因为当时解决长期社会问题的老方法宣告破产，由于需要探索新方法，他的组织得到了广泛的授权和大量拨款。他们二者面临的管理风险是为他们的组织指明道路并充分利用各自的机会。

界定私营部门的使命和目标

私营部门管理者也面临同样的挑战。他们也需为其组织规划发展道路。[22]正如第一章中提到的那样，人们更希望私营部门管理者以这种方式来领导他们的组织。[23]私营部门管理者通常为其组织制定战略目标和运作计划。[24]或许他们设定目标的方法对公共部门管理者也有用。

起初，这些方法也许不太适合公共部门。[25]毕竟，私营部门公认的目标是使股东的长期财富最大化；[26]而图书馆、市环卫部门、环保机构以及少管所等并不都追求这样的目标。

私营部门还大大得益于其完备的测量系统，这种系统能迅速且准确地判断他们的行动方案是否成功。如果他们有盈利，数据就会显示他们创造了价值。[27]这就是底线（bottomline）一词的含义。对公共部门管理者而言，他们并不能马上进行项目评估或收益—成本分析；[28]即便他们这样做了，也不能得到强有力的、证明公共部门最终价值的信息，因为人们还在为公共部门应该有什么样的目标争论不休。[29]

私营部门的管理特征降低了为私营部门制定和保持目标的难度，也使私营部门管理者运用的方法，看似不太适合公共部门管理者。然而，我们不能夸大两者间的区别。因为“使股东长期财富最大化”是一个和“公共价值”同样抽象的概念。它本身并不能解决私营企业面临的一些复杂、具体的问题，如为实现股东财富最大化，它应生产何种产品、投资何种设备及如何建厂等。

为引导企业的行动，商业计划必须是理性而具体的，须明确具体的产品、营销策略和财务安排。[30]因为没有人能准确预见消费者偏好、新技术或资本的未来价格，这些计划都不可避免地要受不确定性的影响。因此，管理层提出的某个计划是否最能实现股东财富最大化的目标是不确定的，就如同寻求保护环境或防止青少年犯罪的最好方法也是不确定的一样。

当然，私营部门管理者能较快且准确地判断他们选择的方案是否可行，这在一定程度上弥补了制订计划时的不确定性。只要管理者把起初的理论计划付诸实施，企业的财务指标马上就能对该计划的真实价值做出评判。

然而，在分析私营部门管理者享有的优势时，我们必须认识到：“底线”说明的只是过去的业绩而不是未来的业绩。很多重要的商业计划决策针对的是将来而不是过去。[31]不难发现，当公共部门和私营部门在面对将来时，他们处于同样的困境：他们的价值观念来源于一种“理论”的价值而不是当前表现出来的绩效。

组织战略的概念

面临为股东创造价值方法的不确定性，私营部门管理者和专家们提出并开始依赖“组织战略”的概念。[32]起初，“组织战略”这一概念在人们心目中是很不明确的。找出为将来制定战略的方法，要比描述一个企业正使用的战略和解释它为什么有效困难得多。渐渐地，研究者取得了一些进展，发明了为特定行业特定企业分析战略机会的更有效的方法。[33]对我而言，最重要的是私营部门管理者发现组织战略这一概念有利于企业长期、持续地创造价值。[34]

这一概念的最大价值莫过于它让高层管理者从更宽、更一般和更长期的角度来看待企业。该概念的运用使得他们不再集中于今天的产品生产问题，而是把注意力投向企业得以运作的外部市场环境，特别是投向顾客、竞争者以及未来。[35]

很明显，顾客是非常重要的：私营企业要想最终获得成功，就必须生产顾客需要的东西。企业家能感觉到顾客的需要固然很好，但最好是从顾客那里了解他们需要什么。而且企业家要意识到：消费者在了解一定的信息和实际使用之后，对商品的价值判断可能会随时改变。因此，营销既是一种研究消费者需求的方法，也是一种与顾客建立长期稳定关系的工具，它已成为所有成熟的组织战略的重要组成部分。[36]

竞争者同样重要：如果企业的竞争者已生产了更好的产品，该企业就没有多少必要再生产同类产品。而且，即便企业的管理者在产品或生产技术上取得了突破，获得了竞争优势，她也必须想到：她的竞争者最终会迎头赶上。因而,管理者在分析竞争优势时,考虑的不应是优势在当前有多明显,而是这种相对优势能持续多久。[37]

当私营部门管理者开始思考市场环境,以及在该环境中企业优势会怎样随着时间推移而丧失时,他们实际上在用变化、不确定的眼光看问题。如果说环境中有任何东西维持不变的话,这种东西就是变化。消费者偏好会变、技术会变,资本价格也会变。这些变化或者巩固或者削弱企业的优势地位。[38]

除了上述因素的不确定性之外,相互竞争的企业的战略行为也会彼此影响。[39]竞争者这样做而不是那样做,企业的行动就应相应改变。同样,企业的任何行动都会影响到所有竞争者。[40]

面对这些问题,私营部门管理者开始为企业在环境中"定位"而不是沿着财富最大化的既定道路走下去。他们的任务不仅包括提高生产现有产品的专业技术,还包括使企业多样化、弹性化以适应新环境和新机会。[41]当前的生产只是回答了昨天的问题并为将来打下基础,绝不能保证将来也会成功。

这样,组织战略不仅促使管理者放眼看清组织外部的市场环境,还让他们从动态的、战略的角度思考问题。他们不得不考虑市场环境将如何变化、如何为组织"定位"以充分利用一切机会和挑战一切困难,以及应该怎样投资来稳定组织未来的地位。

独特竞争力

为了在动态的竞争市场中给企业定位,私营部门管理者需要从多个方面来分析组织、寻找组织的"独特竞争力"。[42]

起初,独特竞争力概念关注组织现在能做的事情,看起来会将企业管理者的注意力引向企业目前的运作情况,而不考虑市场环境和未来。但实际上,辨别一个组织的独特竞争力,需要管理者把组织拥有的一组基本能力抽象出来，这些能力大致决定了组织在现有产品市场或它将来可能进入的产品市场上的地位。

例如，某个电器生产商发现它的独特竞争力为“把汽车放在可折叠的金属盒里”。[43]一方面，这个描述是具体的，因为它指的是一种制造能力而不是泛指一种产品；另一方面，它又是抽象的，因为它不仅适合于企业目前生产的各种产品，还适合于一些新产品。而且，它指出了与同行业其他企业相比，该企业独有的能力。因而，管理者就会考虑：“拥有这些基本能力后，我们已知道自己能做什么，问题是我们能生产多少有价值的产品。”

从顾客、竞争者、独特竞争力等方面分析过组织之后，管理者发现他们不再忙于应付日常的生产和运输产品的琐事，而是开始站在更广、更抽象的高度来为企业考虑。[44]这种姿态有利于管理者分析环境中存在的机会和威胁，有利于管理者更富创造力，并在复杂环境中识别出实现股东财富最大化的各种途径。

多元化集团的战略

以上概念最适合于单一产品企业或产品集中于某一特定行业的企业。当企业成为多产品联合体，企业财务也能像受欢迎的新产品、降低成本的新技术那样带来高回报时，企业就需要对战略进行重大调整。[45]

首先，企业的许多事情在开始时都具有战略意义。战略资产不一定是某种产品或技术，它可能是核心员工、与供应商的紧密联系或是处于某个交通便利、享有纳税优惠地点的工厂，甚至可能是某代理商的特许权。[46]总之，由于战略分析越来越复杂，它们逐渐揭示出特定企业各种特征具有的战略价值。

其次，管理者不再视企业为单一业务的组织，而是把企业当成不同业务的组合体。[47]各种业务在金融交易、生产、分配和营销方面的互相配合，能为某些业务带来成本或营销优势。即使业务组合不具备这些技术上的可能性,产品和行业上的多元化至少可以分散企业的风险。如果企业经营多行业的产品,那么它受某一行业经济低潮的影响就较小,同时也能更充分利用新兴行业高速增长的优势。[48]当然,多元化是有代价的,实行多元化的组织要冒失去核心业务及其生产能力的危险。但是对大多数企业来说,业务组合的好处远远超过了企业失去核心业务和专长的成本。

可见,战略把注意力转向企业不同产品在不同市场上的相对优势,它分析一种产品的收益如何为新产品开发及其相伴而来的风险提供资金后盾。它强调的是如何分担风险,如何从一种产品组合转向另一种产品组合,而不是怎样找到一个"利基市场"(niche market),然后固守阵地。

作为可持续交易的战略

最近,组织战略的概念正经历新的变动,以应付企业治理和管理的严峻挑战。挑战之一来自于外部机构日益扩大的权力,而不是股东和顾客对企业资产和活动提出的更高要求。

过去,与管理层就企业目标进行争执的主要是劳工。[49]现在,工人已学会怎么有效地向组织提出加薪、改善工作条件以及增加津贴保障等要求。

近来,其他一些团体也加入进来,与劳工一起对私营企业提出要求。例如,政府不再满足于征税,它开始要求企业承担从环保到采取反向优先雇用行动等一系列社会责任。[50]最近,社区也开始利用企业想建立好企业公民形象的心理,对其提出要求。[51]这些来自各种团体的压力不断增加,使得企业不再只是追求股东财富最大化的目标,而要尽力应付越来越多的社会压力,这种压力有时比企业的初始目标更重要。[52]

可以预见,这些变化还推进了另一重要变化。企业日益发现它们随时处于被"敌意收购"的边缘。收购者声称企业还有未被利用的经济价值,愿以高于市场价值的价格购买企业的控制权。[53]这表明他们相信可以更充分、更有效地运营企业资产，为股东带来更多收益。股东们当然愿意被收购。相应地，管理者不得不考虑如何阻止这些敌意收购企图。

这些企业治理问题迫使私营企业管理者抛弃以下幻想，即授予他们的规划企业未来发展道路的权力是不可撤销的。他们的目标和计划——曾例行式地在股东年会上通过——现在要经受来自残酷的股东、好战的企业袭击者、一意孤行的政府监管者和不满意的社区等各个方面的考验。正如某位商学院教授指出的："过去我们认为为企业制定战略是 CEO 的天赋特权；现在我们发现，成功的战略不过是一系列利益相关者之间可持续的交易，这些利益相关者包括股东、债权人、顾客、雇员、供应商、政府和社区。"[54]

总而言之，在日益复杂和变化无常的世界环境中，战略这一概念有助于私营部门的管理者分析面临的机会，以更好地给企业定位。战略帮助这些管理者将注意力集中于外界的威胁和机会，鼓励他们更好地运用企业具有的独特竞争力和有战略意义的资产，从而有助于帮助他们制订坚实的企业计划。战略还越来越鼓励他们与企业的利益相关者商谈这些计划。

界定公共部门的使命和目标

我们的问题是这些概念是否适用于公共部门管理者。初看起来，公共和私营部门有天壤之别。例如，许多政府机构具有垄断性，因此对它们而言，也就无所谓关注竞争者一说。[55]同样，如果说政府机构生产一系列可以在财务上互相支持的产品，无疑也是一件很可笑的事。[56]

但是，对公共部门管理者来说，组织战略概念的确意义重大。例如，组织可能具有某种独特竞争力，除了现有的职能之外，它还可被用于更宽广的范围。这一点与第一章讨论的图书馆案例有一致之处，即图书馆除了可作为阅览和分发书本的场地之外，也可以作为儿童的托管场所。我们认为，公共部门管理者应该将他们的工作与公民、监督者和委托人的期望结合起来。这个主张也与第二章对公共价值的讨论一致。最后，任何组织都应该在不确定的、变化无常的市场中找准自己的位置，在利益相关者之间维持可持续的协议，它才有可能获得成功。这与那些认为拉克尔肖斯和米勒有清晰界定的任务的看法相比，前者更好地阐述了他们所遇到的困境。组织战略甚至还可以帮助公共部门管理者努力克服他们长期以来所面临的难题——即模糊不清且变化无常的授权。为了及时回应这一难题，组织需要灵活善变，不能僵化和固执地专注于某个明确界定的目标。

战略三角形

在过去几年中，肯尼迪政府学院公共管理系的教员们都在努力做一件事，即总结出基本适用于公共部门的组织战略概念。[57]在这个概念中，组织战略同时包括以下几层含义：(1)规定了组织的总体使命和目标(用重要的公共价值表达出来)；(2)指明了支持和合法性的来源，组织可以利用它们来争取社会的持续支持；(3)阐明了组织应怎样安排和运作以达成目标。

为了给公共机构制定战略，管理者必须将以上三部分紧密结合起来，使它们经受住三种考验。第一，战略必须具有实质价值(substantively valuable)。即该机构可生产对监督者、委托人和受益人有价值的东西，而且其金钱和权威成本都应该较低。

第二，战略必须具有法律和政治上的可持续性。即该机构必须能够持续地从政治环境中得到授权和金钱。

第三，战略必须具有运作和管理上的可行性。即该机构可以在其他各方的帮助下，顺利完成授权的行动。

这些考验非常有用，因为它们指出了公共部门生产价值必须具备的条件。[58]为了验证它们的必要性，你可以想象一下其中任何条件缺失时，管理者及其机构可能出现的情况。

即使管理者拥有极富吸引力的目标，并且得到政治环境的支持，如果他不具备实现这一目标的运作能力，他的战略也会失败。不是目标被拒绝，就是政治世界将这一目标委托给其他机构。

即使管理者拥有了实质上有价值、运作和管理上可行，却不能得到政治支持的目标，这个机构也会失败，因为它将缺乏必要的资金和资源。

即使管理者想到了在政治上和管理上可行的组织行为，只要这些行为缺少一定的重要性，从长期来看，这一战略也会失败。失败的原因也许不在于组织被人小看，而在于这些行为实际运作起来非常浪费，最终会被人叫停。

最后，也是最令人痛心的，就是虽然管理者有很有价值的主意，但却得不到政治支持或在管理上行不通。这些主意常被人斥为"太书呆子气"，被视为一文不值，因此难以成为战略。

框架的作用

就像私营部门组织战略概念一样，这个框架将公共部门管理者从维持组织日常运作的琐事中解脱出来，使他们得以集中关注政治和工作环境，弄清是否需要改变目标，按照公众要求创造公共价值。这有利于他们维持目标，领导自己的组织创造更多的公共价值。[59]（需要指出的一点是，管理者可以缩减组织的运作范围，将金钱归还给私人消费，这样做同样可以创造公共价值。无论是在私营部门还是公共部门，增长并非一定就是好事。事实上，当今政治环境存在一种将公共部门控制在最低限度的冲动。）

更具体地说，这一概念鼓励公共管理者去做以下三方面的工作：一是研究政治环境，以找出其中可能影响组织运作的潜在变化；二是研究工作环境中出现的问题,看自己的组织能否有助于解决这些问题;三是检讨本组织和其他组织的运作,看能否发现有利于改善现有工作的新程序和新技术。

总而言之,对外部要求和内部能力的分析可以帮助管理者了解组织为什么具有现在的职能、组织将来的发展是否会平稳。如果公民及其代表只是要求组织生产现在正在生产的东西,那么,组织的管理者大可高枕无忧。但是,如果公民及其代表的要求与组织生产的产品间存在着重大差异,那么,公共管理者就要赶快调整他们的组织。[60]

事实上,即使组织的任务与运作能力间没有矛盾,也并不意味着一切都好。在战略三角形指导下的管理者,必须考虑到这一点,即无论公民和监督者有多开心,组织仍可能没有生产有价值的产品。[61]他们必须不时检查组织以及公民对组织有效性的评估是否准确。这也是定义公共价值所具有的挑战性之一,即有时不得不在政治支持和组织合法性之外去完成这项工作。在帮助管理者认识公共价值并创造公共价值这一点上,项目评估和成本—效益分析等分析技巧起着非常大的作用。

他们还必须看到,事物是变化的,也就是说,新的政治要求会不断出现,新的技术也会不断涌现。从某种程度上说,这些变化会改变组织需要生产的价值,管理者必须时刻做好调整的准备。

简而言之,这个概念将管理者的注意力集中于四个方面:外部,即组织生产的产品具有的价值;上部,即对价值的政治定义;下部和内部,即组织现在的工作。[62]如果管理者通过检讨,发现其组织的定位有不妥之处,那么,他就应该重新考虑组织的基本战略,直到组织得到了更好的定位。[63]

战略计划的分析技巧

三角形的每一点都从一个角度回答了这个问题,即什么才是有价值的(和可行的)。更重要的是,为了正确回答三角形上每一点象征的问题,需要引入不同的分析方法。

例如,为了回答某个目标是否具有实质价值,管理者需要提出一系列标准化的、关于工作的价值问题,并且使用一套能帮助他们回答这些问题的分析工具。项目分析和成本—效益分析工具可以帮助他们做出重要的决策。[64]对影响组织运作的一些其他因素,如社会公正、公平和个人权利等,管理者则可以采用哲学和法律的分析方法。[65]

为了回答某个目标是否具有政治可持续性这个问题,人们必须分析组织周围的政治环境。[66]它通常包括以下内容:易受组织运作影响的重要价值,监管组织运作的立法者的利益,利益集团的主张,以及指导组织日常行为的传统智慧。[67]

为了回答某个目标在组织上是否可行,人们必须运用可行性评估技巧和执行分析方法。[68]运用这些技巧可以了解到组织改变其行为的路径,以及它改变行为的敏捷度。[69]

总而言之,公共部门管理者在考虑战略时,需要同时注意到实质、政治和组织执行三个因素。就目前而言,这三个因素还没有完全结合起来。其中一部分人,如专家学者和政策分析人员,特别注重实质。[70]另一部分人,如政治官员和法律事务办公室的负责人,则特别注重政治。[71]还有一部分人,如行政和管理部门的负责人,则特别注重管理上的可行性。因此,战略思考就是要将以上三方面的观点结合起来。只要忽视其中任何一方面的观点,就会将关于创造价值的思考引入歧途。

与公共行政古典传统的比较

战略三角形是为了影响管理者思考和行动方式而设计的。对于管理者来说,制定组织使命和总体目标具有特别的重要性,而战略三角形则可以在这方面帮他们一个大忙。为了更深刻地理解战略这一概念,并更好地分析它的用处,我们来比较一下战略管理的关注点与传统公共行政的做法。[72]

两者最大的区别也许在于,公共行政的古典传统没有将管理者的注意力引向目标、价值、争取合法性和支持等问题上。古典传统认为,这些问题已经在关于组织的立法和政策中得到了很好的回答。[73]政策已经指明了组织的目标,并且先验地认为这个目标具有公共价值。政策还为组织提供了达成目标所需要的资源——金钱与权威。不仅如此,它还授权管理者使用这些资源以达成目标。

假定政策已经解决了组织的资源、权威和价值问题,管理者仍必须解决下部和内部的问题,以利用现有资源最有效和高效地达成组织目标。[74]为了达成这一目标,管理者必须依赖其管理水平,在组织内部施加各种影响,如组织设计、预算制定、人力资源开发和管理控制等。[75]至于上部和外部的问题,他们的主要目的是保证组织在授权的目标框架内运行,即保证他们是负责任的。[76]至于对于目标的定义(及重新定义)则留给了政策制定者。

与此相反,战略三角形认为,公共部门管理者应该负责确定组织的使命和总体目标。它还提醒管理者从自身行政管理水平以外的地方寻找资源来制定有价值的目标。战略三角形鼓励管理者使用分析技巧来研究环境、评估工作,并以此为基础,形成对过去和未来活动的价值的看法。

管理者不仅要通过授权目标这一中介与政治系统发生关系,更多地还要通过连续和积极的对话与政治系统紧密联系。不同的政治力量影响了公共部门的授权,公共部门管理者应该透过授权看到这些力量,准确地把握到这些力量变化的趋势。[77]政治系统对价值有独特的看法,在考虑如何改变或改善这一看法时,管理者应该积极邀请政治监督者参与。[78]此外,他们不应只在立法部门可能影响其组织的时候才这样做,而要将这种行为当成组织的日常工作之一。

还有一种更为激进的观点，即公共部门管理者应该了解组织的独特竞争力。公共部门管理者往往能从现有的工作中觉察到委托人和潜在用户的需求，如果他们能将这一点与组织的独特竞争力结合起来，他们或许能够提出组织可以做的其他有价值的事务。这种观点已有了明证，如第一章中图书馆管理员就在思考能否和怎样满足双职工家庭孩子的需求。初看起来，这种做法似乎不在她的使命范围之内，且很难实现。因此，她应拒绝这样去做。但经过再三思考，这种做法其实也在她的使命范围内：这种做法可以用得上她的组织所具有的独特竞争力。总而言之，她察觉到，她的组织有其他有价值的用途。正如私营部门的管理者在外部环境中寻找合适的利基市场一样，具有战略思维的公共部门管理者也可以发现新机会，以使其组织满足新的政治需求，或对此前没有意识到的需求做出回应。

因此，这种战略观努力将公共部门管理者所需的政治分析、政策分析、行政分析与组织分析技巧结合起来。这样做的结果是，公共部门管理者不仅仅是一个技师，而是一个战略家。前者只扮演从一大堆行政管理方法中抽出几条来完成既定目标的角色，而后者则研究组织所处的环境，努力发掘组织可以创造公共价值的机会。[79]它还改变了公共管理者的责任。此前，他们的责任是确保现有工作的连续性和效率；现在，他们的责任是更好地使组织适应未来的需要。正如私营部门的管理者一样，公共部门管理者要给组织正确定位以创造公共价值，而不仅仅是利用资源达成既定授权目标。

这种提法或许是对民主政府的威胁。它可能会鼓励公共部门管理者对公共价值做出种种臆想。考虑到这种风险，我们必须指出，战略管理与公共行政古典传统最大的不同之处在于管理者的思维方式和行动，而不是现有的制度安排。[80]在行动上，管理者仍受到现有程序和他们领导的组织的官僚制度的严格监督。笔者所提倡的是，管理者应该以一种有目的的、寻找价值的眼光来分析环境，然后在与政治环境的互动中发现机会，并据此采取适当的行动，或在组织内实现创新。如果他们能够成功地发现并利用机会创造价值，那是因为他们在制度环境的夹缝中找到了自我，而不是因为这个世界的要求越来越少。

为了更好地了解这个观念在实践中的运用，以及管理者及其组织在确定战略时所面临的种种选择，让我们来看一下拉克尔肖斯和米勒的案例。

环境保护署的使命：减少污染

拉克尔肖斯面临的挑战是为环境保护署（EPA）确立一个方向，为此，它将 EPA 的使命定为“减少污染”。[81]这是一个总体概念，它包含了许多具有实质意义、政治意义和管理意义的行动。对 EPA 来说，这个概念最终被证明是一个成功的战略目标。

将减少污染作为组织战略

通过将 EPA 的目标确定为减少污染，拉克尔肖斯清晰地向外界传递了他将要创造的价值。更精确地说，他说明了将如何平衡以下两方面的关系：一方面是社会对安全、优雅的环境的需求，另一方面是社会享受经济繁荣、低税收和对政府尽量少干预市场运作的需求。在拉克尔肖斯看来，公共价值在于更积极地清理环境，而不是维持现状。问题是他在什么基础上做出了这一关键性的决断。

一种回答认为，他的观点是对这方面的政治要求的回应。多数美国公民要求保护环境质量，这使他相信，清理环境不但在政治上可行，而且实际上也是有益的。

第二种回答认为，实际情况表明环境质量每况愈下，而且影响了一些终极价值——如审美、健康和自然保护。当然，也需要指出，在现阶段，没有人确切地知道环境质量是否真的在恶化，或环境质量恶化会带来什么严重后果，或怎样才能扭转环境质量恶化的趋势。而且，有关反映环境状况、减少污染所需的费用及其有效性的数据此时都不能科学地回答这些问题。因此，有些人认为，拉克尔肖斯此时最明智的办法是等待更多的证据，而不是鲁莽地发起一场昂贵的环境清理运动。事实上，这也正是尼克松总统和他的阁员所持的观点。

但是，拉克尔肖斯决定发动 EPA 和整个国家来清理环境。对此，他有一个最好的解释，即只有通过实际采取一些避免污染或消除危害的行动，人们才会知道环境保护工作的费用和它可以带来的益处。否则，人们对清理环境所需的费用及其益处的猜测都只是凭空臆想。

拉克尔肖斯对环境保护的价值作了概括。他说："环境保护本身就是一件极具正当性的工作。"[82]在他看来，当时的政治和客观环境都要求采取实际行动来开展清理工作。

新的 EPA 包含了多种互相冲突的政治价值观，但从"维持政治支持"这一角度来看，"减少污染"的口号很好地平衡了这些不同的价值观。一方面，口号中的"减少"一词表明，EPA 将致力于采取实际行动，而不是进行进一步的研究。对环保主义者来说，与此前的政策相比，这已是一个巨大的进步。因此，新政策获得了他们的支持。另一方面，口号却没有指出拉克尔肖斯到底将在清理工作方面走多远。污染必须减少，而不是完全消除。口号似乎还表明他还没有确定具体的清理过程，从而给污染者留出了一段适应时间。口号具有的这些特点至少在开始的时候满足了那些需要为清理工作付费的人。

从"运作的可行性"方面来看，新口号也有不少非常吸引人的特点。它确定了组织将要做的主要工作，即找出使污染者少向大气和河流排放污染物的方法。它使拉克尔肖斯不必对组织现有的运作目标做任何修改就能开展工作。正如肯尼迪政府学院的一个学员所解释的那样，"拉克尔肖斯制订了一个目标，据此目标，你立即就能取得成就，但却永远不可能完全实现它。因此，这一目标总是具有挑战性。”

所以说，使 EPA 致力于减少污染的目标符合成功的组织战略所需的全部条件。它确定了一个具有公共价值的目标，并且在政治上和实质上可行。它可以吸引足够的政治合法性和支持，能够保证 EPA 这一组织延续下去。此外，它还为组织确立了一项具体的工作，这项工作既有挑战性，又非完全不现实。

战略执行Ⅰ：维持组织的合法性

为了使“减少污染”这一目标不停留在空洞的口号上，拉克尔肖斯必须采取具体行动，这些行动在政治上、实质上和管理上可行，能够反映他致力于达成这一目标的决心，以及他的组织具有达成这一目标的能力。从政治上说，他必须使 EPA 有足够的装备和技术力量，能够灵活运用政府权力，对环境危机作出有力的回应。因此，在 EPA 成立的第一年中，它会对所有的环境危机作出回应，哪怕只是进行一点评论或宣布一项研究。此外，EPA 还发起了对五六个污染大户的诉讼，其中不乏私营企业和市政环卫部门。这使得政治监督者感到很满意，他们觉得 EPA 减少污染的承诺是动真格的，而不是喊喊口号。

与此同时，一部分政治代表人物希望将环保运动控制在一定的范围内，以避免对他们代表的选民利益造成太大和太突然的打击。考虑到这一点，拉克尔肖斯也始终将沟通的大门向这部分人敞开。为了能够支持拉克尔肖斯，这部分代表需要拉克尔肖斯给他们信心，以对政府规则的内容和实施的速度施加影响。于是，拉克尔肖斯雇用了一个特别顾问，以使他能及时了解国会议员杰米·惠滕(Jamie Whitten)的观点。杰米·惠滕时任众议院拨款委员会主席，是农业利益集团的代表，也是拉克尔肖斯的上司。所有这些行动一起构成了支持拉克尔肖斯、EPA 和减少污染的政治联盟。

战略执行Ⅱ:实质性的政策决策

实质上,拉克尔肖斯是通过多项政策来推动整体战略的。这些政策既反映了他清理环境的决心,也反映了他在清理方式和速度方面所持的开放态度。对于DDT——一种被雷切尔·卡森(Rachel Carson)弄得臭名昭著的杀虫剂,拉克尔肖斯倾向于立即采取行动,予以禁止,否则便难以让人相信他的确致力于清理环境(卡松发出第一次警告以后,人们已经发明了一种更有效、更安全的杀虫剂。这对他来说,也是一个帮助)。

由于当时的科学并不能充分证明汽车尾气与健康之间有必然的联系,所以在是否立即制定空气质量标准的问题上,拉克尔肖斯决定留待实证研究后再做决定。很显然,他相信,立即开始清理工作比一开始就制定完美的标准要重要得多。

对于是否处罚那些不能达到环境保护标准的汽车厂商,拉克尔肖斯决定只向卡车(而不是小汽车)处以罚款。这个政策既使汽车厂商注意到环境保护的重要性,又不至于使他们遭受重创。所有这些行动都表明,拉克尔肖斯为将来继续清理环境打下了基础,但同时,这些行动又不会招致巨大的经济损失。

战略执行Ⅲ:建构运作能力

在运作上,拉克尔肖斯的精力主要集中于组织的整体架构和将被任命为管理者的人员。办公室管理与预算专案组(OMB)建议他采用当时为大多数联邦组织所用的标准运作模式,即指定四名助理,分别负责行政管理部、科学技术部、监督控制部以及执行部。[83]另外一些人急于使组织集中于最终目标,推荐按项目架构组织,项目则可以由要清除或解决的污染介质来确定。他们建议分别为大气污染、水污染、固体废弃物和噪声污染等项目指定一名助理。

最后,拉克尔肖斯没有采取两种方式中的任何一种,而是采用了一种混合结构,指定五名助理分别负责行政部、执行部、大气项目、水项目和科学项目。也许有人会认为这只不过是两种可行计划的折中而已。但另一种解释是,这种架构反映了 EPA“与时俱进”的形象,而不是贸然冲向它的长期目标。

拉克尔肖斯需要在短期内建立起一定的组织能力,以对臭名昭著的污染者采取行动。这就需要一个强有力的执行办公室。这种能力对他的战略规划有重要意义,原因有三:

首先,成立这样一个办公室将强有力地表明他减少污染的决心。由于他正确地评估了各种政治力量,成立这个办公室将为他树立形象,使他能够继续从政治监督者那儿得到支持。

其次,一个既得到了政治支持,又反映了他致力于行动的决心的办公室,不仅将在短期内给他一定的行动自由,树立起他的权威形象,也能在长期内给他带来更多的金钱和权力。而这些都将是他建构 EPA 运作能力不可缺少的资源。他理解以下两者的区别,即立即象征性地采取行动和使 EPA 长期发展,使它成长为具有与污染进行大范围、大规模战斗能力的组织。为此,他将长期需要资金和权力,而目前所做的只不过是一些前期投资而已。

第三,将注意力集中于一些可见的靶子,并对污染者采取象征性的行动,将有助于环保运动的发展,从而为他争取到一个强有力的同盟。这个同盟将来不仅可以帮助组织维持资金来源,也能产生立竿见影的好处。环保运动越强劲,污染者越可能自己采取一些清理环境的措施。它还可能成功地教育和说服现有的污染者,并向他们施加压力,要求他们改变。更重要的是,它还向污染者指出,他们最终都要停止污染,与其等到 EPA 来收拾他们,不如现在就采取主动措施,在竞争者之前适应新的规则。[84]

EPA 需要这种效果，因为没有社会的志愿配合，他们不可能立即强制实行环境清理。

由于政治和运作上的原因，拉克尔肖斯成立了执行办公室，受他直接领导。事实上，在最初的几年中，这个办公室对污染做出了适当的回应，从而确立了 EPA 的形象，并帮助维持了政界对打击环境污染的支持。

执行办公室是 EPA 短期内最需关注的一环，但从中长期来看，它面临的最大难题是如何将清理环境这一宏观政治目标转化为具体的、针对特定污染者的规章制度。此前，关于净化空气和水的法令已经制定了达成这些目标的具体办法。在控制大气污染方面，联邦政府被授权制定一个空气质量标准，各州跟着制订了污染控制计划以与联邦标准保持一致。在控制水污染方面，联邦不但规定了水必须达到的清洁度，而且规定了不同污染者必须负担的费用。水污染控制计划还对联邦如何补贴市政环卫部门作了规定，至于净化大气，则主要依靠政府权威。

EPA 成立时，以上工作还没有取得任何成效。但是，如果这些工作没有任何成效，污染者就既不会有清理环境的责任，也不会知道怎样做才能保护环境。

为了确保 EPA 快速前进，拉克尔肖斯没有对负责这些工作的部门做任何变动。他相信，任何干扰都将减缓他们的工作进度——特别是当 EPA 的重要职员都忙于执行和整合这个多元化的组织时。

拉克尔肖斯认为，从长期来看，EPA 的阿基里斯之踵在于说明清理工作合理的科学依据。短期内，人们对污染的愤慨将足以使 EPA 能够采取一些激进的行动。由于还有众多的、经济上不重要的污染者，EPA 可以很容易地将这些污染者作为靶子，并为 EPA 的使命提供令人信服的论据。但是，当环境清理工作的总成本与边际成本上升时，人们便会强烈要求 EPA 提供处罚特定污染者依据的理由。为了维持处罚的合法性，必须用科学取代感情。而这只能来源于 EPA 的科学能力。为了建构这种能力，拉克尔肖斯必须使EPA吸引一批一流的环境科学家,并给这些人足够的时间建构有利于环境保护的知识平台。从组织上讲,达到这一目标的最好办法是设立科学办公室,这个办公室将有利于将科学家与其他大多数运作隔离开来,同时,又使他们将注意力集中在EPA的使命上。

结果

在拉克尔肖斯制定的战略的引导下,EPA和整个国家一道投入了清理环境的工作中。大气和水以更快的速度变得洁净起来。如果不是采取了一种激进的态度,这是不可能发生的。EPA本身也成为一个能吸引优秀人才并充分利用他们的智慧的组织。拉克尔肖斯获得了崇高的声誉,既被政治家们所赏识,也为他领导的员工和科学家所尊敬。所有这些都是正面的结果。

但负面的结果也同样存在。拉克尔肖斯使用了一些非常强硬的手段来对付环境恶化,但当新问题和新威胁出现时,采取类似手段的成本将异常昂贵。[85]拉克尔肖斯将EPA的使命定为减少污染,并强调强制执行的作用,从而使组织难以利用市场来进行清理工作。但是,某些情况下,市场往往能以不那么昂贵的成本完成同样的工作。由于对清理环境的理由(如审美价值、健康或自然保护)没有做出适当的区分,过分强调有关大气和水的保护计划,拉克尔肖斯可能延缓了政府对处置有毒废物的反应,而有毒废物可能比大气和水污染对环境造成的毒害更大。

但这些负面影响只不过证明了这一观点,即从长期来看,任何战略都不可能在每一方面都获得成功。事实上,战略本身就包含了“付出某种代价以达成某种目标”的意义。[86]此外,决定何时强调什么总要受做出决定时的客观条件所制约。经过一段时间后,任何战略看起来都会显得错漏百出。因此,检验战略的正确方法不是看它是否一劳永逸地解决了所有问题,而是看它是否既解决了未来几年中重要的问题,又具有可调整性,为解决目前还没能预见的问题留下了足够的空间。根据这一检验标准，拉克尔肖斯为 EPA 制定的战略似乎具有很高的价值。

青少年服务部的使命：对孩子进行人性化改造

杰尔姆·米勒受命领导马萨诸塞州青少年服务部，他把该部门的使命定义为“对孩子实施人性化改造”。这一目标似乎也满足可行、有效战略的所有条件。

将人性化改造作为组织战略

与拉克尔肖斯一样，米勒的战略也是为了回应组织所处的政治环境。当时，有些选民发誓要改变指导 DYS 运作方式的政治协议，因此，他试图利用这部分选民的热情。但是，米勒比拉克尔肖斯做得更彻底，他没有平衡各种利益，而是让组织使命倾向于最激进的改革者的意见。这些改革者要求公平地对待少年犯，但这种观点与其他人所持的保护社区免受少年犯罪影响的观点刚好相反。这一战略要在政治上取得成功，就必须维持这些激进的政治选民的支持。

实质上，米勒认为这种改造方式是有价值的，它不仅可以通过 DYS 的运作表明孩子们应该得到的公正待遇，而且从长期看可以减少再犯率、节约成本。最近一些广泛采用的理论证实了这一观点。[87] 与 DYS 目前使用的昂贵、不公平和无效的方法相比，新方法在任一方面都有改进——至少米勒及其支持者是这样认为的。

运作上，该概念厘清了组织面临的重要难题。DYS 改造孩子的方式不得不从“非人性化”转向“人性化”。可以设想，这不仅意味着要增加对孩子的教育和感化服务，而且要用尊重甚至爱心来感化他们。它还要求让他们与父母和社区保持联系，把他们当作孩子而不是城市恐怖分子。

米勒的想法极为大胆，他把自己的战略建立在激进主义者的思想基础上，而拉克尔肖斯的战略则是在各种政治冲突之间走折中的道路。在反对环境污染等问题上，大量客观事实显示要有广泛的公众基础，而对改造管教少年犯这一问题，却只有社会心理学理论和人们的公平感认识到人性化改造的必要性。拉克尔肖斯的战略依赖于新组织的渐进发展，而米勒寻求的是将现有组织进行彻底重塑。很明显，米勒采用了风险更高的战略。

战略执行Ⅰ：建构运作能力

和拉克尔肖斯一样，米勒需要在政治和实践领域找到具体的方法来实现人性化改造的目标。起初，米勒通过改变组织本身来实施战略。他取消了部分关于理发和服装的规定，从而废除了以前看守人员拥有的部分纪律执行权力。他在组织内“寻找志同道合的人”，并授予他们发起新方案的权力，而不管他们在组织等级中处于哪个层级。他还发动志愿者加入组织为管教少年执行新方案。最关键的是，他鼓励管教少年说出他们对设施有什么不满。孩子们对服务人员有意见，也可以来找他。这些措施在组织内产生了变革性的影响，不仅改变了现存的政策和程序，还打破了原来服务人员和孩子们之间僵化的关系。

这些改革的确在组织内产生了一定影响，但米勒最终认识到，在现有的组织框架下，他很难彻底改变管教少年的改造方式。他说，DYS“就像中国”，付出了很多改革的努力，却没有成效。因此，他发动了一系列的管理改革措施，为青少年在组织外寻找各种安置方法。

接着，他又采取下一步行动，略微增加从养父母和其他私人机构购买服务的预算，以监督孩子和为他们提供日间照料。此外，米勒大幅度地缩短了孩子待在管教所的平均时长。具有讽刺意味的是，他起初并不打算这样做。他曾向各管教所的负责人去信，要求将三个月作为孩子们待在管教所的最低期限。而管教所的负责人则将他的意思理解为那是孩子们应该待在那儿的最长期限，并开始将他们假释出管教所。

管教所的负责人可能是故意曲解了米勒的意思，因为他们认为米勒的新主意对他们产生了威胁，所以希望通过释放这些孩子来激起社区居民的不满，以迫使米勒放弃自己的改革方案。可是，他们谁也没有料到，管教所在读人员的减少并没有引发居民的不满。于是，米勒决定加快改革的步伐。

最能反映米勒释放少年犯的举动，莫过于他命令关闭桥河管教所了。事情的起因是州长夫人参观该管教所时，那儿发生了一场骚乱。在管教所关闭后，他坚持将空置的建筑物全部夷为平地。

为在管教所之外监督孩子打下管理和运作的基础，米勒在 DYS 创建了一个独立的区域性管理网络，负责为委托给 DYS 的孩子们寻找其他安置方法。当 DYS 内的在管人员减少时，该网络就显得越来越重要，并最终取代管教所，成为 DYS 的核心。[88]

战略执行Ⅱ：维持合法性

显然，为迎接 DYS 结构、行为和工作绩效上的巨大变化，米勒需要大量且持续供给的“资本”。一方面，随着由管教所（仍需支付资金）监督失足青少年转变为由社区来照顾他们（这种做法是从零开始的），米勒需要财务资本以支付急剧上升的成本。另一方面，面对看守人员的一致反对、与他意见相左的警察和法官的怀疑以及居民对释放少年犯的恐惧，米勒需要政治资本以继续推进改革。

为支持他人性化改造的指令，米勒不得不向一些能授予他行动权力并保护他不受别人攻击的个人和团体寻求帮助。萨金特州长和戈德马克秘书一直坚定地拥护米勒的行动方案，给了他强有力的支持。米勒还意外地获得了马萨诸塞州立法机关两位重要人物的支持，他们曾成功地抵制了对米勒管理不当的司法调查。

出于对共同事业的追求，这些人向米勒伸出了援助之手。但另一方面，米勒本人也是一位非常成功的政治家和倡导者。据一位观察家指出，米勒从一开始就与媒体紧密结合。他成功地报道了马萨诸塞州管教所随处可见的糟糕设施，并揭露出这一事实，即失足青少年已被公众误认为是歹毒的恶棍。他承诺要把孩子从被社会忽视的角落中解救出来。尽管这样做有违当时的政治价值观，管理效率将降低，青少年犯罪率将上升，但对他来说，所有这些似乎都不太相关。除一些顽固分子外，媒体对米勒及其改革给予了大量的正面报道。

得到广泛的媒体和舆论支持后，米勒开始在整个马萨诸塞州加强青少年权益组织的力量。这些组织赋予米勒以政治力量，维持了赞同者的支持，牵制了反对者的力量。此外，这些组织也为米勒输送了不少核心人员，帮助他在管教所内外发起新方案。起初，许多发起方案的志愿者来自这些青少年权益组织；之后，他们从管教所独立出来，与其签订执行方案的合同，当然，他们仍处于新 DYS 管辖范围之内。

最后，米勒找到了另一强大的资金后盾和政治联盟——联邦政府。联邦政府受全国趋势的推动，设立了少年犯罪审判与防范管理办公室（简称 OJJDP）。该办公室的战略是改变全国的少年犯审判体系，这与米勒的战略目标是相同的。实际上，对 OJJDP 来说，米勒的改革带来了彻底的变革。因而，他们为米勒建立的新服务网络投入了大量资金，并称赞米勒在处理失足青少年问题上处于职业和技术的最前沿。

人性化改造的实质价值

没有人知道米勒推动的改革是否有利于降低青少年犯罪率。对此，米勒毫不在意。米勒说，只要能改变少年犯的管制做法，对他而言就是胜利。因为他相信无论从短期还是从长期来看，他的方案在减少青少年犯罪方面都不会比管教所差，而动用的公共资金和权力却比州立管教所要少;此外,他的方案还改善了社会和少年犯之间的关系。所以说,米勒的改革可能而且必定比管教所创造了更多的公共价值。

结论

米勒在马萨诸塞州任职三年期间,为彻底改变少年犯监管方法奠定了基础。[89]改革前,DYS由多个管教所组成,它们全部由州管理。改革后,DYS变成了一个私营的、以社区为基础的项目组织。照顾和监督失足青少年的各种改革方案急剧增加,使得我们可能找到一种适合特定孩子特殊情况的方案,而且社会也渐渐认识到什么可行什么不可行。另外,管理者向外购买服务计划,从而使他们在调节社会监管方案的总体水平和类型分配方面具有更高的灵活性。

曾带动改革的那批政治选民的势力逐渐减弱,但另一批新的政治选民取代了他们。这些新选民是那些由米勒改革造就的私人照料服务提供者。[90]最后,在DYS改造少年犯的方案组合中,增加了安全照料这一项,以对付那些危险性特别高的孩子。这样做的结果是,马萨诸塞州的DYS体系比全国其他任一体系都拥有更多的方案组合来监督和照料失足青少年。当有人宣称可以用一种更平稳、更有效的方式完成从旧体系到新体系的转变时,米勒只是简单地回答道,那样做既不可能也没有成功的先例。

使命宣言的管理职能

拉克尔肖斯和米勒充分利用了面前的机会。他们清晰地表达了自己的目标,这有利于引导政府行为,并为政府在其负责的领域投入公共资金提供合理性。他们的组织在实现目标的过程中,可谓足智多谋、势不可当。尽管曾给过他们行动机会的政治联盟有过动摇,起过争端,但整体政治势力的平衡从未回到过他们任职之前的状态,总体上维持了对他们有利的态势。虽然公众对他们的评价并不一致(这也是不可避免的),但大多数观察家都认为两位管理者都十分理性地使用了授予他们的资源:不管怎么说,通过环境保护和对失足青少年合适的监督和照料,他们增加了公共价值。

两位管理者成功的原因在于他们开发并采用了与私营部门类似的组织战略。他们并没有具体描述组织应如何转变。实际上,他们甚至没有一个详细的计划,他们的大多数行为都是即兴的、随机而动的,而不是事先安排好的。[91]引导他们行动方向的目标很宽广:拉克尔肖斯想减少污染;米勒想把改造青少年的方法变得更为人性化。对拉克尔肖斯和米勒来说,这些目标就像战略概念,满足一定的条件:在为组织创造公共价值设定具体道路的过程中,他们定义了一些具有实质价值、政治上可持续并且管理上可行的概念。

这种理解强调了术语的重要性,而这些术语可能只是些口号,而且不具创新性。但笔者认为:管理者使用部分术语并把它们用于指导和解释政治、实质和管理行为是值得重视的。[92]仔细挑选某些简单明了的概念,并且清晰地表述和连贯地运用它们可以发挥巨大的管理职能。其作用主要表现在以下三个方面。

保持管理焦点

首先,目标陈述能够帮助管理者始终将注意力集中在一个目标上,即为组织带来绩效和价值。[93]每一个有经验的管理者都知道:当发生一些微不足道或意料之外又急需解决的事情时,很难保证精力和注意力不被分散。

解决这些问题的方法离不开管理者的有效授权,从而保证自己有充分的时间处理重大决策和加强计划以预测未来的事情。但这些方法本身并不能确保成功。而且即便成功,它们大都依赖于建立起简单明了、可靠的分析标准，让管理者能辨别突发事件是否具有战略意义。[94]可见，管理者要想不被琐事分散精力，就需要一个宽广、连贯的使命并以此作为他们支配时间和注意力的标准。

找出重要的政治和管理任务

其次，使命（与近期想法和分析一起）在规划基本管理任务的同时，特别强调一些具有战略意义的具体管理工作：第一，要获得政治支持以维持公众的拥护和必要的合法性，这样，组织才能向前发展；第二，要把公众的评价清晰地表达出来并对其进行权衡，以此维系政治支持；第三，为实现战略目标，要对运作能力进行重大投资和创新。简言之，清晰表达目标不但能避免管理者受困于一些紧急而不重要的小事，也能帮助他们安排好工作日程，使进入日程的工作都是管理者必须及时处理的、与战略成功息息相关的政治和管理事务。

拉克尔肖斯把 EPA 的目标确定为减少污染，实质上是表明他在政治上与那些要求减少污染、主张应由污染者承担后果的人们站在一边。如果他成功了，至少部分是因为他把 EPA 作为实现目标的手段——起码可以让政府采取一些禁止污染的措施，以满足这部分人的要求。[95]这一目标还让拉克尔肖斯看清了一个事实，即那些被迫花费一定成本来减少污染的人或组织才是自己的反对者。拉克尔肖斯面临的战略挑战就是找到一个方法，阻止反对势力变得过于强大。否则，他为那些相信“没有污染，世界会更好”的人们争取环境改善的努力将会受挫。

也许另一点不太重要的是，减少污染这一目标不但使拉克尔肖斯能够找出他需要创造和使用的关键运作能力，而且使他对将要制定的政策有了先入为主的偏见。从运作上讲，他必须找出一个能够阻止特定污染源的方法，而这使创建政治能力、运用权力处罚污染者变得非常重要。这也成了他任期内的中心任务之一。如果他最初将目标定在低成本的环境清理或保证健康的环境上，他的中心任务肯定会与现在的不一样。

从实质上说，他的政策必须反映出他清理环境的决心，哪怕人们对这样做的好处仍心存疑虑。这也是他在缺乏科学根据的情况下，就下令禁止使用DDT和制定大气质量标准的原因。

对孩子实行人性化改造的概念为米勒提供了同样的诊断框架。一旦把目标清晰地表达出来，他就能轻易地发现可以从谁那里获得政治支持，谁又是反对派。在分析支持者或反对者的政治环境之前，他必须先弄清楚追求的实质目标是什么。

不过，目标的重要作用在于让米勒看清组织应做出哪些改变。人性化改造意味着要把孩子当成自主的人看待，给予他们与看守人员打交道的自主权。这还要求为他们提供广泛的服务，包括体面的食宿、通过基础教育提供就业指导和心理咨询；保持他们与父母、社区和朋友之间的联系，这种联系很重要，可以减轻他们返回社区时所受的心理创伤。人性化改造的概念自然会引发出这些考虑，从而彻底革新监督孩子的设施和方案。

这样一来，管理者一旦认清了组织的基本目标，就能分辨出哪些事件具有战略意义，哪些事件只是小插曲。如果一个人搞不清楚他想完成什么，那么他的所作所为就仅仅是本能的条件反射。一旦他已经认识到什么是重要的，那么外界发生的事情和本能反应的行为都将经过一道评估过滤程序。[96]此时，工作就是努力完成战略目标，而不是仅仅对各种紧迫的任务做出回应，或是由于它们不在计划范围之内而干脆忽略掉。

发动内外部的支持

第三，清晰地表达出宽广的目标有助于带动和引导其他人为组织的成功做出贡献。从政治的角度看，如果管理者的目标代表了社区拥护的价值观和意愿，那么该社区就会愿意支持管理者。例如，拉克尔肖斯开始大谈减轻污染时，许多环境活动家就愿意支持或体谅他，至少在短期是这样的。同样，当米勒说要让少年犯的改造更加人性化时，青少年权益组织便在州长和立法委员面前高度赞扬米勒的做法。既然任何公共组织都需要社会的支持和谅解，那么，如果组织的使命能够反映社会团体持有的价值观，这些社会团体就能为管理者做出重大贡献：它们能成为持续动员政治力量的一面旗帜。

从管理的角度看，清晰的使命能解决下属的困境：他们通过使命了解老板看好什么样的项目和企业、怎样评价他们的工作。对组织中层管理者和基层管理者来说，当他们拥有与战略一致的项目和投资想法时，这种清晰性会给予他们为实现新目标而努力的动力，并汇聚成促进组织发展的创新洪流。

如果情势不那么有利，一些持怀疑态度的中层管理者将只会在口头上说出这一新目标，而不付诸行动。[97] 即便如此，清晰的目标仍然有用。它们至少可以界定组织内部资源竞争的范围，开展有关项目价值的讨论。更有趣的是，语言本身可以逐渐影响企业的文化。当人们开始用新词汇来表达行为的时候，他们会改变看问题和做事情的方式。[98] 这样，即便中层管理者毫无头绪，或他们的想法与目标不一致，清晰表达的目标也具有价值，因为它能够显示出他们为组织做贡献的意愿，从而使他们显得与众不同，并且让他们知道自己应该做什么。

这一目标要吸引他人的支持和帮助，还必须在政治支持者和下属的眼里具有相对的稳定性。理想的状况是，它们是每个人都必须适应的现实，而不仅仅是某个人的提议。管理者必须充当“现实的代理人”，而不是某个异想天开的疯子。

为达到这种状态，目标必须根植于特定的政治和管理现实之中，管理者必须致力于实现这些目标，并且让人们相信他将获得成功。否则，政治团体不会向该目标投资，中层管理者也不会尽职。如果没有人向组织投资,没有人为实现使命而努力,那么该目标终将落空。

当然,没有哪种战略刚开始就是稳定和确定的,任何挑战现状的战略都不是不可避免的。除非出现危机,人们大多期望昨天的真理在今天和明天仍是真理。[99]所以,一开始,由于清晰的战略会对组织提出挑战,它们总是显得不真实且令人怀疑。

一个崭新的、挑战性的目标是否具有可信度,关键在于它与该领域热心人士的观点是否一致。当一个新战略吸引了政治支持、吸引了公众和志愿者、增加了预算、获得了新的立法支持者,连老派的政治反对势力也开始撤退时,该战略就具备了一定的政治基础。当管理者不断重复同样的事情,很努力地工作,当他们的实质和管理行为与使命紧密挂钩时,该战略已开始对组织的运作产生管理效力。战略执行过程中,如果管理者个人在其中的利害关系越来越大,战略就会从组织内部得到更多的动力。因为此时管理者的下属将分成两类:一部分人会认为这正是他们想要做的,现在终于可以大展身手了;另一部分人虽然不同意,但也不得不调整自己以适应新战略。改变人们的观念不是一件容易的事情,但成功的战略就是要做到这一点,即改变政客和中层管理者对组织的目标和能力的看法。[100]

组织战略的评估标准

对于特定的公共部门组织来说,成功的战略可能不止一个。如果拉克尔肖斯宣布一个长期的环境污染计划,并建立一个可以协调全国不同意见的机构,他同样也可能获得成功(事实上,这正是尼克松政府希望他做的)。如果他立即制定一个战略,强调有毒废物的危害,他同样也可能获得成功。如果米勒专注于在管教所内部向孩子们提供更体面的照顾,或略微增加一些感化服务,他同样也可能获得成功。

因为在任一特定时刻,某一情势均会引发许多不同的政治意见,所以会使很多战略具有可行性。此外，政治本身并非一成不变。突发事件、管理者的努力等都可能使它发生改变。因此，从比较长远的角度来看，必须而且能够建立广泛、可行与可持续的政治联盟。

同样，虽然组织的行事方式和擅长做的事看起来几乎一成不变，但事实上，组织在这一方面具有相当大的灵活性。毫无疑问，当组织试图改变时，组织中一定会存在某些抵制情绪。他们中的某些人一定会怀念过去的做法，并由此在组织内部产生运作理念上的冲突。关于组织的使命和职能，政治世界存在各种相互冲突的观点。这些冲突同样也会在组织中表现出来，只是冲突各方的力量会有所差异。[101]所有这些都可能成为组织发展新能力的沃土。

最后，从实质上看，人们不但会对组织当前运作的价值产生深刻的怀疑，也会对用新办法来达成原有目标的做法产生怀疑。总而言之，无论何时，总是可以对项目、管理或战略实施一些变革，以提升组织的功能。[102]

政治环境和组织内部的冲突和变化以及诸多可行的、有价值的革新表明，可行的战略不止一个。管理者并不一定要得到政治上的一致同意才可以获得成功的战略，只要有足够的支持来获得金钱、权威和人力资源执行战略就行了。同样，管理者也不需要组织完美无缺地适应将要交由它来执行的战略，只要该组织能够完成关键任务，将花在它身上的投资用于改善工作，并且能更好地执行战略就行了。最后，管理者也不需要完全肯定某个主意是有价值的，只要这些主意看起来是合理的且值得一试就行了。

由于存在多个可行战略，从而使得战略制定和选择成为一件非常有意思的事。如果只存在一个可行战略，那么，全部工作就在于找出这个战略。由于存在多个可行战略，所以要找到一个满足最低要求的战略并不难。这时，要决定选择哪个战略反而非常有挑战性。在选择战略时，以下三个标准非常重要。

适当的抽象程度

第一个标准与战略的抽象程度有关。为了更清晰地表明“抽象”一词的含义,请参照本页的表格。该表格按照抽象程度的不同,列出了 EPA 和 DYS 的可选战略。许多人都意识到,任务和目标可以有不同的抽象程度。如果将两个战略的特征放在一起比较,人们立即就可以说出哪个更抽象。但是,他们可能不会意识到,抽象度是一个连续值,我们可以制定一套规则,以决定在何种程度上讨论组织的目标更有用。[103]

一般来说,我们偏向于用具体和实在的语言来描述组织的任务。当然,具体性有助于更清楚地解释特定的目标,使我们知道需要创造什么样的运作能力,也使对组织是否达成了目标的评估更加客观。这种评估不但可使组织对它的监督者更加负责,也方便了组织的内部控制。

EPA 和 DYS 的可选战略:

抽象程度	EPA	DYS
高度抽象	保护环境 保持卫生、清洁、优美的环境 减少污染	公平对待孩子 对孩子进行人性化改造 向少年犯提供照料、监护和与社区联系的通道
相对具体	严格控制污染企业,使大气和水不受有毒物质污染	强调社区照料和监护人照料,在限制最少的环境中,向少年犯提供照料、有效的监督和感化。

另外,高度的具体性也使详细计划组织活动成为可能。一旦人们详细描述了他们要做的事情,他们就能确定要完成的活动、完成这些活动的顺序,以及哪些活动是重要的,哪些活动是不太重要的。因此,高度的具体性有助于评估、加强责任心、控制和计划组织活动。

具体性的这些优点尽人皆知,但人们却较少意识到,模糊、抽象的使命和目标同样具有很多优点。[104]例如,它可以协调政治冲突。面对同样的工作,不同的政治派别对其价值的看法有时会有天壤之别。但是,比较抽象的目标可以调和这些差异。在比较极端的情况下,人们可能会用“公共利益”和“公共价值”等一类高度抽象的概念来描述组织的目标和使命。如果描述使命的词汇太过于具体,便经常会使一些冲突变得非常明显。政客们通常谴责高度抽象的目标,视其为自欺欺人和缺乏决心的表现。事实也的确如此。但是,与具体的使命和目标相比,它却具有更多运作上的优势。

具体、详细的计划在运作上有一个重要的弱点,即它缺乏弹性。它们难以适应外部的突然变化和意料之外的问题。更重要的是,具体、详细的计划使人们难改变自己的初衷。

具体性的优点是它能保证以更可靠、有效的方式实现既定的目标,它的缺点是阻碍了新技术的发明和对大目标的更改。极端情况下,太高的具体性可能使组织可靠、高效地解决一个不相关的问题,或使组织无法利用一个意外的机会,或在计划之外的变化出现时,使组织完全解体。因此,一定程度的模糊使组织可以在最初预计的计划之外,创造新的目标和办法。

抽象的目标还可以使组织中的人觉得自己对使命有更大的责任,更积极地参与实现这一使命。他们会觉得自己不是机器中的一颗螺丝钉,而是集体行动中的一个参与者,必须投入更多的行动和创意、更积极地回应组织的需要,并提高自己的竞争力。这种新的角色感可以更好地激励员工,使所有员工齐心协力地解决组织面对的问题,因而它可以改善组织的工作绩效。

如果以较低程度的具体性、更高程度的抽象性来描述组织的使命,便可以使组织在管理上具有优势,那么一定存在一个最佳的抽象度。对于组织来说,这个抽象度既不过高,也不过低。当然,管理者可以按照抽象度的高低水平,从高到低列出一串目标,以此来确定组织的使命。[105]这个系统不但将赋予较低层次的目标及意义，也将使高层次的目标更加翔实，因为它使前者与组织的更高远的目标联系起来，也使后者展示出它所包含的内容。

但是，从高到低列出一串目标将使人们难以把握高层管理人员关注的主要问题。如何解决这一难题？我的建议是：关于组织使命的政治冲突越少，组织使用的技术和程序越确定，组织的使命就应越具体；关于组织使命的政治冲突越强，对组织创新的需求越高，组织的使命就应越抽象。如果某个公共组织是激烈的政治冲突的焦点，我们便很难要求该组织有一个非常明确的使命，因为过于明确的使命会招致政治监督者频繁的干预，从而使组织经常改变已经确定的使命。如果某个公共组织正在试图解决一个新出现的复杂问题，而人们暂时对解决问题的手段和方法还不了解，我们也不能要求该组织有一个非常明确的使命。[106]在这种情况下，组织需要一定的空间来创新和找出解决问题的手段和技术。但是，如果组织所用的技术已非常成熟，我们便可以要求它制定出明确的使命。

当然，认定哪些组织的使命已经确定，技术已经成熟，完全依赖于政治和管理上的主观判断。在某些人眼里，组织已有固定的目标和程序；而在另一些人眼里，组织可以通过新的程序创造更多的价值。[107]管理者是否愿意将组织从已经固定的目标和程序中解脱出来，变得更加开放和具有创新精神，则依赖于战略的第二个衡量标准对管理者和社会带来的风险程度。

拉克尔肖斯和米勒为组织制定的使命具有不同的抽象度，人们也可以从这种不同的抽象度上看到风险程度的不同。在以上两个案例中，政治运动都要求他们改变组织的工作绩效。这种政治运动是潜在的政治冲突的反映。这样一来，他们就需要一个使命，该使命既能满足政治运动的要求，又能满足传统选民的要求，同时还可以据此在组织内建立一个鼓励创新的运作框架。因此，他们两人都制定了抽象度比较高的使命。在我看来,米勒的使命比拉克尔肖斯的使命具有更高的抽象度,因为米勒需要更广泛的政治联盟和创新,才能完成他的战略。也正如此,与拉克尔肖斯相比,米勒使他的组织和社会面临较高的风险。

风险和暴露的程度

将组织的使命明确地陈述出来,意味着组织将就此向它的政治监督者负责,并以此来指导组织未来的投资和运作。这样做无疑是有风险的,因为没有人知道政治环境将要求组织做什么,也没有人知道怎样做才具有公共价值,更没有人知道组织到底能做什么。换句话说,将组织的使命宣示出来(哪怕是做出过多的承诺)就像一场赌博,因为即使组织维持原样,也不能担保它所处的政治环境和实质任务不发生变化。

将政治和运作要求与政治和管理现实加以比较,则可以知道赌注有多高。我们可以假设目前的情势是固定不变的,也可以假定政治和管理环境中有一些我们还未曾利用的机会,它们处于不断的变化之中。

这些未曾利用的机会代表一种可能性(主观上的可能性)。因此,通过对于政治可能性的假设,我们可以看到组织可能面临的一系列责任,以及组织最终承担各类责任的可能性的大小;通过对运作可能性的假设,我们可以看到组织可能具有的一些运作能力,以及具有各类运作能力的可能性的大小。可能性大的情形将比那些可能性小的情形更容易发生。

因此,战略制定者的问题不是找出目前政治支持、实质价值和管理可行性的交点,而是他的战略是否包容了未来可能或不太可能发生的变化。很显然,战略中不太可能发生的变化越多,这一战略的风险越大。如果一个战略具有很高的政治可能性和极低的运作可能性,而另一个战略则在两方面都具有很高的可能性,那么,前者无疑比后者具有更高的风险。

拉克尔肖斯和米勒两人采取的战略中的风险类型是完全不一样的。但值得指出的是,他们都没有强调现状。尽管从运作上说,强调现状是最安全的战略,但毫无疑问,这样做在政治上完全行不通,因为当时的政治环境强烈要求他们的组织尽快做出改变。与那些在比较平静的政治环境中运作的组织采取的战略相比,他们的战略必须要包含更高的风险。

尽管如此,他们还是选择了风险程度不同的战略。拉克尔肖斯的战略比米勒的战略更保守。从政治支持这一点来看,拉克尔肖斯减少污染的目标比米勒人性化对待孩子的目标更趋向于政治力量平衡的中心。从运作的角度来看,减少污染激发的需求比人性化改造少年犯激发的需求更少。从实质价值来看,减少污染创造的价值比人性化改造孩子创造的价值要多得多——即人们认为,消除污染与增加环境的审美价值、减少对健康的损害之间具有非常高的关系,而社区感化与减少青少年犯罪之间的关系则不那么明显。从这个意义上说,拉克尔肖斯充当了 EPA“领航人”的角色,而米勒则在“与所有人打赌”。

谁的使命和目标?

事实上,米勒大胆的战略仍让许多人感到愤慨,因为公共部门组织的管理者不应将社会暴露在如此高的风险面前。这一视角引发了公共部门战略的第三个衡量标准:人们将所宣称的战略视为公共目标的程度。这就如在私营企业中,人们将战略视为企业领袖的目标一样。

组织的战略是组织目标的表现,因而它不可避免地要向社会宣告组织将如何平衡各种社会价值。当拉克尔肖斯宣称他将致力于减少污染时,这意味着至少在一段时间内,公众的价值观更趋向于清理环境,而不是任由经济无节制地发展。当米勒宣称他领导下的 DYS 将致力于对孩子的人性化改造时,这意味着至少在一段时间内,公众的价值观更趋向于少年犯的社会发展,而不是短期的犯罪控制。

但是,应由谁来决定公共价值?如果这些目标仅仅是体现在组织身上的、各种政治力量博弈的平衡点,那么它们可以被看作是政治过程给予的授权。从这个角度看，组织的领导只不过是用翔实的语言将当前的政治要求叙述出来而已。

当然，也可以从另一个角度来看这个问题，即公共价值只是公共部门管理者心中的想法，他们提出这些关于公共价值的想法，并交给公民、监督者、委托人和受益人来确定这些想法是否正确。如果这些想法没有激起公众的热情，甚至引起大量的反对意见，管理者便修改战略（虽然他们最希望的是公众默认他们的想法）。

第三种可能性是将战略陈述理解成管理者个人对公共价值的看法。如果他们的看法恰好与政治力量一致，则是一种幸运的巧合——管理者在恰当的时间谋到了恰当的职位。如果管理者个人偏好的战略所传递出来的公共价值与政治力量未能保持一致，管理者就会面临一个艰难的选择。他们既可以继续坚持自己的观点，希望时间和运作上的成功能够使他们获得更多的政治支持，也可以调整战略以获得政治力量的支持；此外，他们还可以选择辞职。最后，他们还可以变成政治力量的工具，即改变自己的观点，以保持与政治力量的一致。

管理者最终选择哪种战略是一个规范和心理问题，我将在第八章对此进行详细讨论。现在，我要说的是，政治压力和组织能力的制约都应该影响——事实上也的确会影响——管理者对公共价值的看法。管理者不应该是这些制约的奴隶，因为无论如何，他们始终都有回旋的空间，因此应该感到有权利和义务对什么是公共价值这一问题表明自己的观点。但这些观点是否有价值，则在于它们是否很好地领会了特定情势所包含的可能性。这一点也是使战略与个人对公共价值的看法区别开来的重要因素。[108]

要注意的是，战略目标是由谁提出来的这一点与该战略中隐含的风险度紧密相关。如果管理者选择的战略处于当前政治力量的中心，与组织现有的运作能力一致，并且被公认为具有实质价值，那么，这个战略的风险度相对较低,我们可以将此战略完全看成是形势的产物。这种环境下的管理者只不过是形势的代理人而已。

与此相对,如果管理者采取一个挑战当前政治形势的战略,且该战略的基础是某种对公共价值的与众不同的新看法,它的实现有赖于极大地改变组织的运作能力,那么,该战略就具有很高的风险度。公众也更趋向于将组织的目标看成是管理者个人的目标,并且会据此质疑该目标的合法性和可行性。

由于以上原因,绝大多数公共部门管理者更愿意待在政治、实质和运作能力规定的范围内。[109]如果超出这些范围,他们就要承受巨大的风险和公众批评。尽管如此,还是有一些公共部门管理者甘冒此风险来打一场赌。其中,部分人惨败而归,但也有部分人获得了巨大的成功。以拉克尔肖斯和米勒为例,前者使 EPA 得到了极高的荣誉,后者则不得不在各方压力下辞职。但是,米勒对公共价值的贡献可能更大,因为他拓宽了少年犯司法的政治和运作空间。DYS 演变成具有高度适应性和创新性的组织,它能够回应不同的政治要求,满足不同委托人的需要。

最后请注意,战略的风险度不仅与当前环境的可预见性、和谐度有关,也与管理者的技能有关。有的管理者比其他人对政治更加敏感,更善于在政治环境中工作;有的管理者更善于发现和认识组织的实质价值;有的管理者更善于运用管理手腕来改善组织的工作绩效或促成组织的变革。第四、第五两章将探讨公共管理者获得政治环境支持的技巧,第六、第七两章将讨论他们改变组织运作能力的技巧。

注释

1. Robert A. Dahl 说:“在绝大多数社会,特别是民主社会,人们很难就目标达成一致意见。”参见 Dahl,“The Science of Public Administration”, *Public Adiministration Review*, vol. 7, no. 2 (Winter 1947): 1 – 11。重印于 Jay M Shafritz and Albert C. Hyde, eds., *Classics of Public Administration* 2d ed. (Chicago: Dorsey Press, 1987) 第 184 页。

James Q. Wilson 也提出了类似的观点，他说："与企业相比，政府机构的目标更具一般性、更模糊和更前后不一致，只在极少情况下，这些目标才是清晰和一致的。试图澄清这些目标只会徒费口舌和将分歧公开化。" Wilson, *Bureaucracy: What Government Agencies Do and Why They Do It*（New York: Basic Books, 1989），第 25－26 页。

2. Martha Derthick 认为，美国政府的一个特征是它处于不断变化之中，从而影响其管理效率。他说："民主要求有规律和定时的选举活动，从而造成政策指导方针的不稳定。政府机构执行的法律不停变化，机构的负责人与在职者不得不努力满足变化不定的社会需要。" Derthick, *Agency under Stress: The Social Security Administration in American Government*（Washington, D. C.: Brookings Institution, 1990）第 4 页。

3. William F. Willoughby 强调了这种观点的重要性。他说："除非公众有办法知道政府过去行事的情况、现在的形势以及将来的行动计划，公众难以形成和表达高明的意见。在所有为这一目标而设的方法中，没有任何一个可以让人们全面和准确地了解预算是否妥当。" Willoughby, *The Movement for Budgetary Reform in the States*（New York: D. Appleton, for the Institute for Government Research, 1918）。重印于 Shafritz and Hyde, *Classics*，第 33 页。

4. 本案例以 KSG Case #C14－74－27.0 "Willaim D. Ruckelshaus and the Environmental Protection Agency,"（Cambridge, Mass.: Kennedy School of Government Case Program, 1974）为基础。Mark K. Landy, Marc J. Roberts, and Stephen R. Thomas 对 EPA 作过详尽的研究与分析，参见 *The Environmental Protection Agency: Asking the Wrong Questions from Nixon to Clinton*（New York: Oxford University Press, 1994）。

5. 关于公众环境保护意识的兴起及其背后的动员，参见 "Steven Cotton and Earth Day," KSG Case #C14－75－62.0（Cambridge, Mass.: Kennedy School of Government Case Program, 1975）。

6. Landy, Roberts, and Thomas, *The Environmental Protection Agency*，第 290－297 页。

7. 这些描述以 KSG Case #C14－76－101.0 与 KSG Case #C14－76－102 号案例 "Jerome Miller and the Department of Youth Services"（Cambridge, Mass.: Kennedy School of Government Case Program）为基础。在米勒实行改革之后不久，Lloyd E. Ohlin, Robert B. Coates and Alden D Miller 便在 *Reforming Juvenile Corrections*（Cambridge, Mass.: Ballinger, 1977）对这一改革进行了详尽的分析。此外，Robert B. Coates, Alden D. Miller and Lloyd E. Ohlin 在 *Diversity in a Youth Correctional System: Handling Delinquents in Massachusetts*（Cambridge, Mass.: Ballinger, 1978）也对此改革作了详尽的研究。十年后，Barry Krisberg, James Austin, and Patricia Steele 在 *Unlocking Juvenile Corrections: Evaluating the Massachusetts Department of Youth Services*（San Francisco: National Council of Crime and Delinquency, 1989）一书中作了论述。

8. 关于青少年司法的讨论，请参见 Mark H. Moore, Thomas Bearrows, Jeffrey Bleich, Francis X. Hartmann, George L. Kelling, Michael Oshima, and Saul Weingart, *From Children to Citizens*, vol. 1, *The Mandate of the Juvenile Court*（New York: Springer－Verlag, 1987）。

9. 关于少管所可以达到什么目标这个问题,George Briggs 州长在 1846 年李曼男童学校(Lyman School for Boys)开学典礼上就已说得很清楚:“在所有以公共资金支持的制度中,与维护社区未来的繁荣与道德观具有最紧密关系的,莫过于将被人们忽略的、迷途的、失足的和心怀不轨的孩子们拉上正道,使他们洗心革面,成为勤劳、有用和具有美德的公民。”引自“Jerome Miller and the Department of Youth Services,”(KSG Case #C14 - 76 - 101.0,第 1 页)。

10. 如想了解说明收容机构为何变成仓库的社会理论,请参见 Irving Goffman, *Asylums: Essays on the Social Situation of Mental Patents and Other Inmates* (Chicago: Aldine Publishing Company,1970)。

11. Coates, Miller, and Ohlin, *Diversity in a Youth Correctional System*,第 186 页。另请参见 Ellen Schall,“Principles for Juvenile Detention,” Francis X. Hartmann, ed., *From Children to Citizens*, vol. 2, *The Role of the Juvenile Court* (New York: Springer - Verlag, 1987)第 349 - 361 页。

12. Rosemary Sarri and Yeheskel Hashenfeld, eds., *Brought to Justice? Juveniles, the Courts, and the Law* (Ann Arbor: University of Michigan Press,1976)。

13. Moore et al., *The Mandate of the Juvenile Court.*

14. 关于立法和政治授权的不一致与模糊之处,以及它为公共部门管理者带来的困难,请参见 Erwin C. Hargrove and John C. Glidewell, *Impossible Jobs in Public Management* (Lawrence: University Press of Kansas,1990),第 16 - 20 页。

15. E. E. Pendleton Herring 写道:“官僚肩负重担,立法程序达成的各种妥协,如协调不同团体的利益、使经济和社会有效地发挥作用……在执行这些任务方面,他们比立法者处于更有利的位置。” Herring, *Public Administration and the Public Interest*,重印于 Shafritz and Hyde, *Classics*,第 74 页。John Chubb 在最近的一篇文章中也表示了对这种观点的赞同。他说:“国会与总统,有时候加上法院,应该确立干预的目标,然后才将有待完成的任务交给一个管理主体……政治家并不具备制定所有政策所需的全部知识和能力。政策针对的形势会改变,而政治家并不能随心所欲地改变法律。”参见 Chubb,“United States Energy Policy”,收录于 John Chubb and Paul Peterson, *Can the Government Govern?* (Washington, D. C.: Brookings Institution,1989),第 59 页。

16. Herbert Kaufman, *Administrative Behavior of Federal Bureau Chiefs* (Washington, D. C.: Brookings Institution,1981),第 91 - 138 页。

17. 关于民选首脑可以将监督权授予分支机构负责人的论述,请参见 Richard Natham, *The Administrative Presidency* (New York: Macmillan, 1986) 与 Robert Behn, *Governors on Governing* (Washington, D. C.: National Governors' Association,1991)。关于任命的政治官员可以将监督权授予他人的论述,请参见 Hugh M. Heclo, *A Government of Strangers: Executive Politics in Washington* (Washington, D. C.: Brookings Institution, 1977)。关于立法监督如何发挥作用的论述,请参见 Joel D. Aberbach, *Keeping a Watchful Eye: The Politics of Congressional Oversight* (Washington, D. C.: Brookings Institution,1990)。关于利益团体如何制约公共部门官员的行动,请参见 James Q.

Wilson, *The Politics of Regulation*(New York:Basic Books,1980),第 372－382 页。关于媒体监督与它对公共部门官员及政策制定的影响,请参见 Martin Linsky, *Impact: How the Press Affects Federal Policymaking*(New York:Norton,1986)。

18. Kaufman, *Administrative Behavior of Federal Bureau Chiefs*,第 115－124 页。关于在公共部门进行创新的困难与风险,请参见 Mark H. Moore, *Accounting for Change: Reconciling the Demands for Accountability and Innovation in the Public Sector*(Washington, D. C. :Council for Excellence in Government,1993)。

19. Wilson 说:"政治领导可以改变政策。他们既不是机构的俘虏,也不是国会监督者的工具。"(*Bureaucracy*,第 206 页)

20. Wilson 说:"国会与它的委员会有时并不会以同一个声音说话。无论什么时候,它们也不可能全面控制所有的政府机构。"(*Bureaucracy*,第 238 页)。他还注意到,政府机构的管理者可以利用国会中的政治冲突:"有时候,富有企业家精神的政策制定者会说服国会的多数人赞同某项与少部分人利益不符或与传统利益相悖的行动。"(同上,第 249 页)Philip B. Heymann 注意到,Caspar Weinberger 在担任联邦贸易委员会主席的时候,就利用了这种技巧。参见 Heymann, *The Politics of Public Management*(New Haven,Conn. :Yale University,1987),第 21 页。

21. 关于公共部门执行官在创造空间以容纳创新与实验方面遇到的困难,请参见 Moore, *Accounting for Change:Reconciling the Demands for Accountability and Innovation in the Public Sector*。

22. "破产"一词不仅仅是一个比喻。人们有时候会认为,私营部门与公共部门管理的最大不同之处在于,前者可能会破产,而后者则不会。但是,这并非事实。很多政府机构承受了与私营部门破产类似的命运。某些学校、监狱与精神病院由于屡屡不能保护其监护人的权利,都有被法院接管的先例。还有一些机构,由于受到国会、媒体和新任政府的严肃批评,其负责人被迫辞职,预算被大幅度削减。这种情况与私营部门的破产无异,因为它们是组织管理不善的后果,通常组织的领导者也会因此被革职,组织的运作需要进行重要调整。正如私营部门的破产一样,公共部门的破产经常会造成一种危机,使组织得以进行重大调整。通常,这种结构调整会极大地改善组织的绩效。我应该感谢 Harvard Business School 的 Colyer Crum 让我知道了私营部门的破产,并向我指出这种现象在研究公共部门组织时具有潜在的重要性。

23. 许多私营部门管理学学者都认为,管理与领导的重要任务是确定组织的整体目标与特征。Kennith Anderson 说:"执行官最重要的作用仍然是不断地确定企业的性质,确定、修订与达成其目标。" Anderson, *The Concept of Corporate Strategy*, rev. ed. (Homewood,Ill. :R. D. Irwin,1980),第 iii 页。John Kotter 将"在情势不明朗的情况下,确定基本目标、政策与战略"列为私营部门总经理面临的"主要挑战和困境"中的头一项。Kotter, *The General Manager*(New York:Free Press;London:Collier Macmillan, 1986),第 122 页。Philip Selznick 更加全面地描述了行政领导者。他说:"只有在政策领域——包括政策制定与组织建设——才会体现出组织领导者的独特素质……政治领导的作用是确定团体存在的目标,为这个目标设计一个机构,并将设计转化为活生生的政体。" Selznick, *Leadership in Administration: A Sociological Interpretation*, rev. ed. (Berkeley: University of California Press, 1984), 第 27 页。

24. Anderson 论述了私营部门组织战略的要素。"战略申明包括企业要提供的产品线或服务、产品的目标市场、市场细分或产品到达市场的渠道。此外, 它还要指出向各类运作活动提供资金的方式, 并制定利润目标和强调资本安全、回报率……说明所有具有控制功能的政策。"(*The Concept of Corporate Strategy*, 第 21 页)。在文章前面, 他将"战略"定义为"对未来的有意识的目标"; 将"职能战略"定义为"职能领域的战略"; 将"商业战略"定义为"对产品的选择"; 将"组织战略"定义为"包容所有关于组织及其制度、特定的职能与商业战略的看法,"(第 vi – vii 页)。

25. 关于公共部门与私营部门管理异同的论述, 请参见 Graham T. Allison, "Public and Private Management: Are They Fundamentally Alike in All Unimportant Respects?" 收编于 Shafritz and Hyde, *Classics*, 第 510 – 529 页。在制定组织目标方面, Graham T. Allison 发现, 美国汽车公司(AMC)的总裁 Roy Chapin 与 EPA 的负责人 Doug Kostle 的做法不同。他说:"Chapin 与 Kostle 两人都需要树立目标及各自的优先顺序, 并制订出运作计划……为了确立 AMC 的战略并将注意力集中于特定的细分市场……Chapin 必须与董事会商量并做相应的财务安排。"但是, 他有绝对的主导权。与此相对, Kostle 对"EPA 应该做什么和如何做?"等问题并没有决定权。立法程序决定 EPA 的主要战略方向, 规定他应该控制杀虫剂还是有毒废物。

26. Richard A. Brealey and Stewart C. Myers, *Principles of Corporate Finance*, 4th ed. (New York: McGraw – Hill, 1991), 第 22 页。

27. Anderson 说:"在所有应该对结果负责的人当中, 执行官、总裁、首席运营官与总经理首当其冲。一旦结果不佳, 人们首先责怪的便是这些人。无论是我们随后要讨论的这些组织成员的关切, 还是这些领导者对社会负有的责任, 都不会否定以上说法。要取得预期的每股收益, 回报股东的投资, 这种责任必不可少。"(*The Concept of Corporate Strategy*, 第 5 页)

28. 在改善非营利组织与公共部门组织的绩效方面, 项目评估与收益—成本分析具有重要的作用。关于这方面的论述, 请参见 Joseph S. Wholey, Mark A. Abrahanson, and Christopher Bellavita, *Performance and Credibility: Developing Excellence in Public and Nonrofit Organizations* (Lexington, Mass.: D. C. Heath, 1986)。

29. 参见第二章, 注释 26。

30. 参见注释 24。

31. 我应感谢 Harvard Business School 院长 John MacAthur, 他向我强调了这一点的重要性, 并指出, 这一事实表明公共部门与私营部门在战略管理方面具有重要的关系, 其重要程度超过了我最初的想象。

32. 关于对这一概念的初步介绍, 请参见 Anderson, *The Concept of Corporate Strategy*。欲了解最近对这一概念的论述, 请参见 Michael E. Porter, *Competitive Strategy: Techniques for Analyzing Industries and Competitors* (New York: Free Press, 1980)。

33. Porter, *Competitive Strategy*.

34. 关于前后连贯的战略有助于私营部门提高绩效的证据，请参见 Thomas J. Peters and Robert H. Waterman, *In Search of Excellence: Lessons from America's Best – Run Companies*(New York: Warner, 1982)。

35. Porter 评论说："制定有竞争力的战略的本质是将企业与它所处的环境关联起来……企业所处环境的关键点在于它参与竞争的行业"(*Competitive Strategy*, 第 3 页)。

36. Peters and Waterman 发现，"关注顾客"是私营部门企业提升绩效的重点。参见 Peters and Waterman, *In Search of Excellence*, 第 156 – 199 页。关于当代对营销及其在商业战略中扮演的角色的论述，请参见 Henry Assael, *Marketing Management* (Boston: Kent, 1985)。

37. Porter, *Competitive Strategy*, 第 156 – 188 页。

38. 同上，第 3 – 33 页。

39. 同上，第 47 – 71 页。

40. 同上，第 88 – 108 页。

41. 同上，第 361 – 367 页。

42. Selznick, *Leadership in Administration*, 第 42 – 56 页。

43. 感谢我的同事 James Vaupel 为我提供了这个案例。案例中讲到的企业应该是 1970 年发生于通用电气的事。关于其他对目标的论述，请参见 Terrence E. Deal 和 Allan A. Kennedy, *Corporate Cultures: The Rites and Rituals of Corporate Life* (Reading Mass.: Addison – Wesley, 1982), 第 23 – 25 页。

44. 以适当的抽象度将组织的目标描述出来，也是制定有效的"战略"的艺术。它必须足够抽象，给未来的调整和灵活留有一定的空间；同时，它又必须足够具体，能够向组织的运作提出挑战，并保证管理者能够为此承担责任。参见第三章与第七章对这一点的讨论。

45. Porter, *Competitive Strategy*, 第 129 – 155 页。

46. 同上，第 40 – 41 页。

47. 同上，第 361 – 367 页。参见 D. F. Abell and J. S. Hammond, *Strategic Market Planning: Problems and Analystical Approaches* (Englewood Cliffs, N. J.: Prentice – Hall, 1979)。

48. 同上。

49. 欲对此有全面的了解，请参见 Richard B. Freeman and James L. Medoff, *What Do Unions Do* (New York: Basic Books, 1984)；关于管理层的回应及其对企业绩效的影响，请参见第 11 – 12 页与第 181 – 190 页。

50. 关于"社会规定"(Social Regulations)及其战略、影响的论述，请参见 Eugene Bardach and Robert A. Kagan, *Social Reglation: Strategies for Reform* (San Francisco: Institute for Contemporary Studies, 1982)。

51. 社区对私营企业的要求之一是，企业应在关闭前通知社区。对这一领域立法方面的讨论，请参见 Cand R Associates, *Plant Location Legislation, Community Costs of*

Plant Closings: Bibliography and Survey of Literature (Washington, D. C. Federal Trade Commission, 1978)。

52. 解释这些变化的方法之一,是将“制约”看成不同“利益相关者”的要求,不同利益相关者对私营部门企业的战略抱有兴趣。R. E. Freeman 在其著作 *Strategic Management: A Shareholder Approach* (Boston: Putnam, 1984)一书中,对以上关于战略的看法有直接的论述。

53. 关于对企业收购现象的讨论,请参见 F. M. Scherer, “Corporate Takeovers: The Efficiency Arguments,” *Journal of Economic Perspectives*, vol. 2, no. 1 (Winter 1988): 69 – 82; John Pound, “Beyond Takeovers: Politics Comes to Corporate Control,” *Harvard Business Review*, vol. 70, no. 2 (March – April 1992): 83 – 94。

54. 这段话引自与哈佛商学院 Malcolm Salter 教授的私人交谈。关于对这个观点更正式的论述,参见 Joseph L. Bower, “The Managerial Estate” (*Harvard Business School*, 影印本, 1987)。

55. 以前,人们认为公共部门组织的垄断地位是自然的,但现在这一观点正在迅速改变。导致这一改变的最重要原因,可能是许多以前由公共资金资助的社会服务——从垃圾收集、经营图书馆到管理监狱——正在被私有化。关于这种趋势以及哪些社会服务可以私有化的讨论,请参见 John D. Donahue, *The Privatization Decision: Public Ends, Private Means* (New York: Basic Books, 1989)。但是,某些公共部门还受到另外两个潜在的威胁:第一,某些公共部门与私营部门一起提供某类服务,这类服务往往是公共部门认为应该广泛提供的服务;第二,公共部门正在失去自己的“市场份额”。例如,警察发现,他们在安全行业的“市场”份额正在逐步缩小。参见 Malcolm Sparrow, Mark H. Moore and David Kennedy, *Beyond 911: A New Era for Policing* (New York: Basic Books, 1990),第 47 – 50 页。

56. 同样,以为公共部门组织没有“许多生产线”、只有“一致的使命”的看法也是错误的。例如,人们经常发现,美国毒品政策至少会将部分注意力放在鸦片上,只有这样,才能让郊区选民支持市区反对可卡因与海洛因的政策。同样,青少年管教系统要获得政治上对其实行“社会管教”的支持,就必须开办一些措施严厉的改造场所。事实上,在以上两种情况下,以部分人群为对象运作的项目更易获得赞誉,组织可以利用在一个地方得到的赞誉,来解决另一个地方的其他问题。这也是私营部门管理者学会利用的、不同生产线之间的协同原理。

57. 公共部门的这类战略源于 20 世纪 70 年代后期的论述。受 Joseph L. Bower 的影响, Stephen Hitcchener and Philip Heymann 成为这类研究的领军人物。Philip Heymann 可能是第一个明确提出战略三角形概念的学者。在他之前,其他几位作者对此也有论述。参见 Heymann, *The Politics of Public Management*,第 12 – 24 页; David A. Lax and James K. Sebenius, *The Manager as Negotiator: Bargaining for Cooperation and Competitive Gain* (New York: Free Press, 1986),第 264 – 267 页。

58. 战略三角形的概念并不新鲜。Selznick 写道:“为了确定组织的使命,领导者必须考虑:(1)团体的内部状态——即组织内部的争斗、约束与竞争力;(2)组织要生存就必须要加以考虑的外部期望。”(*Leadership in Administration*,第67页)。Wilson描述了Herbert Simon对欧洲经济合作组织的经典研究。该组织成立于1948年,目的是完成马歇尔计划以促进欧洲经济的发展。Wilson说:“决定某个关于任务的定义能否存在下去的重要因素是:第一,它的可行性如何(即人们能否完成该任务);其次,外部联盟对它的支持度(即国会中的其他机构与派别)”(*Bureaucracy*,第56页)。关于公共部门战略计划更详细的论述,请参见John M. Bryson,*Strategic Planning for Public and Nonprofit Organizations*(San Francisco:Jossey - Bass,1988)。

59. 当公共部门组织的原有战略不再有效时,管理者如何制定新战略?关于这个问题的论述,请参见Heymann在*The Politics of Public Management*第19–24页对Caspar Weinberger管理联邦贸易委员会的描述。

60. 本框架的目的是防止以下管理失败,即不能为组织确定长短期目标。当各方努力的目标是为了让组织继续存在下去时,组织的管理者就会尽量避免去制订组织的目标。这种情况出现的原因,一方面是因为制订组织目标是一项艰辛的脑力劳动……此外,这也是为了避免可能带来的内外部冲突……领导的一项重要工作……便是确定组织的使命。这种观点并不新鲜。认识到这一点非常重要,因为不少人认为,公共部门组织的目标是外部授予的。但事实上,在许多情况下,这种看法是不恰当的(*Leadership in Administration*,第25–26页)。

61. 关于从这种立场论述组织的作品,请参见Marshall W. Meyer和Lynn G. Zucker,*Permanently Failing Organizations*(Thousand Oaks, Calif: Sage Publications, 1989)。

62. 我应该感谢Martin Linsky,他使我认识到了以这种方式总结管理面临的各种挑战所具有的价值。它与Richard N. Haass提出的“指南针”一词具有相近的意义Richard N. Haass:*The Power to Persuade:How to Be Effective in Government, the Public Sector, or Any Unruly Organization*(Boston:Houghton Mifflin,1994)。Hugh Heclo在描述成功的政治执行官如何着手自己的工作时,也运用了相近的概念。参见Hugh Heclo,*A Government of Strangers:Executive Politics in Washington*,第161–170页。

63. Wilson认为,协调这些相互冲突的需要具有非常重要的意义。他说:“在美国,高层政府执行官员经常会使自己的机构处于复杂、相互冲突和难以预见的政治环境变化之中。”(*Bureaucracy*,31页)

64. 政策分析是什么?在决定怎样使用公共资源才有价值的问题时,它对公共部门执行官有何帮助?关于这类问题的论述,请参见Laurence E. Lynn, Jr. 的“Policy Analysis”一文。该文收编于Frederick S. Lane,*Current Issues in Public Administration*, 5th ed. (New York:St. Martin's Press,1994)。关于这些问题的详细论述,请参见Edith Stokey and Richard Zeckhuser,*A Primer for Policy Analysis*(New York:Norton,1978)以及Peter Deleon,*The Foundations of Policy Anaysis*(Homewood Ill. :Dorsey,1983)。关于谁做分析和公共部门组织如何运用这些分析,请参见Arnold J. Meltsner,*Policy Analysts in the Bureaucracy*(Berkeley:University of California Press,1976)。关于如何用项目评估技巧来评估公共部门组织的绩效,请参见Wholey, Abrahason, and Bellavita, *Performance*

and Credibility。

65. 请参见 Jerry L. Mashaw, *Bureaucratic Justice: Managing Social Security Disability Claims* (New Haven, Conn.: Yale University Press, 1983), 第 21 – 40 页对社会保障署残疾人项目的评估。

66. 关于这类分析运用的方法,请参见 Heymann, *The Politics of Public Management*; Richard Neustadt and Ernest May, *Thinking in Time: The Use of History for Decision Makers*, 1986, 第 91 – 110, 213 – 231 页; John M. Bryson, *Strategic Planning for Public and Nonprofit Organizations* (San Francisco: Jossey – Bass, 1988), 第 93 – 116 页。

67. Robert B. Reich, *The Power of Public Ideas* 序言部分 (Cambridge, Mass.: Ballinger, 1988), 第 5 – 7 页。

68. 参见 Graham T. Allison, "Implementation Anaysis—The 'Missing Chapter' in Conventional Analysis: A Teaching Enterprise," *Benefit Cost and Policy Analysis*: 1974 (Chicago, Aldine Publishing, 1975)。另请参见 Graham T. Allison and Mark H. Moore, *Public Policy* 特刊, vol. 26, no. 2; Mark H. Moore, "A Feasibility Estiate of Public Policy", vol. 26, no. 2 (Spring 1978): 285 – 304; Richard Elmore, "Backward Mapping: Implementation Research and Policy Decisions," *Political Science Quarterly*, vol. 94, no. 4 (1980): 601 – 616; Gordon Chase, "Implementing a Human Services Program: How Hard Will It Be?" *Public Policy*, vol. 27, no. 4 (Fall 1979): 385 – 436; Steven Kelman, "Using Implementation Research to Solve Implementation Problems: The Case of Energy Emergency Assistance," *Journal of Policy Analysis and Management*, vol. 4, no. 1 (1984): 75 – 91。

69. Herbert Kaufman, *Time, Chance, and Organizations: Natural Selection in a Perilous Environment* (Chatham, N. J.: Chatham House, 1985), 第 46 – 53 页。

70. Meltsner, *Policy Analysis*.

71. 关于政治任命官员扮演的角色的论述,请参见 Heclo, *Government of Strangers*。关于新闻办公室的角色论述,请参见 Stephen Hess, *The Government/Press Connection: Press Officers and Offices* (Washington, D. C.: Brookings Institution, 1984)。

72. 关于这个传统的评论,请参见 Shafritz and Hyde, The Politics of Public Management,特别是书中第一章注释 9 的论述。当然,当我提到战略三角形的管理思路及其关注点与传统的公共管理有所不同时,我意指很多种不同的"传统"。其中既包括了公共管理的历史起源,也包括了当代著作所说的起源。此外,我也可能是指其"学术"起源或"实践"起源。这样做时,我实际是想表明这一层意思,即许多当代学术上的观点在实践中还未出现。

我要说的意思是,一些公共管理的早期思想对现代公共管理理念及其实践产生了重大影响,我在肯尼迪政府学院的执行官培训项目中对此深有体会。公共部门的官员很易接受以下观点,即自己的责任便是高效率地完成授权的目标。而事实上,他们正在面对这一挑战,即需要在一个更广泛的权威环境中完成自己的领导。他们不但需要向外看,找出什么是有价值的目标,还要向上看,找出政治对他们的期望。当然,他们也承认,他们经常会对诸如什么是公共价值作出自己的判断,并向政治界提出自己的看法。但是，他们也会隐隐觉得这样做多少有些不合法。

更重要的是，虽然当代公共管理学者认为政策与行政间的界线非常模糊，公务员经常卷入确定目标与价值等政治事务，他们仍然对此种现实深感担忧，希望建立起规范的公共管理理论。我认为，Dwight Waldo 在他的论文"Public Administration in a Time of Revolution"(*Public Adiministration Review*, vol. 28, [July - August 1968])一文中对这种模糊作了极好的阐述，现引述如下：

> 传统上……我们关于官僚有很多理论和理性认识……他们不应卷入政策或政治，即公务员中立……公务员的责任是忠实地完成自己的工作，即执行命令或执行法律。
>
> 这种理论或信仰有一定的道理。一直以来，它都发挥了应该发挥的作用。到目前为止，它仍充满活力，放弃这一信仰无异于打开了抵御邪恶的大门。另一方面，这也引发了一系列的问题：这种理论仅仅是一种神话，还是对现实的描述？假定它只不过是一种神话，它现在还起作用吗？无论是作为职业还是学术，我们不是已经认为，行政必然与政治程序纠缠在一起吗？难道我们不是需要而且应该在制定法律和政策时发挥一定的作用吗？完全把我们自己看成一部执行机器，在某些情况下难道不是一种不负责任的行为吗？如果以上说法正确、反映了我们的真实信仰，那又如何解释我们在变革时期的所作所为呢？
>
> 我认为，我们应该更自觉地回应今天发生的变革。但是，我必须承认，我们也不能只从一个角度来看待这一问题。不管你把公务员中立称作虚幻也好，空论也好，它的确已经帮助我们达到了目标。抛弃这一信仰只会给我们带来更多的、实实在在的危险。可以令人信服地说明……在令人晕眩的变革中，官僚应该起稳定作用。当官僚们看上去显得行动迟缓和愚蠢时，那是因为他们正在这样做……。
>
> 在承认这一看法有一定的合理性与活力之后，我也认为这种观点有其不合理的一面。我在前文已经阐述了它不合理的部分原因，它既不现实，也不正确……任何不能随现实变化而变化的制度……都将难以达到其目标。从长远来看，这种制度甚至难以继续存在下去。由于公务员系统所具有的智慧和富有创造力的回应……不仅能满足"短期"利益，而且能帮助社会适应现实的变化，从而最大限度地扩大"善"和减少"恶"。

最后，我也得出了与 Waldo 一样的结论。事实上，我正努力地在他倡导的传统范围内思考和写作。但是，要与以前那种简单的立场决裂，没有人不会感觉到他曾经历过的种种困难。要公共行政的实践者和学者放弃以前那种简单的政治中立立场，无疑是极为困难的。在没有其他更清晰、更容易的选择前，这样做就更是难上加难了。因此，只要在可能的情况下，许多实践者与学者都会不自觉地回到公务员政治中立的立场上去，哪怕他们明明知道这是不可能的。这本书要做的，就是为公共部门管理者找出另一个可供选择的立场。

73. 公共行政的经典著作清晰地指明了政治与行政的关系。Woodrow Wilson 说："政治决定行政的工作内容"(Shafritz and Hyde, *Classics*, 第 18 页)。Frank Goodnow 作了相同的评论："政治与政策或国家意愿有关。行政与政策的执行有关。" Goodnow, *Politics and Administration: A Study of Government* (New York: Russell and Russell, 1900), 重印于 Shafritz and Hyde, *Classics*, 第 26 页。

74. Leonard White 对公共行政的内部管理作了精彩的论述,他说:"公共行政是对人和物进行管理,以实现国家的目标……公共行政的目标是最有效地利用官员及其雇员手中可以支配的资源。" 引自 White, *Introduction to the Study of Public Administration* (New York: Macmillan, 1926), 选编于 Shafritz 和 Hyde, *Classics*, 第 56－57 页。

75. Luther Gulick 用 PODSCORB 来表示这些技巧的变化与重要性。参见 Gulick "Notes on the Theory of Organization," 选编于 Shafritz 和 Hyde, *Classics*, 第 88－89 页。

76. 关于督察员负有的责任以及他们在使管理者承担法律责任方面所起的作用,请参见 Mark H. Moore 和 Margaret J. Gates (Margaret J. Gates) 的 *Inspectors - General: Junkyard Dogs or Man's Best Friend?* (New York: Russell Sage, 1986)

77. Heymann 简洁地论述了这一点,他说:"管理者不可能让所有能向组织施加影响的人都满意……管理者的任务是清晰地陈述并实现有价值的目标。目标的实现需要各种资金与物质资源的配合、内外部人员的支持与合作,以及权威当局的协助。" (*The Politics of Public Management*, 第 14 页)

78. Reich, "Policy Making in a Democracy," 第 123－156 页。

79. Mark H. Moore 在 "Small Scale Statesmen: A Conception of Public Management," 一文中讨论了这种变化,此文载于 *Politiques et Management Public*, vol. 7, no. 2 (June 1989): 273－287。另请参见 Herman Leonard, "Theory S and Theory T" (Kennedy School of Government, 影印本, 1984)。Robert Behn 在其著作 *Leadership Counts: Lessons for Public Managers from the Massachusetts Welfare, Training and Employment Program* (Cambridge, Mass.: Harvard University Press, 1991, 第 203－206 页) 中,也将公共部门管理者描述成战略领导者。这种对管理者应扮演的角色的看法的改变具有重要的意义。Selznick 这样说:"随着行政级别的提高,分析政策制定的难度也越来越大,这并不单单是因为决策越来越重要和越来越复杂,更是因为出现了一种'新'逻辑。效率逻辑主要适用于比较基层的单位,它们一般具有非常清楚的运作责任,不需要太多的谨慎,而且一般有固定的沟通渠道,各人在指挥结构中有清晰的位置。但是,当到达金字塔顶端时,效率逻辑便慢慢失去了它的力量。管理专家难以用通常的办法解决在这一层次出现的问题。有人将组织比喻成一个'平稳运行的机器',这种比喻将组织理想化了,并且过于强调组织在管理中采用的提高效率的技巧。这种做法导致了一个比较严重的结果,即受过训练的政策分析者都不具备体会政策与行政的内部联系的能力,从而使他们忽视了分析者应该具有的组织领导经验" (*Leadership in Administration*, 第 3 页)。

80. 这种说法并不一定正确。我赞赏的制度变革是这样的:监督者改变对公共部门管理者创新的看法，使他们能够在我建议的范围内推行战略。实际上，他们对公共部门管理者的看法，正是我试图说服人们改变的制度。我并不建议对责任机制进行重大改革，只是希望公共部门管理者更积极地负起他们对政治监督者应负有的责任。

81. 这一故事也是以肯尼迪政府学院的案例"William Ruckelshaus and the EPA"为基础编写的。Joseph L. Bower 影响了我对本故事的陈述风格。

82. "William Ruckelshaus and the EPA"，第 3 页。

83. "Design for Environmental Protection," KSG Case #C16 – 74 – 26.0(Cambridge, Mass.: Kennedy School of Government Case Program, 1974, 1977 年修订)。

84. 关于如何用竞争压力鼓励人们遵守规章制度，请参见 Robert A. Leone, *Who Profits: Winners, Losers, and Governmental Regulation*(New York: Basic Books, 1986)。

85. 关于后续事件及寻找具有实质价值、政治和行政上可行的环境保护措施的讨论，请参见 Mark K. Landry, Marc J. Thomas 和 Stephen R. Thomas, *The Environmental Protection Agency: Asking the Wrong Questions* (New York: Oxford University Press, 1990)。

86. Anderson, *The Concept of Corporate Strategy*, 第 11 页。

87. 参见 Coates, Miller, and Ohlin, *Diversity in a Youth Correctional System*, 第 175 – 178 页；以及 Krisberg, Austin, 和 Steele, *Unlocking Juvenile Corrections*。

88. KSG Case #C14 – 79 – 268.0 与 KSG Case #C14 – 79 – 269.0 "Contracting for Human Services: The Case of DYS," 对这种新框架作了详尽的讨论(Cambridge, Mass.: Kennedy School of Government Case Program, 1979, 1984 年修订)。

89. Krisberg, Austin, and Steele, *Unlocking Juvenile Corrections.*

90. "Contracting for Human Services: The Case of DYS."

91. 从这一点上说，他们与 John Kotter 描述的管理者相似："总经理一般都对即将参与的业务有所了解，并知道应从何处着手工作……但是，他们很少有一个非常明确的计划"(*The General Managers*, 第 60 页)。

92. 许多研究领导的人都强调组织制定目标并反复讲述目标的重要性，他们认为，这样做将树立起组织的外部声誉和内部的身份认同感。例如，Chester I. Barnard 写道："除非有清晰的合作目标，人们很难产生合作的意愿。如果没有这种目标，人们就不会知道个人需要付出什么，或者说将得到什么……有了共同的目标之后，还需要反复地向人们灌输这一目标，这一点也是执行官的一项重要工作。" Barnard, *Functions of the Executive*(Cambridge, Mass.: Harvard University Press, 1966)，第 86 – 87 页。Laurence E. Lynn, Jr. 对公共部门管理者作了详尽的论述，并指出了不少方法，通过这些方法，管理者可以让其他人感觉到自己的领导的方法。他将"制定战略前提，以便人们可以理解组织行动的意义"列为希望变革的领导者应该做的首要事项。参见 Lynn, *Managing Public Policy*(Boston: Little, Brown, 1987)，第 270 – 271 页。

93. Selznick 认为，领导者失败的首要原因是他们未能确定组织的目标："领导的失败更多是由事先就已知道的原因引起的，而不是犯了某种错误……事先就已知道的原因包括缺乏勇气、缺乏理解等。坚持某项原则需要勇气，而认识和处理组织的脆

弱之处则需要理解。”(*Leadership in Administration*,第25页)

94. 关于如何在每日烦琐的管理活动中仍把握住管理的中心问题,请参见 Thomas J. Peters,“Leadership:Sad Tales and Silver Linings,”*Harvard Business Review*,no. 79611 (1979):164-172。Norton Long 也赞同这种说法,他说:“要评估某届政府的政策,就必须确定公众的利益,并据此将重要事项和琐细事项区分开来,将成功与失败区分开来。”引自“Public Administration, Ethics, and epistemology,”*American Review of Public Administration*, vol. 18, no 2 (June 1988):111。

95. Selznick 认为,这类行动对于将组织目标“制度化”具有重要作用——这种作用既可能带来好结果,也可能带来坏结果:“当企业、大学或政府机构发展了自己的客户之后,组织便获得了稳定的资源和沟通渠道。但同时它也失去了自己的灵活性。制度化过程开始发挥作用。”(*Leadership in Administration*,第7页)

96. John Kotter 说:“总经理的日程安排和建立的网络……使他们可以……随机处理问题,高效地对周围的人员和事务变动作出回应。尽管如此,他们仍能够或多或少地对长期计划作出系统的贡献(*The General Managers*,第88页)。”

97. 关于这种游戏的详尽论述,请参见 Aaron Wildavsky, *The Politics of the Budgetary Process*, 4th ed. (Boston: Little, Brown, 1984)。另请参见 Robert N. Anthony and Regina Hezlinger, *Management Control in Nonprofit Organizations* (Homewood Ill.: Irwin, 1975),第249-258页。

98. Terrence E. Deal, *Corporate Cultures: The Rites and Rituals of Corporate Life* (Reading Mass.: Addison-Wesley, 1982),第21-25页。

99. Graham T. Allison 把这一现象作为他描述组织行为的核心内容。参见 Graham T. Allison, *Essence of Decision: Explaining the Cuban Missile Crisis*(波士顿,马萨诸塞:利多布朗出版社,1971)第67-100页。

100. Barnard 这样警告说:“客观的目标……是人们相信……组织已经决定下来的目标”(*The Functions of the Executive*,第87页)。Wilson 更加清晰地指出:“执行官不仅维持组织,他们也改变组织,这样的执行官不仅仅是为了获得选民的支持而工作,他们还向人们生动有力地展示出组织应完成的工作任务、组织的文化和组织的重要性。最好的执行官用价值来推动他们领导的组织,并说服人们相信这种价值不单对组织有用,也对整个国家有用。”(*Bureaucracy*,第217页)

101. 在这一点上,我必须感谢我的同事 Heifetz。据他所说,在塔威斯托克研究所(Tavistock Institute),这是一种很普遍的看法。

102. 关于不同种类的创新的详细论述,请参见 Mark H. Moore, William Spelman, 和 Malcolm Sparrow,“From Production Lines to Job Shops: Innovations in Policing,”选编于 Alan Altshuler 和 Robert Behn, *Research on Innovations in State and Local Government* (Washington D. C.: Urban Institute,即将出版)。

103. 在对组织的高层与低层目标的看法上,Herbert Simon 与我的看法一致。他说:“‘目标’与‘过程’两者之间并没有本质的差别。‘过程’是行动,它要达成的目标属于组织目标和手段的较低层次;‘目标’是一系列的行动,它在组织要达成的终极目标和利用的手段中处于较高的层次。" Simon, "The Proverbs of Administration," 选编于 Shafritz and Hyde, *Classics*, 第 171 页。

104. 关于确定组织目标的模糊度问题的论述,请参见 Wilson, *Bureaucracy*, 第 25 - 26 页。另请参见 Selznick 的评论:"大规模组织的目标通常比较大。因为很难预测到非常精细的目标是否现实与明智,所以他们必须接受一定的模糊程度(*Leadership in Administration*, 第 66 页)。"他还说:"对组织使命最典型的威胁便是过多或过早地以技术为导向。这种做法有一个显著的特征,那就是将注意力集中于方法与手段上,目标却是想当然地制订出来的……在快速决策变得越来越重要的领域,即必须有所'创新'的领域,确定的目标就变得越来越没有意义。"

105. 关于这种目标结构的作用,请参见 Max D. Richard, *Organization Goal Structures*(St. Paul, Minn.: West Publishig, 1978)。

106. 可笑的是,正是因为这类组织往往不知道该往何处走,它们却面临着巨大的、要求他们详细讲明自己的行动的压力。不确定性会使人们要求他们更加负责任,而这种要求只有更详尽的报告才能满足。关于这种压力如何降低了组织绩效的讨论,请参见 Malcolm Weiss, John S. Carroll, Kent f. Hansen, and Constance Perin, *Making Progress in Cleaning Up DOE's Weapons Complex* (Cambridge, Mass.: MIT Energy Laboratory, 1993)。关于要求公共部门负起责任与创新之间的张力的更详尽的论述,请参见 Moore, *Accounting for Change*。

107. Behn 认为绝大多数公共部门组织都可以从创新中获益。参见 Behn, "A Curmudgeon's View of Public Administration," *State and Local Government Review*, Spring 1987, 47, 54 - 61。

108. Heymann 说:"管理者可以为停滞不前、混乱的组织带来活力与洞察力。但是,这样做的后果,是使他们成为选任官员的伙伴和选举人的佣人"(*Politics of Public Management*, 第 189 页)。

109. Kaufman, *Federal Bureau Chiefs*。另请参见 Wilson, *Bureaucracy*, 第 35 页。

第二篇　获得支持与合法性

第四章　动员支持、合法性与合作：政治管理的职能

研究政治是公共部门实施战略管理的起点。在这里，政治不仅指公民及其代表当前的期望，也指以法律形式表现出来的政治协议，这些协议规定了公共管理者采取行动时拥有的职权。

对于这一殊荣，政治及作为政治产物的法律当之无愧。原因有三。首先，公共管理者必须仔细研究这一领域，在确定有价值的公共目标之后，才能找出可行和可持续的管理焦点，并将所有的精力集中于这一焦点。只有通过政治，公共部门管理者才能获得授权以采取各种行动。其次，只有政治组织才能给予公共管理者实现目标所需要的金钱和权威资源，其中的权威既指领导属下组织的权威，也指领导其他可能有助于实现管理者目标的组织的权威。最后，无论是从理论上还是从实践上讲，公共管理者都只对政治和法律负责，对其工作绩效的评估以此为依据，其声望的高低也以此为依归。

以下是两个管理者决策的案例，他们的决策不但对下属组织有重要

的战略意义,而且将影响到下属组织以外的机构。他们的个人决策能力反映了这个事实,即政治管理是一项重要的管理职能。

迈尔斯·马奥尼与公园广场

1972年5月,马萨诸塞州州长弗朗西斯·萨金特任命迈尔斯·马奥尼(Miles Mahoney)为马萨诸塞州社区事务署(Massachusetts Department of Community Affairs/DCA)署长。[1] 此前不久,为了重建麻省各个城镇,麻省议会重新调整了社区事务署的预算,授予社区事务署更多的资源和法律权威。

需要特别指出的是,DCA得到了足够的公共资金。凭借这些资金,DCA可以雇用规划专家、评估对公屋的需求、向有需要的市民提供日间照料和租屋帮助等服务。同时,议会还给马奥尼广泛的法律授权,其中最重要的一项是他可以运用国家征地权。据此,他可以帮助私人开发商将分散的、小片的土地连接起来以利于大规模开发。这样做不但有助于私营企业,也能为公众带来好处。但他在运用这一权力时,必须遵守严格的规范条件。此外,议会还授予马奥尼以下权力:批准得到地方补贴的地产开发和二次开发项目;向地方政府提供技术援助;指定地方政府房屋和开发部门的官员。

马奥尼认为,州议会的授权给DCA提供了"前所未有的机会,借此可以全面整合旧城改造、地产开发、社会服务和城市规划"。但在他刚上任时,这一授权并没有得到充分的利用。事实上,在他看来,DCA的工作重点(和持有的价值观)是完全错误的,DCA只不过做了一点向公众宣扬"在市中心做生意的好处"的工作。作为这种宣传的结果,贫穷的社区被推倒,取而代之的是道路、办公楼和酒店。更让人难以接受的是,尽管社区中的穷人是受影响最大的群体,可他们却被排除在规划活动之外。

很快,马奥尼对于如何使用DCA的资产创造公共价值提出了不同的观点。通过第三章讨论过的办法，他为 DCA 制定了一个崭新的战略。

从实质上看，他的战略放慢了城区改造的速度，以确保拆迁的穷人有合适的地方可住。他要求每个新开发项目都必须提出妥善安置原住民的方案，并发起一项调查以摸清居民对公屋的需求。所有这些改革都是为了重新分配城区开发带来的利益，使它们向穷人倾斜。

从政治上看，马奥尼认为他有权做出这类重大政治变革，因为这一变革隐含的社会价值观大体上与萨金特当局的政治哲学保持一致。事实上，在他应聘这一职位时，他已阐述了这一观点。他相信，正是这一观点才让他得到了这份工作。最后，他打算使用自己的正式权威来鼓动政治力量支持他的目标，为穷人在城市改造计划中争得一席之地。

从运作上看，为了达成实质目标，他将正式权力运用于以下三方面。第一，他停止向地方政府旧城改造部门拨发技术援助资金，用这部分资金建起自己的专家团队。第二，他任命部分穷人担任社区规划委员会的董事，以增加他们对旧城改造项目的影响力。第三，如果地方政府批准的建设规划忽略了将被拆迁的穷人的利益，他将驳回该规划。

所有这些动议都在他的法定权力之内，实施之后，它们有效地将旧城改造项目的决定权从地方政府转移到州，从地方精英转移到穷人。正如所预料的那样，城区改造的速度放慢了，一些更加注重穷人需要的新项目开始出现。

刚上任不久，就在他忙于制定和推行 DCA 的整体战略时，马奥尼接到了波士顿市呈交审批的旧城改造规划。该规划的焦点是公园广场区域改造，这块地与波士顿公园北面相邻，处于波士顿的金融和零售区的中间地段。需改造的区域还包括一个人称为“野战区”的特殊街区。街区内充斥着脱衣舞场、裸体吧和夜总会，色情业发达，酒吧打斗不断。

规划打算分两期来改造这一区域。第一期集中于靠近公园的数块地皮，这里将兴建以下项目：拥有 1000 间客房的会议酒店；一幢拥有 100 万平方英尺可出租面积的办公楼;一个有3000个车位的停车场;三栋容纳1400套高级住宅的高层建筑;150套可供中低档收入家庭使用的住房,其最后是否兴建将取决于政府是否对此给予财政补贴。虽然这些建设项目有巨大的盈利空间,但它们却几乎没有考虑公共利益。

第二期集中于对野战区的改造。从某一方面讲,对这一凋敝区域的改造具有一定的公共价值。但是,开发商并没有对这一区域的改造做任何清晰的承诺,他们只是将此作为未来开发的一个项目列出来。

规划还有一个不寻常的特点:它不需要公共资金。开发商对公共资源的唯一要求是动用国家征地权,他们希望藉此将分散的地块联结到一起。他们不要求公共资金这一点特别出人意料,因为相对于建设项目的规模来说,开发商的财力并不雄厚。开发商——MZEL(Mortimer Zuckerman and Edward Linde)——的注册资本是600万美元,而项目预算则高达2.6亿美元。

尽管规划中存在这一明显的漏洞,它还是很快得到了市长、波士顿市议会和波士顿重建局(Boston Redevelopment Authority/BRA)的批准。另外,波士顿社区事务署从没有驳回过波士顿市的任何规划。

对马奥尼和他的属下来说,公园广场项目存在致命的缺陷。依据职责,如果他们要将此规划当成一项旧城改造计划(只有这样,才可以使用国家征地权),就必须先确认以下六点:(1)私营企业无力独立承担此项目;(2)规划与当地需要吻合;(3)财务计划健全;(4)项目所在的区域正在不断衰败;(5)规划完整;(6)项目有妥善安排拆迁户的计划。

当然,BRA对这一规划的支持使其完全满足了“与当地需要吻合”这一要求。但是,要说这一规划同时也满足其他要求则非常牵强。

规划中最显著的问题是它分为两期,能体现出公共利益的地方都包含在它的第二期建设之中。但是,DCA却无法肯定开发商将完成这一期建设。事实上,这一项目不进行第二期建设在经济上更合算。

开发商的财力有限也是另一个重要的障碍。由于公共利益集中体现在第二期建设上，而这一期建设不但更加昂贵，而且需要冒较大的财务风险，这样一来，如果开发商的财力在第一期就已耗尽，第二期的建设就永远都不会发生，公共利益也永远不可能实现。

出于以上考虑，马奥尼和他的下属都不愿批准该项规划。事实上，DCA 的一些人甚至认为，批准这项规划有悖法律准则。但除去以上所有原因之外，还有一个原因使马奥尼和他的下属反对该项规划。

马奥尼为 DCA 制定的战略中有一项重要的内容，即更积极主动地对地方发展规划施加影响。在马奥尼之前，DCA 从未做过这种事。事实上，DCA 此前一直被人当作橡皮图章。在它与波士顿市的关系中，这一点更是表现得淋漓尽致。DCA 从未否决过波士顿提出的任何规划，而麻省绝大多数重要的改造规划都发生在波士顿市。哪怕 DCA 在波士顿以外的全部地区都有非常重要的影响，它也仅仅是完成了分内工作的极少一部分。但是，如果它能成功地影响波士顿，它就不仅能将影响扩展到这一关键地区，而且还能使其他地方当局迅速服从 DCA 的指导。因此，对马奥尼来说，公园广场的内在缺陷简直就是天赐良机——他可以藉此机会反对波士顿，并树立起州对地方改造规划进行管理的先例。

在与萨金特州长及其下属商议并获得他们的支持之后，他宣布了否决公园广场计划的决定。他的决定激怒了波士顿市市长，引起了开发商的不满，引发了建筑业界和当地商界领导的抵制。最后，传媒也加入了批判马奥尼决定的行列。反对的呼声越来越高，以至于议会通过了“地方自治法”，剥夺了 DCA 署长批准地方改造规划的权力。但是，州长否决了议会的法案，保留了马奥尼的这项权力，为此，他不得不面对愤怒的建筑工人。

最后，波士顿呈交了一份新的公园广场建设规划。但在马奥尼和他的下属看到规划以前，州长就举行了一个记者招待会，并在会上宣称，虽然他不想对马奥尼署长的最后决定施加压力，但在他看来，新规划已比原有规划有很大的改进。他说："在我看来，公园广场终于有了成为现实的可能。"

州长对解决公园广场有强烈的动机，这促使他对此规划做出了积极的评价。他和下属当时正准备宣布停止波士顿的高速公路建设，而这项政策将进一步打击支持公园广场建设的那帮人——即波士顿建筑业界——的利益，如果萨金特对将来所有的高速公路建设和公园广场都说"不"，他将会遭遇建筑业界的强烈反对。如果他可以让马奥尼批准公园广场，那么，他停止建设高速公路的决定就不会遭到那么多的反对。

但不幸的是，马奥尼及其下属并不像州长一样对新规划感到满意。通过审查，他们发现，所谓的新规划只是对旧规划作了一点表面粉饰而已，原来存在的严重问题依然赫然在目。

马奥尼陷入了两难困境。一方面，他可以放弃自己的决心，向日益增大的政治压力屈服，批准该项规划。另一方面，他可以驳回该项规划，并看这项决定是否能够生效。州长可以解雇他并聘请另一个同意该项规划的人。或者，议会也可以再次剥夺他批准地方规划的权力，而州长或许不会再来救他一次。

大卫·申塞和猪流感

1976年1月，新泽西州迪克斯堡的驻军中爆发了一场小小的流感。[2]绝大多数患者感染的都是维多利亚病毒，这种病毒是1968年以来引发流感的最常见的病毒。但是，有四个患者感染了另一种病毒——猪流感病毒。人们相信，这种病毒是引发1918年大疫病的元凶。那场疫病共夺去了全世界2000万人的生命，美国共有50万人因此丧生。在迪克斯堡感染了这一病毒的四个患者中，最后有一人不治身亡。

疾病控制中心（The Center for Disease Control/CDC）是当时联邦健康、

教育和福利部(U. S. Department of Health, Education, and Welfare/HEW)的一个机构,负责保护社会免受此类疫病的侵害。为了完成这一使命,CDC内部不但有专人记录疫病的发生,还有专人负责检测病毒。此外,它还可以从地方卫生部门和个体医生这一网络中得到广泛的支持。这个网络既是向 CDC 提供突发威胁警报的预警系统,也是在疫病来临时,执行免疫和教育项目的控制系统。CDC 还根据自己对将要到来的疫病的预测,向私营药品生产企业提供生产何种流感疫苗的建议。

CDC 通过预警系统的例行运作得知了迪克斯堡爆发的流感:CDC 的实验室应他们的请求对被感染士兵的送检物作了细菌培养。通过细菌培养,他们发现人群中出现了一种新的病毒。这一发现使 CDC——特别是它的负责人大卫 · 申塞博士——面临一个重要的、非比寻常的问题,即迪克斯堡爆发的猪流感是否预示着公众健康面临着巨大威胁。如果真是这样的话,社会将需要一种"英雄"般的处理方式,而不是仅对此作例行处理就完事。至少来说,CDC 必须决定它是否应与其姊妹机构——生物局(Bureau of Biologics)——一起向疫苗生产商提出建议,要求他们生产猪流感疫苗,而不是其他的传统疫苗。再上升一个高度来说,CDC 必须考虑是否应拉响警报,动用福特总统的权威来获得更高层次的资金和道德援助,以在全体居民中实施针对猪流感的免疫注射。

对于这类问题,申塞可以得到专家的建议。实验室发现这一病毒时,他正准备与 CDC 的免疫计划顾问委员会开会,以商讨当年流感的规模和性质。免疫计划顾问委员会囊括了当时最顶尖的传染病学家和流感专家。

科学家从猪流感的小规模爆发中得出了非常惊人的结论。第一,迪克斯堡的猪流感病毒与世纪之初夺去了全世界几千万人生命的病毒极为相似。第二,由于这一病毒已经潜伏了将近一个世纪,人们对它几乎没有自然免疫能力。第三,由于每隔 20 年左右都要爆发一场严重的流感,美国似乎注定很快要经历一场流感。第四，通过简单的计算就可得知，下一季的流感发生时，疫苗生产能力、接种医生和人们接种疫苗的愿望都将严重不足，因而不能为居民提供足够的保护。这些事实引发了快速而坚决的行动。正如委员会的一个成员所说的，“必须有人做出英雄般的行为。”

与公园广场相比，申塞有充足的理由采取迅速而坚决的行动。对申塞而言，来自猪流感的威胁为发展预防医学提供了一个很好的理由。在卫生领域，预防医学的地位总是低于治疗医学。他希望借助对猪流感的预防，将预防医学推进到一个新的阶段。简而言之，申塞有足够的理由采取决断的行动。但是，他怎样才能动员国家采取行动呢？

政治管理：一项重要的管理职能

在描述这两个管理者采取的下一步行动之前（我将在下章中进一步讲述这两个故事），我想详细分析一下他们所处的困境，以说明进行政治管理的难度。初看起来，这两个案例的不同之处远胜于它们的相同之处。一个仅涉及经济问题，而另一个则事关生死大事。一个案例的主人公是政治任命官员，而另一个案例的主人公则是职业公务员。但是，只要仔细思考一下，就不难发现，两个管理者面临的挑战具有一些相同的特性。

在以上两个案例中，管理者都必须对一项重要的公共政策作出决定。马奥尼必须决定是否批准公园广场规划，申塞必须决定是否将全国人民动员起来抵御猪流感的威胁。

更重要的是，虽然两个管理者都是他们所在领域的专家，但其专长并不能消除事件中的不确定性以及由此带来的风险。马奥尼不敢肯定开发商会完成第二期工程，申塞也不敢肯定猪流感一定会爆发。

两个案例均牵扯到重要的价值交换，这也使得选择何种行动变得更加棘手。马奥尼决心同时保护穷人和富裕社区的利益，而这与波士顿市发展经济的热情相抵触。申塞想大规模地为居民注射疫苗以保护他们的健康,但这需要花费巨额的费用,在流感还不一定会爆发的情况下,特别难以说服公众接受这一点。由于存在这种价值交换,管理者做出的任何决定都会引起政治上的争论。

此外,马奥尼和申塞认为,不但这些政策本身具有重要的意义,它们对正在实施的战略也具有重要意义。马奥尼试图发挥 DCA 在地方改造中的影响,并以此来增进穷人的利益;申塞想巩固免疫和预防医学的地位。

最后,也是最重要的,尽管他们的职位和专长使他们具备了为社会做出这类决策的资格,但仅有这些并不够,他们还需要外界的帮助。马奥尼面临这样的境况,即他否决公园广场的决定可能会被强大的、支持这一规划的政治力量推翻。作为 CDC 的负责人,申塞并不具备足够的威望和能力来动员全国人民抵御猪流感。

对马奥尼和申塞来说,他们的职位拥有的权力(由他们的个人资源和职务决定)并不足以应对要解决的问题。他们需要一些额外的权威和更有效的影响力,才能成功地实现他们认为具有公共价值的目标。为某项政策寻求支持、巩固某个官员宣扬的方针的合法性等,正是政治管理所要做的事情。更精确地说,政治管理涉及三个方面:(1)为管理者、某项政策或总体战略营造一种气氛,(2)这种气氛有利于增强公众的容忍度或巩固公众的支持,或者(3)当公共管理者的需要超出其职能范围时,权威环境能给予持续的帮助。简而言之,政治管理决定了授权的大小,给予合乎授权的行动以政治支持和合法性,而这些对管理者指导运作和达成目标不可或缺。在马奥尼和申塞的案例中,他们面临的正是这一挑战。

为了更好地理解这一管理职能的性质,我建议采用五个分析步骤。第一,考虑管理者为什么需要花时间来获得其职权以外的影响力。第二,研究具体的、需要进行政治管理的管理环境,以及实施政治管理的不同形式。第三,列出管理者必须面对的参与者,他们有助于加强管理者及其追求的政策、组织战略的合法性。第四,不同参与者的利益组合在一起,构成了采取行动的授权,管理者必须掌握这些利益组合起来的程序。第五,了解权威环境的动态,判断形势的变化趋势。

综合起来考虑,这些因素将帮助我们理解政治管理环境和潜在的支持及干预。我们将在第五章详细讨论管理者实施政治管理的技巧。

为什么政治管理很重要

政治管理为什么很重要?原因很简单:为了达成目标,管理者必须用到其直接权威以外的参与者。[3] 一般而言,管理者需要这些"外部"参与者的原因有两个:(1)他们需要后者的同意,才能动用公共资源去达成某项目标;(2)他们需要后者的帮助才能完成自己的职责。[4] 由于这些官员不在管理者直接权威之下,管理者也就不能命令他们服从,他们必须采用说服的方式。[5] 这也是使这项工作成为"政治工作"而不是管理工作的一个重要原因。

为了使表述更清楚,我将组织以外的、拥有强大权力的参与者统称为"外部权威(与合作)环境"。管理者应该像关注雇员和下属一样关注这些人。[6]

以马奥尼为例,他必须重点关注州长和州议会是否会让他继续待在DCA署长的位置上,是否会支持他否决公园广场规划。他绝不能对此做想当然的判断。议会已经剥夺了他审核波士顿改造规划的权力,虽然州长否决了这一议案,但马奥尼无法肯定州长将来还会这样支持他。

马奥尼还必须关注他自己具有的能力,他必须能够引导波士顿市和开发商理解并响应他关于公共价值的看法。他完全依赖于以下两方面,即开发商的计划和波士顿市的批复。但不幸的是,开发商提出的、波士顿市批复的计划完全是依据自己的意愿制订的计划,丝毫没有反映马奥尼的意思。

值得庆幸的是，开发商和波士顿市都需要马奥尼批准他们的规划，否则，他们就不能运用国家征地权。这使马奥尼对他们提出的规划掌握了一定的主动权。但这并不表明马奥尼可以强制开发商或波士顿市去做什么，他只能批准或否决他们的提议。

要成功地使公园广场规划遵照他对公共价值的理解，马奥尼就必须充分运用由于自己的职权而掌握的主动权，使它的影响扩展到职权边界以外，对分离州和地方政府、公共和私营企业的界线提出挑战。如果他做得太过分，州议会将剥夺他的职权，使他从根本上丧失主动权。

同样，申塞必须关注发动一场大规模免疫注射活动所需的资源。从总体上说，实现他的目标需要的是资金能力，而不是法律权威。他需要公共资金支持猪流感病毒疫苗的生产、分销和营销工作。（对于因注射疫苗造成的伤亡，疫苗生产企业将承担民事赔偿责任。这也是需要公共资金给予支持的一个方面。）

正如马奥尼一样，申塞不仅需要管理下属机构所需的金钱和权力资源，他还需要在社会上营造一种紧张的气氛。因为只有这样，他才能在全国发起一场免疫注射活动。即使他不能命令私营药品生产企业、地方卫生官员、个体医生和易受感染的居民采取某种行动，他还是必须创造这样一种环境，使他们主动配合以形成全国范围的免疫行动。

何时需要政治管理

以上例子显示了政治管理应用的广泛性。马奥尼面临的政治管理任务是取得上司对某项政策的支持，申塞面临的政治管理任务是动员总统、议会和全国人民抵御一场可能侵害其健康的猪流感。需要实行政治管理的情形有很多，我们可以按顺序将它们一一列出来。

例行责任

最普通、最不具挑战性的政治管理形式可以被称为“例行责任”。在这种情形下，管理者必须努力争取金钱和权威以维持下属组织的生存。为了达到这一目标，他们通过正常的渠道向政治领导、议会委员会及监督机构汇报组织的活动和取得的成就。[7] 只要他们的汇报表明组织取得了可以接受的绩效，管理者就可以继续照常工作下去。

授权改革与创新

当管理者试图进行创新时，政治管理会变得更有挑战性。[8] 组织运作、管理和使命的变化会改变公共组织创造的价值。这种改变会使政治监督者更加仔细地审查公共组织，以确保其创造的价值仍然符合他们的公共价值观。他们还希望，当公共组织发起创新时，总是有足够的理由支持他们这样做。

一般来说，创新意见的提出会在组织的监督者中引发冲突。有时，冲突是新起的，因为创新在政治过程中引入了新的参与者，但更多的情况是创新引发了旧的、暂时搁置的冲突。

在某种程度上，创新意见引发的冲突会给管理者带来麻烦。他们必须找到平息冲突的办法，否则，他们就不得不花费大量时间来回答监督者提出的问题。但冲突同样会带来机会。事实上，如果监督者之间从来都没有冲突，管理者将不可能有成为领导者的机会。他们将不得不对监督者言听计从。当监督者之间意见不一致时，管理者才可能充当调解员，协调各方解决冲突。[9] 他们往往通过为政策和组织确定新的责任来完成调解员的职责。

通过找出和发展潜在的政治选民，管理者也可以打破权威环境中政治力量的平衡。以马奥尼为例，他为 DCA 制定了新战略——即多为穷困的城市居民谋利，少为商界谋利。为了使这一战略获得成功，他不但要得到政治支持，还要得到立法支持。为此，他有两种解决办法。一是说服萨金特州长和议员，让他们相信，他的职责是满足贫民区居民的利益，而不是当地商人及其政治盟友的利益。另一种更好的办法或许是，在那些自身利益被忽视的、贫穷的城市居民和对此抱同情心的公民中发展选民团体。如果马奥尼不能促成这样的选民团体，他的战略创新最终会失败。政治管理之所以成为战略管理成功的关键，这也是重要原因之一。

取得各个机构的合作

当管理者有赖于不受他直接领导的机构或人员的帮助才能达成目标时，政治管理的任务又会有所不同。[10]一般情况下，特定机构的管理者必须获得其他政府机构的帮助才能实现目标。例如，申塞必须依赖他的同僚机构——生物局——向疫苗生产企业提出建议。如果他们不建议生产猪流感疫苗，申塞关于全民注射疫苗的计划就会落空。

如果这两个机构的上司同属一人，事情就会相当简单。在这种情况下，管理者只需请求上级领导命令另一机构为自己的目标提供协助就可以了。事实上，他们共同的上司可能已经针对这种情况确立了相应的政策制定程序。[11]

CDC 和生物局就是这种情况的最好说明：生物局的负责人哈里·M. 迈耶（Harry M. Meyer）与申塞两人的上司都是 HEW 的部长助理西奥多·库珀（Theodore Cooper）。虽然从原则上说，这种情况比较容易处理，但实践表明，这种简单的机制并非总是能让不同机构合作无间。出现这种情形的原因很多，如找不到共同的上司，上司不能完全控制另一机构的行动，等等。[12]

如果某机构需要另一机构的协助，而两者又没有共同的上级领导，这时，管理者就必须另寻他法，以诱导另一机构提供协助。如果两个机构一直都存在合作关系，这也不会成为太大的问题，因为长期的合作关系会让他们较易达成一致。[13]但是,如果两个机构本来没有往来,或者是竞争对手,情形就会困难得多。[14]在这种情况下,管理者有两种选择:或是寻求其他方法,以向另一机构施加压力;或是去寻求更高层次上级的帮助。不管选择哪种途径,这都会造成一种危机,促使另一机构提供协助,而要求另一机构提供协助本身也会成为更高层级领导的重要议程。[15]

动员多中心合作

如果管理者达成目标所需的能力分散在多个机构和个体手中,政治管理的任务又与前面的不同。在这种情形下,即使管理者成功说服上司发出了提供协助的命令,也不能保证他能获得对生产能力的控制。他们将不得不找出合适的、可以与成千上万决策者接触的办法。仍以申塞为例,他必须动员不计其数的美国人为还没有到来的传染病接种疫苗,而接种疫苗本身也具有一定的风险。[16]

与官僚倡导和企业家精神相联系的政治管理,在很大程度上不同于多中心决策情形下的政治管理。在这种情形下,管理者不但需要寻求广泛的权威,以规范各个决策中心的行为,而且要通过政治动员,使这一权威得到有效的利用和充分的尊重。为达到这一目标,就需要发动松散的专家网络、利益团体、政治协会和媒体,共同努力来达成管理者的目标。官僚机构能对权威的命令做出精确可靠的回应,因而可以实现不同的运作目标。与官僚机构相比,松散的组织网络则可以凭借拥有的巨大能量成为官僚机构的替代品。

但是,请注意,在这种极端的政治管理情形下,权威的意义已发生了重要变化。权威不再是将资源分配给某个机构,使它可以用这些资源来产出某种结果。恰恰相反,权威成了一种广泛的社会授权和义务,它要求全体公民为了公共目标采取行动。[17]

如果申塞能够动员国家的领导人发起一场广泛的免疫活动,他或许可以创造出一种气氛，在这种气氛中，公民认为接种疫苗是每个人的义务。这样一来，他就可以让绝大多数人都接种疫苗。如果仅仅通过扩大官僚机构，或通过某项强制公民接受疫苗的法案，都不可能达到上述目标。

谁是政治管理的重点

如上文所述，很多人都可以成为政治管理的焦点人物，他们随管理的目标、时间的不同而有所变化。有时候，管理者将工作重点放在争取上司的支持上；有时候，他们将工作重点放在提高成千上万的公民的生产能力上。但不管怎么样，管理者都可以确定和了解权威合作环境中所有的参与者。

政治领导、立法监督者和上级机构

政治管理的核心是那些任命管理者、为他们分配责任并提供资源的参与者，管理者必须时刻关注这些人的意见。其中最重要的人物是管理者的顶头上司，他们通常是民选官员。因此，马奥尼必须寻求萨金特州长对他的城市改造计划的支持，并不时衡量一下这种支持的力度。同样，申塞也必须考虑库珀对全民免疫计划的看法，以及福特总统是否愿意动用自己的权威发动一场全国性的免疫活动。

事实上，许多公共管理者将他们的顶头上司当成权威环境中唯一相关的人物。一些政治领导进一步加强了这一看法，因为他们希望严密控制其下属管理者的活动。[18]

但无论是在实践上，还是在理论上，这种观点都与管理者实际的日常工作不符。无论是从现实上说，还是从法律或道德上说，公共部门管理者都要对其顶头上司以外的许多官员负责。[19]譬如说，他们经常要对好几个议会委员会负责。事实上，公共部门管理者负有的责任，在很大程度上是由议会的授权机构和拨款委员会来决定的。

责任链有两条,一条通向议会,另一条通向官僚机构的顶端。在公园广场案例中,这两条责任链都非常清晰。议会给了马奥尼(而不是萨金特州长)批准本州内所有城市改造项目的权力,只有他才能批准授予发展商国家征地权。议会对马奥尼的控制还表现在另一方面,即只要议会认为马奥尼不能按他们的意志行事,议会就会剥夺他的权力。

除了各种成文法规之外,议会委员会还可以通过以下两种途径影响组织的运作:一是听证会,二是要求组织解决特定的、引起议员关注的问题。[20]虽然这种非正式的要求一般不具备成文法规的权力,但管理者仍不能忽视它们,否则就要付出高昂的代价。

最后,上级机构,如公务员管理署和预算机构对组织也有巨大的影响力。它们往往通过控制财政预算和人力资源分配影响组织目标。[21]公共部门管理者有服从这些机构的法定义务。从这一层意义上说,他们在权力链上的重要性丝毫也不比政治领导逊色。

管理者将政治领导、议会监督者和上级机构列为政治管理的重要目标之后,只要稍微将这个范围扩大一点,就会发现,以上人员的助手会对这些人产生重要影响。[22]因此,他们也应成为管理者必须考虑的权威环境中的重要因素。这个扩大的范围将包括政党、利益团体和专业协会。对管理者而言,这部分人对政治领导、议会监督者和上级机构的评价和支持具有极为重要的作用。[23]

以马奥尼为例,他不但应该将州长及其幕僚看成权威环境的重要组成部分,还应考虑是否能够说服法律顾问为公园广场写一份法律意见书。申塞知道,他的顶头上司,HEW 的部长助理,将会受医学界流感学专家意见的影响。

媒体

更重要的(也是风险更大的)是媒体。今天,人们仍在讨论"报界人士”在政府政策制定中的影响。[24]一方面，政府人士认为，媒体拥有巨大的影响力。媒体不但决定了哪项事务将成为公众注意的焦点，而且来自媒体的巨大压力将影响政府决策过程。政府在制定政策时，为了不“泄露机密”，只能尽量少做咨询工作，从而难以使政策达到最优水平。为了不在政策出台之前引发广泛的反对浪潮，他们往往只考虑很少的几个可选方案。

另一方面，媒体的代表却表达了不同的看法：他们只报道新闻，从不制造新闻。他们的报道或许会促使某些人士采取行动，从而为政府官员制造一些不便，但新闻自由的目的就是报道有新闻价值的内容。民主治理的一项重要内容就是迫使政府公开正在筹划的行动，解释这些行动的价值所在。从这方面来看，媒体加强了——而不是弱化了——政府的政策制定能力。

结果究竟如何尚不得而知。诸多事实表明，媒体对政府政策制定的确产生了巨大的影响。[25]但是，与对政策制定结果的影响相比，媒体更容易影响政策制定的时间和过程。[26]

由于媒体不但能够影响政治环境，而且能够促使公民采取行动，所以公共部门管理者通常都会采取某种正式或非正式的传媒战略。[27]有时，这种努力是隐蔽的：那些不满现有政策制定过程或结果的人，将政策制定过程或将要制定的政策信息泄露出去，希望以此来改变政策制定过程和结果。有时，政治管理者为了影响公众对某项议案的看法，或为了促使公众采取某种行动，他们也会将媒体战略当成某项更大的行动计划中的重要组成部分。[28]不管媒体的报道程度如何，也不管管理者用了哪些技巧，公共部门管理者都同意这一看法，即媒体在权威合作环境中起了重要作用。因此，媒体应成为政治管理的重要一环。

在本文的两个案例中，媒体对马奥尼和申塞的观点也产生了重要影响。在马奥尼的案例中，波士顿市的报纸一致要求批准公园广场规划，这给州长和马奥尼施加了巨大的压力。媒体将公园广场项目当成发展经济和地方自治的象征,而马奥尼以否决这一项目为代价所维护的价值难以抵抗媒体的攻击。因此,为了保住自己的职位,他必须为赢得公众的支持而艰苦战斗。

来自媒体的压力将影响马奥尼决策的时间。他或许更希望将决定的时间尽量压后,以组织起支持自己的选民团体,或者与开发商讨价还价以达成更有利的协议。但媒体已经将州长的公告(即"公园广场现在终于有了成为现实的可能")当作非常重要的事件,这限制了马奥尼选择的余地。记者将不遗余力地挖掘公园广场的后续题材,询问马奥尼对新规划的想法,他将在什么时候公布自己的决定,以及开发商对马奥尼所作决定的反应。在最后,事情会发展到这种地步,即无论马奥尼走到哪里,都会有记者向他提问。

在申塞的案例中,记者也将扮演重要的角色。申塞试图动员总统、各级政府、公共卫生部门和全国人民对猪流感做出回应,但媒体讲述议案的方式将会促进或阻碍他的这一努力。如果媒体将猪流感看成一个严峻的威胁,并且宣扬它的严重性可以与 1918 年的疫病相比,就会为申塞的动员活动建立一个很好的基础。但是,如果媒体不将这种威胁当一回事,并试图找出福特总统夸大这一威胁背后的政治动机,申塞就会发现,将民众动员起来并不是一件容易的事情。

从另一方面说,即使申塞最终能让政府对日渐逼近的猪流感作出回应,他也需要媒体将这一重要消息传播给全国。大多数公民将从电视或报纸上得知这一消息,他们将根据自己看到和读到的消息决定是否要打流感预防针。因此,申塞必须考虑媒体将如何处理流感威胁的真假以及疫苗的安全程度等信息。因为有一点是肯定的,在如此大规模的免疫注射中,哪怕疫苗注射本身是非常安全的,也一定会有人因此生病或死亡。

利益团体

公民协会和利益团体在权威环境中也占有非常重要的地位。[29]有时，这些团体会为了增进团体成员的利益而组织起来。[30]马奥尼的决定将影响到有组织的劳工和建筑业的利益，因此，他将不得不妥善处理与这部分人的关系。而申塞则必须考虑到药品生产企业的经济利益。

有时候，利益团体也会组织起来以宣扬其成员的公共价值观。[31]如果马奥尼可以说服环保组织，使他们相信公园广场将破坏他们所珍爱的波士顿公园，或者说服保护穷人利益的组织，使他们相信这一项目将影响穷人的利益，他便会得到这些组织的帮助。一些人会反对利用国家权力对儿童实施大规模免疫注射，因为这样做违背了他们的宗教和政治信仰。申塞将不得不努力击退来自这一部分人的反对。

最后，因为并非所有潜在利益都是有组织的，所以，总是有一些潜在的利益团体可以动员。[32]有两种方式可以对此起到动员作用：一是采取坚定的倡导者行动；二是某些事件使人们认识到，某种公共价值值得他们去追求。拉克尔肖斯和米勒在制定战略时，也充分利用了这一重要机制。

对这些团体在民主治理中的角色，人们也有不同的看法。最初，对利益团体的批判集中于它们代表的经济利益和某些企业对政府政策的影响。[33]但是，随着劳工关系法、管制机构和公共利益团体（如环保组织、消费者组织、税收限制组织和青年组织）等的出现，人们对利益团体的忧虑逐渐淡化，各种利益团体反而日益成为公民表达不同观点的重要载体。[34]

现在，利益团体拒绝妥协，不愿为其他重要价值牺牲自己偏好的价值，而这已经成为人们忧虑的主要问题。[35]最好的例子有环保组织、善待生命组织（right – to – life organizations）和全国枪支协会等。它们的顽固往往使政策制定停滞不前，或在权力平衡变化时，使政策大幅度地左右摇摆。

为某个特定议题成立的团体也会对政治产生影响。[36]它们对政党造成损害，吸走了大量的资金和人力，这些资金和人力本可以用于更宏伟的目标。它们将许多政治活动从议会转移到官僚机构，因为官僚机构才是解决实际问题的组织。它们改变了政治语言，使它从对广义目标和原则的讨论变为一门技术专长。简而言之，将政治的注意力始终集中在国家面对的重大问题上——而不是在小范围的地区经济利益问题上——本来就有一定的难度，“单一利益团体”的出现更是极大地增强了这些传统分化势力的力量。这一趋势已经严重破坏了民选制度的一致性和民选官员（与任命官员和职业官员相对而言）的影响。

从管理学的角度来看，这些团体之所以重要，主要是因为它们存在于管理者的外部环境中，对管理者的行动做出评价，向管理者的组织提出各种要求。它们积极主动，大声宣扬自己的主张，并且无所不知。它们还与权威环境的各个层次建立了良好的关系，有时还深入到管理者所在的组织内部。[37]它们具有的决心、知识与良好的关系使它们变得非常强大，要为一项它们反对的政策寻求支持和合法性也因此而变得异常困难。

但是，管理者必须认识到，利益团体既可以成为实现目标的制约因素，也可以成为实现目标的有利因素。[38]利益团体是否支持公共部门管理者，关键在于两者目标的一致程度。如果利益团体的目标及价值观与管理者的一致，管理者就可以利用这一团体。此时，要获得它们的帮助，管理者只需发表几场演说，表达一下他对这些团体持有的价值观的赞同，就可以达到目标。当利益团体的目标及价值观与管理者不一致时，管理者就要设法降低这一团体的影响力，以便政策制定过程或组织可以依照自己的方向前进。

为了使组织免受外部团体影响，保证组织目标不被外部团体的目标取代，管理者有两种办法。最常用的是与不听话的团体断绝关系，并拒绝其代表参与政策制定过程。另一种办法是解除与这一团体有密切关系的雇员的职务。这种做法有时非常奏效，但更多时候，这种做法会由于误解了问题的性质而难以达到目标。

单一利益团体的存在，往往表明公民认为有必要保护某些重要公共价值。只要事实的确如此，这类组织就会继续存在下去并不断发展。它们会找到新的渠道来表达自己的观点，并在组织中找到新的、赞同自己观点的代理人。政治利益和力量就像物理学中的能量一样：它们不会消失，只会转移或改变形态。

为此，管理者可以采取三种办法：(1)找到可以与之抗衡的力量；(2)将它引上较易容忍的方向；(3)找出可以消弭其力量源泉的途径。由于组织的回应是激发政治团体采取行动的重要原因，组织或许可以通过拒绝这些政治团体的要求来化解它们的压力。但是，由于政治力量往往也有一定的生命力，单纯的拒绝只会使组织失去人们的信任，使管理者继续遭到人们的反对。

在马奥尼的案例中，这一简单的逻辑表现得十分突出。此前，公园广场项目已经汇集了很强的政治能量，当马奥尼拒绝对此做出回应时，这些政治能量通过另一渠道向议会涌去。议会的回应是剥夺马奥尼的权力。当这一方案未能成功时，它们便冲向州长，削弱他对马奥尼的支持。这样一来，马奥尼具有的法定权力便无可挽回地被削弱了。

申塞的处境则要好得多。由流感专家和地方卫生官员组成的专业网络都站在他一边，支持他的想法。可能对他形成制约的政治力量现在似乎也是一种可以利用的重要资产。

法院

法院也可以成为权威环境中的重要因素。有时，法院会直接干预公共组织的运作，向它指出，某个决定是不恰当的，需要重新考虑或必须改变，或干脆裁定组织的所作所为是错误的，组织必须向受到负面影响的当事人赔偿损失。[39]在一些极端的案例中，如果法院认为公共机构在有组织地破坏宪法及其他法律规定的公民权利，法院会长期监督该机构的行动，以确保它符合宪法标准。有时，法院甚至会接管这类机构。[40]

联邦和州对公共部门及其管理者提出了各种要求，但法院扮演着这些要求的解释者的角色，所以它有权这样做。[41]有趣的是，我们可以将宪法和法律条文当成平衡各州公共部门使用公共权力和公共资金的工具。如果公民向法院提起诉讼，讼告州以不公正或有害的方式使用公共权力或公共资源，并且法院裁定案情属实，这时，公共机构将不得不改变现有做法。

在公园广场案例中，法院也是一个重要的潜在参与者。马奥尼可以要求州长的首席顾问出具一份意见书，说公园广场项目违反了现行的法律规定，因此是不合法的。马奥尼还可以采取另一种做法，即首先批准该项目，但立即安排某个房东向法院提起诉讼。诉讼的基础是马奥尼非法批准了这个项目。该房东不愿意出卖房产，但依据国家征地权，他又不得不将它卖掉。

在猪流感案例中，法院也将起到重要作用。那些因注射疫苗而受到损害的公民可以向法院提起诉讼，要求政府赔偿。事实上，正是出于这种考虑，生产疫苗的私营企业才向议会寻求帮助，要求免除它们的这类赔偿义务，由联邦政府代为担负赔偿责任。

一般来说，法院不需要直接对公共机构采取行动，使它们遵从法律。它们只需通过顾问委员会中的法律顾问就可以向公共机构施加影响。法律顾问的工作就是告诉管理者哪些是可以做的，哪些是不可以做的。[42]只要法律顾问仍能预见法院将要采取的行动，公共机构在制定决策和采取行动时仍能听从法律顾问的意见，法院就可以不采取任何直接行动也能让人感到它的存在。

组合不同的利益和价值观

公共部门管理者的外部权威和合作环境中存在着许多不同的利益诉求，它们是管理者用以制定强大、有效的指令的原材料。另一方面，这些利益诉求有多种组合方式。它们或是通过正式的决策程序组合在一起，或是通过人们签订的协议组合在一起，这些协议源于人们解决某些问题的传统智慧。对管理者而言，这些利益诉求的具体组合方式同样重要。

决策程序

如果有两项决策，一项是由处在恰当位置的官员通过完备的程序制定出来的，而另一项则是由不具备资格的人士通过不完备的程序制定出来的，那么毫无疑问，前者的合法性将高于后者。[43]一项决策的合法性越高，它的权威也越高，人们也越难以忽视或推翻它。

正式的文件，如成文法令、行政规章和正式的工作说明书规定了决策范围和决策程序。例如，马奥尼关于公园广场的决定就是一项非常正式的决策。作为 DCA 的负责人，法令给予他批准或否决这一项目的正式权威。从法律意义上说，州长在这一决定中不能扮演任何角色。法律还明确规定，这类方案在得到地方政府批准之前，不能呈交给马奥尼。最后，法律还规定，一旦方案呈交给他，他就必须依据法律制定的标准对方案进行评估。评估工作应该由组织中的专业人员完成。如果他不遵照这一程序，而是将州长或他的幕僚卷入进来，或暗地里与开发商会面，人们就会认为这一程序被“政治化”了，从而使程序的合法性大打折扣。

但是，决策程序也会受到传统、习惯甚至效果的影响。福特总统的经济政策委员会很好地说明了这一点。罗杰・波特在对该委员会的研究中发现，在该委员会的经济政策取得巨大成功之后，它开始包揽一些别的工作，官员们往往将一些需要总统决策的、非经济类的议题拿到这里讨论，以寻求解决办法。[44]很显然,在决策程序中存在一个良性循环:人们习惯于更多地使用过去已经有成功先例的决策程序。而对那些失败的程序,哪怕它们是正式规定的,人们也往往将它们忽略。

参与决策人员的身份和地位也能影响决策程序:决策人员的级别越高,要决策的事项越紧迫。无论总统参与什么决策,由于他所处职位本身的原因,都将使这些决策具有更高的合法性和权威性。[45]当然,总统的声誉和能力也很重要。与不怎么受人们尊重的总统相比,一个成功的、深受民众爱戴的总统能给予决策更高的合法性。[46]同样,一组经验丰富的、有身份的人也往往能赋予他们所做的决策以更高的合法性。[47]

在申塞考虑动员全国人民回应猪流感的挑战时,他十分清楚这一点。他不仅需要总统的身份以保证开展这一活动所需要的资金和权威,还需要用这一身份来动员成千上万的医生和公民响应他的号召。

合乎法律、有效的经历和强有力的参与者似乎可以增强决策程序的合法性,但同时,决策程序所包含的抽象意义,以及人们对这种抽象意义的"好"、"坏"判断也会影响决策程序的合法性和权威性。人们往往将决策程序与以下价值联系在一起:政治代议制、有效利用专家意见、尊重先例、决策精确清晰、决策过程公开透明和吸取经验教训,等等。[48]

程序价值通常被默认为是决策应有的特点。如果决策程序缺少其中的一项或多项特点,人们就会认为该程序存在致命的缺陷。[49]另一方面,也可以将它们看成是某项决策独有的特点,该决策既可以具有全部这些特点,也可以缺少其中某项特点。但从这个角度来看,将不能用"恰当"或"不恰当"两个词来描述决策程序的整体合法性,而只能用"更好"或"更坏"来描述。当决策程序具有全部特点时,它就是更好的,而当它缺少了其中某项特点时,它就是更坏的。

这样看来,追求不同的程序价值会产生不同的张力。以"政治代议制"为例,人们经常认为它与最大限度利用专家意见相矛盾。尊重先例和保持连续性则与针对现实环境相矛盾。要求决策精确和明晰不但与要求它具有适应性相矛盾，也与要求它为持有不同意见和目标的人创造良好的工作关系相矛盾。[50]

由于存在这么多相互矛盾的程序价值，因此任何既定的程序都容易遭到批评。如果我们期望程序包含所有这些价值（并且能出色地发挥作用），那么任何程序都将异常脆弱。这种脆弱性及不同决策程序间的竞争将严重制约程序的有效性并影响其寿命。马奥尼对公园广场进行了仔细的法律审查和专业评估，但由于这样做侵犯了波士顿市民及其代表自治的权力，因而易于受到他们的批判。这些批判导致了地方自治法案的通过。

上文提到的决策程序的价值为管理者提供了一个清单，他们在决策时，可以对照这一清单，逐个评估各种程序的优缺点，找出其中的缺点并加以妥善处理。

公众意见和传统智慧

当权威环境中的诸多参与者对问题的性质及解决办法有共同的理解时，他们的利益往往会结合到一起，从而对管理者提出新的要求。[51]在将政策意见合法化或将其斥为不相关这一点上，传统智慧扮演着重要的角色。例如，人们对酗酒认识的加深不但提升了戒酒治疗的重要性，也使人们不再强调控制酒的供应。[52]如今，“改造不会起任何作用”的看法广泛流传，它使我们怀疑坐牢能否达到改造人的目标。[53]

这些强有力的、为人们普遍接受的观点来自何处？什么东西维系着它们？对于这些问题，我们尚不十分清楚。但人们普遍认为，对历史经验的解释起着重要的作用：现代的观念认为，酗酒问题与酗酒者——而不是酒本身——有关，而对禁酒“失败”的历史解释又恰恰与这种观念吻合（因而又反过来支持了现代的观念）。[54]张伯伦与希特勒在慕尼黑的谈判产生了灾难性的后果，这使人们认识到，任何一个国家都不应试图去笼络独裁政权。[55]这些“历史教训”成为一般的公理，要挑战这种公理，就要面临声誉受损和被人当成无知者的风险。[56]因此，举例来说，把猪流感看成1918年的疫病，将形成一种非常严肃的氛围，从而对决策层产生巨大的影响。

有时候，某个领域的专家意见也会影响公众的意见，从而形成制定某项政策的大背景。人们对改造是否有效有较大的争议，这一争议主要源于人们对人性的不同看法，但同时，部分犯罪学专家和刑罚学专家也促成了这一争议的形成。他们起初坚持认为改造是有用的，但后来的实证研究表明，改造结果不尽如人意，于是他们改变了自己的观点。[57]专家间的这种对话持续了很长的时间，但只是在所有的证据都清晰地显示出以上结果之后，专家圈子以外的人才注意到这一点。同样，20世纪60年代，专家对城市改造项目的批评，构成了马奥尼在DCA实施新战略和否决公园广场的大背景。[58]

就像对待利益团体一样，管理者对公众意见也只有两种选择：或是挑战它，或是利用它。公众意见是一种强大的力量，它明确地向管理者指出了政策必须遵守的标准。如果管理者偏好的政策与公众的信仰一致，这一政策就具有较高的合法性；反之，它的合法性就要低得多。如果某项政策有悖常识，那么制定该项政策的管理者就必须找出一个可以改变人们常识的方法。这绝不是一件容易的事。至少来说，这样做将花费很多时间。哪怕已有非常充分的证据表明传统智慧有谬误之处，人们对它的观点也不会轻易转变，转变过程将费时而曲折。

管理者也可以选择另外一种方法。他可以将自己偏好的想法与另一种不占主导地位的传统智慧联系起来。由于在一个政策领域内，总会存在多种不同的传统智慧，一个比较容易的办法是找出另一条传统智慧来代替现有的传统智慧。

尽管权威环境中各个位置的占有者是人，但正如结构和程序一样，思想是独立于这些人而存在的。事实上，许多占据了权威环境重要位置的人之所以能获得这样的位置，正是因为他们与当时占主导地位的传统智慧保持了一致。

权威环境的动态

不论何时，指导和维持公共管理者的权威环境都有一个很显著的特征：为了达成某种目标，它以一种特有的方式和强度维护管理者的努力。直到州长宣布他对新规划的支持之前，马奥尼的权威环境维护了马奥尼的权力，使他能够否决公园广场的提议，实施保护穷人的战略，强制开发商更关注穷人的利益。同样，直到申塞了解到迪克斯堡爆发了猪流感之前，他的权威环境都只授予他发起例行免疫行动的权力，这种免疫行动只针对危险性较小的流感。在管理者看来，这种授权由于受到权威环境组成形式的限制，它们将一成不变地持续下去。

但以上案例显示，权威环境对管理者的要求和期望不但会改变，有时甚至会以极快的速度改变。当州长公开宣称公园广场"终于有成为现实的可能"时，马奥尼的授权便发生了突然的变化。此时，支持马奥尼的基础已经动摇。曾经非常坚定地支持马奥尼否决公园广场项目的授权，现在变得四分五裂。

当然，人们可能过于夸大变化的速度。聪明的政治管理者会认识到，政府此前之所以热衷于反对公园广场，是因为背后隐藏着激烈的政治冲突。开始，马奥尼仍能以公园广场既不明智又不合法为理由，继续维持给他的授权。但时间一长，希望这一规划成为现实的政治力量将成功地说服其他人，使他们相信这一规划利大于弊。这样，由于新力量对规划的支持，再加上马奥尼不愿妥协，终于使州长决定不再支持他。很显然，行动授权只是潮起潮落的政治争论可以利用的工具和平衡政治力量的一枚棋子而已。

申塞的案例表明,客观环境条件的变化也是引起授权变化的原因之一。专家对迪克斯堡爆发猪流感的解说,改变了人们对环境的看法,并使他们相信政府必须对此做出适当的回应。反过来,这种变化不但要求申塞提醒权威环境中的人士注意已经改变的现实,尽快适应环境,也要求申塞谋取他们的支持,以帮助社会对猪流感做出回应。

因此,总体来说,行动的授权是变化的。由于政治力量的消长和政治参与者立场的变化,曾经支持某项政策或某个组织战略的政治联盟会瓦解。某些曾经弱小的团体则可能会变得非常强大,阻碍政府运作的利益团体也可能会在一夜之间冒出来。无论出现以上哪种情况,它们都会改变权威环境中的政治平衡,从而改变行动的授权。

同样,执行者会从政策和组织战略实施过程中获得经验,而这些经验或多或少会影响人们对现有政策和组织战略的看法。正如传统智慧对什么是好的和有效的战略的看法会改变一样,行动的授权也会改变。

因此,正如私营部门的管理者不能指望市场一成不变一样,公共部门的管理者也不能指望政治市场一成不变。他们必须随时做好准备,以适应不断变化的政治期望和工作挑战。

当然,人们很容易过分夸大公共行动授权的变化程度。绝大多数公共组织在长时间内都在做同样的事情。在可预见的未来,马萨诸塞州社区事务署(DCA)的工作仍将是促进社会的发展,而疾病控制中心(CDC)的工作仍将是阻止疫病发生。它们既不会在短时间内消失,也不会突然改变自己的使命。

也许有人会说,多数人只关注公共部门中的某一部分绩效,从这个角度来看,人们的要求其实是不变的。马奥尼和 DCA 可能会永远在以下几种相互矛盾的价值中备受折磨:一是鼓励发展经济;二是保护穷人不受发展的负面影响;三是给地方政府一定的自治权,使它们可以在这些复杂的价值中自主选择。申塞和 CDC 也可能会在以下两种价值间犹豫不决：是采取积极的行动，用政府资金实施全民免疫？还是由人们自主决定与自己有关的健康事务？[59]

但是，政治形势的变化可能会影响人们对不同价值的强调程度和个人运用这些价值的方式。从这种意义上说，政治形势影响了人们对公共管理者应该生产什么的看法。也正因为如此，成功的战略管理者都非常重视政治管理。

政治管理带来的挑战

对许多公共部门管理者来说，他们所处的政治环境充满了危险，因为这里满是比他们自己强大得多的参与者。在这里，某些曾经辉煌一时的公共组织，却由于不能解决的冲突和不可预测的变化，成为被人耻笑的对象；也是在这里，某些职业人士的盛誉毁于一旦。只要条件许可，他们宁可远离这里。事实上，他们是政治—行政分离思想最热衷的支持者，因为这样可以有效地保护他们免受政治动荡的影响。[60]

但是，几乎所有的公共管理者都必须与这个世界打交道。至少来说，他们必须完成例行责任或回应媒体对他们的质询。更重要的是，许多最好的公共部门管理者认为，他们的成功有赖于接受——而不是回避——这个世界。[61]事实上，马奥尼的案例告诉我们，如果管理者不注意对政治权威环境进行管理，他们将会遭遇悲剧式的打击。

从许多方面来说，马奥尼都是一个品德高尚的公共部门管理者。他认为自己有道德和法律义务保护国家征地权不被滥用，除非开发商能创造显著的公共价值，他不应该将这一权力授予他们。哪些土地可以获得改造的资格，法律对此已有明确的标准，这些标准反映了议会对公共价值的界定。但除此之外，马奥尼对什么是公共价值也有自己的看法。他认为公共价值体现在为穷人服务上，而不是一味地迎合城市经济发展的需要，更不是为私营企业创造利润。由于他在公园广场计划中看不到这一点，也由于州长起初支持他的决定，所以他不但有义务，而且得到了政治授权来否决公园广场的规划。

不幸的是，马奥尼在做出这一决定之后，不再继续努力为这一决定争取合法性。马奥尼的决定建立在非常坚实的基础上，这个基础由他的道德观、法律和州长的支持组成。但遗憾的是，他完成这一步以后便停滞不前了。而同时，反对派却仍在更大的范围内积极宣扬自己对公共价值的看法。没过多久，市议会、波士顿市市长和地方报界都站到了开发商、承建商和工会一边，认为公园广场项目符合波士顿市的利益。这些政治力量试图说服马奥尼，让他相信，值得向开发公园广场的私营企业授予国家征地权，哪怕它们最后没能改造野战区，这样做仍然具有极高的价值。如果马奥尼还是不同意，政治力量将会剥夺他的权力（地方自治法案）或将他解雇（州长隐含的意思）。而马奥尼却仍然以为，他不但有州长的支持，还拥有法律授予他的权力和坚定的道德观，因此不需要动员其他选民团体来支持自己对该项目的决定。

由于马奥尼未能建立起一个支持自己立场的选民团体，从而使围绕公园广场决定的政治力量的平衡发生了根本性的变化。这反过来又使他处于极为不利的境地。他必须决定自己是从这些政治力量此前的做法中吸取教训，还是继续要求其他人都服从他的意见。[62]正是这种张力，使对马奥尼案例的研究具有了道德意义和技术意义。马奥尼对自己的职位持有的道德观以及他的管理技巧都受到了严峻的考验。如果他更早些时候就认识到，自己需要做些政治上的工作以维持可以否决公园广场的有效权威——他并不永远拥有这种权威，只有在他用这一权威达成其他人的目标时，他才可以继续拥有这种权威——他就不会碰到这些麻烦了。

与此相反，申塞的案例表明，公共部门管理者有很多机会可以利用。申塞是 CDC 的负责人，这一地位使他对猪流感可能带来的威胁保持高度警惕。同时，他又是科学家，与其他重要的科学家保持着良好的关系。他具备的这些有利条件使他不但可以极大地影响 HEW、OMB、总统办公室、国会和传媒对威胁的性质的看法，也能影响他们对应该采取何种应对行动的看法。同时，由于他的组织具有较强的能力，从而使他在跟踪猪流感的威胁和向人们提供免疫注射这两方面也扮演着重要的角色。

这绝不是一个可有可无的问题。毕竟，发起这一行动将为他个人和组织带来巨大的风险。如果申塞积极地动员他的上级领导，人们就会将由此带来的负面结果部分归咎于申塞和 CDC。此外，他也不能保证猪流感一定会发生。如果最终没有发生猪流感，而全民免疫却带来了不少负面影响，那么，申塞、CDC 和预防医学事业都会受到损害。简而言之，在表现自己的领导力时，申塞要“与其他人打赌”，这正如第三章中提到的米勒一样。

很显然，决定管理者政治管理好坏的因素很多。下一章将详细讨论一些具体的政治管理技巧，我们可以用公共部门管理者使用这些技巧的情况来评估其政治管理水平的高低。

注释

1. 以下陈述以 Colin Diver 撰写的“Park Plaza”案例（Boston University，1975）为基础，由 Kennedy School of Government 发布，KSG Case #C16 – 75 – 707. 0（Cambridge, Mass. ：Kennedy School of Government Case Program，1975）。

2. 关于猪流感的陈述有两个来源。一个由 J. Bradley O'Conor 和 Laurence E Lynn，Jr. 负责采写，题目为“猪流感（A）”，KSG Case #C14 – 80 – 313. 0（Cambridge, Mass. ：Kennedy School of Government Case Program，1980）。另一个来源是 Richard E. Neustadt 和 Harvey Fineberg，*The Epidemic That Never Was：Policy – Making and the Swine Flue Affair*（New York：Vintage，1983），该书对猪流感事件作了精彩的描述。

3. Graham T. Allison 说：“公共部门管理与私营部门管理的最大区别在于制度上的差异。在企业界，全面负责的只有一个人：首席执行官……与此相反，在美国政府中，全部责任分散于几个相互制约的机构：行政、参众两院与最高法院……因此，由于宪法的规定，企业里集中于 CEO 一人身上的管理职能被分散到相互制约的数个机构，由许多个相互竞争的、各有抱负的人承担……由于大多数公共服务是由联邦与州政府提供的，而联邦与州又各具权威，这便意味着参与管理的人数进一步增多了。”引自 Graham T. Allison，“Public and Private Management：Are They Fundamentally Alike in All Unimportant Respects?”收录于 Jay M. Shafritz and Albert C. Hyde，*Classics of Public Administration*，2ed.（Chicago：Dorsey Press，1987），第 159 页。因此，毫不奇怪，从众多拥有权威的人那儿获得授权成为一项重要的管理职能。参见 David Lax 和 James K. Sebenius，*The Manager as Negotiator：Bargaining for Cooperation and Competitive Gain*（New York：Free Press，1986），第 323 - 324 页。

4. 请注意，诸如税务、规制与强力等依靠权威来强迫他人为公共目标作贡献的公共部门，其实现目标所需要的能力大多来源于组织外部。因此，政治管理，即动员公共权力与合法性的种种努力，对规制与强力部门来说显得尤为重要。如果公众不支持他们，他们便难以得到所需要的服从度，从而难以实现其目标。参见 Malcolm Sparrow，*Imposing Duties：Government's Changing Approach to Compliance*（Westport，Conn.：Praeger，1994），该书讨论了“强制执行义务”机构面临的种种问题。

5. Richard Neustadt 的话概括了所有时代的公共管理具有的这种特征。他说：“当一个人要与另一个人分享权力，而他也不会因为另一个人的任何想法而增进或失去自己的权力时，他就会非常愿意督促另一人采取行动，而不管这种行动对行动者将带来什么影响。总统的责任就是努力说服这类人，并让他们相信，白宫希望他们做的事情正是他们应该依据自己的权力要做的事情。”Richard E. Neustadt，*Presidental Power and the Modern Presidents：The Politics of Leadership from Roosevelt to Reagan*（New York：Free Press，1990），第 30 页。

6. Herbert Kaufman，*The Administrative Behavior of Federal Bureau Chiefs*（Washington，D. C.：Brookings Institution，1981），第 45 - 78 页。

7. Gordon Chase and Elizabeth C. Reveal，*How to Manage in the Public Sector*（Reading Mass.：Addison - Wesley，1983），第 64 - 75 页。关于描述公共部门管理者商谈其日常所负责任的案例，请参见“The Executive Branch and the Legislature：Opening the Lines of Communication in Minnesota，” KSG Case #C16 - 90 - 991. 0，（Cambridge，Mass.：Kennedy School of Government Case Program，1990）。关于督察长如何使公共部门管理者承担起日常运作中应负的责任，请参见 Mark H. Moore and Margaret J. Gates，*Inspectors - General：Junkyard Dogs or Man's Best Friend?*（New York：Russell Sage，1986）。

8. 关于这一问题的讨论，请参见 Mark H. Moore，*Accounting for Change：Reconciling the Demands for Accountability and Innovation in the Public Sector*（Washington，D. C.：Council for Excellence in Government，1993），第 137 - 148 页。

9. 回顾 E. E. Pendleton Herring 的评论：“官僚的肩上不仅担负了大部分协调不同派别的利益的重任，而且担负了具体实施立法程序通过的各项经济和社会议案的重任。”引自 Herring，“Public Administration and the Public Interest，” 选编于 Shafritz 和 Hyde，*Classics of Public Administration*，2d ed.（Chicago：Dorsey Press，1987），第 74 页。

10. Neustadt 观察到，这种情形会经常出现：“几乎所有的机构都会涉及众多其他机构；几乎每个项目都会要求不同机构间的合作”（*Presidential Power and the Modern*

Presidents,第 34 页)。

11. 关于这类系统在总统层次上的运作,参见 Laurence E. Lynn, Jr. , and David DeF. Whitman, *The President as Policymaker: Jimmy Carter and Welfare Reform* (Philadelphia:Temple University Presds,1981)。要了解如何设计这类系统的例子,请参见 Laurence E. Lynn, Jr. , and John M. Deidl, "Bottom – Line Management for Public Agencies," *Harvard Business Review*, vol. 55, no. 1 (1977)。

12. Richard Neustadt 提醒我们,即使总统也难以有效地控制其下属官僚。参见 *Presidential Power and the Modern Presidents*,第 29 – 32 页。Lynn and Whitman 向我们讲述了一个令人痛心的故事,在这个故事中,总统也没能协调各方制定出一项福利政策:*The President as Policymaker*,第 265 – 268 页。

13. Philip B. Heymann, *The Politics of Public Management* (New Haven, Conn. : Yale University Press, 1987),第 148 页。

14. 关于"不一致的权力"怎样使尼克松"向毒品开战"的目标难以实现的讨论,请参见 Mark H. Moore, "Reorganization Plan #2 Reviewed," *Public Policy*, vol. 26, no. 2 (Spring 1978):249。

15. Martin Linsky, *Impact: How the Press Affects Federal Policymaking* (New York: Norton, 1986),第 60 – 88 页。另请参见 E. E. Schattschneider, *The Semisovereign People: A Realist's View of Democracy in America* (Hinsdale, Ill. : Dryden, 1960),第 7 页。

16. 在这种情况下,为了取得预期的结果,公共部门管理者通常会开展信息公开活动。关于这种活动的讨论,请参见 Janet A. Weiss 和 Mary Tschirhat, "Public Information Campaigns as Policy Instruments," *Journal of Policy Analysis and Management*, vol. 13, no. 1, (1994):82 – 119。

17. Michael O'Hare, "A Typology of Governmental Action," *Journal of Policy Analysis and Management*, vol. 8, no. 4 (Fall 1989):670 – 673.

18. Hugh Heclo, *A Government of Strangers: Executive Politics in Washington* (Washington, D. C. : Brookings Institution, 1977),第 158 – 190 页。

19. Philip Heymann 注意到,政治任命官员至少具有以下三个角色:一是总统意见的倡导者;二是执行人员与立法机构的中间人,或执行人员与司法机关的中间人;三是非政治专家、专业人士或准司法官员。参见 Heymann, *The Politics of Public Management*,第 120 页。

20. Joel D. Aberbach, *Keeping a Watchful Eye: The Politics of Congressional Oversight* (Washington, D. C. : Brookings Institution, 1990). David Mayhew: *Congress: The Electoral Connection* (New Haven, Conn. : Yale University Press, 1974).

21. Chase and Reveal, *How to Manage in the Public Sector*.

22. Heymann, *The Politics of Public Management*,第 150 – 151 页。

23. 同上,第 151 页。

24. 要了解传媒在政策制定中扮演的角色的一般论述,请参见 Gary Orren, "Thinking about the Press and Government," 收录于 Lynsky, *Impact*,第 12 – 20 页。

25. Lynsky,*Impact*,第 87 - 118 页。

26. 同上,第 118 页。

27. 同上,第 112 - 118 页。

28. 关于传媒采取主动战略并获得成功的案例,请参见“Selling the Reorganization of the Post Office,” KSG Case #C14 - 84 - 610.0 (Cambridge, Mass.:Kennedy School of Government Case Program, 1984)与 “Please be Patient: The Seattle Solid Waste Utility Meetsd the Press.” 与 KSG Case #C16 - 91 - 1058.0 (Cambridge, Mass.:Kennedy School of Government Case Program, 1991)。

29. 关于利益团体是怎样组成的讨论,请参见 James Q. Wilson, *Political Organizations*(New York: Basic Books, 1973)。关于他们对政治程序的影响的经典论述,请参见 David B. Truman, *The Governmental Process: Political Interests and Public Opinion*(New York: Knopt, 1951)。

30. 这是 Truman 在 *The Governmental Process* 和 James Q. Wilson 在 *The Politics of Regulation*(New York: Basic Books, 1980)中讨论过的几类利益团体。

31. 对这些利益团体的研究,请参见 Wilson,*Political Organizations and The Politics of Regulation*,第 385 - 386 页。关于这类组织的组成与维持的论述,请参见 Charles Mccarry, *Citizen Nader* (New York: Saturday Reiew Press, 1972); Osha Gray Davidson, *Under Fire: The NRA and the Battle for Gun control*(New York: Henry Holt, 1993)。

32. 关于地下团体的讨论,请参见 Truman, *The Governmental Process*,第 34 页。

33. 同上。另请参见 Raymond Bauer, Ithiel De Sola Pool, and Lewin Anthony Dexter, *Business and Public Policy: The Politics of Foregn Trade*(Chicago: Aldine - Atherton, 1972); Charles Edward Lindblom, *The Policy - Making Process* (Englewood Cliffs, N. J.: Prentice - Hall, 1980)。

34. Mancur Olson 提出了一套经济理论来解释利益团体得以形成的条件。参见 Olson, *The Logic of Collective Action: Public Goods and the Theory of Groups* (Cambridge, Mass.: Harvard University Press, 1965)。James Q. Wilson 也提出了一套理论,认为利益团体可以在更广泛的条件下形成。同时,Wilson 还认为,利益团体可能以“有目的的激励”(purposive incentive)为核心组成。“有目的的激励”指团体中的个体希望实现某种公共目标(Wilson:《政治组织》)。

35. Jeffrey M. Berry, *The Interest Group Society*, 2d ed. (Glenview, Ill.: Scott foresman, 1989)

36. 同上,第 100 - 105 页。若想了解对利益团体的批判,请参见 Jonathan Rauch, *Demosclerosis: The Silent Killer of American Government*(New York: Random House, 1994)。

37. Graham T. Allison 举的例子说明了这一点,即当公共部门管理者试图影响组织战略时,他手下与利益团体结成联盟的下属可以给他制造种种难题。参见 Graham T. Allison, “Public and Private Management,” 第 523 页。

38. Philip Selznick 这样说:“当……政府机构发展了自己的客户之后,组织便获得了稳定的资源和沟通渠道。” Selznick, *Leadership in Administration: A Sociological*

Interpretation ,*rev. ed.* (Berkeley:University of California Press,1984),第 7 页。

39. 行政法的中心是法院可以驳回政府决议的条件。关于这一方面的论述,请参见 Richard Stewart,"The Reformation of American Administrative Law," *Harvard Law Review*,vol. 88,no. 8 (June 1975):1669 – 1813。

40. Robert C. Wood,*Remedial Law: When Courts Become Administrators* (Amherst: University of Massachusetts Press,1990).

41. 关于这一理论的论述,请参见 Stewart,"The Reformation of American Administrative Law。"关于实践上的论述,请参见 Robert Katzmann,*Regulating Bureaucracy*(Cambridge: MIT Press,1980)。

42. Daniel J. Meador, *The President, the Attorney General, and the Department of Justice* (Charlottesville: University of Virginia, White Burkett Miller Center of Public Affairs,1980),第 36 – 39 页。

43. 在 *The Politics of Public Management* 第 74 – 75 页,Heymann 提出了相同的看法。

44. Roger Porter,*Presidential Decisionmaking:The Economic Policy Board*(Cambridge: Cambridge University Press,1980).

45. Neustadt,*Presidential Power and the Modern Presidents*,第 30 页。

46. 同上,第 150 – 151 页。

47. 参见"Les Aspin and the MX," KSG Case #C14 – 83 – 568. 0(Cambridge, Mass. :Kennedy School of Government Case Program,1983)。

48. Herbert Kaufman 列举了一些重要的程序价值,如"代议制"、"非歧视性竞争"与"执行官领导"等。参见 Kaufman,"Emerging Conflicts in the Doctrines of Public Administration," *American Political Science Review*,vol. 50,no. 4(December 1956):1057 – 1073。另一些价值也在行政法普遍原理中得到了反映。参见 Jerry L. Mashaw,*Due Process in the Administrative State*(New Haven,Conn. : Yale University Press,1985),第 172 – 182 页。

49. 关于管理者制定政策管理程序以尽量增大其决策合法性的案例,请参见:"The Recission of the Passive Restraints Standard," KSG Case #C16 – 82 – 455. 0 (Cambridge,Mass. : Kennedy School of Government Case Program,1982);"Controlling Acid Rain,1986," KSG Case #C15 – 86 – 699. 0(Cambridge,Mass. :Kennedy School of Government Case Program,1986)。

50. Charles E. Lindblom,"The Science of 'Muddling Through,'" *Public Administration Review*,vol. 19 (Spring 1959):79 – 88,重印于 Shafritz and Hyde,*Classics*,第 268 – 269 页。

51. Mark H. Moore,"What Makes Ideas Powerful?" Robert B. Reich,ed. ,*The Power of Public Ideas*(Cambridge,Mass. :Ballinger,1988),第 55 – 83 页。

52. 同上,第 55 – 57 页。对这类看法的详细讨论,请参见 Mark H. Moore 和 Dean L. Gerstein,*Alcohol and Public Policy*(Washington,D. C. :National Academy Press,1981)。

53. Moore,"What Makes Ideas Powerful?",第 57 – 60 页。

54. Moore and Gerstein, *Alcohol and Public Policy*.

55. Richard E. Neustadt and Ernest R. May, *Thinking in Time: The Uses of History for Decision Makers*(New York: Free Press, 1986), 第 34 - 36 页。

56. 同上, 第 34 - 57 页。

57. Robert Martinson, "What Works? Questions and Answers about Prison Reform," *Public Interest*, 35 (1974): 22 - 54.

58. James Q. Wilson, *Urban Renewal: The Record and the Controversy* (Cambridge, Mass.: MIT Press, 1966).

59. Erwin C. Hargrove and John Glidewell, eds., *Impossible Jobs in Public Management* (Lawrence: University of Kansas Press, 1990).

60. 根据我在肯尼迪政府学院执行官项目多年教授高层公共部门执行官员的经验, 我得出了这一论断。

61. Wilson 说:"执行官不仅维持组织, 他们也改变组织, 这样的执行官不仅仅是为了获得选民的支持而工作, 他们还向人们生动有力地展示出组织应完成的工作任务、组织的文化和组织的重要性。最好的执行官用价值来推动他们领导的组织, 并说服人们相信这种价值不单对组织有用, 也对整个国家有用。" 参见 Wilson, *Bureaucracy: What Government Agencies Do and Why They Do It*(New York: Basic Books, 1989), 第 217 页。一些公共部门管理者通过参与政治完成了许多事情, 关于这方面的论述, 请参见 Jameson W. Doig and Erwin C. Hargrove, *Leadership and Innovation: A Biographical Perspective* (Baltimore: Johns Hopkins University Press, 1987)。Herbert Kaufman 也注意到, 公共部门管理者有四分之一到三分之一的时间花在政治管理方面, 如果将"收集外部信息"也算作政治管理工作, 则花在这方面的总时间会更多。我个人也倾向于将"收集外部信息"算作政治管理工作。参见 Kaufman, *Administrative Behavior of Federal Bureau Chiefs*, 第 77 - 78 页。我注意到, 公共部门组织现在有一个非常明显的趋势, 即它们越来越多地成立专门的办公室来处理与议会、传媒和外部团体的关系。这些机构一般被称为新闻办公室。参见 Stephen Hess, *The Government/Press Connection: Press Officers and Their Offices*(Washington, D. C.: Brookings Institution, 1984), 第 1 - 3 页。

62. Karl Deutsch 指出, 权力是个人将自己偏好的方式强加于世界的能力; 因此, 它也是"不用学习的能力"。马奥尼虽然丧失了权力, 但也获得了一个机会, 他可以改正自己的观点, 重新考虑什么是公共价值。Deutsch, *The Nerves of Government: Models of Political Communication and Control*(New York: Free Press, 1966), 第 111 页。

第五章　倡导、谈判和领导：政治管理的技巧

管理者为了获得政治支持、巩固职权的合法性，以及动员那些不在自己权威直接控制范围之内的人士，就必须要管理好外部政策环境。[1] 他们怎样才能做到这一点？

这不仅是一个技术问题，同样也是一个道德问题。作为民主国家的公民，我们都得益于一个民主的政府，而管理者将政治环境引入日常工作的方式方法则影响了民主政府的质量。此外，它还与我们对管理者的信心息息相关，使我们相信管理者仍在真心实意地追求公共目标，而不是在追求他自己对公共价值的主观臆测。[2] 有些技巧可以让管理者凌驾于民主政治之上，使他们可以更直接地追求自己的目标。这些技巧尽管非常有效，但好公共管理应拒绝使用它们，因为这样做与公共管理的宗旨不相符。"好公共管理"指既有效又符合道德的技巧。[3]

为了研究什么是政治管理中的好公共管理，让我们来看一下马奥尼和申塞是如何处理他们面对的情势的。在上一章中，我们提到马奥尼仍

在思考他是否应批准公园广场规划,而申塞则在寻求一个可以动员全国人民抵御猪流感威胁的方法。

马奥尼的行动

在马奥尼案例中,进行有效的政治管理的时机似乎已经过去。我们上次讲到他的时候,他正在独自对抗一个已经获得相当大的政治能量的项目。他此前没有想到过要进行有效的政治管理,从而限制了当前可选方案的数量。但是,如果对他的表现进行公正的评估,我们还是可以发现,他不仅有做得不好的一面,也有做得出色的一面。

起初,马奥尼在政治管理的中心任务上取得了很大的成功:在否决公园广场规划时,他得到了州长的支持。事实上,州长给了他非常坚定的支持,他甚至不顾建筑业界的强烈反对,否决了地方自治法案,如果该法案得以通过,它将剥夺马奥尼的权力。正因为这种支持是非常少有的,所以马奥尼设想,州长将继续支持他。

但事与愿违,州长的支持非常脆弱。这只是阁僚政策制定中经常出现的现象的缩影而已。新任命的下属(在这个案例中指马奥尼)向政治领导(萨金特州长)提出了一个难以解决的问题,政治领导同意下属偏好的决策。然后,下属做出决策并承受由此带来的后果。[4]

关键是问题并没有就此解决。相反,马奥尼陷入了与 BRA 和开发商持续谈判的泥沼,难以取得任何进展。马奥尼坚持要求开发商加强财务计划并对改造野战区做出更明确的承诺,开发商则拒不让步。经过八个月的谈判,终于产生了一个新的规划,州长在新闻发布会上宣布了对新规划的意见。“新规划”与旧规划没有多大区别,但萨金特州长却认为新规划是可以接受的。

对马奥尼来说,他不得不想方设法让人们支持他否决公园广场项目。而这些事件的发生向他提出了两个问题。第一个问题是:为什么与开发商的谈判没有取得任何成果？第二个问题是：州长为什么改变了自己的立场？这两个问题将向他揭示出以下两点：过去做错了什么？将来有哪些可选方案？

可以想见，谈判各方的性格是谈判遇到困难的主要原因。马奥尼、BRA 的局长和开发商都是固执己见和意志坚定的人，习惯于按自己的方式行事。这种态度通常会使谈判陷入僵局。[5] 谈判程序中的技术问题也是造成困难的原因之一。马奥尼不能直接与开发商谈判，而必须通过 BRA 才能与开发商谈判。[6]

但是，谈判失败有更深刻的思想上的原因：谈判的双方都以为，他们可以按自己的意志行事，无须为此讨价还价。马奥尼相信州长将继续支持他，只要坚持住自己的立场，他就可以阻止公园广场项目，或让开发商遵照自己的意志。但是，开发商则相信，在波士顿市——长期以来，该市都在与 DCA 的战争中获得胜利——的支持下，他们最终将获得胜利。这样一来，双方都不愿意谈判。[7]

马奥尼应该认识到，在州长支持他的时候，开发商尚且不愿让步，现在州长不再支持他，开发商肯定就更不会让步了。为了在谈判中获得讨价还价的主动权，马奥尼需要重新得到州长的支持。

到底是什么原因促使州长转眼之间就停止了对马奥尼的支持？或许有三种原因可以解释这一问题。第一，继续支持马奥尼的立场要付出过于高昂的政治代价。起初，萨金特州长愿意支持马奥尼。但是，如果反对声震耳欲聋，喝彩的人却寥寥无几，这时，他就不得不考虑这样做是否值得了。

第二，州长已经被说服，认为公园广场的确是一个有价值的项目。他或许仍对该项目的财务能力和合法性抱有疑问，但在权衡了该项目对波士顿市的价值之后，他认为自己更应该尊重波士顿市代表的意见，而不是听从州政府阁员——哪怕是自己亲自任命的阁员——的意见。

第三，萨金特可能认为，公园广场引发的反对浪潮限制了他在另一个重要问题上的回旋空间，从而决定改变对公园广场项目的立场。当马奥尼在为公园广场伤神时，州长和他的助理阿尔·克雷默（AL Kramer）正在权衡是否要停止一条高速公路的建设，这条公路将横穿整个波士顿市区。州长及其助理希望停止高速公路的建设，但他们知道，这样做将招致建筑业的极力反对，因而会付出巨大的政治代价。不幸的是，否决公园广场计划将对同一批选民团体造成不利影响。在短时间内既否决公园广场又停建高速公路无异于向建筑行业宣战，它将给萨金特政府带来不堪设想的后果。很显然，如果萨金特政府在决定停建高速公路的同时，做出有利于公园广场的决定，这将缓和一触即发的紧张局势。因此，萨金特需要马奥尼对公园广场说“是”，只有这样，他才有余地对建设高速公路说“不”。[8]

重要的是，萨金特和克雷默两人都没有向马奥尼解释这一利害关系。高效的内阁倾向于通过有效的战略过程，使注意力集中于本届政府的整体战略。而这一目标只能通过有效的沟通和对话才能达到。[9] 在决定某个议题是否重要时，不仅要考虑议题本身的重要性，也要顾及它与其他议题的关系。衡量关系的标准不应局限在可能对绩效、财务和管理资源产生影响的技术层面，也应包括适度的政治标准。[10]

设计、运作这类计划系统需要大量的技巧和各类主体间的相互信任。[11]信任是以共同的工作经历和价值观为基础形成的，而这一案例中，各个主体间似乎缺乏这种信任。萨金特和克雷默对马奥尼心怀疑虑，认为马奥尼不会在乎他们遇到的政治难题。[12]马奥尼甚至会去向媒体抱怨，政治压力促使他在公园广场上做出错误的决定。但不管出于什么原因，他们之间从来没有就此沟通过。

有趣的是，由于信任的缺失，马奥尼为自己培育政治支持的努力也异常艰难。他既没有时间，也没有心情与州长讨论公园广场计划。

信任的缺失同样也使州长受到了损害。毕竟，州长同样要面对马奥尼正面对的问题,州长需要马奥尼的帮助就像马奥尼需要州长的帮助一样。正如马奥尼一样,州长也希望公园广场项目得到顺利解决,使它按所有人的意愿发展下去。如果马奥尼向公众抱怨说,在他处理公园广场项目时,受到了太大的政治压力,州长就会处于极为不利的位置。简而言之,州长希望马奥尼热情地批复公园广场项目,否则的话,州长就难以达到自己的目标。州长需要马奥尼批准该项目这一事实,使马奥尼掌握了与萨金特讨价还价的资本。但马奥尼必须小心地使用这一资本,以免被人指责为不忠诚的下属。

少了州长的支持,马奥尼必须重估自己的处境,并考虑如何改善它。通过评估,马奥尼认为他只有一到两个礼拜的时间来采取行动。三个原因决定他不可能有更多的时间。

第一,正如前文所提到的,萨金特宣称规划“终于有了实现的可能”引起了媒体的广泛关注。[13]他们不停地给马奥尼打电话,询问他是否已经做出了决定。如果他延迟太长时间再做决定,那些希望早日得到批准的人(如开发商)就会抱怨他延误时间太长。

第二,马奥尼已经在这个问题上花了八个月的时间,但却没有取得多少进展。人们已经对他的能力提出质疑,如果他宣称还需要更多的时间来研究规划,人们将认为这简直是天方夜谭。

第三,州长决定是否停建高速公路的最后期限很快就要到了。州长和他的幕僚希望在做出停建高速公路的决定之前,马奥尼能圆满解决公园广场的问题,所以他们也向马奥尼施加压力。

马奥尼本来有很多选择。例如,他可以发展一个支持自己决定的选民团体。但是,日益逼近的最后期限制约了这一选择。此前,这一问题是被当作事关经济发展和地方自治的问题来看待的,现在,他已经没有足够的时间改变问题的性质,将它与公平和合法性联系起来,因为报纸已经偏向于支持开发商。另一方面,由于马奥尼考虑这个规划已经有很长一段时间了,他要再召集一个小组重新研究规划显然已经太迟了。

也许马奥尼应该向州长再多要一点时间来做决定,或者要求州长收回他对新规划的赞同意见。这将使马奥尼与开发商谈判时掌握更多的主动权。马奥尼或许可以说服州长,让他多给一点时间,但要州长收回他的公开评论却不太可能。马奥尼和州长两人都知道这一点,即马奥尼仍可以对公园广场项目造成不利影响,从而影响州长停建高速公路的决定,但事实上,马奥尼现有的能力是非常有限的。萨金特已经表达了自己对公园广场项目的支持,从而堵住了与马奥尼讨价还价的大门。[14]

马奥尼认为,该项目并不具备足够的公共利益,因而不能获得国家征地权。这也是他动用职权否决该项目的唯一动机。他可以再次否决该项目并静候发展,他还可以辞职,并在公开场合反对该项目。或者,他也可以批准该项目,将注意力转向其他事项。他还可以安静地辞职,让下一任 DCA 来批准该项目。所有这些都是很坏的选择,反映出疏于政治管理要付出的代价。

马奥尼的做法是辞职,对州长进行严厉的谴责。他对公园广场项目的批判是如此之强烈,以至于开发商不得不撤回规划。此后几年,原来的土地上没有出现任何建筑。马奥尼原计划用 DCA 来促进对社会负责的经济发展,但由于缺了他的领导,这一战略目标没能实现。总而言之,这不是一个好的结果。

申塞的行动

我们上次提到申塞的时候,他的处境要比马奥尼好得多。此时,还处于政府决策的早期阶段。他的免疫计划顾问委员会已经开会讨论了迪克斯堡的疫情,并几乎一致得出结论:国家面临猪流感侵袭的“巨大风险”,必须采取“英雄般的行动”。申塞要做的就是如何激发政府采取英雄般的行动。他此后的行动很好地说明了“政治企业家精神”。[15]

1976年3月10日，在召开顾问委员会之后，申塞立即致电他的顶头上司，卫生部副部长库珀，向他汇报了顾问委员会的结论：(1)存在爆发疫情的可能；(2)暂时不能预测疫情的严重性，但有理由对此严加关注；(3)此次疫情可能不仅会影响一般意义上的高危人群，也会影响年轻人，因为他们也很容易感染这种病；(4)因此，应该采取全面的免疫行动，而不是仅为某些人注射疫苗；(5)由于受生产和转运疫苗的能力的限制，政府必须现在就采取行动。只有这样，政府才能在下个流感季节到来时做出有效的回应；(6)这次疫情可能通过空气传染，快速、隐蔽、大面积地传播，因此，有必要尽快使每个人都得到免疫，而且最好是在秋季之前。

库珀听完了申塞的汇报后，告诉他说，未来的十天中，他将去国外。但是，库珀认为这件事非常紧急，要求申塞草拟一份备忘录，并带到华盛顿来讨论。这正是申塞所希望的。他花了两天时间来写备忘录，为要采取的行动确定了一个框架。因为这是一份非常重要的文件，也是申塞实施政治管理的重要技巧的一部分，所以我们有必要对它进行详细描述。[16]

这份备忘录将在库珀签署后送呈HEW负责人大卫·马修斯(David Mathens)。备忘录将问题归结为："联邦政府应该怎样应对新病毒引发的流感?"为了帮助马修斯及其幕僚和他在华盛顿的上司更好地解决这个问题，申塞在所有的"事实"以外，提供了以下的建议：

1. 这种病毒在抗原上与引发了1918－1919年的疫灾的病毒有关，那次疫灾夺去了45万美国人的生命，也就是每10万美国人中有400人因此而丧生……

2. 所有50岁以下的美国人都易于受到病毒的侵袭……

3. 可以在下个流感季节前制造出保护人们免受感染的疫苗。但是，如果要大规模地生产这种疫苗，则需要药品生产商全力以赴。

此外,他还提出了以下“假设”,以指导政府的回应计划:

1. ……现有的证据和过去的经验都表明,美国将在 1976 – 1977 年间爆发一场大规模的猪流感。猪流感病毒的抗原与最近引发其他流感的病毒有很大的不同,因此,几乎所有 50 岁以下的人都容易受到感染。这也是导致一场大瘟疫的重要成因。

2. 例行的防止流感的措施……将不足以防止一场流感疫灾……

3. 现在的情况是“做或者不做”。如果政府决定采取非同一般的措施,它保证生产足够的疫苗和动员国家的卫生防疫系统的时间非常有限。……因此,政府必须现在就决定怎么做。

4. 如果没有联邦政府的领导、支持和某种程度上的资金援助,如此大规模的公共卫生行动将不可能取得成功。

此外,申塞还提出了四种行动方案,并逐一对它们进行了分析:

1. 不行动:有理由不采取非同一般的行动……到目前为止,还只爆发过一次这样的疫情。从 1930 年以来,猪流感病毒一直都存在,但它并没有引起任何问题。

2. 少量行动:在这一方案下……主要依赖现有的分销系统和自主的、非政府的行动。

3. 政府计划:这一方案的基础是政府全面负责全国范围的免疫活动。

4. 联合行动:这一行动方案依靠联邦政府提供技术领导、协调和购买力;依靠卫生机构提供实施免疫的经验并作为分销疫苗的中心;依靠私营部门提供其他需要动员的医务资源。

在对以上各种方案进行简短的"讨论"之后，申塞推荐说，"部长应将第四种方案作为卫生部的战略，让公共卫生服务部（Public Health Service）负责并立即实施这一计划。"

对许多人来说，这份备忘录构思非常巧妙，它有助于帮助申塞说服上层决策者采取英雄般的行动，使全国人民都接受免疫，以抵御猪流感的威胁。他丝毫也没有歪曲事实，就使这一威胁清晰地展示在人民面前。他主要是通过不断提及1919年的大疫灾和年轻人容易感染这两点来达到这一目标的。他还令人信服地说明了这一点，即政府只有两个选择，"或者全面行动，或者什么都不做"，任何耽搁和延迟决定都将损害决策的有效性。他还暗示道，如果政府在这样的警告面前还无动于衷的话，那只能说明这个政府是个不尽责的政府。然后，他将这一点用一种比较容易接受的方式表达出来，指出"不行动"是不负责任的，而"政府计划"则是理论上不可接受的。

因此，正如一个参与者所说的那样，这份备忘录是申塞顶在高层决策者"脑门上的枪"。[17]为了达到目标，他必须说服这些人采取行动。为了让全国人民作好抵御一场大规模疫灾的准备，申塞将许多问题——如所需的资金、流感疫苗可能对某些公民产生的负面损害，以及领导这一行动的官员的个人及其机构的声誉，等等——都抛在了一边。[18]

3月13日，申塞带上他的备忘录去向华盛顿的上司汇报。虽然库珀此时不在国内，但他此前已经为申塞的华盛顿之行铺好了道路。他不但指示副手詹姆斯·迪克森（James Dickson）安排申塞在华盛顿向马修斯汇报此事，而且照会了福特总统的卫生事务顾问詹姆斯·卡瓦诺（James Cavanaugh）。

申塞的华盛顿之行在一帮对上层官员决策有重要影响的人员中激起了巨大反响。[19]由于提议的回应行动需要增加额外的联邦花费，所以他们知会了卫生、教育和福利署以及主计署负责计划和评估的助理署长。此外，他们还知会了管理和预算办公室的保罗·奥尼尔(Paul O'Neill)和詹姆斯·林恩(James Lynn)。由于提议的行动还需要总统的领导，所以他们也向白宫的官员作了陈述。

虽然有部分人士对问题的紧急性和应对行动的适当性提出了质疑，但这些疑问都被申塞为此问题构造的框架和提议的解决办法挡了回去。申塞的提议之所以难以抗拒，是因为他掌握了两种重要的政治资本：即保护公众健康和CDC具有的专家意见。特别是保护公众健康这一点，它具有的公共价值比任何其他问题都重要。这些因素使申塞得以轻易地绕过华盛顿一般的政策制定程序。

虽然申塞首次访问华盛顿就把这一问题摆到了白宫门口，但总统还没有被动员起来。不过，申塞通过对别人的影响，最终还是将自己的提议摆到了总统办公室门口。申塞在HEW的陈述促使马修斯给OMB负责人林恩写了一份简短的备忘录。在备忘录中，他这样写道，"有证据表明，今年秋天将会有一场严重的流感疫情。"并再次将它与1919年的疫灾相比。[20]这使提案进一步靠近了总统。他还向卡瓦诺及其助理维克托·扎夫拉(Victor Zafra)作了简短的陈述，从而使国内政策顾问委员会也接受了他的观点。而国内政策顾问委员会也是通向总统的一条重要途径。在3月15日专门讨论这一问题的会议上，福特总统听到了这一提案并约定3月22日就此问题举行一次高级幕僚会议以做出最后决定。

3月21日是星期天。当天《纽约时报》的一则新闻透露说，总统将很快就申塞的提案做一个决定。新闻还引用申塞的话说，他的部分监管疫苗生产和分销的同事以及一些外界的科学家都认为，美国除了发起一场大规模的免疫活动之外别无他法。正如生物局的负责人哈里·匹耶所说，"这是一个用金钱作赌注或用生命作赌注的选择。"[21]

在这种形势下，总统的顾问很难不从申塞的立场来看问题。正如OMB的助理解释的那样，"最后，依据我们的判断——也就是说依据林恩和我的判断——总统没有多少选择。”[22]

3月22日是星期一，距申塞第一次知会库珀12天，距他的华盛顿之行9天。这天，白宫举行会议商讨如何应对猪流感带来的威胁。参加会议的人有：卫生与人文服务署的大卫·马修斯、西奥多·库珀（他昨天刚从埃及回来）和詹姆斯·迪克森；OMB的詹姆斯·林恩和保罗·奥尼尔；白宫的詹姆斯·坎农（James Cannon）、詹姆斯·卡瓦诺、斯彭斯·约翰逊和理查德·切尼（福特的参谋总长）。

马修斯提出了议题。但这次讨论基本上没有超出此前讨论的范围，与会者对申塞在备忘录中提出的建议也没有太大的异议。申塞的备忘录中只有一个漏洞，即程序上需要进一步完善。福特总统想知道备忘录出台之前咨询了多少专家的意见。当他了解到咨询的范围没有他所希望的那么广泛时，他要求再与外部的专家举行一次会议。

应福特总统的要求，两天后，白宫又为此举行了会议。与会人员包括著名的天花病学专家乔纳斯·索尔克（Jonas Salk）与阿尔伯特·萨宾（Albert Sabin）。会议表面上是想了解一下科学界对猪流感的不同意见，并最后核实一下对该议题的各项分析。但是，白宫的官员已经确信总统会照备忘录的建议采取行动，于是，在举行会议之前，他们便急急忙忙地在新闻发布会上宣布了这一决定。事实上，后来也证明他们这样做是无伤大雅的，因为此后的专家会议上，没有人对备忘录中的分析及行动建议提出任何质疑。

由于科学家意见一致，所以白宫很容易就做出了决定。当天下午4:50，福特在索尔克和萨宾一左一右的陪同下，出现在新闻发布室。他向公众解释说，由于他刚才会见的“杰出的科学家们”指出，“极有可能”爆发一场严重的猪流感，因此他“将要求国会在4月份休会前拨款1.35亿美元，以使美国所有的男女公民和小孩得到免疫注射……最后，我要求每个美国人都在今年秋季前注射疫苗。”[23]

申塞偏好的选择被采纳了。CDC 一定在欢呼雀跃。他们成功地动员了执行部门采取行动,这是将全国动员起来的第一步。只要总统和行政当局致力于在全国推行免疫计划,其他问题——如疫苗的测试、生产和分销等——都将迎刃而解。全国性的免疫活动已经开始。

10 个月后,也就是 1977 年 1 月,CDC 欢呼雀跃的理由烟消云散。事实上,他们的努力引发了灾难性的后果。由于这种新的、未经测试的、在全国范围内大面积推广使用的疫苗将引发不少损害赔偿,所以保险业不愿为疫苗生产商提供保险。这成了问题的导火线。由于没有保险,生产商的行动非常迟缓,从而进一步延迟了测试和生产疫苗的速度。直到国会同意豁免保险业由免疫活动引起的赔偿责任,由联邦政府来承担相关财经风险之后,这一问题才得到解决。这一行动确立了一个重要先例,即由政府来承担免疫活动的风险。最终,这样做的后果是政府为此承担了 1100 多万美元的赔偿。[24]

免疫活动的早期,生产和分销的困难也严重阻碍了计划的正常开展。虽然申塞宣称,人们必须在秋季前接受免疫,但直到 10 月 1 日,才第一次有人注射疫苗。虽然他说,儿童是免疫的优先目标,但生产商生产的疫苗却严重不足,每 12 个儿童才有 1 人能得到疫苗。最后,在 10 周的时间内,大约有 4000 万人注射了疫苗。虽然这是一个很了不起的成绩,但与事先认为可以起到足够保护作用的数字来说,这个数字仍然偏小。另一方面,疫苗分配的公平度与事先的建议也有很大的出入。[25]

如果猪流感真爆发了的话,有这么多人接受了免疫还是挺不错的。但问题是,直到第二年的夏季、秋季和冬季,人类再没有发生第二起猪流感,倒是疫苗本身引发了几起死亡,从而使整个免疫活动成为一场悲剧。其中,某些死亡完全是意外性质的:在一场涉及 4000 万人的免疫活动中,肯定会有人在注射疫苗不久后死亡。但后来的事实证明,这种疫苗会带来一种特别有害的负面效果——即导致瘫痪的吉兰—巴雷并发症。共有

54人因注射疫苗致瘫，其中30例发生在注射疫苗后30天内。[26]冬天来临时，流感的确侵袭了美国，但却不是猪流感，而是维多利亚流感。这种流感主要对老人的生命造成威胁，其他人也必须待在家里。更不幸的是，由于所有的厂商都忙于生产猪流感疫苗，维多利亚流感入侵时，国家没有任何相应的疫苗储备。

在保护人们不受一场从未出现过的疫灾方面，全国性的免疫活动成功地做到了这一点，只不过它保护的人比当初的计划要少得多。它不但使一些注射疫苗的人瘫痪和死亡，还使全国人完全暴露在另一种流感的袭击之下。它引发了1.3亿美元的直接损失，不但使政府必须面对潜在的损害赔偿要求，还确立了政府必须对此类事件进行赔偿的先例。除此以外，它还打击了预防医学的发展，降低了CDC的信用，损害了申塞的声誉。它还使人们更加相信，福特总统只不过是一个出于政治目的的自尊自大的人而已，这进一步导致了他在连任竞选总统中的失利。总统职务本身所具有的一些光环可能也逊色不少，这也是另一个不良后果。

评估

以上案例不但说明了实行政治管理的必要性及其带来的机会，同时还说明政治管理可能给管理者和社会带来的风险。

在马奥尼的案例中，由于未能有效地实行政治管理，他丧失了一个潜在的重要机会。或许当时有一些选民赞同他否决公园广场，或许马奥尼可以利用这部分选民的意见，与开发商就公园广场达成一个更好的协议。或许马奥尼对公园广场持更加肯定的立场将有助于巩固他在萨金特政府中的地位，从而使他能够更好地实施DCA的宏观战略。与公园广场及马奥尼为DCA制定的战略两者的失败相比，或许以上任何一点的实现都将使他能更好地为公众服务。不管怎么说，马奥尼不愿获取州长以外的人们的支持，这一点使上述所有可能性都成为泡影，并进一步导致了他自己的下台。只要他在早期进行了更有效的政治管理,这一切本可以避免。

申塞的案例则刚好相反。申塞凭借娴熟和坚定的政治倡导手段,充分利用了各种机会。不过,从内心来说,也许申塞和我们都希望他不是一个如此熟练的政治管理者。当然,也许会有人对此持有异议。他们会说,申塞的目的是使全国人民做好抵御一场危险疫灾的准备,他一点错也没有。如果疫灾后来的确发生了,他就会被视为英雄,而不是成为替罪羊。但对申塞的批判远不是由于疫灾没有发生,就责怪他做错了一件事。我们对申塞的批判在于,他没有对疫灾的不确定性做出适当的回应,没有考虑到一旦疫灾没有预期而至,国家将如何应对。[27]

要适当地对不确定性做出回应,通常要考虑两件事:第一,不断收集信息以减少不确定性;第二,采取海琴战略进行回应(即某个行动可能不是应对某个特别事件的最好的办法,但当将所有的可能性都考虑进来时,它却是最好的)。[28]

在以上的案例中,本可以从两方面改善政府的回应。第一,政府可以在夏季和秋季时密切关注其他各国猪流感的发展情况,并向专家通报发生疫灾的可能性。[29]南美的流感季节比北美要早几个月,猪流感在侵袭北美之前,一定会先在南美爆发。如果南美没有出现猪流感,政府便可以略微松懈一下,以便降低由疫苗带来的风险。

第二,政府本可以采用海琴战略回应,即通常所说的存储战略(stockpiling strategy),但它却没有采用。根据这种战略,政府可以立即决定生产疫苗,但过一段时间(直到收集了疫灾和疫苗副作用的更多信息)再具体实施。

当然,在面对一场非常严重的疫灾时,海琴战略不能像全力以赴的战略那样有效地保护公众。但这正是海琴式战略的特点之一。因为海琴战略一开始就不是专门为某种情形设计的,所以当这种情形真的出现时,其有效性肯定不如为这种情形专门设计的战略。只有当人们不知道最终将出现什么情形时，海琴战略才是最好的。

但在 1977 年春天，政府还不知道疫灾是否会发生，所以存储战略无疑是当时最好的选择。[30]由于疫灾极有可能不发生，所以政府也应该在以下两方面作一些权衡：向每个公民就某场并不存在的疫灾提供免疫引起的风险和成本；如果疫灾发生了，人们却没能得到必要的保护。事实上，在没有猪流感发生的夏季和秋季，这种海琴战略可能看起来会更好。

正是在这种意义上，申塞建议的战略既错误又昂贵。就风险的程度而言，他为公众买的保险实在是太昂贵了。

关于申塞的案例，还有一点极为有趣。当时，对申塞的提议也存在一种不同的意见，如果他们严肃地考虑了这种不同意见，他们的回应会谨慎得多。在申塞的免疫计划顾问委员会首次会议期间，有人提出，应将两个决定分开并延迟做出第二个决定。但委员会否决了这一提议，因为他们认为，疫灾的传播速度很快且很隐蔽，而免疫生效的过程也将需要一段时间。从来没有人对这些假设进行过充分验证。对这一现象最可能的解释就是，几乎所有人都认为需要采取英雄般的行动，而分阶段行动将对英雄般的行动产生限制。他们的任务是形成一种紧迫感和投入感，仅以半心半意的态度来对待这次行动是不够的。[31]

如果有人认真地分析了生产和管理疫苗在运作上的可行性，存储战略也会得到重视。[32]这样的分析将会发现以下事实：即使乐观地估计，也只有极少一部分易感人群可在秋季以前得到免疫注射。如果无论后勤保障做得多好，保护的强度也可能不够，那为什么不干脆等到疫情信息明朗以后再做决定呢？由于这一想法与前面提到的精神不相符，它同样也被拒之门外。

这样一来，申塞对问题的解释和他宣扬这一解释的种种努力，就制造出了一种不正当的情势。在这种情势中，紧迫感和英雄主义占据了突出的位置，从而阻碍了可以用于制定更有效的公共政策的信息的流动。这也是政治管理的代价之一,它告诉我们,并不是所有的政治管理方法都是正确和有用的。因此,我以探讨政治管理的道德来作为分析政治管理技巧的开始。

政治管理的伦理和技巧

在自由社会,人们有理由怀疑马奥尼和申塞的领导是否道德。任何人,只要宣称他知道什么是公共价值,都可能被人指责为太过自负。因为在这种宣称背后,可能只有贪婪、野心或对公共价值和公共利益的曲解。

此外,以上案例并不能确切地说明任何问题。一个管理者失败了,原因是他没能做好政治管理工作;另一个管理者失败了,原因是他的政治管理工作做得太好。因此,或许将这两个案例完全抛开是我们最好的选择。

但是,仔细思考一下就会发现,以上案例给管理者上了一场生动的伦理课。它们表明,如果管理者过于自负,不再向公民及其代表核实自己关于公共价值的看法是否正确,他们就犯了一个根本而又极其危险的错误。马奥尼的自负表现在他未能持续关注自己的政治授权;申塞的自负表现在他对政治环境的支配和操纵。

我将在第八章详细讨论公共管理者面临的伦理问题。在这里,只要注意以下一点就足够了,即从伦理的角度来看,政治管理的美德在于管理者以何种精神来实施政治管理。其中一种是拒绝学习、不尊重反对者的意见、采取各种手段操纵同事、尽量利用各种漏洞以达成目标的精神。它是一种攻击性倡导(aggressive advocacy)。[33]

这种精神的反面是随时学习。管理者愿意就各种目标——甚至是他们最深信的价值——与反对者商讨,并愿意根据商讨的结果而改变。这种政治管理以尊重不同意见为基础。因为他们相信,敌人也是在保卫某种重要价值,其行动表达了某种重要的信息。依据这种观点,管理者思考的意义就在于让自己能够不断学习。[34]

持攻击性倡导观的管理者或许可以成功地推行自己的目标，但他们也要冒一定的风险，即他们可能难以通过实践不断学习，从而使政府采取一些不明智或短时间内就要被废止的行动。[35]正如卡尔·杜西所说的那样，“简而言之，权力就等于自己不用妥协，而强迫环境或其他人妥协。从狭义上说，权力就是输出优于输入，是一种发表意见而不是听取意见的能力，即可以负担不学习的能力。”[36]在某种程度上，正是这一点导致了马奥尼和申塞的失败。

以学习姿态进入政治争议的管理者，往往可以从中学到很多东西。他们可能将某种获得人们广泛赞同的公共目标或公共价值准确地陈述出来，从而使自己成为强有力的领导。但他们同样也要承担风险。为了获得领导权，他们可能不得不放弃自己的目标。当然，很多人会将这一点当成民主的美德，因为民主治理的全部落脚点就在于通过政府运作实现集体意志，而不是实现某个个体的想法。他们还认为，公共管理者最成功的政治管理技巧就在于将自己看成他人目标的代理。但持反对意见的人认为，政治管理的意义就在于让管理者找出适当的途径，为自己感知的目标争取最大的合法性并努力实现它。

综合考虑不同的观点体现了管理者的双重职责，即管理者有责任提出自己对公共价值的观点，同时又要善于向其他人学习。[37]管理者还应看到，一个好的领导在某些时候必须有自己的立场，坚持某些被常人忽视的价值或行为。有时，管理者在综合考虑各方的观点后，必须放弃自己的观点。在政治管理中，表达自己的观点既是责任，也是一种幸福，没有人愿意放弃。但同时，管理者又必须学习并参考他人的观点。正是通过这种相互了解，管理者才能成功地找到公共价值。这也是政治管理要培养的一种潜在技巧。

接下来，我回顾一下学术界和实践领域已提出的有关政治管理的五项技巧。我所说的技巧是指一系列思想，它们比建议要抽象一些，告诉人们如果想要影响别人，就应该怎么说、怎么做。整个分析框架是：(1)界定政治管理的主要问题，开门见山或含蓄地建立任务导向；(2)指明诊断类型以对环境进行分析并找出重要的工作；(3)对政治管理者如何才能以最佳的方式取得合法性和支持，给出或多或少的明确建议。这五项技巧包括：企业家式倡导、管理政策制定、谈判、公议(public deliberation)、社会学习与领导、公共部门营销与战略沟通。

在提出这些概念时，有三个问题值得注意。第一，不是所有的概念都能解决政治管理遇到的挑战。前三个技巧可以，但后两个不能。我之所以把它们都写进来，是因为它们能够告诉公共管理者怎样让公众支持自己的创新举动。第二，由于指导公共管理者实行政治管理的思想成熟度不同，因此本文对它们的介绍也粗细不一。第三，在总结这些概念时，对其中一些思想提出了肤浅的修改。

尽管这样，我认为还是有必要把这些思想放在一起，我们可以把它们当成解决政治管理问题的有用方法。反过来，这样也有利于加快各种思想的进一步发展，促进它们的整合。[38]

企业家式倡导

企业家式倡导(entrepreneurial advocacy)是政治管理中运用最充分、最广泛的方法。[39]该方法主要探讨公共管理者怎样才能使其方案被采纳并获得强有力的支持。例如，就拒绝公园广场项目这件事而言，马奥尼就是个企业家式倡导者；类似的，在同意让美国政府为全民采取流感免疫措施这件事上，申塞也是一个企业家式倡导者。

企业家式倡导的一个隐含假设是，政治管理者必须组成一个有力的联盟，以确保他偏好的方案能获得政府的正式批准。因而，关键的诊断技巧在于辨别出谁能够、谁必定、谁可能对决策产生影响。在战术上，最重要的是动员这些影响者支持管理者的方案或尽量让他们保持中立。[40]

诊断Ⅰ:谁会参与进来

企业家式倡导的关键是先列出支持者和反对者的名单。马奥尼必须考虑哪些人的正式或非正式反对能阻止公园广场;申塞也必须思考需要得到谁的正式批准或默许才能发动全国预防流感的运动。在我们复杂的政治体系中,第一步是最困难的,这主要是因为参与者并非一成不变。一些人肯定是参与者;一些人如果愿意,也能成为参与者;还有一些人也有可能参与进来。管理者只能大致列举参与者的名单,而不能详尽说出哪些人会成为参与者。

要尽可能列举出所有参与者,管理者可以运用两种方法。[41]第一,沿着决策的正规框架和程序,找出哪个握有批准权的人最赞同预选方案;第二,审查议题内容,看看谁的利益会卷入进来,有多少人或团体想参与进来。也就是说,第一种方法是找出当权者,第二种方法是找出利益相关者。

当权者

有时候,决定一个政策问题的正式权力就掌握在倡导者手里。例如,马奥尼作为社区 DCA 负责人,他的签字就决定了公园广场项目是否能通过,以及私人开发商能否使用这块土地。同样,申塞掌握着大量资源,并且对由疫苗制造商、物理学家和公共卫生诊所组成的公共和私人网络发挥着非正式的影响力,这个网络能为美国公民预防流感做大量工作。

然而,当拥有正式权力的官员要采取大胆举措时,他们往往意识到自身的权力是不够的。如果不做额外的政治工作,他们的决策就很可能被上司否决。如马奥尼拒绝公园广场项目的决定就能被州长和立法机关否决;申塞使用一种未经测试的疫苗的决定也能被卫生部副部长、OMB 或总统行政办公室的卫生事务顾问、总统本人或国会否决或修改。

这一现象强调了这一点：尽管公共管理者占据着有一定权力的职位，但他们并不天生拥有这些权力，这些权力是在一定条件下授予他们的。[42]一旦上司认为他们做错了，他们的权力就会被收回，他们的做法也会被否决。另外，大多数官员都发现他们拥有的正式权力不够完成他们承担的责任。[43]许多谨慎和负责任的公共官员在决策时，通常都以人们的支持以及职位本身所具有的合法性为基础，而不是以职位本身所具有的正式权力为基础。

由于政治权力的分散，公共官员可以通过不同的途径寻求支持和合法性。[44]最常用的方法是沿着命令链向上寻找。很明显，马奥尼试图得到州长萨金特的支持；申塞努力接近库珀副部长、马修斯部长和福特总统。

一般来说，在公共官员沿着命令链向上，得到一级一级批准的过程中，一项决定不仅要求越来越多的合法性，而且还要求一种完全不同类型的合法性。刚开始，一项政治举措的合法性来源于技术和法律方面的专家。[45]马奥尼和下属之所以拒绝公园广场项目，是因为它在技术上和法律上都不可行。申塞和下属之所以发动全民预防流感，是因为有关科学家指出了其中的危害。

然而，当该决定进入更高层时，一种更大的政治合法性便加入进来。在民主社会，任何官僚路径最终都通向政治权威。[46]原因在于，他们把来自公众支持的合法性和来自法律和技术的合法性联系在一起。在法律和技术合法性的基础上，加入政治合法性是非常重要的。它可以让管理者和公民相信这一点，即管理者对公共价值的决定是深思熟虑的结果。实际上，这一点对管理者也非常重要，因为他们要实现运作目标，往往需要政治平台和政府官员的技能向人们施加影响。

所以，马奥尼需从州长那儿得到否决公园广场的授权，因为他知道，如果得不到州长的授权，他很可能会因否决公园广场而被撤职。而申塞需要获得卫生部部长、HEW 的部长以及总统的批准，不仅仅是因为他们的支持是按照预定规模和节奏继续推行其计划的前提，而且因为他们公开的政治立场和政治关系能发动私营部门行动，这是申塞政治领导成功所必需的。

公共管理者寻求支持和合法性的另一途径是立法机关。[47]有时，这意味着寻求特定的法律条文，这些条文能授权和指引管理者采取他们想采取的行动。有时，它意味着立法官员对管理者已获授权，但违反某些条文的行为采取通融的态度。另外，它还意味着为管理者作出的决定提供政治支持，以增强他们的影响力。

举例来说，如果马奥尼想成功抵制公园广场项目，他必须阻止立法机关通过地方自治法，因为这一法案将剥夺他重审波士顿改造计划的权力。一次公民示威已经够州长受的了，马奥尼不敢指望州长顶住另一次示威运动的压力。对申塞来说，他可能考虑直接去找一些友好的国会立法委员，希望他们批准一次全国免疫运动。这样，如果行政上司犹豫不决的话，他可以含蓄地威胁他们说，国会已经开始行动了，如果行政部门不执行，国会将单方面采取行动。

最后一种方法比较少用，但很重要，它通过的是法庭。[48]法庭往往出其不意地影响到政策决定：公民对政府的行为不满，将其起诉到法院；公共管理者通过法庭上的胜诉可以为自己的行动辩护，从而使自己制定决策的权力有效化。然而，官员们渐渐喜欢上了一些诉讼，这些诉讼迫使他们采取自己偏好的方案。似乎他们与委托人及法庭合谋，为委托人索取立法机关和政治官员不愿提供的利益。[49]例如，马奥尼可以采取以下策略，他在批准公园广场项目的同时，力邀一位业主起诉他不正当地使用了国家征地权。这样做是有效的，因为它为马奥尼的合法要求增加了政治分量。

从企业家式倡导的角度来看，各种不同“行动渠道”的意义在于，每种途径都包含了不同类型的参与者，由于他们对倡导者的预选方案持有不同的观点，每条途径都会或多或少影响最终的方案。[50]至于到底选用哪条途径，是企业家式倡导者的一个重要战术决定。

利益相关者

寻找相关参与者的第二种方法是从利益着手，而不是从正式当权者入手。当然，大部分拥有正式决策职位的人和对结果感兴趣的人是重叠的。只要政府结构合理，其利益卷入一定领域的人，不是处于正式组织之中，就是影响政府政策非正式"社会议题网络"的一部分。[51]

然而，管理者在确定问题及谁的利益会卷入进来的过程中，会找到一些并不拥有正式职位的参与者。有些人非常关心此问题，不得不参与进来；而有些人虽然并没有正式权力去做什么，但也能被说服积极参与进来。[52]

当然，多数重要政策都会为许多潜在参与者带来多重影响。例如，公园广场项目就影响到波士顿的税务基础、建筑业的就业问题、投资银行和企业家的财富以及与该项目有关的未来商业计划，而且，如果马奥尼取胜，连黄色书籍的销售也会受到影响。显然，不同的人关注事情的不同方面。

在估计参与者时，倡导者须衡量决策涉及的利益和程序在多大程度上影响了参与者的重大利益和关切的重点，因为这一点将决定他们的参与度、争取的力度以及他们试图影响决策的方式。

这样的分析费时费力，但是，即便分析并未显示出任何新的参与者，这种努力也不会白白浪费，因为分析最终决策对各参与者的利害关系有利于管理者决定其行动方案，帮助管理者把握已辨认出的参与者将来的卷入程度和立场。这种分析还可以发现其他对决策者有用的因素，管理者可以强调、挖掘这些因素来说服其他参与者或与他们谈判。

诊断Ⅱ:估计参与者的立场

一旦倡导者辨认出参与者,他(她)就必须估计他们可能采取什么立场。[53]最直接的方式就是看他们曾担当过什么职位。[54]从历史可以了解他们的想法和价值观,这有利于管理者分析他们的立场。

如果倡导者不能根据历史作出判断,他(她)便可以猜测参与者利益的卷入程度。而这反过来又依赖于他们对问题的看法以及关切的内容。

由于与特定决策相关的利益及程序实在太多,政治参与者很难注意到它的每个方面。对特定个体来说,其中很多问题与自己不相关。所以,特定参与者往往只从少数几个角度看问题。从这一点上说,特定问题对不同参与者有不同的意义。[55]

同理,我们可以分析参与者整体以及他们在公共论坛上提出问题、讨论问题的方式。一项决策可能涉及许多问题,但人们看到的仅是其中一小部分,公开讨论的也只有一小部分。这些便成为"公众看到的问题"。

特定问题产生的历史环境很重要,它既影响了公众没有看到的问题,也影响了公众看到的问题。例如,申塞把1918年流感瘟疫作为提出防疫流感的背景,[56]而那次瘟疫实际上是流感威胁的严重扩大化。

有时,公众看到的问题还会受其他问题的影响。例如,公园广场的决策就与有关道路建设的决策纠缠在一起。这种环境往往会把一个小问题变为大型的政治问题:前者是公园广场项目是否代表公共财产的合理使用,后者则是萨金特政府是一个推动发展还是反发展、是推动建设还是反建设的政府。

这些线索有助于倡导者猜测参与者的立场。管理者可以对所有潜在参与者作出精确的分析,弄清他们在组织中的位置、他们的过去、他们曾就该问题或相关事件所做的讲话以及他们的意识倾向等。但是,管理者往往既没有充足的时间,也缺乏完备的资料来做到这一点,因此,他们只能回顾该问题的历史，猜测参与者的利益关系和他们可能的立场。

战术Ⅰ：选择决策途径

企业家式倡导战术可以分为短期战术和长期战术，短期战术假定现有政治环境不变，长期战术则考虑到环境的变化。[57]

决策往往有多种途径，决策者需要在战术上选择最合适的途径。因为有些途径可能对决策者的目标更有利；拥护决策者的可能偏好某些途径，而反对决策者的可能偏好另一些途径；一些途径的效应可能正好被以前的某些做法抵消；一些途径如果使用不当的话，可能造成严重的后果。显然，在其他条件保持不变的情况下，决策者应该选择对目标最有利、行动最方便的途径。

然而，并非所有事情都一成不变。不同的途径会产生权力大小不一、持久性迥异的授权。在受选择影响的人们看来，不同的选择途径对他们有着不同的意义。这些选择的稳定程度也存在差异。例如，一项经过激烈争论的法律条文，比起政府某个部门组成的委员会所做出的决定，意义就大不一样。哪怕为前者行动需要管理者采取更艰难的途径，付出更艰辛的努力，这样做也是值得的，因为它带来的后果将更加有力与持久。[58]

倡导者也可能扩大或缩小参与者的圈子，延长或缩短研究议题的期限，从而改变当前的决策途径。[59]常用的办法是，控制问题的秘密程度与公开程度，引入或多或少的危机感。总之，越多的媒体宣传该问题，卷入进来的人也就越多。危机的程度越高，行动时间也就越短。所以，秘密、紧急的问题是控制最紧的；而公开但不紧急的事情是讨论和争论最广泛的。

很难说哪种途径对倡导者最有利。他们必须预测出，在决策过程中，变化将怎样影响参与者，会怎样展开和解决争论。严密控制问题有好处，但也有缺点。它可能导致决策思维狭隘、缺乏合法性及质量不高，管理者最后需要重新决策，或者不能全心全意执行决策，等等。管理者需要在这两者间进行权衡。

马奥尼的案例似乎比较适合相对严密的过程，因为该过程与州长相通，而且州长开始是支持他的。之后，州长的支持动摇了，马奥尼需要更宽的途径。或许他本应成立一个蓝带委员会（blue - ribbon commission），评估公园广场计划，向律师咨询有关该计划合法性的问题。这些选择未来才会显出重要性，这一点也表明，如果早点行动的话，州长的支持可能不会动摇。

在申塞的案例中，似乎从刚开始他就需要更宽广、更开放的途径，因为他的目的不只是要获得某项决策，而是要创造一个大的环境。在这个环境中，他能够比较便利地选择其他方案，发动全社会采取行动。对于这样一个超越管理者直接职权范围的伟大事业，只有宽阔、高层次的途径才会奏效。

战术Ⅱ：以适当的方式组织要讨论的议题

对倡导者来说，如何组织议题是一门重要的技巧性工作，因为组织议题的方式很可能影响到将在哪个论坛讨论该议题、哪些利益集团将参与进来。如果管理者组织议题的方式使它能够在对自己有利的论坛讨论、能较容易地动员支持者、能避免敌意的反对者，那么管理者就会轻松很多。[60]

然而，管理者的能力和听众的耐心都是有限的。人们通常都知道某项决定最关键的地方，并且愿看到该关键点被修改掉。如果一个人能越过这一底线，他试图操纵的意图就会暴露出来，从而削弱倡导者的说服力。典型的例子就是，里根政府强调核防御能力以确保和平，他把一枚新的导弹称为“和平维护者”；[61]他还为 IRS 的决定辩护，使实行种族分离的学校重新获得税收豁免，并称这不是一个公民权利问题，而是 IRS 是否有权维持其原有决定的问题。[62]

在组织这一议题的方式上，与媒体的冲突是最重要的。[63]倡导者总是希望能把问题组织得很有技巧，新闻记者也希望能从某一角度来描绘该问题，而且通常把准确性和对问题内在公共利益的判断结合起来。这样，如果倡导者能与记者的角度保持一致，他们成功的把握就大很多。

但是，新闻媒体往往不这样做。[64]它们通常把问题简单化，只是拣一些能吸引公众注意力的方面来报道。这些方面既可能是非常感性的、与某些重要价值观联系在一起，也可能与最近的新闻事件有关。

从政府官员的角度来看，媒体歪曲了事情的真相，而且这种做法的影响力与他们试图通过组织议题方式产生的影响力不相上下。但是，媒体的报道不可能永远全面且准确。人们不只是随便看看新闻，他们也会根据新闻中表明的道理来行事。

马奥尼在拒绝公园广场计划时，很难找到一种方式来说明该计划是错误的。尽管他努力解决贫民的动迁与环境问题，但这些与公园广场计划的相关性较少。该计划只需动迁极少数居民，还能改善环境，甚至不花政府一分钱。马奥尼只能争辩说，国家征地权可能会被滥用。最后，由于州长认为该计划是"合法"的，马奥尼就只能用这一点来为自己辩护了。马奥尼遇到了困难，这让他开始怀疑拒绝公园广场计划是否真的是在维护重要的公共价值。

相比之下，申塞的优势在于他组织议题的方式有力而且有效。他把逼近的流感与 1918 年的瘟疫相比，[65]尽管这种比较不是十分恰当，但它确实深入人心，并能够引导人们采取特定的行动。

战术Ⅲ：等待有利时机

我们上面讨论的技巧——选择途径和组织议题——是告诉倡导者在特定环境下应该怎么做。[66]从另一个角度来考虑，如果倡导者有时间等待行动时机，那么他们就能得到额外的战术性机会。

选择考虑问题的时机是倡导者重要的战术之一。政治环境变化不断，一项政策既可能被内部的发展过程所改变，也可能被其他问题和事件改变。这些变化会提高或降低倡导者的期望，理智的倡导者应该等候行动的时机。[67]

这些观点有助于解释为什么申塞在寻求支持方面比马奥尼更成功。在马奥尼的案例中，决定公园广场计划的时机就很不合适。当时，公路建设问题即将来临，政治环境对马奥尼很不利。如果它早点出现，可能情形会好一些。马奥尼的失误在于他没有看清形势，没有处理好时机问题。在申塞的案例中，时机是非常有利的，一方面，库珀在度假；另一方面，福特和其政治参谋正在寻找机会让福特大展身手，以清除对他的各种攻击。这也是申塞要求采取“英雄般的行动”的提法具有这么大影响力的原因之一。

等待行动时机的观点改变了人们的管理导向，说明管理者对政治问题缺乏控制。它也暗示了这一点，如果计划定得太死，管理者可能不会有成效，只会花费大量时间在一个时机还不成熟的问题上。[68]

这一截然不同的战略鼓励管理者同时考虑多个有意义的问题，而让环境决定先解决哪一个问题。哪个问题放在第一位，则取决于它的行动前景，而不是重要性。这种做法是机会主义的、即兴的，而不是按部就班的。管理技巧的关键在于诊断和监督，而不是计划和控制。

请注意，当一个人所处的位置使他必须讨论和争论很多问题时，这种管理方法最有用。这样，管理者可以发现问题，并按顺序把前后相互支持的问题放在一起。[69]因为一个人不可能完成计划表上所有的任务，所以这时候保持弹性和适宜原则比详细的计划和抱负更重要。

技巧Ⅳ：改变环境

当然，更多机会主义采取了“狐狸”式的做法，而不是“刺猬”式的做法，“刺猬”有着长期的计划，并坚持按计划工作。[70]如果倡导者预备长期参与某项事业，且想和机会主义那样灵活，他们可以改变政治环境。通过长期、坚持不懈的努力可以改变短期看来不变的事情。

例如，通过改变参与者的立场，可以改变事情的进程——或者劝说他们同意管理者的观点，或者让他们陷入另外的问题中，从而转变他们的立场，支持管理者。有时，管理者能把反对者变成支持者。有时，管理者能改变问题影响的政治范围，或想出一个考虑问题的新思路。新成立的立法委员会、理事会或工作小组，对管理者也可能是个很好的机会，他们可能让问题变得比现在更加有利。[71]

如果管理者打算长期处理某一问题，它可以改变问题的组织方式或改变解决问题的传统方法。管理者可以提出一个新概念来改变人们考虑该问题的方式。斯坦利·萨里（Stanley Surrey）就是一个成功的例子，他提出一种新观念：把减税和利息减免称为“税收支出”（tax expenditure），这样，这些费用就可以拿来和拨款相比较。[72]

倡导者还可以开发新的信息渠道，把人们的注意力转向曾被忽视的价值观。例如，设立统一犯罪报告（Unified Crime Reports）的目的是让人们关注街道犯罪而不是其他形式的犯罪。[73]发起一场常规调查，看看美国有多少没有解决温饱问题的人口，结果无疑会对农业和福利政策产生影响。[74]

倡导者还可以发动项目评估和基础研究，来改变社会对当前某一政策效率的看法。例如，对成功感化少年犯的研究逐渐改变了公众对监狱的看法；[75]对学前教育的研究改变了人们对启智计划（Head Start）的看法，这些做法对倡导者非常有利。[76]

最后，从长期看，倡导者还可以积累人际关系和信誉度。这样，他们在处理问题时，就可以拥有更多的知识，能与支持者达成更持久的关系，并更多地运用个人信誉的影响。这种方法在公共部门和私营部门都有用。按照约翰·科特（John Kotter）的观点，私营部门管理者带入工作的一项主要资产就是他们常年积累的人际、知识与个人信誉网络。[77]这一资产不仅是抽象的知识和技能，还能带来明显不同的业绩。

批评意见

乍看起来，企业家式的倡导好像是实施政治管理有效而正确的方法。但是，对这一概念及其内含的各种技巧进行深入思考之后，我们就会发现其中仍有不少值得商榷之处。很显然，只要有足够的心计和决心，攻击性的倡导者事实上可以操纵政府，使它为自己的目标服务。这违背了民主社会的精神，因而是错误的。这样看来，不但仅专注于达成自己的目标是错误的，就连操纵、走捷径、忽视决策的长期可持续性、不对问题及其可选方案进行全面细致的分析等做法都是错误的。所有这些，都显得华而不实。

因此，尽管企业家式的倡导有助于分析和诊断政治环境，但它推荐使用的种种技巧，却缺乏民主社会制定政策时应该提倡的精神。它鼓励公共管理者不顾他人意见，一味为实现个人意志而努力。事实上，它还起到了鼓励公共管理者打击不同意见、拒绝学习的不良作用。[78]

政策制定的管理

这些批评意见将我们引上了政治管理的另一条途径，即政策制定的管理。[79]与企业家式的倡导相比，这种途径有一个显著的特征。以倡导者身份出现的管理者事前就已在头脑中有了结论，他们的目标就是使头脑中已形成的政策被采纳。与此相反，以“政策管理者”身份出现的管理者志在制定高质量的决策，而不是采纳某一特定的决策，他们的目标是管理政策制定过程，这一过程包含了合法性、权力和准确性。

政策管理技巧可用于两种不同的环境。在第一种环境中，管理者关注的焦点是就某个单独的问题做出最优决策。为此，由他们牵头，将组织外的人员（这些人员包括同行，上司等不为该组织工作的人）纳入决策主体范围，由他们共同就某个重要问题出谋划策。例如，申塞可能认为，自己面临的主要挑战是将政府不同部门（包括国会、外部专家和公民）组织起来，由他们对可能出现的猪流感威胁进行商讨，以便制定一个经广泛讨论、全面研究和强有力的回应计划。[80]

在第二种环境下，政策管理集中于设计、改进和运作现有的政策制定程序，以制定出各种属于管理者责任和职权范围内的、有效的决策。例如，福特总统的国内政策委员会就采取了这种结构。这种结构的目的是形成稳定的政策制定程序，它不仅要为猪流感制定应对策略，还要做出其他无数的重要决策。[81]

尽管政策管理的环境各有千秋，但它的精神和技巧却基本相似。在两种环境下，政策管理的目的都是为了制定高质量的决策，而不是为了通过特定的决策。因此，政策管理的基础在于制定高质量决策所需的程序。下文将首先讨论一些高质量决策个案，这些个案中的管理者与他们职权管辖范围之外的人进行了合作。然后，我将设计一个组织系统，该系统可在管理者的责任范围内制定出高质量的决策，且绝大多数参与决策的人士都在管理者的职权管辖范围之内。

诊断Ⅰ：高质量决策的要素

由于政策管理关注的焦点是制定高质量的决策，所以诊断的第一步是确定高质量的决策应具有哪些要素特征。通常情况下，高质量的决策既要符合政策制定程序，又要具有实质合法性。[82]决策要获得程序上的合法性，就必须有一个广泛征求意见的过程，在这一过程中，相关的利益群体有机会表达自己的看法，决策者遵从了所有与决策程序相关的正式法规。[83]决策要获得实质上的合法性，就必须具有以下特点：在决策过程中，决策者尽可能多地收集了与问题相关的事实，且将这些事实放入某个分析框架中，该框架则准确地反映了决策将要影响的重要价值、主要备选方案及其可能后果（即对决策者影响的程度）。[84]

技巧Ⅰ：广泛征求意见

为了达到使决策既具有程序合法性又具有实质合法性的目标，管理者必须制定出一整套向各级公共管理者和普通公民征求意见的程序。制定这种程序的原因是各类官员和公民代表了不同的合法性，向他们征求意见，就是将他们代表的合法性引入政策制定过程。

例如，为了赋予某个决策以政治合法性，决策者必须得到因选举而具有了一定特质的官员的首肯。这类官员包括民选首脑、议员和政治任命官员。因此，州长最初对马奥尼的支持使他相信，他对公园广场的决策得到了政治和技术上的支持。这种信念增加了他的自信，使他继续对公园广场项目采取抵制态度。州长的变卦将他置于非常艰难的处境，他不得不单独抵制一项政治上受到广泛欢迎的决策，而支持他这样做的则只有法律（就连这项法律也是可以改变的）和专业意见（这种意见并不具有可信度）。同样，申塞知道，以总统名义制定的关于猪流感的决策，将比由CDC专家做出的决策具有高得多的合法性。

通过邀请普通公民参加决策听证会，管理者可以进一步增加决策的政治合法性。如果马奥尼就公园广场项目举行听证，并邀请社区中相关的人士参与，他或许可以在处理该项目时获得更多先机。

另外，如果管理者征求了部门首席法律顾问、司法部或法院的意见，也可以加强程序的合法性及权威性。马奥尼本可以就公园广场项目的合法性向州长的顾问或州检察总长征求意见，但可惜的是，他没能这样做。

社会上的某些人象征着某一方面的最高专业水准，管理者也可以通过向这类人士征求意见来增强决策程序的实质合法性。这类人士包括公务员、外部专家、学者、科学家和政策分析家等。[85]事实上，马奥尼和申塞两人带入其决策程序的正是这种合法性。这也是他们决策的出发点。作为政治管理者，他们为自己要做的决策带来了一种全新的合法性形式。

技巧Ⅱ：终止决策

但是，广泛征求意见是要付出代价的。它经常造成冲突、不和、延误和妥协，而不是带来满意的解决方案。事实上，决策过程往往会因此停滞不前，甚至无限期拖延下去。[86]只有两件工具有助于尽快结束广泛征求意见这一过程：一是存在更高的权威，可以终止正在进行的争论，二是为争论限定一个最后期限。[87]通常情况下，要结束这一过程，以上两种工具缺一不可。

这一逻辑的必然结果就是：只要缺少以上两个条件中的任一个，政府就可能无法做出决策。在以下三种情况下，终止政策程序将非常困难：(1)权威分散于过多的机构，难以形成有效的合作；(2)现有的决策程序已失去公信力，而新程序还没有建立起来；(3)没有紧急事件要求终止意见征求过程以尽快做出决策。不幸的是，这类情况经常发生，其频率超出了公民愿意承受的范围。[88]

技巧Ⅲ：运用特别委员会

有时候，管理者会运用特别委员会来处理类似的情形。根据南希·奥尔特曼·卢朴的报告，里根总统就曾运用特别委员会来处理资助社会保障系统、布防 MX 导弹等棘手的问题。[89]当这两个问题变得非常紧急时，里根总统便将它们交给特别委员会处理。特别委员会一般由那些在辩论中占上风的、有充分的职权可以帮助政府处理该问题的官员组成。实际上，特别委员会的官员此前可能处于一种互不相让的境地，但特别委员会的成立为他们的交流、说服和讨价还价提供了渠道。在某些时候，里根总统还将特别委员会当成一种非常可笑的工具：它不停地研究某个问题，直到对这个问题的政治压力缓解为止，其目的是避开一些无法解决的难题。[90]

技巧Ⅳ：使政策分析具有相关性

一个好的、具有实质内容的决策应具备哪些内容？这个问题尚不十分清楚。但总的来说，人们判别政策的标准还是非常明晰的。这些标准有：问题界定是否清晰，是否拥有足以反映出问题性质和特征的资料，是否对各种备选方案的后果有足够的预测。[91]这些标准表明，决策时必须要广泛运用社会科学知识和政策分析方法。但在实际中，政策制定过程很难满足以上要求。[92]

政策制定者在做出某项决策时，通常都会有其特别的考虑，但政策分析方法却难以反映出这一点。政策分析考虑的结果有时并不是政策制定者所关心的。[93]这使得许多政策分析得出的结论与问题毫不相关。同样，政策分析趋于选择一些政府难以采纳或实施的方案。[94]虽然政策分析的这一特征有助于扩展政治家和公共官员的思路和想象力，但它无疑也强化了人们认为政策分析不相关这一观念。

仍以马奥尼为例。他在对公园广场项目进行评估之后，认为它没有多少公共价值，因而不值得动用国家征地权。而在政治家眼里，这一点无疑是值得怀疑的。他们之所以持怀疑态度，不是因为他们只想为自己赚取得更多的选票，或毫不关心公共价值，而是因为他们注意到，其他大多数人（特别是那些受此项目影响的人）认为这一项目具有较高的价值。更重要的是，他们很快就意识到，即使这个项目只完成第一期，它也将扩大波士顿市的税基，为其未来的发展打下基础。因此，从长远来看，这个项目是有价值的。如果马奥尼可以证明该项目不合法,他的基础将更加坚实。反之,如果他仅仅宣称该项目不具备实质价值,他得出这一观点的出发点就不堪一击,因为他以自己的判断代替了波士顿市对何为有价值以及愿意承担多大风险的判断。马奥尼赖以支持自己判断的方法并未强大到可以对抗波士顿市议事程序得出的结论。

技巧Ⅴ:应对不确定性

在获得实质合法性方面,还存在另一个巨大的困难,即决策时要考虑的问题与准确预测决策后果所需要的知识之间存在着巨大的差距。一般来说,支持做出某项决策的科学基础总是不全面和不完全的。这使决策者经常面临巨大的不确定性。有时候,决策甚至就像赌博。尽管经济学具有预测经济活动者行为的能力,但马奥尼还是无法确定开发商是否会开发野战区。尽管现代传染病学已经非常先进,申塞仍不能肯定猪流感一定会发生。事实上,他甚至无法预测猪流感发生的概率到底有多大。[95]

这种不确定性影响了管理者和社会科学家之间的关系。[96]管理者不希望用公共资源来赌博。他们之所以雇佣政策分析人员,就是希望政策分析人员能够准确地告诉他们各种备选方案的后果。此外,社会科学家也是这样标榜自己的。事实上,依据这种观点,在科学知识准确地告诉他应该怎样做之前,政策制定者不应做任何决策。据此我们至少可以假定,管理者和社会科学家两方面都认为,应该由社会科学来指导政策制定。

但不幸的是,在绝大多数情况下,社会科学家并不能消除不确定性。在科学家看来,从来就没有足够的实证经验可以让他们准确地预测某项政策将带来何种后果。这便导致了以下结果:管理者认为自己被科学出卖了。特别是当客观情形要求他们必须在不确定性仍然很大的情况下做出决定,事后科学家又批评他们在没有足够信息的情况下便草率决策时,这种感觉更为明显。

当然，也有一种理智的、负责任的方法可以用来处理不确定性。[97]这种技巧要求政策分析者估计各种后果出现的可能性，并根据这种可能性（即它真正出现的概率）对备选方案进行评估。上文正是根据这一逻辑对申塞处理猪流感的方法进行了总结。

但这一逻辑既复杂又陌生。公民——有时甚至包括政策制定者和社会科学家——难以接受这一观点，即好决策也可能会带来坏结果。他们更难接受这一事实，即面对不确定性时，最好的决策看上去也不如专为某种肯定会发生的事情而制定的决策。没有人（包括管理者、社会科学家和公民）能够一开始就放弃消除不确定性的想法。因此，当他们不能为面临的情势制定最优方案时，就会感到非常难受。他们不喜欢这一事实，即他们不知道将会发生什么。他们更不喜欢这一事实，即完全解决不确定性将使仔细考虑的方案显得愚蠢万分。对那些想要制定政策管理程序的人来说，找出一种方法，使管理者制定的好决策带来的坏结果仍在政治世界可接受的范围之内，这仍是一个巨大的挑战。[98]

诊断Ⅱ：政策管理系统

到目前为止，我还只停留在如何设计一套程序，以处理在管理者组织以外形成的、单一的政策选择。在公共部门中，这种只有单一政策选择的情形普遍存在。在上文讨论的案例中，马奥尼和申塞面临的都是此类问题。

但是，公共部门管理者有时也会面临不同的决策情形。公共组织承担多方面的责任，其负责人要做出许多政策决定。以马奥尼为例，他除了要审批波士顿的议案之外，还要审批斯普林菲尔德（Springfield）和伍斯特（Worcester）的议案。他必须考虑以下问题：应指定哪些人担任地方城市规划委员会的职务？如何在雇用专职员工和依靠外部顾问之间做出权衡，以达到最有效地分配资源的目的？如何通过 DCA 的运作来促进公租房的发展?

为了应对诸如此类的组织内部决策,管理者试图建立一种内部决策系统。[99]当他们以如下方式行事时,他们就是在以非正式的形式建立内部决策系统:向下属指出哪些决定将由他们亲自做出,哪些决定可授权给下属;举行会议,以了解下属管理者面临的问题;培养助手和计划员,以改善可资利用的信息的质量和数量。但是,许多管理者走得更远。除了以上的非正式方式以外,他们还试图以一种系统的方式进行组织决策。这种系统通常也被称为战略计划系统、决策支持系统或政策管理系统。[100]

技巧Ⅰ:运用预算程序

在许多公共组织中,管理者极大地依赖于预算程序。对他们来说,预算程序不仅是一件主要的资源分配工具,还为管理者提供了一个框架,据此可以系统地解决组织面临的各种问题。[101]当项目规划与项目预算、零基预算以及目标管理等被当作联邦政府机构的重要管理方式时,这种方法达到了它的高峰时期。[102]

但人们逐渐发现,当公共管理者面对的政策决定复杂多变时,这种系统便有捉襟见肘之感。由于系统的日程安排较为固定,它难以应对突发事件。[103]这类系统要求管理者全面检查机构运作中的每一个细节,从而使管理者不能将注意力集中在少量的、有助于组织为未来做好有效定位的关键投资方面。[104]最后,也有部分事务,虽不牵涉财务资源,却具有重要的战略意义。以环境保护署和国家高速公路交通安全管理办公室(National Highway Traffic Safety Administration)为例,他们都意识到自己需要一套系统来管理常规决策,这除了需要花费国家的权威以外,并不需要花费任何金钱。[105]在某种程度上,公共部门管理者对战略计划系统的需要有别于他们对财务计划、财务管理和财务控制系统的需要。

技巧Ⅱ：集权管理、事后处理和多次倡导

罗杰·波特描述了三种组织政策管理系统方式。[106]第一种方式被称为“集权管理”（Centralized Management）。[107]在集权管理系统中，政治首脑不仅是系统的对象，更是最主要的决策者。[108]他或她拥有许多幕僚，他们负责发现问题、指派下属收集相关信息、监督工作的质量、建议政治首脑采取何种决策以及监督决策的执行。这种系统是为尽量增大政治首脑的影响和控制而设计的，正是从这一层意义上说，它是一种集权管理系统。

第二种方式被称为“事后处理”（Ad Hocracy）。[109]在这种方式下，只有当问题出现时，才逐个加以考虑。为了解决某个特殊问题，系统会成立一个由对此问题有专长的成员组成的工作小组。一般情况下，系统没有正式的机制来保证信息的质量和监督决策执行过程。

第三种方式被称为“多次倡导”（multiple advocacy）。[110]在这种方式下，主要的人事工作由直线管理者完成，他们的具体责任由将要制定的决策决定。中心人员的数量尽量少，他们扮演“诚实的中间人”——而不是质量控制者和建议者——的角色，他们的责任是确保在做出最终决策之前，所有不同的观点都被考虑到了。[111]

虽然波特对每种方式的优点和不足之处都作了详尽描述，但他似乎对多次倡导情有独钟。这种方式具有足够的“系统性”，因而能够保证以下几方面：(1)发现重要的问题，组织能够针对这些问题安排合适的人选；(2)政治首脑能够在他们认为合适的时候做出决策；(3)决策得到各方的充分讨论，并得到有效的执行。同时，这种方式具有公开性特征，从而使参与各方在提供信息及执行决策方面具有更大的积极性。如果他们处于严格的、与外界隔绝的集权式管理状态下，显然将不具有这种积极性。

波特没有明确回答以下问题，即一种决策系统是否也适用于其他类

型的决策。打个比方,采取集权方式可以解决的问题,是否也可以用事后处理方式和多次倡导方式解决?如果答案是肯定的话,那么应由谁来做这个决定?

有一种方法可以管理政策管理系统,即将它看成一个生产好决策的生产流程。从这个角度来看,管理者可以决定自己是将政策管理系统当成一条"生产线"呢,还是当成一个"作坊"。在第一种情况下,所有的决策都以几乎同样的方法做出;在第二种情况下,每个决策都经过独特的程序做出。

这个问题具有非同一般的重要性,因为它涉及以下两个问题:一是应在设计程序上投入多少精力,二是应由谁来决策。假定管理者将这个程序看成一条生产线,那么在其任期开始时,他便可以设计出一套决策系统,此后所有的决策都按照系统的规定做出。事实上,决策参与者可以从稳定的、前后一致的决策程序中学到不少决策技巧,从而帮助他们制定出正确的决策。

从另一方面说,假定管理者将这个系统看成一个作坊,那么他就需要不断地设计新的决策程序。管理者在面对任一决策时,都将不得不像上文提到的那样,重新设计一套适用的决策程序。

技巧Ⅲ:一个"系统的系统"

理查德·达曼在其后的著作中,又从抽象功能的角度对政策管理系统进行了分析。政策管理系统必须能够完成所有这些功能,而不仅仅是其中的某一项。[112]它们包括:

1. 确定议题
2. 评估议题的重要性和紧急性
3. 对议题进行政治分析

4. 对议题进行实质分析
5. 实施过程控制以向利益相关者保证“程序的完备性”
6. 将议题与其他议题及整体战略联系起来
7. 跟踪议题
8. 对执行进行监督和评估

在反对中央集权系统这一点上，波特和达曼不谋而合。他们都偏好分权的、由下而上的系统，而中央集权系统则依赖庞大的总部人员制定各种决策。事实上，正如波特一样，达曼认为应该将总部人员的“质量控制”和“过程控制”区别开来。此外，他还特别强调过程控制职能的重要性，因为这一职能保证了“程序的完备性”。他偏好开放系统的原因也与波特相似。他认为，分权的系统有利于获得下属管理者的合作。而这些下属管理者在执行过程中能提供信息和实施控制，从而使他们成为政策制定过程最重要的参与者。

当然，他指出了这一规则的例外情形。他意识到，当组织筹划在全局战略方面进行重大改变时，如果完全依赖现有的基层管理者，组织可能难以确定和有效地解决最重要的战略议题。[113]至少在短期内，现任管理者可能会反对在战略方面作根本性改变。[114]因此，必须由一群完全不同的管理者来确定、解决和实施基本战略决策。[115]

达曼还提出了另一个颇富洞察力的观点，即政策管理系统除了要制定好的决策（包括广泛参与、全面的政策分析、系统的政治可行性分析等）以外，还要考虑到各个决策间的关系，只有这样，才能认清各个决策间的相互影响。[116]他还提出，可以通过多种方法将不同议题联系起来，常用的方法包括预算上的相互交易、有效的合作，等等。不太常用的方法有：特定决策对不同选民团体的影响以及他们对其他替代决策的忍受力，某项决策对加强或减弱管理当局致力于实施全面战略的可信度的象征性作用。人们可以想见,如果萨金特州长曾经设计、制定或运用了这套政策制定系统,马奥尼可能会更好地理解公园广场与高速公路之间的关系,从而相应做好体面地让步的各种准备,为州长实施更宏大的目标打下基础。

批评意见

当然,对于这些如何管理政策制定过程的方法,也存在不少批评意见。许多人认为,这种方法过于正式和机械化。他们怀疑固定的框架和程序是否真能解决民主社会中政策隐含的深层冲突。[117]他们的问题是,怎样才能使起初持不同意见的人通过程序达成一致意见。为了寻求答案,他们倾向于透过机械程序观察各种利益是如何改变自己以达成一致的。持批评意见的人还认为,政策选择是诸多参与者达成的交易,而政策过程则为达成此类交易提供了一种氛围。对于持这种观点的分析人士来说,最基本的政策管理途径就是多边谈判。

谈判

当管理者必须依靠别人才能得到某种他想要的东西时,谈判就成为一件很重要的事情。[118]从许多方面来说,这也是政治管理最具代表性的问题之一。管理者希望自己的政策被采纳,但在分权制度下,如果他们不能说服别人接受这一政策,他的目标就会落空。这样一来,谈判分析就能给政治管理者很多启示。

尽管谈判分析具有很大的作用,但它长期以来均被政治管理者忽略。这主要是由以下三方面的原因引起的:首先,研究谈判的人士一般都事先假定,个体只会为一己之私利进行谈判。[119]他们通常以买房或买车时的谈判作为案例。

政治很少不与私利紧密相关。[120]但是,许多热心政治的人宣称自己是出于利他的目的——如追求公共价值,或至少是他们心目中的公共价值——才参与政治的。事实上，其中有的人也的确是出于这种目的才参与政治。他们中某些人可能仅仅是对决策程序的公正性感兴趣。[121]但是，绝大多数政治管理者都情愿相信这一点，即人们对短期私利的兴趣是可以改变的，完全可以将人们对私利的兴趣转移到对公共价值和程序公正性的关注上来。[122]此外，他们还认为，在历史上，出于对公共价值和程序公正性的关注，人们已经成功地达成了不少政治协议。[123]但是，传统的谈判方法似乎不会给人们带来多少达成协议的希望。只要政治管理者忽视人们对公共价值和程序公正性的关注，他们就不会对谈判框架产生任何兴趣。在他们看来，谈判分析要解决的不是他们的问题，所使用的技巧也不可为他们所用。

其次，谈判分析更注重预测和估算谈判的结果，而不是为谈判者提供实在可用的技巧。当然，为了准确地预测"谈判博弈"，谈判分析也必须预计谈判者使用的技巧。但是，很多时候，谈判分析从实践中提炼出的技巧与谈判者面临的现实环境截然不同。由于传统博弈理论关注的焦点是谈判的结果，而许多管理者想要的则是技巧上的建议，所以看起来它并没有多少用处。[124]

最后，谈判分析只注重简单的情形，即谈判双方针对一个议题进行协商。在这种情形下，很容易确定各方的利益到底是什么。[125]但遗憾的是，实践中很少出现这种简单的情形，大部分的谈判都要比这复杂得多。典型的情况是，谈判要涉及多个参与者，每个参与者都有独特的利益，政治管理者不得不同时面对多个议题和多个决策，而每个决策可能带来的影响均难以评估。

但最近这种情况有所改变。研究谈判的人士越来越重视现实情况，越来越重视为谈判者提供各种具体的建议。[126]也正因如此，他们帮助政治管理者的能力得到了极大的提高。他们在以下三个领域取得了重要成就。

第一,他们制定了新范例,新范例不仅承认人们可能持有多种利益和目标,而且要求谈判者充分认识这一点。[127]就为政治管理进行谈判分析来说,这一改变的重要性非同一般,因为在这一领域,谈判的内容除了与个人物质利益相关外,更多地会涉及公共利益、决策制定的正当程序、个人声望和地位等。[128]举例来说,为谈判制定的新框架将认识到马奥尼有以下两点要求:(1)保留国家征地权,以用于帮助那些真正能创造公共价值的项目;(2)将 DCA 建成一个强有力的机构,让它在地方改造规划中发挥重要作用。新框架还将认识到申塞的要求,即采取英雄般的行动来保护公众,并推动公共预防医学的发展。

第二,新的谈判分析强调,影响谈判结局的某些重要行动是在“谈判桌以外”发生的。[129]为谈判定一个框架(即确定谈判的内容、谈判的议题、参与谈判的各方)通常比谈判桌上的谈判更能影响谈判的结果。传统的谈判分析假定,谈判框架在谈判之前早已做好。因此,它只需从诸多的谈判技巧中抽出几条给政治管理者用就好了。但与此相反,现代的谈判分析人士看到了谈判桌以外的东西——如为管理者制定多种备选方案,以便管理者在谈判过程中使用,[130]或为谈判增加议题和谈判方——这些都只是为了在讨价还价中获得先机。[131]

新的谈判分析者将承认和赞同波士顿开发商采取的行动,即说服马萨诸塞州议会通过地方自治法案,以剥夺马奥尼的职权和他讨价还价的能力。或许,他们也会理解申塞广泛宣传猪流感威胁并将它与 1918 年大疫灾联系起来的做法。因为这样做将增加议会单独采取行动的可能性,从而使福特总统不得不正视该项议题。这些谈判桌以外的动作极大地增加了谈判者可资利用的技巧,使谈判分析人士提出的建议与政治管理者的实际需要紧密联系起来。

第三,当代谈判分析人士的研究为如何达成协议提供了新的洞察力。这主要是因为它们增加了谈判者的利益。如果谈判者在乎公共价值、决策制定程序和名望，那么这些利益就可以成为达成协议可资利用的资源。更重要的是，分析者还注意到，谈判者可以利用所持的不同世界观以达成交易，而如果他们持有相同的世界观，他们将无法达成这些交易。[132]以杰克·斯普拉特(Jack Sprat)和他的太太为例，他们发现可以在食品分享协议中很好地解决各种分歧。

因此，新的谈判分析者为解决政治管理问题提供了一套改良的、极具潜力的方法。为了更好地理解这套方法的精髓，我们看一下他们建议如何对谈判局势进行分析，他们为政治管理者提供了哪些技巧。

诊断Ⅰ：议题

谈判者开始谈判就如同企业家式倡导者开始盘算一样，首先都要识别构成谈判基础的议题和其中的利益关系。所谓谈判议题是指在该谈判中，两个或两个以上的代理人通过达成协议能增加各自的福利。[133]

就马奥尼与BRA之间的谈判来分析，谈判议题是因波士顿改造局需要马奥尼批准其提案引出的。尽管马奥尼不愿意批准现有方案，但他大概不会反对一个能为开发野战区作出贡献的方案。对开发商来说，那是不可能的。

当达成共同的协议能创造价值时，谈判的议题就存在。如果谈判不能增加价值，或谈判双方并不需要相互依赖就能做得更好的话，那根本没有谈判的必要。

诊断Ⅱ：分析利益

接下来分析各方在特定议题中的利益关系。[134]关于BRA的利益，马奥尼可能在想：BRA可能是想通过鼓励开发来增加城市的税基；尽可能地鼓励开发可以带来官僚和组织上的利益；该方案对波士顿市有利；即便该方案只是为开发野战区作出一点点贡献，但总比没有要强；而且，不管怎么说,对 BRA 来说,该项目耗资不大。

考虑他自身的利益,马奥尼感兴趣的是建立一个先例:DCA 将成为影响地区改造项目和提高开发商对开发野战区贡献水平的重要因素。马奥尼还想提高萨金特政府在能力和公正性方面的声誉。正是因为这些利益存在,才会对公园广场项目的价值进行评估;也正因为这些利益,双方才会重新想出解决方案,为当事的一方提供或多或少的利益。

诊断Ⅲ:比谈判协议更好的选择

第三步,谈判者应分析各自比谈判协议更好的选择,或称 BATNA。[135] BATNA 规定了谈判者必须从谈判中至少得到多少利益才愿意遵守达成的协议。如果协议不能为谈判者提供比没有谈判时更多利益的话,谈判者就会离开谈判桌。

如前所述,在谈判之初,马奥尼没有理由去谈判,因为他认为除了与 BRA 达成协议外,他最好的选择就是拒绝公园广场项目。他认为法律、他自身的专长、州长的政治支持以及自己的道德观都支持他停止该项目。同样,开发商也没有与马奥尼谈判的理由,因为他们认为市长和工会的支持足以让马奥尼改变看法。之后,当开发商成功地得到州长的支持时,他们就更没有理由去谈判了,因为他们更加肯定,由于州长和立法机关都可以逼迫马奥尼退让,不用谈判也能得到想要的东西。

技巧Ⅰ:讨价还价中的"强硬"和"怀柔"

假定有一个议题需要谈判,且一旦达成协议,双方的福利都能增加,那么政治管理者就必须考虑谈判的技巧。此时,他可以从以下两种完全对立的技巧中选择一种。[136]一是采取强硬的谈判技巧,如对自己的真实利益藏而不露,固执己见,锱铢必较,只给对方留下愿意维持谈判的最少利益,并竭尽所能减少对方的 BATNA。[137]另一种是采取温和的、开诚布公式的谈判技巧，如诚恳地表明自己的利益、提出解决问题的各种方法、在谈判中努力寻找共同点，以达成最终协议，等等。[138]两种技巧之间的区别非常明显，看起来不能同时使用，只能从中选择一种。

大卫·拉克斯(David Lax)和詹姆斯·西伯利斯则认为，这些技巧都来源于一个两难困境。[139]根据他们的观察，所有谈判都必然会涉及两点，即通过共同行动以创造价值和争夺已有的价值。这是因为任何提议或协议都既要对共同创造的价值进行分配，又要为共同创造价值提供条件。如果人们将注意力集中在谈判的价值创造方面，他们就会看到能给谈判各方带来好处的合作行动。如果人们将注意力集中在谈判的价值争夺方面，他们就会自然而然地用另外一种态度来对待谈判，即采取极富进攻性的谈判技巧，以确保自己得到公平甚至更多的价值份额。拉克斯和西伯利斯没有找出解决这一两难困境的答案。谈判各方要做的事情是，将谈判具有的两种性质都牢记在心，并根据对方的技巧和态度的变化而变化。[140]

请大家注意，决定公园广场项目的谈判是在一种互不妥协的、对价值进行争夺的气氛下进行的。马奥尼在得到州长支持他否决公园广场后，便在与波士顿市的谈判中占据了上风。据此，马奥尼认为，他能够阻止波士顿市做任何他不接受的事情。由于公园广场没有对改造野战区做出坚实的承诺，而这又是他极不情愿看到的，所以他便理所当然地拒绝妥协。

与波士顿市同处一条战壕的开发商在得知马奥尼这一立场后，立即展开各种政治活动，试图削弱马奥尼的权力基础。他们达到了目标，成功地促使议会通过了地方自治修正法案。由于他们认为自己的方案最终将获得批准，所以他们也没有多少妥协的愿望。作为双方都不愿妥协的结果，州长促成他们进行的讨论没有取得任何进展。事实上，这些技巧很好地说明了谈判的另两个重要观点，这两个观点已成为当前一些作品的中心话题。

技巧Ⅱ:增加议题和参与者

首先,如果政治管理者在谈判中增加议题或新的参与者,那么他们就能较轻松地达成协议,或得到更多的好处,甚或增加创造的价值。[141]这与改变决策框架、扩大矛盾范围等技巧类似。公园广场是否符合法定标准,是否应予以批准,这本是一个技术性问题,而波士顿市则将它扩大成为一个地方自治的问题,并把立法机关拉入辩论,这样一来,波士顿市的谈判能力大大增强。

技巧Ⅲ:谈判之外的选择

其次,如果政治管理者提高自身的BATNA、降低对方的BATNA,那么他们就能从谈判中得到更多的利益。[142]在州长的支持下,马奥尼否决了公园广场计划,这一出乎意料的行动为他在早期的谈判中赢得了优势。在这个阶段,他的BATNA仅仅停留在这一点,即通过否决该计划确立一种此类事务的先例,使人们认识到他具有不可忽略的权威。

但马奥尼很快就损失惨重:波士顿市的代表几乎让每个人都相信,马奥尼的决定是武断的、违背与项目有关人员合法利益的。在这个阶段,开发商的BATNA是等待马奥尼要么签署方案要么被撤职。马奥尼似乎无法摆脱这种命运。

批评意见

以上谈判范例尽管为我们提供了许多有用的见解和指导,但它也招致了不少批评意见。持批评意见者认为,就像倡导方法一样,这种范例对达成集体意见的过程采取了非常个人化和偏激的观点。某些理想目标——如为公共利益服务、积极参与公平、有效的决策制定过程等——可能是谈判者要通过谈判活动加以促进的内容,对这些目标的认识在一定程度上平息了这类批评意见。

但这种分析是以个人为基础的，任何人都不需要考虑其他人的想法，自主判断并确定什么对自己、对社会有利。在把个人作为分析单元、计算个人投票时，这种观点是可取的。但该观点忽略了一种可能性：人们试图达成集体决定，他们之间的社会冲突会影响到个体对什么是重要的、什么是值得做的分析。他们不会只把社会利益提上谈判桌，或者在最后的决策中将社会利益放在私人利益之上，相反，他们也会在谈判中考虑私人的利益。这些冲突可能会改变他们关于什么是对自己和社会有利的观念[143]。简而言之，持批评意见者认为：人们可能会像公民——而不是自私自利的、对公共价值抱有稀奇古怪的观念的人——一样思考和行动。[144]对这种观点感兴趣的人倾向于采用"公议"(public deliberation)、"社会学习"(social learning)或"领导"(leadership)作为政治管理的指导。

公议、社会学习和领导

迄今为止，政治管理技巧的范围仍很窄。人们把影响正式政策决定作为政治管理的主要目标。所以，人们一直把焦点放在具有正式职位的少部分人身上。这些技巧告诉人们如何以某种方式来加快决策制定的过程，即如何提高管理者的方案被采纳的机会、如何做出高质量的决策，以及如何使谈判更易达成协议。

相比之下，第四种政治管理方法试图在当权者之外的、更宽广的范围内寻求各种技巧。[145]这种管理方法还认为，个人利益和对公共利益的认识并非一成不变，它们会随着社会互动而逐渐改变。最后，它允许公众作为一个整体直接参与解决问题，而不需要政府、政治管理者这个中间桥梁来组织决策制定过程。

事实上，就这种政治管理方法来看，政府在政策制定中的权威角色不但不能解决所有的公共问题，它本身还成为一个潜在的问题。[146]政府政策使人们依赖政府来解决争议，而不是鼓励人们自主达成协议；它不管政府有没有能力，都迫使政府承担起解决所有问题的责任，而不是鼓励人们联合起来解决共同面对的问题。[147]

这种方法为政治管理提供了另一个选择，即不是将政府的权威用于制定公共政策，而是用于创造一种环境，在这种环境中，公民可以共同决定他们应采取何种措施来解决公共问题。[148]这样，政府的领导作用不再体现在为公共问题提供权威的解决方法上，而是体现在指出需要公众注意的议题，并创造出有利于公众自主行动的环境。[149]尽管这种方法没有确定的主题，但我们可以从以下两方面对它加以讨论：一是将公议用于改善公共政策制定；二是通过独特的领导方式，促使人们接受"问题的实际情况"，从而让他们对解决公共问题有所贡献。[150]

诊断Ⅰ：公议

"公议"这一概念表明，对那些直接影响公民的政策问题，应该征询他们的意见。应该设立一个论坛，使人们有一个表达不同利益的场所。[151]这一论坛鼓励人们以公民的身份面对政策问题，而不是以带有强烈的个人利益或对公共利益抱有古怪想法的个体来看待政策问题。只有这样，人们才能将其他公民的观点融入自己对公共价值的看法之中。[152]

根据这一概念，有序的政府政策谋划往往会阻碍有效的政策制定，因为这使公民通过请愿的方式，迫使政府全面接受自己对公共价值的看法。反过来，这也使个体公民避免面对其他公民，从而失去了解他人对公共价值的看法的机会。简而言之，这种做法将使公民不再需要了解其他公民的利益和想法。

这种程序难免会导致如下结果，即除了政府决策者之外，谁都对政策决定不满。因为政府决策者才是唯一将不同利益呼声加以综合的人，也是唯一必须严肃考虑冲突各方的观点、了解受决策影响的所有价值的人。

从另一方面来说，如果政府官员不这样做，而是由对立各方直接交涉，那么，这些对立的各方可能会更深入地了解到对方的利益所在，从而更加认同最后的决定。他们针对某些问题制定的解决方案，其优越性甚至超出了政府官员的想象之外。

这个主意颇有吸引力，但却充满着乌托邦的味道。毕竟，对立各方既可能就冲突提出创造性的解决办法，也可能拳脚相向、陷入僵局，或出现以大欺小的不合理局面。事实上，也正是出于这种考虑，国家才将公共政策的决策权交给政府。如果人们没有政府也能达成协议，政府就没有必要存在。对负有制定公共政策责任的公共管理者来说，如果他们放弃对不可预期的程序的控制，他们便会觉得自己失职。对马奥尼来说，如果他不否决公园广场计划，他就会觉得自己严重失职；对申塞来说，如果他不加快全国人民对猪流感的回应，他也会觉得自己严重失职。他们认为，人们付工资给自己就是要他们做这种事情的。

但是，公议的提法有一定的道理。政府面临着众多棘手和难以解决的问题，其中的大部分最后不得不交由人们来解决，哪怕他们的观点相互对立。有趣的是，威廉・拉克尔肖斯在其 EPA 长官的第二次任期内，从处理环境争议过程中也得出了这一结论。[153]

华盛顿州塔科马市的阿萨科精炼厂当时正在向大气中排放大量有毒气体。拉克尔肖斯面临着两难选择：是关闭它呢，还是让它继续生产以解决当地大量居民的就业问题？拉克尔肖斯认为，作为一个政府官员，他不能独自做出决定。于是，他设立了一种程序，让当地居民自己讨论、自主决定。

最后，当地居民决定忍受有毒气体对健康的危害，让工厂继续生产。虽然社区中的某些居民对此感到很失望，不得不继续为健康问题提心吊胆，但他们对不得不将自己暴露于有毒气体的原因已有了更深刻的认识，知道这样做是为了保护镇上其他人的工作。

根据大卫·克里普的研究,类似技巧在处理一些热点争议问题时,也起了巨大的作用。某些社区有感染艾滋病的孩子,在是否让他们上学这一点上,社区居民发生了激烈争论。以上技巧的运用使这些争议得到了很好的解决。[154]

我们可以想见,如果马奥尼和申塞在其工作过程中也运用了"公议"这一方法,他们将能更有效地解决自己面临的问题。马奥尼只需就公园广场计划组织公众进行听证,就可以省去一场与BRA进行了八个月的、毫无结果的谈判。如果他这样做了,他一早就可以了解,当地到底有多少人支持该计划,有多少人不希望此计划被否决。他或许还可以动员公众关注此项目对野战区的开发,而公众对这方面的密切关注则可能改变开发商的初衷。将某个事项交由公众广泛讨论总会带来一些难以预见的结果,但在马奥尼的案例中,有一点非常清楚,付诸公议将增加他的政治智慧、扩大他的选择余地。

同样,申塞也不需要仅仅依靠自己的专业判断,就向政府施加压力,要求它在全国推行免疫行动以应对猪流感的威胁。相反,他可以组织流行病学家、疫苗生产商、公私医疗机构的医生和普通公民对此进行商议。他们的任务是监控全国人民针对猪流感采取的行动,并不断提醒那些试图采取英雄行动以拯救国家的人注意那些可能被忽略的问题。

如果申塞这样做了,他早就会认识到以下事实,即他根本无法保证每个人都获得免疫。这样一来,他可能会对问题有更加清醒的认识,从而提出相应的海琴战略措施。同样,如果这一议题始终处于开放状态,他就会更清晰地看到,并没有足够的证据表明猪流感正在扩散。这可能也会增强他采取海琴战略的机会。如果他这样做了,公民和各级官员可能会认为,即使疫灾不会发生,自己最好还是认真做好预防准备。简而言之,这样做将使社会和政府始终保持清醒,注意现实的发展动向。

诊断Ⅱ：社会学习和领导

社会学习反映的精神与公议反映的精神相似，[155]二者都希望将政治管理者的注意力引向政府架构以外的人们。政府正要解决的问题将影响到这些人，他们有兴趣和能力参与解决这类问题。当人们为政府将出台的、可能影响自己的利益的行动方案出谋划策时，他们便可以提供很多信息。社会学习和公议两种方法都认识到了这一点，即鼓励人们为政府行动方案出谋划策具有重要的信息价值。不仅如此，这两种方法都认为，公民将问题推给政府的做法是不对的，因为它使个体公民不再进行社会学习和社会适应。

尽管如此，这两种方法还是有区别的。社会学习和领导不但关注对公民的动员，使他们自主行动，而且关注如何把他们组织起来，使他们能够就如何解决问题提供建议或达成共同协议。简而言之，社会学习和领导的目标是动员公民采取行动——以具体的行动来实施共同的或个人的解决方案。[156]

此外，社会学习更关注这一点，即个体领导如何提出解决方案和动员其他人实施方案。当某个解决方案要求其他人参与和适应必须面对的问题——包括认识到其他更强大的人并不能将自己与问题隔离开来——的时候，这一点显得尤为重要。

事实上，社会学习和领导这一概念最重要的洞察力来源于对民主社会公共政策制定的两点认识。第一，对于许多公共政策问题，高级政府官员并没有既具技术可行性、又具政治可行性的解决方案。[157]许多问题必须由普通公民通过自己的学习和调适才能解决。第二，那些希望政府帮他们解决所有问题的人极不愿意接受这一不愉快的现实。[158]

因此，从社会学习的角度来看，政治管理必须找到合适的途径，以卸下采取行动这一重负，将它交给其他人来承担。无论政府采取哪种方法，公民都会将此视为重大损失。这样一来,问题便经常演变成如何鼓励社会直面现实。[159]

技巧:管理学习的速度

管理学习的速度是与管理社会适应有关的重要技巧。[160]一方面,如果政府太快使公民面对问题,且只给予极少的帮助,公民就会对政府产生不满,政府就会丧失公信力。在这种情况下,他们将转向任何承诺提供解决方案的官员。另一方面,如果政府的行动太慢,当社会不得不正视问题时,公民就会缺乏充分的准备。无论出现哪种情况,政府官员都不能保证自己届时能够找出必须加以解决的问题。

在马萨诸塞州沃本恩镇发生的一次卫生恐慌事件极好地说明了这些比较抽象的观点。[161]马萨诸塞州公共卫生部(Massachusetts Department of Public Health/DPH)一次例行报告中的数据表明,在波士顿市北部一个叫沃本恩的小镇中,儿童患肝癌和白血病的比率非常之高。不巧的是,DPH的报告还显示,沃本恩地区有几个废物堆积场,它们接纳了马萨诸塞州倾倒的最危险的有毒废物。

这两份报告几乎同时传到了沃本恩镇居民的耳中,并引起了他们的密切关注。很自然,沃本恩的居民认为有毒废弃物堆积场是损害其健康的罪魁祸首,并希望有关方面对此做出适当处理。为此,DPH展开了一系列复杂、精密的研究,以确定当地肝癌高发率是否由受到污染的水和有毒废物引发。研究结果显示,当地肝癌的发病率虽然比较高,但仍属正常范围,并且和废物堆积场两者间没有必然的联系。据此,DPH认为,政府无须对此采取任何行动。

这个结论一宣布,立即就遭到了当地居民的抵制。当地居民强烈要求政府对堆积场进行清理,并向癌症患者提供治疗。虽然政府最终顶住了压力,而且居民的呼声也最终平息下去,但人们心中的怀疑和由此引发的痛楚却丝毫没有减轻。

那些从社会学习角度来分析政治问题的人会看出，该案潜藏着众多问题。首先，他们看到，沃本恩镇的居民面临一个现实问题，即他们有较高的罹患癌症的风险。他们像大多数人一样对此作出了反应：首先否定这一事实，进而要求某些人为此做点什么以减少危险或改善条件。

对此，有效的政府行动应该是这样的。首先，承认居民正处于困境，安全没有保障。如果政府拒绝承认这一点，政府就会失去人们的信任。其次，政府要帮助社区居民认识到，问题并不像他们想象的那么严重，政府只会为此采取有限的行动。如果社区居民已经处于恐慌之中，并且指望得到政府的帮助，政府的这一立场则会被居民当成另一个坏消息。事实上，当地社区并没有特别的危险这一点完全是一则好消息，但在这种环境下，它只会被人们看成是政府逃避责任的借口。不管怎么说，政府不会采取行动的结论总是不好的，因为对当地居民来说，政府清理堆积场和向癌症患者提供治疗总是有利的。

因此，政府必须帮助沃本恩的居民认清这一点：根据当前的情势，他们并没有面临特别的危险，政府也无须刻意向他们提供任何帮助。很显然，尽快公布科学研究的结论是一个非常有效的战略，它使人们不必从他们不信任的媒体那儿得到消息。

除此以外，还有一种更好的战略，即设计一种可以控制人们学习速度的程序。这种程序的第一步做法是认可居民的立场，向他们公布癌症的患病率，以及它与有毒废物场之间可能的关联。为此，必须选择可信度高的沟通渠道来发布相关的科学信息，并制作一些插图，以表明科学家们对其研究结论的信心。同时，插图最好附上这样的内容，即那些特别担心该问题的人认为研究结论极有说服力。

提倡社会学习和领导的人不仅会做出这样的假定，即沃本恩镇的居民会接受通过新闻发布会公布的政府结论，他们还会使用另外一些更可行、更精准的程序，如将政府对问题的了解程度告知公民。如果公共官员曾经想到过要管理社会学习的速度，他们可能也会在沃本恩案例中应用这一方法，从而不但避免政府和公共卫生部的声誉受到损害，甚至还会进一步巩固他们的声誉。

公共部门营销和战略沟通

社会学习的概念和沃本恩案例将我们带入了另一个框架，也是公共管理者对政治管理的最后一种看法。这个框架被称为“公共部门营销”或“战略沟通”。[162]沟通战略不是为了实施对人们的操纵，而是为了达到促成某项政策或组织战略的目的，使该政策或战略更好地为人们所理解，并得到必不可少的协助。

起初，人们难免不对营销和说服在公共部门管理中的作用持怀疑态度。政府宣传攻势具备强大的力量，这种话题难免唤起人们心中的忧虑。[163]人们担心，这一力量会被政府官员当成不履行责任、隐藏败绩或控制公民私生活的工具。从这个角度来看，政府不应对任何人进行任何说服工作。相反，政府只需向公民汇报她已经做了什么和她对个体公民面临的问题的了解程度，而把得出结论的任务交给公民代表去完成。任何违背这一原则的行动都是对代议制政府和公民能力的不尊重，并且会使公民面临政府过于强大的风险。

我完全理解抱有这类担忧的公民，但从另一方面来说，他们也误解了营销这一概念的意义。他们没有认识到，战略沟通对政府适时回应并满足公民的需要具有非常重要的作用。

诊断Ⅰ：营销是对顾客更加负责的态度

许多公共部门的管理者认为，私营部门中的营销概念无非是指夸大产品的作用，或将产品与某种顾客喜好的、与产品本身毫无关联的东西联系起来，从而达到误导顾客、使他们购买产品的目的。例如，牙膏生产商向人们宣称牙膏可以防止蛀牙（事实并非如此），并使他们更加性感和幸福（在大多数人看来，这一点非但不正确，而且与牙膏这一产品的作用不符）。

但是，这种观点忽略了当代营销理论的核心观念，即：生产商应首先从顾客的兴趣着手，找出顾客对产品哪方面的特性感兴趣。[164]一个成功的企业不是先生产缺少吸引力的产品，再通过营销手段把它们卖出去，而是先运用焦点小组、市场调查等营销技巧找出顾客对产品特性的要求，再根据这类要求去制造产品。只有通过这种方式，企业才能设计出符合顾客需要的产品。在这种意义上，营销是把握顾客需求的潮流，并在设计和制造过程中切实反映顾客的需求。

将这种观念用于公共部门，有人或许会认为，公共部门营销的任务就是找出政府生产的产品中，哪些特性是付费购买者认为有用和重要的。这些付费者即为公民和他们的政治代表。正如第二章讨论过的那样，他们"消费"的物品是政府运作中的某些累加特性。因此，公共部门管理者为了向民选监督者营销自己的组织，就必须首先找出这些监督者期望从公共组织中得到什么，并努力满足这些期望。这样做增加了公共部门组织的责任，而不是削弱了它们的责任。

同样，最近几年中，我们看到，政府花费巨资来调查"客户"（clients）对政府运作的满意度。娱乐部门、学校、警察局也开始进行各种调查，以了解目标群体对这些部门提供的服务的意见。[165]同样，这样做增加了——而不是减少了——公共部门管理者对公众的责任，但这种责任只限于对"客户"的责任，而不是广义上的公民和他们的代表。

诊断Ⅱ：作为社会动员的营销

有人认为，公共部门管理者不应在与公民、监督者和客户的沟通方式上花费太多的精力。显然，这种观点没有认识到沟通对帮助政府部门达成目标所具有的重要性。[166]伊拉·杰克逊是马萨诸塞州税务署的署长,他为以上论点提供了生动的证据。[167]

杰克逊认为,自己的责任是公正和高效地征税,而能否顺利完成这一使命取决于以下两个重要因素:首先,马萨诸塞州公民对他领导的组织向公民征税时所表现出的决心、能力和公平的感觉;其次,纳税人知悉和登记纳税数额的容易程度。虽然这种营销与“义务”有关,但它们同样是公共部门中的营销问题。

为了达到第一个目标,杰克逊必须找出一种方法,树立起税务署严厉、有力而公平的形象,使人们既愿意纳税,也惧怕不纳税带来的后果。为了达到第二个目标,杰克逊必须找到一种简化公民纳税程序的方法。

他通过一系列公开的行动达到了第一个目标。这些行动旨在向马萨诸塞州的公民表明,他们面对的税务署是一个极富想象力和进取心的征税人,在这个税务署的管理下,即使是有权有势的人,也必须照章纳税。他对着电视镜头,没收了欠税者的游船。[168]他还向那些在马萨诸塞州参加表演赛的职业运动员征税。[169]最重要的是,他还颁布了一项赦免令。他在赦免令中承诺,只要那些过去没有按时申报收入税的人在规定的期限内申报,税务署将不起诉他们。[170]这些行动很快使人们感觉到,税务署是一个较真的机构,他们必须认真对待它。

为了达到第二个目标,杰克逊重新设计了税务申报表,使其更易理解、填写和尽早回复。同时,他还为纳税人信息办公室配备了更负责和知识更丰富的职员。[171]对于那些及早报税的人,他还承诺在收到税款后的三个星期内返还部分税金。

这些行动加强了组织与监督者、客户的沟通,从而使杰克逊实现了社会交给他的任务:在征税上花费比前任更少的钱,却使征税更公平。战略沟通在本案中之所以如此重要,主要是因为收税这种事情不完全在杰克逊领导的组织的控制范围之内,它的顺利完成还有赖于公民交税的意愿和能力。而公民受税务署影响的途径只有一条，即税务署在大众传媒上表现的形象及它为公民处理各项业务和信函往来时所表现出来的特征。很显然，这些技巧对申塞也具有重要作用，它们可以帮助他动员国民接受猪流感疫苗。

批评意见

毫无疑问，鼓励政府官员成为有效的沟通者也会带来不少危险。总会存在这样的风险，即他们可能欺骗监督者和公民。但是，公共部门管理者成为营销专家和沟通专家也会带来不少益处。首先，这将让他们更加关注监督者的期望和要求，正如营销让私营企业更加关注顾客的需要一样。其次，这样做还为他们提供了一种动员手段，通过这一手段，他们可以获得达成目标不可或缺的协助。因此，比起阻止公共部门管理者使用和改进这些技巧来讲，提高监督者的能力无疑是一种更好的方法。监督者的能力提高了，就能克服沟通信息的虚假、错误和操纵性，保证其真实、准确以及与组织整体目标的一致性。

对界定和生产公共价值的助益

为了有效地服务于社会，政治管理必须成为公共部门管理者日常工作的一项重要内容。但另一方面，这也是一项容易引发道德争议的工作，具有较高的难度。公共部门管理者必须与其他官员、公民一道决定哪些产品值得用公共资源来生产，并按照各方统一的意见生产出这种产品。也正是由于这个原因，才使得政治管理成为公共管理者的重要工作之一。公共管理者必须与其他人一道，共同决定他们领导的机构的目标和达成目标的方法。同时，公共管理者可能并不具有对这部分人的直接指挥权。

但是，为了实施政治管理，公共管理者必须处理好度的关系。一方面，如果他们对监督者和其他合作者施加太少的影响，他们将无法有效达成有吸引力的公共目标;另一方面,如果他们对监督者和其他合作者施加太大的影响,就会危害民主治理和公民自由。

有些技巧可以帮助公共管理者把握好这个度。但这些技巧绝非毫无瑕疵,人们对这些技巧仍抱有不少批评态度。但瑕不掩瑜,上文介绍的各种政治管理技巧,如倡导、政策管理、谈判、公议、社会学习和公共部门营销等,都将在不断的实践过程中得以发展和完善。

对我们来说,目前最重要的是认识到这些技巧回答了以下问题,即公共部门管理者怎样才能使他们领导的机构具有合法性,怎样才能动员不在其直线管理范围内的人们帮助他们达成规定的目标。而这些问题是公共部门管理者面临的最困难、最具挑战性的问题。事实上,也只有公共部门管理者才会面临这样的问题。

注释

1. 很早以前,Woodrow Wilson 就认识到了这种政治管理具有重要的作用。他说:"公众意见就像君主,但它不只有一个君主,而是有很多个,要想做任何事情,我们都必须先说服这些君主。比起说服一个国王来,要说服所有这些君主,显然是一件难得多的事情。"参见 Wilson,"The Study of Administration,"选编于 Shafritz 和 Hyde,eds.,*Classics of Public Administration*, 2d ed. (Chicago: Dorsey Press, 1987),第 16 页。Laurence E. Lynn,Jr. 最近也提出了类似的观点:"虽然(公共部门执行官)承担了完成无数可能带来真正后果的工作,(他们)……在获得完成任务所需的资源与权力方面,仍面临着各种挫折。"Lynn,*Managing the Public's Business:The Job of the Government Executive*(New York:Basic Books,1981),第 158 页。

2. Woodrow Wilson 也注意到,使政治管理的形式与民主要求相适应,同样具有重要作用。他说:"如果我们采用它(行政科学),我们必须将它美国化……它必须对我们的宪法烂熟于心,彻底摒弃对官僚的狂热偏执,并充分吸收自由美国的空气"("The Study of Administration,"第 13 页)。Robert Reich 说:"民主制造了很大的噪音、富有进攻性、令人沮丧、耗时太多、难以预期并制造混乱。但是,在保证政府对其公民负责这一点上,民主仍是迄今为止最好的治理系统。"Reich,*Public Management in a Democratic Society*(Englewood Cliffs,N. J.:Prentice - Hall,1990),第 4 页。然后,他又推荐了一条与这种环境互动以保存民主价值的途径。他称这是一种"审慎的关系",在这种关系下,"(管理者)提出自己的理念与价值观,有时甚至提出达成这种理念和价值的具体办法。但是,(他们)却征求公众的意见。之所以说(他们的)关系是一种

“审慎的关系”，是因为（他们）绝不隐瞒自己的价值与希望达成的目标，但同时，他们也倾听公众对（他们的）计划的意见，并愿意作出相应的修改（第 7 页）。

3. 官僚应遵循某些原则，而这样做制约了公共部门管理者的行为。关于这方面的论述，请参见 John P. Burke, *Bureacratic Responsibility*（Baltimore: Johns Hopkins University Press, 1986）。关于公共部门执行官“美德”与“爱好”的讨论，请参见 Mark H. Moore 和 Malcolm K. Sparrow, *Ethics in Government: The Moral Challenge of Public Leadership*（Englewood Cliffs, N. J. : Prentice – Hall, 1990）。

4. 关于民选首脑与他们任命的内阁官员之间的关系的描述，请参见 Roger Porter, *Presidential Decisionmaking: The Economic Policy Board*（Cambridge: Cambridge University Press, 1980），第 11 – 25 页。Richard E. Neustadt 精彩地描述了政治领导与其任命的官员、内阁部长之间的关系以及这种关系形成的历史。参见 *Presidential Power and the Modern Presidents: The Politics of Leadership from Roosevelt to Reagan*（New York: Free Press, 1990），第 91 – 92，193 – 194 页。

5. 过于顽固会给谈判带来困难。关于这方面的论述，请参见 Roger Fisher 和 William Ury, *Getting to Yes: Negotiating Agreement without Giving In*, 2d ed.（Boston: Houghton Mifflin, 1991），第 18 – 19、第 29 – 32 页。

6. 在 *Getting to Yes* 一书第 32 – 36 页，Fisher 和 Ury 强调了在谈判中持续沟通的重要性。不幸的是，在许多情况下，为了保护政府程序的一致性，法律规则禁止具有相同利益的人相互沟通。举例来说，从法律上说，马奥尼不能直接或私下与开发商商讨，因为这样做将对其随后的决定产生法律和政治风险。

7. 关于谈判的动机，请参见 Howard Raiffa, *The Art and Sciene of Negotiation*（Cambridge, Mass. : Harvard University Press, 1982）。有谈判者认为，他们不用谈判也可以得到不少好处。关于这一点的论述，请参见 David A. Lax 和 James K. Sebenius, *The Manager as Negotiator: Bargaining for Cooperation and Competitive Gain*（New York: Free Press, 1986），第 46 – 62 页。

8. Richard E. Neustadt, *Presidential Power and the Modern Presdidents: The Politics of Leadership from Roosevelt to Carter*（New York: Wiley and Sons, 1980），第 90 页。

9. Roger B. Porter, “Economic advice to the President: From Eisenhower to Reagan,” *Political Science Quarterly*, vol. 8, no. 3（Fall 1983）: 403 – 426.

10. Richard G. Darman, “Policy Development Note #4: Propositions for Discussion on Recent Progress and Reaining Problems in the Design of Policy Development Systems”（Kennedy School of Government, 影印本, 1980）。

11. 关于内阁级别政策制定系统的设计的讨论，请参见 Roger B. Porter, *Presidential Decisionmaking*（Cambridge: Cambridge University Press, 1980）。

12. Neustadt 描述了总统与内阁成员间存在的类似的困难。请参见 *Presidential Power and the Modern Presdidents: From Roosevelt to Reagan*, 第 33 – 37 页。

13. Martin Linsky, *Impact: How the Press Affects Federal Policymaking*（New York: Norton, 1986），第 40 – 68 页。

14. 要了解这便是州长的想法的证据，请参见 Colin S. Diver，"Park Plaza，" KSG Case #C16 – 75 – 707.0（Cambridge，Mass.：Kennedy School of Government Case Program，1975）中对他的立场的描述。

15. 在描述与分析申塞（Sencer）的行动时，我再次参考了 Richard E. Neustadt 和 Harvey Fineberg，*The Epidemic That Never Was：Policy – Making and the Swine Flu Affair*（New York：Vintage，1983）；J. Bradley O'Connor 和 Laurence E. Lynn，Jr.，"Swine Flu（A）"，KSG Case #C14 – 80 – 313.0（Cambridge，Mass.：Kennedy School of Government Case Program，1980）。我这里的描写最多只是对 Neustadt 和 Fineberg 详细、鞭辟入里的分析的一个概要而已。如想了解故事的详情，应该读一读他们的著作。

16. 备忘录被完整地记录在 Neustadt 和 Fineberg，*The Epidemic That Never Was*，第 198 – 206 页，

17. 同上，第 41 页。

18. 正如 Neustadt 和 Fineberg 所说的那样，"制度保护不能凌驾于预防医学的道德之上"（同上，第 25 页）。

19. 摘自 O'Connor 和 Lynn 在"Swine Flu"一文中的名言："到星期一下班时，华盛顿许多地方都暴发了猪流感政策制定症"（第 9 页）。

20. Neustadt and Fineberg，*The Epidemic That Never Was*，第 35 页。

21. O'Connor and Lynn，"Swine Flu，" 第 17 页。

22. 同上，第 15 页。

23. 同上，第 22 页。

24. Neustadt and Fineberg，*The Epidemic That Never Was*，第 195 页。

25. 同上，第 95 页。

26. 同上，第 91 页。

27. 同上，第 116 – 137 页。

28. Howard Raiffa，*Decision Analysis*（Reading Mass.：Addison – Wesley，1968）.

29. 同上，第 116 – 122 页。

30. 同上，第 117 页。

31. 同上，第 118 – 122 页。

32. 同上，第 122 – 126 页。

33. 要了解各种风格的例证，请参见 Michael Maccoby 对"丛林战士"的描述。Michael Maccoby，*The Gamesman：The New Corporate Leaders*（New York：Simon and Schuster，1976），第 76 – 85 页。

34. Robert Reich 看到了这一点：如果（管理者）避开或罔顾责任系统，（他们）就不会发现公众想要得到的东西。只有（管理者）能高效地实现公众价值的时候，高效才是一种美德。（管理者个人）对公众价值的判断也可能是错的。Reich，*Public Management in a Democratic Society*，第 5 页。

35. 高效的企业家精神可能对公众利益产生长期的伤害。要了解这方面的精彩案例，请参见 Robert Caro 关于 Robert Moses 及其对纽约市发展的影响的描述。Robert

Caro, *The Power Broker*: *Robert Moses and the Fall of New York*(New York: Knopt, 1974)。

36. Karl W. Deutsch, *The Nerves of Government*: *Models of Political Communication and Control*(New York: Free Press, 1966), 第 111 页。

37. 这也是 Carl J. Friedrich 和 Herman Finer 关于管理者在政府中的责任的经典观点。参见 Friedrich, "Public Policy and the Nature of Administrative Responsibility," 选编于 E. S. Mason and C. F. Friedrich, eds., *Public Policy*, 1940 (Cambridge, Mass.: Harvard University Press, 1940); Finer, "Administrative Responsibility in Democratic Government," *Public Administration Review*, vol. 1 (1941): 335 – 350。Reich, Moore and Sparrow 也分别在 *Public Management in a Democratic Society* 与 *Ethics in Government* 两书中表达了相同的观点。

38. 关于这一点的精彩论述，请参见 Reich, *Public Management in a Democratic Society*, 第 1 – 9 页。

39. 我认为，"企业家式倡导"最初是由 Robert Reich 提出的。他用这个词来表示与政治管理相关的一套连贯的看法。这些观点主要由 Philip B. Heymann 提出。参见 Philip B. Heymann, *The Politics of Public Management* (New Haven, Conn.: Yale University Press, 1987), 第 144 页。另请参见 Morton H. Halperin, Peter Clapp and Arnold Kanter, *Bureaucratic Politics and Foreign Policy* (Washington, D. C.: Brookings Institution, 1974)。关于企业家式倡导的经典例证，请参见 Caro, *The Power Broker*。关于对这一点的批判，请参见 Reich, *Public Management in a Democratic Society*, 第 60 – 63 页。

40. 关于企业家式倡导的技巧的来源，我主要依靠长期以来与 Philip B. Heymann, Graham T. Allison, Robert Blackwell 与 Richard Haass 等人的谈话。我在论述中体现出的全部精华都归功于他们，所有的不足之处都应由我来承担。

41. 感谢 Philip B. Heymann 帮助我作出了这些分析。

42. 感谢 Philip B. Heymann 提出了这种观点。

43. Lynn 在 *Managing the Public's Business* 一书第 158 – 159 页对此作了简短有力的论述。Lax and Sebenius 在 *The Manager as Negotiator* 一书第 314 – 338 页也论述了这一问题及谈判所扮演的角色。

44. Graham T. Allison 将这类通向权威决策的路径称作"行动渠道"(Action Channel)。Allison, *Essence of Decision*: *Conceptual Models and the Cuban Missile Crisis* (Boston: Little, Brown, 1971), 第 169 – 170 页。

45. 关于合法性与它的来源的论述，请参见 Heymann, *The Politics of Public Management*, 第 74 – 89 页。

46. 这条规则也有一些例外。例如，人们认为，"独立"规制机构就不受政治的约束。另外，各种"公共权力"机构也不受政治的约束。但是，细细思考一下，就不难看到，政治对这些机构的影响力只是减弱了，而不是完全消失了。这些机构一般每年都需要议会拨款，它们的领导由民选的政治官员任命，只要议会决定撤销这些机构，它们就会被撤销。因此，对这些"独立"机构来说，这条规则仍然适用，只不过是程度有所减弱而已。关于独立委员会扮演的角色的论述，请参见 Marver H. Bernstein, *Regulating Business by Independent Commission* (Westport, Conn. : Greenwood Press, 1977)。关于公共权力的讨论，请参见 Jameson Doig, "'If I See a Murderous Fellow Sharpening a Knife Cleverly...': The Wilsonian Dichotomy and the Public Authority Tradition" (Princeton University, 影印本, 1983)。

47. Heymann 在 *The Politics of Public Management* 第 109 – 124 页中，也特别关注议会的作用。

48. 关于法院如何参与政策制定以及它们在这一方面所具有的能力和扮演的角色的讨论，请参见 Donald L. Horowitz, *The Courts and Social Policy* (Washington, D. C. : Brookings Institution, 1977)。

49. "Ellen Schall and the Department of Juvenile Justice," KSG Case #C16 – 87 – 793.0 (Cambridge, Mass. : Kennedy School of Government Case Program, 1987) 即是一个有趣的例子。Reich 在 *Public Management in a Democratic Society* 一书第 76 – 89 页也讨论了一个有趣的案例。

50. Heymann 在讨论政治环境的"构成"(configuration)的时候，或许想的也是途径概念。参见 Heymann, *The Politics of Public Management*, 第 156 – 158 页。

51. Hugh Heclo, "Issue Networks and the Executive Establishment," 选编于 Anthony King, ed. *The New American Political System* (Washington, D. C. : American Eterprise Institute, 1978), 第 87 – 124 页。

52. 这一类还包括"潜在的"利益团体。参见 David Truman, *The Governmental Process: Political Interests and Public Opinion* (New York: Knopt, 1951), 第 34 页。

53. 关于这一点，感谢 Graham T. Allison 对参与者的"利益"与"立场"的划分。参见 Allison, *Essence of Decision*, 第 167 – 168 页。这种区别大概相当于谈判者的"利益"与"立场"。参见 Lax 和 Sebenius, *The Manager as Negotiator*, 第 68 – 70 页。

54. Richard E. Neustadt 和 Ernest R. May 建议通过两种途径来完成这一工作。一是"察看议题的历史"，二是"用人"。参见 Neustadt and May, *Thinking in Time: The Uses of History for Decision Makers* (New York: Free Press, 1986), 第 91 – 110 页以及第 157 – 180 页。

55. Allison, *Essence of Decision*, 第 168 页。

56. Neustadt and May, *Thinking in Time*, 第 34 – 57 页。

57. Heymann 将技巧分为两类，一类在现有"条件"下对决策起帮助作用，另一类则试图"改变政治环境。"参见 Heymann, *The Politics of Public Management*, 第 145 – 189 页。

58. 这是 Reich 批判企业家式倡导的一点。参见 Reich, *Public Management in a Democratic Society*, 第 5 – 6 页。议员可能会决定就某个有争议的问题制定出一项具有长期效力的规定。关于这类案例，请参见 "Senator Scott Heidepriem and the South Dakota Anti – Abortion Bill," KSG Case #C16 – 93 – 1213.0 (Cambridge, Mass. : Kennedy School of Government Case Program, 1993)。

59. E. E. Schattschneider 写道："第一个假定是，有关人员的范围决定了所有冲突的结果。参与人员的数量决定了将要发生什么，参与人员数量的变化将影响结果。" Schattschneider，"The Contagiousness of Conflict，" *The Semisovereign People*：*A Realist's View of Democracy in America*（Hinsdale，Ill.：Dryden，1960），第 2 页。

60. Heymann，*The Politics of Public Management*，第 137 页。

61. "Les Aspin and the MX Missile，" KSG Case #C14 – 83 – 568.0（Cambridge，Mass.：Kennedy School of Government Case Program，1983）对此事件作了描述。Heymann 在 *The Politics of Public Management* 第 125 – 163 页中对此事件也作了有趣的讨论。

62. 这一事件在"The Case of the Sergregated Schools，" KSG Case #C14 – 83 – 531.0（Cambridge，Mass.：Kennedy School of Government，1983）中有详细的描述。Lynsky 在 *Impact* 一书第 95 – 104 页也对此作了深入的分析。

63. Lynsky，*Impact* 第 88 – 118 页；另请参见 Leon V. Sigal，"What the News Means Depends on How the News Gets Made，" 收录于 *Reporters and Officials*（Lexington，Mass.：D. C. Heath，1973），第 1 – 6 页。

64. Lynsky，*Impact*，第 119 – 147 页。

65. Neustadt and May，*Thinking in Time*，第 48 – 57 页。

66. Heymann 对给定条件下"做"（play）这一概念作了详尽的论述。参见 *The Politics of Public Management*，第 165 页。

67. 一个有趣的例子是民权。参见"Voting Rights Act of 1965，" KSG Case #C14 – 80 – 307.0（Cambridge，Mass.：Kennedy School of Government Case Program，1980）。

68. Richard Haass，"Ripeness and the Settlement of International Disputes，" *Survival*，vol. 30，no. 3（May – June 1988）：232 – 249.

69. 感谢 Philip Heymann 提供了这一观点。关于证明这一点的有趣案例，请参见 Ron Beaulieu，"Section 103 of the Internal Revenue Code，" KSG Case #C94 – 75 – 58.0（Cambridge，Mass.：Kennedy School of Government Case Program，1975）。

70. Isaiah Berlin，*The Hedgehog and the Fox*：*An Essay on Tolstoy's View of History*（New York：Simon and Schuster，1966）.

71. Nancy Altman 在 Kennedy School of Government 制作了数个关于"委员会"的案例。参见"Les Aspin and the MX Missile，" KSG Case #C14 – 83 – 568.0；"National Commission on Social Security Reform，" KSG Case #C94 – 83 – 554.0（Cambridge，Mass.：Kennedy School of Government Case Program，1983）；"The Sawhill Commisiion：Weighing a State Takeover of LILCO，" KSG Case #C15 – 86 – 718.0（Cambridge，Mass.：Kennedy School of Government Case Program，1986）。

72. Beaulieu，"Section 193 of the Internal Revenue Code."

73. Dennis W. Banas and Robert C. Trojanowicz，*Uniform Crime Reporting and Community Policing*：*A Historical Perspective*，Community Policing Series，no. 5（East Lansing：Michigan State University，National Neighborhood foot Patrol Center，1985）.

74. "Hunger in America，" KSG Case #C14 – 75 – 85.0（Cambridge，Mass.：Kennedy

School of Government Case Program,1975).

75. John J. DiIlulio, Jr. , *No Escape: the Future of American Corrections*(New York: Basic Books,1991),第 103 - 147 页。

76. Lisbeth Schorr(with Daniel Schorr), *Within Our Reach: Breaking the Cycle of Disdadvantage*(New York: Anchor Press/Doubleday,1988),第 184 - 192 页。

77. John P. Kotter, *The General Managers*(New York: Free Press,1986),第 88 页。Hugh Heclo 注意到,这一点对公共管理者来说,也非常重要。他说:"政治领导为自己所做的一切均可以说是建立自己的个人网络"。Heclo, *A Government of Strangers: Executive Politics in Washington*(Washington, D. C.: Brookings Institution, 1975),第 158 页。

78. Reich 是最有名的批判者之一;参见 *Public Management in a Democratic Society*。

79. 我在本章提出的"政策管理"概念以我与肯尼迪政府学院的同事及其他各单位同仁的广泛的个人谈话为基础。主要文件包括:Porter, *Presidential Decisionmaking*, Laurence E. Lynn, Jr. , and John M. Seidl, "Bottom - Line Management for Public Agencies," *Harvard Business Review*, vol. 55, no. 1(1977 年);Laurence E. Lynn, Jr. 与 David DeF. Whitman, *The President as Policcymaker: Jimmy Carter and Welfare Reform*(Philadelphia: Temple University Press,1981);Richard Darman, "Note on Policy Development #4。"我还从一个为期一年的研讨会中得益不少。参加研讨会的人员包括 Francis Bator, Hale Champion, Richard E. Neustadt, and Robert Zoellick 等人。另有一些重要的、提出了类似观点的论文,如 Alexander George: "The Case for Multiple Advocacy in Making Foreign Policy," *American Political Science Review*,66(September 1972):751 - 785。该文对多次倡导作了论述。James W. Fessler and Donald F. Kettl, *The Politics of the Admiinistrative Process*(Chatham, N. J.: Chatham House,1991),第 208 - 238 页。该书对预算系统作了论述。John M. Bryson, *Strategic Planning for Public and Nonprofit Organizations*(San Francisco: Jossey - Bass,1988)。该书对公共部门的战略计划系统作了论述。

80. 这种技巧通常被描述成"管理"或"设计""政策制定的程序",它是政府部门管理者经常要面对的一项工作。有不少案例讨论了这一问题,如"The Recission of the Passive Restraints Standard," KSG Case #C16 - 82 - 455. 0(Cambridge, Mass.: Kennedy School of Government Case Program,1982);"Ruckelsaus and Acid Rain," KSG Case #C16 - 86 - 658. 0(Cambridge, Mass.: Kennedy School of Government Case Program, 1986);"NHTSA and the Corporat Average Fuel Economy Standards," KSG Case #C15 - 86 - 672. 0(Cambridge, Mass.: Kennedy School of Government Case Program,1986);"The Press and the Neurton Bomb," KSG Case #C14 - 84 - 607. 0(Cambridge, Mass.: Kennedy School of Government Case Program, 1984);"Ronald Reagan and Tax Exemptions for Racist Schools," KSG Case #C15 - 84 - 609. 0(Cambridge, Mass.: Kennedy School of Government Case Program,1984);"Groundwater Regulation in Arizona," KSG Case #C16 - 91 - 1066. 0(Cambridge, Mass.: Kennedy School of Government Case Program,1991)。

81. 这项工作通常被称为“管理”或“设计”“政策管理系统”。它与设计战略计划系统及将预算过程用于战略计划目标紧密相关。关于这类系统中的设计、制定与运作在总统这一层次包含了哪些内容的讨论，请参见 Porter, *Presidential Decisionmaking*。另请参见 *A Presidency for the 1980's: A Report by a Panel of the Natioinal Academy of Public Adinstration*(Washington, D. C. : National Academy of Public Administration, n. d.)。关于说明这一问题的案例，请参见 Greg Mills, "PPB and the Surgeon general," HBS Case 9－375－111 (Boston: *Harvard Business School: 1974*); Regina Herzlinger and Arva Clark, "Zero－Based Budgeting in the Public Health Service," HBS 9－178－080(Boston: Harvard Business School, 1977); Mark Moore, "Joan Claybrook and the National Highway Traffic Safety Adinistration," KSG Case #C95－81－370.0 (Cambridge, Mass. : Kennedy School of Government Case Program, 1981); David Kennedy, "Managing EPA," KSG Case #C16－87－729.0(Cambridge, Mass. : Kennedy School of Government Case Program, 1987)。

82. 参见第四章关于程序与实质对决策合法性与说服力方面具有的影响。另请参见 Heymann, *The Politics of Public Management*，第 74－89 页；Edith Stokey and Richard Zeckhuser, *A Primer for Policy Analysis*(New York: Norton, 1978)，第 283－286 页。

83. 公共政策决策制定过程中应遵循的法律规定是行政法研究的重点。参见 Jerry L. Mashaw, *Due Process in the Administrative State* (New Haven, Conn. : Yale University Press, 1985)，第 172－221 页。

84. 这里，我采用了“理性行动者”政府模型作为理想模型。同样，Porter 似乎也倾向于这一立场，因为他评价福特经济政策委员会绩效表现的标准也将注意力放在了这一点上。参见 Porter, *Presidential Decisionmaking*，第 184－189 页。关于另一类观点，请参见 Charles E. Lindblom, "The Science of 'Muddling Through'"，重印于 Shafritz and Hyde, *Classics*，第 263－275 页，Lindblom, *Inquiry and Change: The Troubled Attempt to Understand and Shape Society*(New Haven, Conn. : Yale University Press, 1990)，第 257－302 页。Lindblom 对理性行动者的批判使政策分析转向公议与社会学习模型。参见下一节的“公议、社会学习与领导”。

85. 关于专业技术、社会学习与政策分析是否对公共政策决策形成了影响，请参见第二章注释 26。

86. 感谢 Hale Champion 多次在私人交谈中向我强调了这一点。

87. 关于权力结构的重要性的论述，请参见 Jerry L. Mechling, "Analysis and Implementation: Sanitation Policies in New York City," *Public Policy*, vol. 26, no. 2 (Spring 1978): 273－283。关于政府决策最后期限的重要性，请参见 Allison, *Essence of Decision*，第 168 页。

88. John E. Chubb and Paul e. Peterson, eds., *Can the Government Govern?* (Washington, D. C. : Brookings Institution, 1989)，第 20－37 页。

89. 参见注释 71。

90. 私人谈话，1995 年 3 月 9 日。

91. Stokey and Zeckhauser,*Primer*,第 5 - 6 页。

92. 关于这一点的详尽清单,请参见第二章注释 26。特别是 Laurence E. Lynn, Jr. ,*Knowledge and Power*:*The Uncertain Connection*(Washington,D. C. :National Academy of Sciences,1978)。关于对这一点的批评,请参见 Mark H. Moore,"Social Science v. Policy Analysis: Some Fundamental Differnces," 收编于 Daniel V. Callahan and Bruce Jenning eds. , *Ethics*: *The Social Sciences and Policy Analysis* (New York: Plenum Publishing,1983);Lindblom,*Inquiry and Change*。

93. Moore,"Social Science v. Policy Analysis."

94. 关于预测可行性的重要性,请参见 Graham T. Allison, "Implementation Analysis:'The Missing Chapter' in Conventional Analysis," *Benefit - Cost and Policy Analysis*:1974(Chicago,Aldine Publishing,1975),第 369 - 391 页。

95. Neustadt and Fineberg,*The Epidemic That Never Was*,第 232 - 236 页。

96. 对这种关系的论述,请参见 Arnold J. Meltsner, *Policy Analysts in the Bureaucracy*(Berkeley: University of California Press,1976)。另请参见 Moore,"*Social Science v. Policy Analysis.*" 关于社会科学对解决公共问题的贡献,请参见 Lindblom, *Inquiry and Change*。关于可能存在的关系,请参见 Giandomenico Majone,"Policy Analysis and Public Deliberation," 收录于 Robert B. Reich ed. ,*The Power of Public Ideas* (Cambridge,Mass. :Ballinger,1988),第 157 - 178 页。

97. Raiffa,*Decision Analysis*.

98. Neustadt and Fineberg 在 *The Epidemic That Never Was* 第 116 - 137 页集中论述了这一主题。

99. Lynn and Seidl,"Bottom Line Management."另请参见 John M. Bryson,"Initiation of Strategic Planning by Goernement," *Public Administration Review* vol. 48, no. 6 (November - December 1988):995 - 1004;James w. Fessler and Donald F. Kettl,"Budgeting," 选编于 *The Politics of the Administrative Process*(Chatham,N. J. :Chatham House,1991), 第 208 - 238 页。Peter A. Pyhrr,"The Zero - Base Approach to Government Budgeting," 选编于 Shafritz and Hyde,*Classics*,第 495 - 505 页。

100. 政策管理系统与用于战略目标的战略计划系统以及预算系统紧密相关。关于这方面的重要著作,请参见注释 81。

101. Allen Schick, "The Road to PPB: The Stages of Budget Reform," *Public Administration Review*,26(1966 年 12 月),第 243 - 258 页,重印于 Shafritz and Hyde, *Classics*,第 299 - 318 页。另请参见 Fessler and Kettl,"Budgeting," 第 208 - 238 页; Pyhrr,"The Zero - Base Approach,"第 495 - 505 页。

102. Pyhrr,"The Zero - Base Approach"。关于应用预算系统的案例,请参见 Mills,"PPB and the Surgeon General," 以及 Herzlinger and Clark,"Zero - Based Budgeting in the Public Health Service"。

103. Darman 既对预算系统的固定期限特征持批评态度,也对 Lynn and Seidl 在"Bottom Line Management"中提出的灵活系统持批评态度。在他看来,固定期限系统过于死板，难以处理政府中存在的众多问题（与机会！）。参见 Darman，"Policy Development Note #4，" 第 4 页。

104. 我在工作中也遇到了类似困难。时任 IRS 负责人的 Roscoe Egger 让他的几个重要下属与直线管理人员为 IRS 制订一个战略计划，但他收到的是一份类似于预算的报告。这份报告列举了所有重要的项目与活动，并解释了这些项目与活动为什么如此重要。他对这份报告非常不满。他认为，战略计划应该找出组织需要特别关注的少数几个领域，组织在这几个领域的创新与投资将会提高组织未来的绩效——而不是仅仅对组织现在做的事情做一个简单的描述。

105. 关于描述规制机构运用政策管理系统的案例，请参见 Moore，"Joan Claybrook and the National Highway Traffic Safety Administration，" 以及 Kennedy，"Managing EPA"。

106. Porter，*Presidential Decisionmaking*，第 229 – 252 页。

107. 同上，第 235 – 241 页。

108. 关于以这种方式看待总统可能造成的危险，参见 Laurence E. Lynn，Jr.，and David DeF. Whitman，"The Perils of Policymaking，" *The President as Policymaker*，第 3 – 15 页。

109. Porter，*Presidential Decisionmaking*，第 231 – 235 页。

110. 同上，第 241 – 247 页。一般认为，这种决策方法是由 Alexander L. George 提出的。参见 George，"The Case for Multiple Advocacy in Making Foreign Policy，" *American Political Science Review* 66（September 1972）：751 – 785。

111. Porter，*Presidential Decisionmaking*，第 177 页。

112. Darman，"Policy Development Note #4."

113. 他将制定具有"战略"意义的决策与其他决策区分开来便暗示了这一点。同上，第 3 页。

114. Heymann 注意到："战略是给予组织活动一致性的目标和计划。如果它是新颖的，那么它将带来变革，而变革总会遭到反对。" Heymann，*The Politics of Public Management*，第 19 页。

115. 这部分参与者可以检验与增强自己的个人能力，他们可能成为组织变革后的直线管理者。即使在这种情况下，大部分的决策也应以直线管理者的建议为基础。

116. Darman 强调"将议题相互联系并使它们与战略紧密相关"，因此这种焦点是显而易见的。在与 Darman 及 Elliot Richardson 的一次会见中，他也表明了这一观点。Darman 当时在为国家司法部制定一个系统，而后者则是他的客户。

117. Hale Champion 也表达了这一观点。

118. Lax and Sebenius，*The Manager as Negotiator*，第 29 – 45 页。

119. 这是经济分析中一个很普通的假设，它也被运用于"博弈理论"与谈判分析中。关于博弈理论的论述，请参见 R. Duncan Luce and Howard Raiffa，*Games and Decisions*（New York：Wiley and Sons，1967），第 3 – 6 页。关于谈判分析的论述，请参见 Raiffa，*The Art and Sciene of Negotiation*。

120. 关于个人利益与政治的观念,请参见 John Ferejohn 和 Charles Shipan,"Congressional Influence on Bureaucracy,"以及 Morris P. Fiorina,"Comment: The Problems with PPT."以上两篇论文分别载于 *Journal of Law, Economics, and Organization*, vol. 6(1990):1 – 20,255 – 263。

121. Steven Kelman, *Making Public Policy: A Hopeful View of American Government* (New York: Basic Books, 1987),第 286 – 296 页。另请参见 Gary Orren,"Beyond Self – Interest"与 Steven Kelman,"Why Public Ideas Matter,"分别收录于 Reich, *The Power of Public Ideas*,第 13 – 30 页、第 31 – 54 页。

122. Robert B. Reich,"Policy – Making in a Democracy,"收录于 *The Power of Public Ideas*,第 123、156 页。

123. 在某些情形下,对公共利益与义务的争论可能会极大地增强行动的能力。关于这方面的论述,请参见 Neustadt, *Presidetial Power and the Modern Presidents: Roosevelt to Carter*。

124. 为了分析不同谈判情势可能带来的结果,分析者必须用"简化的形式"来研究战略。参见 Luce and Raiffa, *Games and Decisions*,第 47 – 53 页。

125. 同上,第 56 – 154 页。

126. Raiffa, *The Art and Sciene of Negotiation*; Lax and Sebenius, *The Manager as Negotiator*.

127. Lax and Sebenius, *The Manager as Negotiator*,第 70 – 74 页。

128. Neustadt, *Presidential Power and the Modern Presidents: Roosevelt to Reagan*,第 50 – 90 页。

129. Lax and Sebenius, *The Manager as Negotiator*,第 246 – 254 页。

130. 同上。

131. 同上,第 226 – 237 页。

132. 同上,第 111 页。

133. 同上,第 11 页。

134. 同上,第 84 – 86 页。

135. 我相信,Roger Fisher and William Ury 创造了这个词。参见 Fisher 和 Ury, *Getting to Yes*,第 97 – 106 页。

136. Lax and Sebenius, *The Manager as Negotiator*,第 29 – 45 页。

137. Thomas C. Schelling, *The Strategy of Conflict* (Cambridge, Mass.: Harvard University Press, 1960)。

138. 在 *Getting to Yes* 一书中,Fisher and Ury 列举了"坚持原则的谈判"包含的要素。

139. Lax and Sebenius, *The Manager as Negotiator*,第 29 – 45 页。

140. Fisher 和 Ury 持有另一种不同的观点。他们督促谈判各方采取一个原则性的立场,并且认为,这样做将使更多的谈判达成满意的协议,而达成某种协议总比毫无协议要好得多。当谈判各方过于激进时,则经常会出现毫无协议的情况。参见

Fisher 和 Ury, *Getting to Yes*。

141. Lax and Sebenius, *The Manager as Negotiator*, 第 218 – 230 页。参见 James K. Sebenius, "Negotiation Arithmetic: Adding and Subtracting Issues and Parties," *International Organization*, vol. 37, no. 2 (Spring 1983): 281 – 316。

142. Lax and Sebenius, *The Manager as Negotiator*, 第 29 – 45 页。

143. Lax 和 Sebenius 也注意到了这种批评意见;同上,第 237 – 241 页。

144. 参见第二章关于公民的论述。我的建议是,需要谈判以外的方法来鼓励"公民"——而不是"顾客"——说出他们的"价值",不管这些公民是受益者还是"被强制者"。

145. Robert B. Reich 在"Policy – Making in a Democracy," Ronald A. Heifetz and Riley M. Sinder 在"Political Leadership: Managing the Public's Problem Solving,"中提出了这些观点。以上两文均收录于 Reich, *The Power of Public Ideas*, 第 137 – 147、第 179 – 203 页。另请参见 Reich, *Public Management in a Democratic Society*, 第 175 页; Ronald A. Heifetz, *Leadership without Easy Answers* (Cambridge, Mass.: Harvard University Press, 1994), 第 125 – 149 页。

146. Heifetz, *Leadership without Easy Answers*, 第 235 – 236 页。

147. Heifetz 对"技术性的"与"适应性的"工作作了重要区分。如果处于权威位置的人知道答案,则是"技术性的"工作;如果答案暂不可知,或必须痛苦地适应不可改变的现实才能得到答案,则是"适应性的"。参见 Heifetz 和 Sinder, "Political Leadership," 第 185 – 191 页; Heifetz, *Leadership without Easy Answers*, 第 73 页。

148. Heifetz 将此称为创造合适的"可持续的环境"。参见 Heifetz, *Leadership without Easy Answers*, 第 103 – 113 页。

149. Reich, "Policy – Making in a Democracy,", 第 144 – 147 页。

150. 在 *Leadership without Easy Answers* 一书第 22 – 27 页, Heifetz 将"适应有问题的现实"作为领导定义的一个重要含义。

151. 参见 Robert B. Reich, "Public Administration and Public Deliberation: An Interpretive Essay," Yale Law Journal, vol. 94 (June 1985): 1617 – 1641; Arthur Applbaum, "Failure in the Marketplace of Ideas" (Kennedy School of Government, 未发表手稿, 1993)。

152. Reich, "Policy – Making in a Democracy," 第 144 – 147 页。

153. 这些事件在 Henry Lee and Esther Scott, "Managing Environmental Risk: The Case of Asarco," KSG Case #C16 – 88 – 847 (Cambridge, Mass.: Kennedy School of Government Case Program, 1988) 中已有描述。在 Reich, "Policy – Making in a Democracy" 第 147 – 150 页与 Heifetz, *Leadership* 第 88 – 100 页中也有分析。我这里只是重复了他们的分析。

154. David L. Kirp, *Learning by Heart: AIDS and Schoolchildren in America's Communities* (New Brunskwick, N. J.: Rutgers University Press, 1989), 第 276 – 293 页。

155. Heifetz, *Leadership without Easy Answers*。Lloyd Etheredge 以另一种方法对

“政府学习”作了总结。参见“Government Learning: An Overview”,收编于 Samuel L. Long, ed., *The Handbook of Political Behavior*, vol. 2 (New York: Plenum Publishing, 1981),第 73 - 161 页。该文更多地关注高层官员如何学习,而较少关注普通公民如何学习。但是,它对相关的观念作了极为有用的总结。

156. Heifetz, *Leadership without Easy Answers*,第 194 - 201 页。

157. 参见注释 151。

158. Heifetz, *Leadership without Easy Answers*,第 253 - 249 页。

159. Heifetz and Sinder, “Political Leadership,” 第 187 - 191 页。

160. *Heifetz, Leadership without Easy Answers*,第 241 - 246 页。

161. 以下案例描述了这些事件:“Cancer and Environental Hazards in Woburn, Massachusetts,” KSG Cas #C16 - 86 - 659.0, #C16 - 86 - 660.0、#C16 - 86 - 660.1 (Cambridge, Mass.: Kennedy School of Government Case Program, 1986)。本文的分析是作者的观点。

162. “社会营销”的观念由 Philip Kotler and Euardo Roberto 提出。参见 *Social Marketing: Strategies for Changing Public Behavior* (New York: Free Press, 1989)。另请参见 Philip Kotler, “Social Marketing of Health Behavior,” 选编于 L. W. Fredriksen, L. J. Solomon, and K. A. Brehany, eds., *Marketing Health Behavior* (New York: Plenum Press, 1984)。关于讨论公共部门营销、评价这些活动的标准以及公开的、通过传媒所做的一百次营销的精彩论文,请参见 Janet A. Weiss and Mary Tschirhart, “Public Information Campaigns as Policy Instruments,” *Journal of Policy Analysis and Management*, vol. 13, no. 1 (1994): 82 - 119。关于描述成功的“战略沟通活动”的案例,请参见“Selling the Reorganization of the Post Office,” KSG Case #C14 - 84 - 610.0 (Cambridge, Mass.: Kennedy School of Government Case Program, 1984), “Please Be Patient: The Seattle Solid Waste Utility Meets the Press,” KSG Case #C16 - 91 - 1058.0 (Cambridge, Mass.: Kennedy School of Government Case Program, 1991)。

163. 有人把公共信息传播当成宣传活动,欲了解对这种做法的批评,参见 Jacques Ellul, “Propaganda: The Formation of Men's Attitudes” (New York: Vintage, 1965); Benjamin Ginsberg, *The Captive Public: How Mass Opinion Promotes State Power* (New York: Basic Books, 1986)。关于另一种比较乐观的观点,参见 Walter Lippman, *Public Opinion* (New York: Free Press, 1981); Martin Linsky: “The Media and Public Deliberation,” 选编于 Reich, *The Power of Public Ideas*,第 205 - 227 页; Weiss and Tschirhart, “Public Information Campaigns as Policy Instruments”。

164. R Craig Lefebvre and June Flora, “Social Marketing and Public Health Intervention,” *Health Education Quarterly*, vol. 15, no. 3 (Fall 1988): 300 - 301。

165. 警察都已开始仔细研究他们的客户,研究的内容包括人口特征、请求帮助的人员特征以及被逮捕的人的特征等。参见 Frank Small 和 Associates, *Community Policing Initatives in the Australian Capital Territory: 1992 Update* (Sydney, Australia: Frank Small Associates, 1992)。

166. 要了解一百次传媒活动，参见 Weiss and Tschirhart，"Public Information Campaigns as Policy Instruments"。公共卫生领域好像对这些技巧的应用特别感兴趣，所用的方法也特别复杂。也许出现这种情形的原因是他们大部分的干预活动都需要动员众多的个体改变自己的行为方式。

167. Robert D. Behn 在 *Producing Results：How Public Managers Can Create a Culture of Performance*（Durham，N. C.：Governor's Center，Duke University，1994）中对这些事件作了描述。关于如何动员民众，使他们愿意纳税，请参见 Mark H. Moore，"On the Office of Taxpayer and the Social Process of Taxpaying，" 选编于 Philip Sawicki，ed.，Income Tax Compliace（Reston，Va.：American Bar Association，1983）。

168. Behn，*Producing Results*，*Chap*. 3，第 7－9 页。

169. 同上，第 19－21 页。

170. 同上，第四章，第 9－17 页。

171. 同上，第五章，第 3－6 页。

第三篇　创造公共价值

第六章　公共部门生产再造：运作管理的职能

大多数人认为，管理的精华在于自觉、熟练地运用人、财、物和法律等资源生产出实在的结果。在探寻公共价值的过程中，我们也认识到了这一点。管理者是否有远见是一回事，他们能否动员各种资源，使其源源不断地流入组织又是另外一回事。但不管怎么说，管理的核心都在于实现既定的价值。这也是管理（与领导和企业家精神相对）的全部要义所在。[1] 为了更好地理解管理者面临的各种挑战，让我们来看一看哈里·斯彭斯（Harry Spence）和李·布朗（Lee Brown）分别接管波士顿公屋署（Boston Housing Authority/BHA）与休斯敦警察局（Houston Police Department/HPD）时必须面对的困境。

哈里·斯彭斯与波士顿公屋署

1979 年 7 月，马萨诸塞州高等法院法官保罗·加里蒂（Paul Garrity）再也无法忍受 BHA 的无能，采取了一项史无前例的行动：他命令对 BHA

实施接管。[2] 此前,BHA 的租户发起了一场针对 BHA 的集体诉讼,并与其达成了庭外和解,但 BHA 却一直未能履行自己在和解协议中作出的承诺。在宣告对 BHA 实施接管的裁决书中,加里蒂法官这样评价 BHA 的董事会:"管理混乱、有诺不践、能力低下且不负责任到了无以复加的地步。"[3] 换句话说,加里蒂宣告了 BHA 的破产。[4]

毫不奇怪,BAH 董事会对此判决提出了上诉。但是,上诉只不过是暂时延缓了裁决的执行,对最终裁决结果没有丝毫影响。六个月后,即在马萨诸塞州最高法院驳回上诉,维持原判的判决出来后,加里蒂解散了 BHA 的董事会,指定哈里·斯彭斯代表法院出任 BHA 的"接管人"。法官向斯彭斯提出了以下任务:采取一切必要、有益和适当的行动,使 BHA 管理的公屋符合州卫生条例和其他适用的联邦、州以及地方房屋管理条例。[5]

任务

斯彭斯的任务非常艰巨。BHA 拥有和管理着 68 个住宅区,总共 17000 多套住房和 60000 多居民。单以居民人数来说,这几乎占了波士顿市十分之一的人口。此前,这些房子都比较值钱,现在则大多破败不堪。《波士顿杂志》的一个记者对曾被人们引以为豪的"街道绿化带"作了入木三分的描述:"它们将两排三层楼的砖房隔开,绿化带上满是石块、黄泥和玻璃片……旗杆上锈迹斑斑,就像已有十几年没有挂过旗帜一样。两个过路人走过游乐区的秋千,才发现秋千上的坐板已经不翼而飞,其中一根支柱已经弯曲,整个秋千就像一个身受重创的、步履蹒跚的野兽一样。"[6]

BHA 的房子残破不堪,空置率自然居高难下。到 1980 年,家庭住宅的空置率达到了 28%。在问题最大的一些住宅区,如蜜仙山(Mission Hill)和忠诚路(Fidelis Way)住宅区,空置率超过了 40%。哥伦比亚坡

(Columbia Point)是一个拥有 39 栋住房、1600 多套住宅的小区，空置率更是高达 70%。

继续留在这些破败房屋中的住户大多属于贫困阶层。根据 BHA 的报告，在 1953 年时，其住户中只有 4% 的家庭领取政府补贴，而到 1975 年，没有收入来源的家庭竟然达到了 80%。1980 年，住户的户均收入在 3700 美元到 6400 美元，成为整个国家公屋住户收入水平最低的地区。

住户中的单亲家庭也越来越多，其中大部分家庭是妇女当家的家庭。1969 年，家庭住户中只有不到一半是单亲家庭，到 1978 年，这一数字狂飙到 80% 以上。这一变化带来的最大后果，便是家长对青少年的监管能力越来越弱。以蜜仙山为例，青少年占了全部人口的 60% 以上。斯彭斯描述了这种状况引发的后果："如果一个楼道里住了八户人，且都是女人当家的单亲家庭，那些十几岁的少年肯定会给你带来严重的问题。他们非常……残暴。这也是他们到处打架的原因。由于没有能唬住他们的人，他们几乎占据了所有住房的门厅。"[7]

财政资源

BHA 不但需要资金来维护破败的建筑，也需要资金来帮助那些一筹莫展的穷人。但不幸的是，BHA 可用的资金实在太少了。

美国房屋和城区发展署(U. S. Department of Housing and Urban Development/HUD)每年向 BHA 提供约 2 亿美元的资金，以补贴其运营费用。这一数目是根据一个公式计算出来的，该公式可以大致估算出房屋管理署维护公屋外观、式样和结构所需要的费用。此外，BHA 还可以从州政府得到 700 万美元的资金，从租户得到 700 万美元的房租。

不幸的是，这些钱并不足以补充 BHA 每年的运营成本。当斯彭斯接管时，BHA 已经有 500 万美元的赤字。由于赤字的存在，BHA 不得不延缓部分必需的维修,并减少对租户的服务。这样做带来了一些直接的后果,如房屋老化、空置率增高,房租收入降低等。我们许多人都很熟悉这种恶性循环,它们最终将导致企业破产。

出乎意料的是,有一笔资金可以帮助 BHA 走出这个恶性循环。1969 年,HUD 发起了一项“维新”活动,旨在向合格的公屋项目提供翻修资金。BHA 每年都申请到了这笔资金,但 BHA 的管理是如此之低劣,以致它竟然无法花出这笔钱。这样一来,它已经累积了 3000 万美元没有花出去的资金。

同样可以预见的是,BHA 的房租收入也可以增加。到现在为止,BHA 的租户共欠缴房租 140 万美元。只要加强催收工作,不但可以将这些钱收上来,还可以保证将来房租能稳定流入。此外,如果 BHA 将房子租给有稳定工作、收入更高的家庭,也可以增加它的收入来源。

但是,两条重要规定限制了 BHA 通过以上途径增加收入。第一条规定是,BHA 只能将房屋租给收入水平不够当地中等收入 80% 的人。第二条规则是,BHA 向租户收取的房租不能高于他们年收入的 25% 。

这些规定指明了 BHA 要生产的公共价值:BHA 管理的房屋得到了公共资金的补贴,这些房屋只能交给波士顿市最穷的公民来使用;此外,BHA 收取的租金不能给租户造成不合理的负担。一些公民和公共机构监督者认为,BHA 必须在波士顿的穷人面前扮演善良大方的房东这一角色,因为对这些公民和监督者来说,这才是 BHA 能生产的最大价值。但另外一些公民和公共机构监督者对此却不以为然。他们认为,BHA 必须保证自己的财务能力,为此,必须牺牲部分穷人的利益。对这部分人来说,以上两条规定无疑是一个巨大的障碍,它们使 BHA 走上了一条死亡之路。

组织：管理者、结构与系统

为了应对这些问题，斯彭斯必须建立起一个结构良好、富有进取心、运作专一的组织。不幸的是，BHA 远非如此。那场旷日持久、将斯彭斯推上前台的诉讼，不但使 BHA 的高层管理者之间出现了严重分歧，也严重打击了下层工作人员的士气。

管理团队

斯彭斯接管 BHA 的前两年，它的运作由“专家”罗伯特·惠特尔西（Robert Whittleseg）掌管。罗伯特·惠特尔西是由法院指定的，负责监督 BHA 履行与租户达成的协议。为了协助他完成这项任务，BHA 特意设立了计划、发展和维新部。

这几个部门的设立弱化了 BHA 原有的管理结构，使它们趋于萎缩。1977 年以来，BHA 的执行官和副执行官这两个职位就处于空缺状态，由行政部助理执行官凯文·菲利（Kevin Feeley）（极不情愿地）代理执行官。

这两部人马间的关系极不协调。新来的管理人员认为原有的管理人员腐化无能，既不会制订计划，也不能对行动负责，做不出任何成绩。老管理人员则认为新来的管理人员只不过是一些生手，他们只会对人指指点点，却不愿承担任何管理责任。他们制订了不少计划，提出了无数报告，但却从未与任何租户作过访谈，更没有修理过任何毁坏的管道。

在下层工作人员中，问题更严重。BHA 有 700 名工作人员，他们主要隶属于三个部门、十二个小组（图 6.1 是 BHA 的组织结构图）。新成立的计划、发展与维新部加上行政部共有约 200 个行政工作人员，主要负责计划和会计工作。其余 500 人属操作部，主要负责接收租户、收取租金和维修房屋等工作。

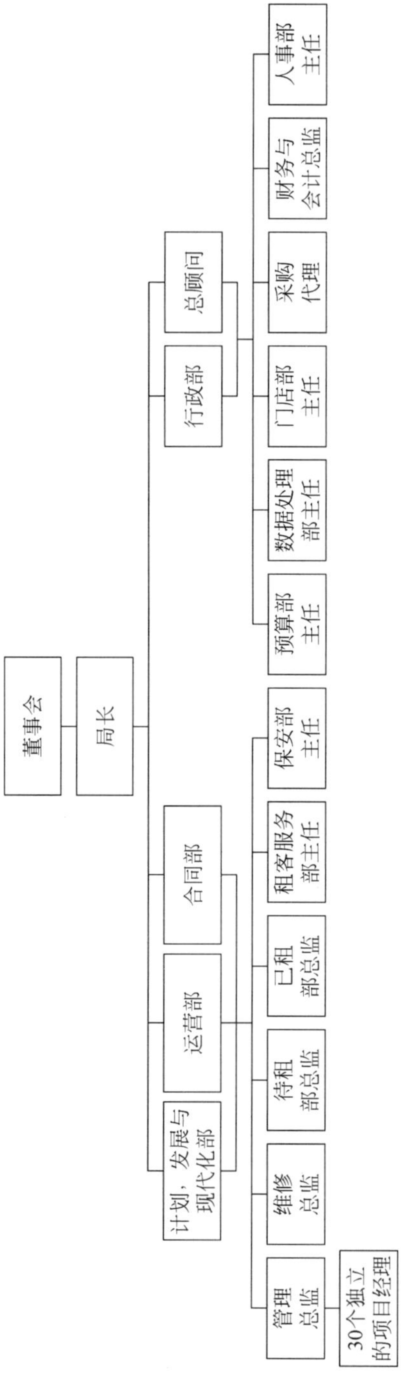

图 6.1 BHA 组织图，大约在 1980 年

资料来源：U. S. Department of Housing and Urban Development, Boston Area Office, Management Review of the Boston Housing Authority, June 1976.

操作部根据职能和项目进行分工，拥有负责维修、安全、入住率（包括挑选租户）、租户服务等四个小组。此外，这个部门还雇用了 30 名项目经理。他们的任务是“确保一个或几个住宅区的有效运营和管理”。

曾有一段时期，项目经理拥有很大的权力。他们决定哪些人可以入住 BHA 属下的房屋和维修的先后顺序。但经过一段时间后，他们的权力逐渐被收回，交给专门的办公室统一行使，其目的是为了确保规模经济和不同住宅楼的居民获得同样的服务。到 1972 年时，维修权力已经完全集中在办公室。再后来，项目经理又失去了收取租金、挑选租户和办理租户迁移的权力。随着这些权力的集中，项目经理最终丧失了对自己管理的住宅楼的影响力。这种影响力的丧失也使他们变得毫无责任心可言。当斯彭斯就任时，项目经理的全部责任已经只剩下向有不良记录的租户追债这一项了。

政策和程序

尽管维修、租户挑选和安全职能都已经被集中到一个办公室，但组织的整体表现却仍不见改善，一个重要原因便是由于指导这些工作的政策和程序在设计上存在严重缺陷。

维修是问题最多的一项工作。BHA 雇用了约 300 名工匠和辅工从事建筑物和地面维修。除了大部分的例行维修工作以外，维修工每年大约处理 10 万项维修指令。对这些维修指令的反应非常缓慢：对紧急事情的回应速度是 10 天，对非紧急事件的回应速度是三个星期。

由建筑建造工会制定和实施的工作规章阻碍了 BHA 提升生产力的努力。这些规章对不同的工作及由谁来完成做了极为严格的规定。BHA 的一个官员曾这样描述道：“如果你想修好洗脸盆下的漏水孔，必须先由辅工拆下墙面，再由管子工修理好水管，由木工重新做好支架，然后才能让泥工将墙面砌好，最后再叫粉刷工刷好墙面。”[8] 正因如此，也难怪 BHA

的回应速度如此之慢。

裙带关系和公务员法也使 BHA 难以用纪律来维持工作标准。罗伯特·惠特尔西回忆道:"如果你是维修工,现正受到来自管理层的质疑,你可能这样回答他们,'我是 X 的朋友,你能把我怎么样?'我曾经听说过,多年以来,BHA 已经形成了错综复杂的裙带关系。[9] 除此以外,虽然 BHA 的工人不需要通过公务员考试就能进入 BHA,但一旦他们被 BHA 接受为雇员并工作满五年之后,就自动受到公务员法的保护。"

最后,情况更为严重的是,BHA 还缺乏与雇员就工资进行协商的能力。BHA 雇员的工资由劳工署长确定,而他长期以来都将 BHA 雇员的工资定在当前建筑工会工人工资 80% 的水平上。当然,由于 BHA 雇员并非全年工作,并有带薪病假和带薪假期等福利,他们的工资事实上是非常高的。

虽然 BHA 最大的问题出在维修部门,但这并不等于它在租户选择和安全方面就没有问题。在租户选择方面存在的问题,主要是由适用于审查租户申请的政策和运作程序引起的。现有政策的主要目标是确保所有人都可以申请公屋。它规定,只有当申请人具备以下条件之一时,他才不具备申请公屋的权利:"长期不能完成自己的财务义务";有骚扰他人或破坏他人财物的前科;有因不交纳租金被 BHA 驱逐的前科。由于只有两人负责这项工作,他们保管的记录残缺不齐。更糟糕的是,即使能获得这方面的信息,BHA 的法律部门也不愿挑潜在租户的刺。一般情况下,顺利入住几乎成了申请者的权利。

由于几乎没有对租户进行挑选,这给安全带来了巨大的隐患。但 BHA 管理的公屋的最大安全隐患却来自其他方面。正如难以阻止不受欢迎的租户入住一样,BHA 也难以驱逐那些从事破坏、偷盗和贩卖毒品的租户。事实上,为了使租户不受 BHA 不合理的驱逐令的影响,政府制定了严格的租户保护政策,它们使 BHA 难以发出有效的驱逐令。这一点固然影响了 BHA 法律部门的积极性，但这并不能否认以下事实，即他们已经完全放弃了发起任何法律行动的意愿。由此一来，罪犯们在各个住宅楼里肆无忌惮，完全不担心受到惩罚。最后，这些住宅楼成了充满危险的地方，警察或者不回应来自这些住宅楼的求助电话，要来也必定是全副武装而来。

只要有适当的控制机制和信息系统来保证现有政策得到贯彻执行，操作部在维修、租户选择和安全方面存在的问题就完全可以解决。但 BHA 却没有这样的系统。

BHA 制定的总预算不是根据实际成本测算出来的。在实际操作中，它也没有根据预算来支出费用。其财务系统的唯一职能是确定哪些租户没有交纳租金（这部分人将会成为项目经理追讨债务的重点）。事实上，这也是在单个住宅区层次收集和汇报的唯一财务信息。所有其他的成本、活动和绩效信息都只有整个组织这一层次的资料，或只有某一特定职能（如维修或安全）这一层次的资料。

任何人都无须面对清晰有效的绩效标准。项目经理本应对一些量化的标准，如租金收取、入住率、住宅楼外观和住户访谈等负责，但他们这些工作到底做得如何，则既没有收集这一方面的信息，也没有人对这些信息进行审计，更谈不上用这些信息来作为薪资调整和未来提升的依据。同样，管理层本可以用计算机中保存的工作单数据来管理熟练工匠的生产力，但这些数据既不完整，也不可靠。

要提升 BHA 的绩效，斯彭斯仍有大量的管理工作要做。但问题是，他应从哪里入手。

李·布朗和休斯敦警察局

1982 年 4 月，李·布朗成为休斯敦警察局的局长——他也是该局八年来的第七任局长。[10]局长人选的频繁变动从一个侧面反映了该市的快速变化，以及在不断扩张、雄心勃勃和日益多元化的城市中，人们对警察所扮演角色的争议。

背景

在不到20年的时间里，休斯敦市就从一个小小的、自给自足的南方小镇变成了一个巨大的国际都市。城市的扩张吸引了各行各业的精英：领导跨国石油企业的执行官将他们的总部设到了休斯敦；NASA的航空航天专家们搬到了休斯敦；开发商（以及为他们服务的律师和保险商）来到休斯敦，建造办公楼、购物中心和住宅区；非洲裔美国人、西班牙人和其他各种国籍的人也来到休斯敦追寻他们的美国梦。

变化不但创造了巨大的财富，也带来了各种冲突。从某种意义上说，财富就是执照。随着财富的增长，人们开始对休斯敦警察局提出更多的要求。60年代后期，休斯敦市爆发了多起骚乱和市民闹事事件。70年代中期，休斯敦市被评为美国的谋杀之都。

起初，警察局还能保持克制，不做出过激的行为。蒂姆·詹姆斯（Tim James）是一位1968年加入休斯敦警察局并最终成为总顾问的老警员，他这样评价休斯敦警察局的主要战略："1970年时，我们有两个战略单位，其中一个负责北面，另一个负责南面。每个战略单位有60人。我们的使命是预防犯罪。我们通常分为4－5人一组去巡视可疑分子出入的酒吧，主要检查他们的证件、枪支、毒品等。一般来说，我们不太理会一些小事情。如果酒吧有酒类经营许可证，我们就不会干预……但我们的确以重罪的名义逮捕了成百上千的人。"[11]

为了支持这些运作，HPD按照旧组织结构——而不是新组织结构——来构建自己的组织。《休斯敦报》的编辑曾这样写道："1968年时，休斯敦市是由很多机构来管理的。除了警察之外，消防、卫生和其他公共机构都有管理权力。这使得警察和少数民族之间发生了很多冲突。"[12]

简而言之，60 年代末和 70 年代初，HPD 认为自己的职责是维持现有社会秩序，只有这样，才能得到居民的支持。1968 年发生了一起规模较小的市民闹事事件，HPD 对这起事件的处理态度充分说明了它对这一目标的严肃态度。詹姆斯警官回忆道："我们从电视上看到了抢掠的镜头。我们被全部动员起来……我记得我们当时站在巡逻车的停车场上。这时，赫尔曼·肖特（Hevman Short）（当时的警察局长）走出来，手中握着一只高音喇叭。他爬到一辆警车的车顶，用喇叭喊道，'在休斯敦，我们不许任何人抢掠。抢掠者将被当场处决。打开你们的扩音器，告诉他们，待在家里便不会有事。'他的话让我毛骨悚然。我们驾车一排排地离开停车场，警灯闪烁，沿街巡逻。"[13]

70 年代，休斯敦警察局赢得了一个不怎么光彩的称呼："牛仔警察局"。这一时期的警察局长伯比·邦德允许警员按自己的意愿随意武装。于是，警察局装备单上竟然出现了牛仔帽和串满珠子的机关枪等一类物品。当警察局在全国范围内招募新警员时，它打出的广告说"这儿才是真正的战场"。

这样做的结果是，HPD 犯下许多针对休斯敦公民的暴力行为。南得克萨斯地区助理检察总长玛丽·辛德森回忆道："1977 年上半年，HPD 到处杀人，简直是血流成河。在头三个月，他们一共杀死了 13 个人。这时候，冒出了乔·康伯斯·多雷斯的案子。"[14]此案发生后不久，哈里·考德威尔（Harry Caldwell）被任命为警察局长。他这样讲述康伯斯·多雷斯的案情："五个 HPD 警员将醉醺醺的康伯斯·多雷斯从酒吧拖出来，狠命地揍他，然后把他扔入水牛河。"[15]在其后的法庭作证中，一个涉案的警员说，"我一直想看墨西哥偷渡者的泳姿。"[16]"但多雷斯没有游泳，他被淹死了。"考德威尔痛心地说。[17]

这个案子第一次使 HPD 严肃地思考他们在休斯敦市的战略是否妥当。伯比·邦德递交了辞呈，随后，哈里·考德威尔接任警察局长。此前，考德威尔主管警察局社区关系局，为前几任局长做了绝大部分的内务工作。他认为自己的使命是在局内“树立负责任的态度”。

为了树立起这个目标，考德威尔试图协调新老休斯敦市提出的不同要求。他继承了老休斯敦强硬执行法律的信条，同时，又吸收了新休斯敦对专业化和内部纪律的要求。为了达到这个目标，他颁布了一系列纪律，对着装、武器及其使用做出了规定。他还不时抽查，以确保警员在执行自己的任务，且按规定着装和使用武器。对于那些违反纪律的警员，他一一给予公开处分。

这些变化给休斯敦警察局带来了极大的震动。警察局原已受到康伯斯·多雷斯案的影响，再加上考德威尔上台后带来的这些变化，他们更是受到了极大的震动。为此，他们成立了工会。工会出具的一份报告指出，当时警察局的士气非常低，建议采取一些新的人事政策，以保护警察不受武断的处分，或成为某些错误的替罪羊。

对此，考德威尔的反应极为强硬专断。当时的巡警鲍伯·托马斯担任了工会的主席，他回忆起考德威尔在一个300名警官出席的陈情会上的发言：“他说，‘我就是独裁，如果你对此有任何不满，你现在就可以走’……他根本就不看我们的报告，他接住报告，撕成两半，将它扔入垃圾桶。”[18]

考德威尔对高层幕僚也非常严厉。警察局一个高阶退役警官回忆道：“哈里设立了督察总长一职。他发现有两个小队长级别的警员可以胜任这个职位，便越过队长和副队长级别的所有警官，直接将这两人提为督察总长。……为此，其他幕僚与他大闹一场。他们处处难为他，不管他做什么，他们都在后面使坏。他们想尽办法将他拉下马。”[19]

最后，考德威尔被警察局内另一位更受欢迎的警官——B. K. 约翰逊取而代之。对这一任命，前任局长伯比·邦德表示了赞同。他说：“休斯敦市需要一个能将注意力放在保护公民不受犯罪侵害的局长，而约翰逊正是这样的人。他为人低调，精通警务，真诚务实。”[20]

休斯敦市的少数民族最初并不这么认为，约翰逊随后采取的一些行动更加深了他们对约翰逊的怀疑。在一次公共聚会上，他吟唱了“黑人桑巴”中的一段词（该段词对少数民族带侮辱性）。紧接着，巡警发起了一系列扫荡行动，将一大批人送入监狱。照约翰逊的说法，他们都是“流浪汉和醉汉”。西班牙人社区向警察局发出了紧急求助，吁请他们尽快控制发生在社区中的杀人案件。作为回应，约翰逊向西班牙人社区派出了不少的巡逻车。“你们看到警车时，不要感到不舒服，”他说，“我们并不是要去烦你。我们也根本没时间做这种事情。”[21]但话音未落，休斯敦市一个警员便射杀了当地一个同性恋社团的组织者。

到 1981 年时，休斯敦市的少数民族社区已全部拿起了武装，其严重性甚至连当时的政府都觉得难堪了。凯茜·惠特迈尔（Cathy Whitmire）以政治行政改革的竞选纲领，赢得了少数民族“彩虹联盟”和新生代专业人士的支持，也赢得了休斯敦市市长竞选。上任不久，她就在全国范围内征选一个可以引领休斯敦警察局的能人。李·布朗有幸入选。

任务与资源

布朗走马上任之际，休斯敦市的犯罪活动已严重到了无以复加的地步。从 1970 年到 1980 年，记录在案的犯罪率已从 0.065 人/年上升到 0.090 人/年。其中，杀人案翻了将近一番，强奸案增加了两倍多，抢劫案增加了 70%。

休斯敦警察局当时共有 3200 名警员，每年的预算是 1.42 亿美元。与全国平均水平相比，这种警力偏小。每千名市民中，休斯敦拥有 1.9 名警员，而全国的平均水平是每千人 3.5 名警员，休斯敦市的警力刚超过全国平均水平的一半。在洛杉矶，每平方英里的警员拥有量是 15 名，而休斯敦市则只有 6 名。

更重要的是，对 HPD 的攻击已经严重打击了它的士气。在 1970 到 1978 年间，每年警员的流失率只有 3%，而从 1978 年到 1981 年，这一比例翻了一番，达到每年 6%。离职调查显示，有 60% 的离职警员认为，HPD 没有充分发挥他们的能力，超过一半的警员认为警察局的管理水平为"一般"或"较差"。另外还有许多人对警车的质量和装备表示了忧虑。

组织：结构、系统和绩效

警察局按直线职能制规划组织架构。局长以下设三个总指挥，他们是现场行动总指挥（Field Operations Command）、调查总指挥（Investigations Command）和后勤总指挥（Support Command）。（如图 6.2）

现场行动总指挥负责全市 1600 名巡警的调配。这些警员共使用 160 部警车，每周 7 天、每天 24 小时在全市巡逻。三个按地域划定的巡逻局和六个巡逻分局负责对全市巡警的管理。其中的两个巡逻局还另外掌管着一个或多个特别部门。其中，南区巡逻局掌管直升机部门，中心区巡逻局则掌管突发事件部门和特别行动部门。

调查总指挥负责指挥本部门的侦探对刑事犯罪进行调查。他同样管辖三个分局，它们是刑事犯罪调查分局、特别调查分局与综合服务分局。刑事犯罪调查分局负责处理杀人、抢劫、入室盗窃、人身伤害和偷盗案件，并针对以上类别的案件设立了相应的部门；特别调查分局负责处理毒品、卖淫和少年犯罪，并针对以上类别的案件设立了相应的部门。综合服务分局负责全局的犯罪记录、管理信息系统和设备维修，并针对以上工作设置了三个相应的部门。

后勤总指挥管理三个提供支持服务的分局。技术服务分局掌管犯罪分析实验室，身份认定部和失物招领/供应部。失物招领/供应部负责保管警察局寻回的赃物，同时也是警察局的仓库。人事分局掌管招聘部、人事部和培训部。特别服务分局掌管监狱、通信、调度与车辆部。

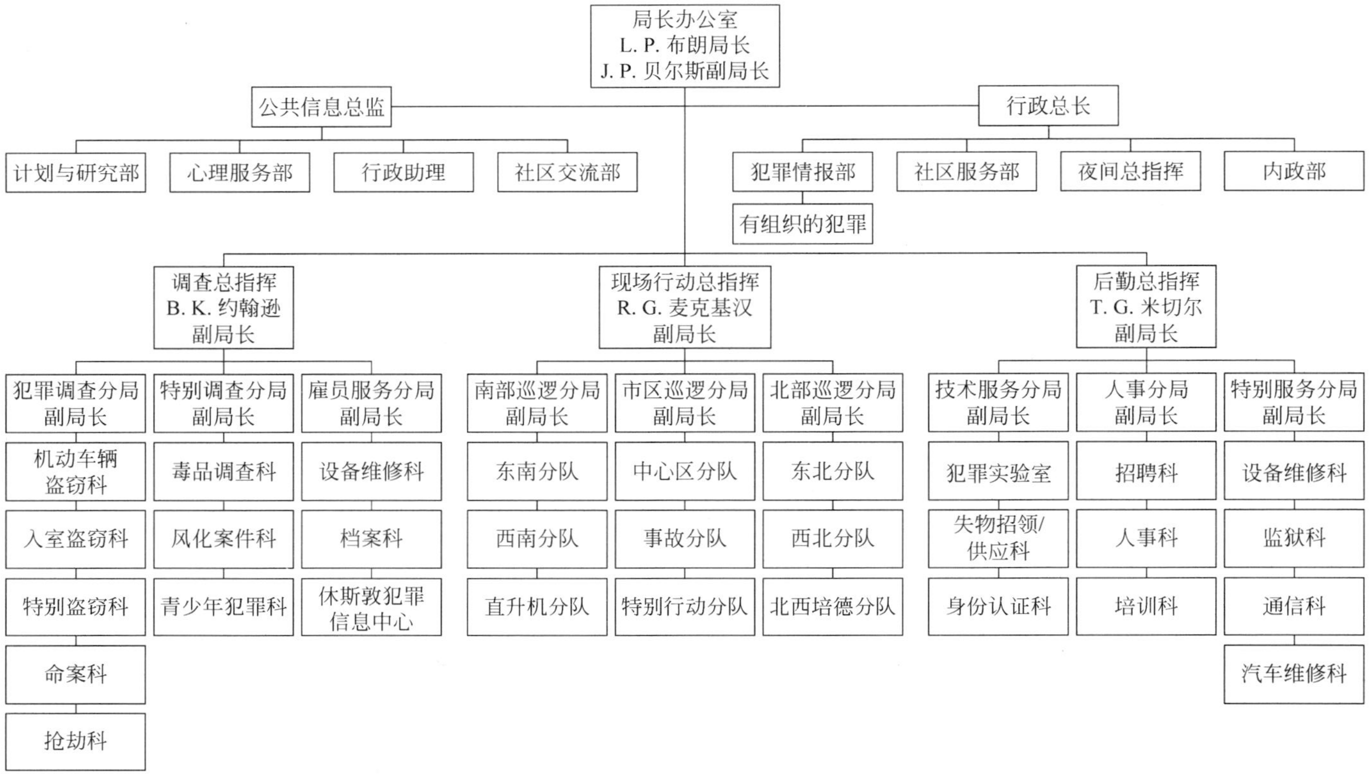

图 6.2　休斯敦警察局组织结构图(1982 年 5 月)

资料来源:Liz Brown "Assessment of the Department:Problems and Issues" September 1982,P. 25.

为了了解警察局的这个结构是如何运作的,布朗下令成立一个项目小组,对警察局的现状作一个全面调查。项目小组在六个月后提交了一份令人沮丧的研究报告,它表明,布朗接手的是一副烂摊子。报告主要依据传统的组织分析框架,对 HPD 作了分析。报告称:“警察局在警员管理和运作上存在一系列问题,它们直接影响了警察局的工作效率。”[22]报告认为,警察局主要存在以下问题:(1)“缺少深刻的、可以为组织提供方向的、包含了明确的短期和长期目标的组织宗旨”;(2)“缺少规范的操作程序,不能保证警察局行动上的一致性”;(3)“缺少管理系统,不能处理好计划、预算、职业发展、内部沟通和警员调配等问题”。[23]

除了从传统角度对 HPD 进行分析之外,该报告还提出了一些颇有新意的见解。它强调以积极、创新的方法来处理警务。报告的结论开门见山地指出:“管理警察机构的工作需要与时俱进,以保持与现代观念和技术的同步。执法部门面临的日益复杂和变化无常的环境使 80 年代的警察工作与 50 年代、60 年代或 70 年代的截然不同。”[24]此外,报告还将以下两个目标作为 HPD 的主要管理目标:一是提供高质量的服务;二是关注社会对 HPD 的印象。报告说:“HPD 未来面临的挑战是……按照民族和社会多元化的国际大都市要求,提供高质量的警察服务……美国的执法部门建立在以下原则之上,即它是社区的一部分,它服务于社区,而不是与社区相分离。要求社区对警察处理事务的轻重缓急和其他警务工作提出意见,既是正当的,也是必要的。”[25]

最后,报告不但指出了 HPD 可资利用以增长其能力的资源,而且指出了已经出现的一些创新。“社区支持”是 HPD 可利用的第一资源。报告称:“社区希望能对警察有所帮助。目前就有好几个热心支持警察工作的社会团体,包括以保护邻里为目标的‘休斯敦在警戒’,以及每年一度奖励警员个人见义勇为的‘百家俱乐部奖’。”[26]报告还列出了其他一些支持警察工作的社团,如阻止犯罪项目(此项目旨在鼓励市民揭发犯罪)和西班牙语项目（此项目旨在向警员教授西班牙语，并改善警员与西班牙语社区的关系）。[27]

但是，布朗却难以采取行动以充分利用这些资源，原因有二：一是HPD过去的所作所为；二是人们对他个人的怀疑。休斯敦的公务员系统将两个前任局长放在了HPD两个重要的职位上：J. P. 贝尔斯仍在担任HPD的副局长，B. K. 约翰逊仍在担任调查部的副总指挥。布朗上任时，局长的车已被分配给贝尔斯，局长办公室的家具也被挪出去了，留给他的只有一辆普利茅斯和一大堆箱子。

运作管理的职能

以上两个案例生动地展示了公共部门管理者面临的各种挑战。从某种程度上说，案例反映的问题也是对传统公共行政的挑战。

与一般人的看法不同的是，如果公共组织的表现太差，它们也可能破产。[28]BHA的案例清楚地表明了这一点：法庭认为该组织无法承担它法定的责任，于是命令对它实行接管。HPD的案例也隐隐显示出公共组织可能破产这一事实：HPD在当地社区中声名扫地，新当选的市长则从警察局以外寻找有能力的领导。

政治向公共组织提出的要求以及公共组织承担的工作都处于不断变化之中。变化使适应和创新成为必要。由于BHA和HPD不能应对变化带来的挑战，从而陷入了破产的边缘。

斯彭斯和布朗两人都看到，政治对他们提出了各种变化无常的要求。起初，BHA被授权向正努力改善自身处境的贫困市民提供过渡性住房。不久以后，政治权威又要求它（BHA）将注意力主要集中在生活完全没有着落的贫困市民身上。而现在，BHA则被要求保证所提供房屋的质量，并在财务上实现自给自足。这些目标在某种程度上相互矛盾。同样的事情也发生在HPD。过去，人们要求HPD严格执法，保障社会秩序。而现在，人们则要求它少用武力，尊重不同民族公民享有的权利。

斯彭斯和布朗还看到，自己要完成的任务也面临着各种全新的挑战。对 BHA 来说，同是提供住房，与正努力改善自身处境的家庭打交道完全不同于与生活毫无着落的单亲家庭打交道，后者更加困难。HPD 正慢慢意识到，在一个同质性很高和稳定的社会中打击城市暴力，完全不同于在一个民族多元和阶级矛盾突出的社会中做这件事。BHA 和 HPD 都注意到，政治对它们提出了不同的要求，它们也对这些要求作出了回应，但它们的回应既缺乏创造性，也没有达到足够的强度。于是，它们均陷入了破产，就如私营企业不适应所处的市场就要破产一样。

这两个案例证明了笔者在第二章中提出的论点，即政府并不完全是（或许也不主要是）一个“服务”部门。[29]对它们面对的客户而言，BHA 和 HPD 都既有服务的一面，又有强制的一面。这两个组织都要运用公共权力和公共资金才能达成自己的目标。

很显然，BHA 是一个服务机构：它向贫困市民提供带补贴的公屋。但仔细研究一下，我们不难发现，它除了提供服务之外，也带有强制性的一面。它强制租户交租、不乱扔垃圾、不买卖毒品。但是，BHA 行使权力受到接受和驱逐租户的条例的限制。这些条例对 BHA 行使权力有极为严格的要求，因为公民及其代表、法院希望 BHA 能以公正的态度对待其客户，并只向那些确有需要的公民提供住房。尽管如此，BHA 还是得到了正式授权，可以要求租户按一定方式行动，否则的话，BHA 将把他们驱逐出公屋。[30]

与 BHA 相反，HPD 主要是一个强制机构：它存在的目的是为了强制公民遵守法律。[31]但仔细研究一下，也不难发现，它同时还是一个服务机构。它不但提供急救服务和旅游信息，还向市民提供安全保障，保证他们家中不会失窃。它还向犯罪受害者和愿意帮助警察破案的目击证人提供帮助。

正如第二章中提到的那样，如果一个公共组织既要动用公共资金来提供服务，又要动用公共权力来采取强制措施，那么，该公共组织就不得不同时面对两组完全不同的人。从生意的角度来看待它的运作，该机构必须使其服务消费者和被强制目标满意。如 BHA 必须向琼斯太太提供更强的暖气，因为她刚生下一个小孩；HPD 必须说服武装抢劫嫌疑犯史密斯先生，让他安静地跟他们去警察局，以便了解更多情况。从该机构必须向监督者汇报这一角度来看，它必须能够让监督者对它的工作表现感到满意。如 BHA 必须满足加里蒂法官的要求，使他相信，BHA 不仅向客户提供了合乎最低要求的服务，而且在接受租户方面，其行为也是公正和无可挑剔的；HPD 必须满足新市长提出的要求，使她相信，HPD 能够创造新的警务模式，这种模式既能减少犯罪行为的受害面，又能使 HPD 最少和最公正地运用武力和市民授予它的权威。

有趣的是，在以上的两个案例中，均是监督者的不满——而不是客户的不满——才导致了组织的破产。实际情况是，BHA 向客户提供的劣质服务迫使法庭命令对它实行接管。通过支持租户的（部分）要求，法庭将租户对 BHA 提出的个人要求转化成为全社会的要求，这一要求必须得到满足。事实上，法庭将个人客户的利益转变成全社会给他们的承诺，满足这部分客户的个人利益本身就是公共价值的一部分，因此，BHA 必须履行这一承诺。

同样，从表面上看，是休斯敦市少数民族要求得到公正的警察服务的呼声（与其他市民要求控制犯罪率的呼声一道）使 HPD 丧失了声誉。但事实是，新任市长惠特迈尔将以前被认为属于个人和小团体的利益转化成了公共利益，才导致了这一结局的出现。只有通过社会选择机制，如法庭判决、选举和立法等，才使得以前的个人利益被重新定义为公共利益，而满足个人利益所具有的价值，则成为公共部门管理者必须创造的公共价值。

仔细研究这些案例,我们不难发现,公共部门管理者面临的最重要挑战便是如何取得客户的合作,以便得到管理者想要的结果。例如,为了向贫困市民提供高质量的公屋,斯彭斯将注意力放在了如何动员租户帮助他维护建筑物和地板这一点上;为了尽量维持公共秩序和平息市民的恐惧心理,布朗将注意力放到了如何动员市民参与上。客户的合作之所以重要,是因为公民和客户并非置身于这一过程之外,他们是其中不可缺少的一环。

以上案例也清楚地表明,许多公共组织缺乏公共行政观念。BHA 和 HPD 几乎已经到了难以控制的地步。这两个机构中,就连最基本的责任机制也没有。表面看来,斯彭斯和布朗只要做一些传统的事情就可以极大地提高所领导的组织的生产力。这些传统的事情包括:制定合理的政策,雇用严格的管理者,实施绩效管理。

但是,斯彭斯和布朗需要采取更多的行动。他们需要重新考虑组织的基本使命和提供的产品,需要对运作进行再造。最重要的是,他们必须创新。[32]为此,他们必须制定出一个战略,而不是仅仅对运作管理做一些技术上的改动。[33]

从战略角度看运作管理

"从战略角度看运作管理"是本书的一个重要观点,它包含以下几层意思。首先,管理者不仅要对使用的权威负责,也要对使用的资金负责。其次,由于公共部门管理者使用的资金是通过强制力量收集起来的,因此,在运作过程中,他们有义务保持政府的公正性,哪怕他们是在向公民提供服务。再次,只有当组织能让监督者和客户双方都满意时,它才创造了价值。复次,由于公共部门管理者必须面对变化无常的政治要求和指令,他们不仅有责任使组织可控且高效,也要使组织具有较强的适应能力和灵活性。最后,战略管理认为,管理者必须注意到,组织的运作能力经常存在于组织以外的环境中。

不过，请各位读者注意，我们对战略管理感兴趣，并不意味着我们对传统观点所具有的价值的否定。很多时候，从传统角度看待公共管理完全是正确的。例如，管理美国造币厂就是典型的例子。[34]我们可以将传统公共管理当作广义公共部门价值创造的一种特殊情况，这种公共管理适用于以下环境，即政治冲突和变化较少、不需要太多的创新、所需要的运作能力大多在组织内部。但是，当冲突不断，变化快得让人眼花缭乱，必须不断创新才能处理好冲突和应对变化时，就需要从战略角度来考虑公共管理。

政治管理是管理职能的一种，通过对公共管理性质的研究，人们更加清晰地认识到了政治管理在公共管理中的重要性。即使人们的主要目的是为了得到实质性的结果，实施政治管理仍具有重要意义。由于政治变化使改变运作方式成为必须（也创造了机会），所以有效的政治管理才是管理者确定应创造何种价值的关键。要获得各方的合作，就必须有强有力的政治支持，所以政治管理也成为有效的运作管理的关键。因此，管理者谈到有效的运作管理时，就不得不涉及有效的政治管理。前文介绍的战略三角形就已表明了这一立场，对政治管理的研究进一步强化了这种观点。

当然，仅具有从战略高度来看管理的意识是不够的，我们仍需要一心一意地将注意力放在运作上，才能实现管理目标。我们不仅要让人们看到一幅美妙的图景，也要生产出实在的产品。必须通过实在的工作表现，才能让讲述给权威环境的"故事"保持鲜活。为了完成自己的责任，战略管理者不仅要将注意力指向上部和外部，关注政治，更要将注意力指向下部和内部，关注组织的生产程序。正如对政治管理的研究一样，我们要回答的最重要的问题是：什么才是指导他们提高运作能力的目标？什么样的分析技巧才能帮助他们达到这一目标？

公共部门生产再造

在我看来，运作管理者应该寻找并利用各种机会来创造公共价值。他们的任务不是增加组织的规模、将现有政策转为制度、使他们的组织与政治要求隔离开来，或者将指导组织的管理制度加以完善。他们的任务是使其领导的组织在短期和长期更有价值。[35]

总体上说，可以通过以下方式生产出更高的价值：(1)增加每消耗1单位资源产出的公共活动的数量或质量；(2)降低达到现有生产水平所花费的成本（用金钱或权力来度量）；使公共组织更好地确定和回应公民的真实需要；(4)增强公共组织运作管理的公正性；(5)加强其持续回应公共需要和持续创新的能力。为了找到可以增加公共组织创造价值的机会，公共部门管理者就必须像私营企业的管理者一样，对组织进行再造。[36]他们可通过分析以下五个关键问题来达到这一目标。

第一，他们必须确定需要为特定客户提供什么样的产品、服务或规制，并揣摩人们将怎样向公共组织的监督者汇报他们提供这类产品、服务和规制的绩效。在私营部门，这些任务被称为与市场和产品再造有关的任务。“产品”必须与组织整体战略中包含的使命保持一致，并能引起监督者和客户的兴趣。一般来说，通过以下三种方法均可以增加获得的价值：改善原有活动的质量、拓展新的生产线以反映新需求以及有效地回应新出现的问题。

第二，管理者必须设计特定的运作程序，该程序将被用以生产产品、服务或规制。这是生产工程的任务。在大多数情况下，要提高运作绩效，就必须要进行程序创新。

第三，为了使组织的绩效表现良好，管理者必须利用并不断调整组织的管理系统，包括组织结构、政策制定程序、人事系统和控制机制。有时候，运作管理者必须对这些系统进行变革，以增加其生产力、提高向监督者汇报的质量、采纳重要的产品或程序创新，或使组织变得更灵活。因此，管理者除了要不断进行产品和程序创新之外，还要时常进行管理创新。

第四，在进行程序和管理创新时，管理者必须时刻牢记这些创新对自己能力的影响。在这里，"能力"是指他们为达到组织目标而争取外部支持的能力。如果管理上的创新可以使组织更有效地利用其内部资源，却使组织更难以利用客户的力量，那么该创新反而可能降低组织的效率和有效性。因此，这类管理创新往往不如那种集中全部资源并将其投入到某项任务的做法。这种做法将使公共管理者涉足政治管理，以帮助他们动员"合作生产者"。

这种计算似乎过于复杂。事实也的确如此。但是，管理者必须牢记，运作管理的智慧在于认识到这一点，即大多数此类问题此前已经得到了妥善解决。一般来说，组织已经确立了目标、与目标一致的产品和活动、为达成目标而制订的计划和常规，以及专门设计的管理系统（这种系统能将组织的注意力和资源集中于关键工作）。这些都是组织得以生存到今天的重要原因。[37]

通过上面的分析，我们可以看出，运作管理者一般不需要设计组织的产品、生产程序或管理系统。他们的工作主要是思考产品、程序或管理创新将如何影响现有运作产生的边际收益，并以此来增加现有运作的价值。有时候，管理者可能还需要进行战略创新，这些创新将重新定位组织在政治和工作环境中的位置。[38]

另一个问题是运作管理者需要多少创新和哪类创新。这个问题引出了运作管理者必须考虑的第五个问题，即他们需要在政治权威环境中做多少工作，才能得到足够的空间，使他们能以自己认为合适的速度进行创新。创新需要资金，也会给客户、公民和管理者本人带来风险。为了得到资本和降低风险，运作管理者必须考虑政治环境。这样做主要是为了在生产中得到授权,而不是帮助生产。[39]他们能够承受创新的程度取决于他们能够得到政治授权的数量。

为了更好地说明以上计算方式,让我们来看一下战略管理者如何看待 BHA 和 HPD 面临的问题。

界定组织的使命和产品

在第三章,我们强调了用简单明了的语言定义组织使命和目标的重要性。目标不但可以给管理者提供方向,使他们心无旁骛,还能帮助管理者营造组织的文化。[40]尽管如此,对大多数组织来说,一个简短的语句并不能给他们的运作提供全面的指导。大多数组织在运作过程中都或明或暗地保持着一系列金字塔式的目标。[41]金字塔顶端是组织的抽象、长远和稳定的目标,而底部则是具体、容易随运作情况改变而改变的目标。

对于如何理解顶部目标和底部目标之间的关系,则仁者见仁,智者见智。有人认为,顶部目标是组织的终极目标,而底部目标则是达成顶部目标的手段。[42]另一些人认为,顶部目标关注长期,底部目标看重短期。[43]或许,最容易和最一般的看法是,它们二者都指出了组织未来的方向。二者唯一的区别在于其抽象程度的不同。底层目标只是对高层目标的具体解释,表明了组织追求的具体内容。[44]

之所以会出现这种金字塔式的目标,至少部分原因是管理者知道,他们所处的授权环境存在着多个层次,各个层次都有自己特定的沟通方式,而通过为组织确定不同层次的目标,他们就能达到全面与授权环境进行沟通这一目的。政治家和媒体偏爱豪言壮语,对这部分人,管理者需要选用既能表达意义又不失文学色彩的词汇。预算机构和国会拨款委员会等"小气鬼"则偏好实在和可度量的数据,对这部分人,管理者只有用数据、统计和成就等才能说服他们。

金字塔式目标存在的另一个原因,是管理者认为这将帮助他们更好地对组织加以领导和指挥。没有抽象的高层次目标，他们的组织就会缺乏强烈的进取心，并对最终的目标感到迷惑。没有具体的低层次目标，就没有可以指导中层管理者和员工的操作指南，使他们不知道应对什么负责。因此，金字塔式的目标既可以增加组织的责任感，又可以增加组织的方向感和管理者对组织的控制。[45]

毫无疑问，斯彭斯和布朗上任时，BHA 和 HPD 最高层次的使命已经根深蒂固了。一开始，斯彭斯就假定，BHA 的目标是向贫困市民提供良好的、政府补贴的公屋。布朗则认为，HPD 的目标是通过专业的执法行动保护市民的生命财产不受侵犯。

但是，斯彭斯和布朗是在各方面都对 BHA 和 HPD 的工作表示严重不满的时候上任的，这使得他们有必要重新思考 BHA 和 HPD 的使命。在波士顿，州法院已经认定，BHA 向租户提供的公屋服务极差；在休斯敦，政治界和法律界都认为，相对于 HPD 的花费，他们提供的安全保障实在太少。只要仔细地对这些看法加以研究，我们不难看出，它们暴露了这样的事实，即组织未能通过执行既有的程序达到既定目标。但这些看法可能还表明，BHA 和 HPD 的使命、整体目标和运作目标是错误的，它们需要制定一套新的目标。正是出于第二种考虑，才为战略领导创造了机会。

界定 BHA 的使命和产品

对斯彭斯来说，最重要的问题是了解公民希望从 BHA 那儿得到什么样的公屋，以及他们如何看待 BHA 生产的产品。[46]他很清楚公众对 BHA 工作的看法：破败的房屋，紧锁的大门，里面住着一群冷漠、对环境毫不关心甚至不断破坏环境的人。无论从哪方面说，这种印象都与市民对 BHA 的期望大相径庭。市民或许希望 BHA 对房屋妥加修缮，保持它们的整洁，并将它们提供给那些自觉的家庭。由于房屋已经非常破旧，市民多半会认为 BHA 严重失职才是让他们出钱修建的房屋遭到破坏的原因。某种程度上，这也是法庭看到的情况。因此，它严厉谴责了 BHA 向租户提供质量极差的房屋这一行为，并（为租户和社会其他人士）判定，租户有权利得到更好的服务。

根据这种情况，斯彭斯可以将 BHA 的资源集中起来，将它们用于改善建筑物（以及居住其中的家庭）的条件。他可以将住户集中搬迁到部分建筑物（这样，他可以将有限的、用于房屋维新的款项对这些房屋加以改善，并减少由于破坏而引起的空置房修缮成本）；他还可以改变租户的构成（挑选那些能支付较高租金、需要较少监管以及不太可能破坏建筑物的租户）。由于这些改变能极大地提高生活质量，所以它们也将增加房屋对客户的价值。更重要的是，这些改变并不违背 BHA 的运作方式，与 BHA"向那些有困难的市民提供安全、体面、受政府津贴的房屋"这一目标保持了一致。

同时，斯彭斯也必须认识到，在更现实的层面上，这样做将极大地改变 BHA 现在提供的产品和服务。随着部分公屋的关闭（也就是说，完全不用，将它们封起来，并断水断电），公屋总量将减少。虽然剩下公屋的质量可能会提高（从而使现有住户的净得益增加），但公屋的受益人却会发生变化。BHA 的客户或受益人将会从最穷困的市民慢慢转变为有工作的穷困市民。反过来，这种变化将改变利益的分配，从而改变 BHA 具有的公共价值。事实上，BHA 的基本产品将发生改变。此前，它是向波士顿市最穷困的市民提供应急用房，而现在，它将向有更好的经济和社会条件的市民提供质量更高的住房。

斯彭斯还有一种选择，即主要关注如何向波士顿市最穷困的市民提供大量的应急用房。他可以这样认为，虽然公众认为 BHA 提供的公屋条件非常差，但如果没有这些公屋，最穷困的市民将无处栖身，因此有总是好于无。所以，不管怎么说，BHA 都在为其客户创造价值。此外，他还可以提醒市民，是他们要求 BHA 关注那些最穷的、最需要帮助的市民，而

BHA 现在的做法与最初对公屋要达到的目标是完全一致的。

这样做当然存在困难,因为它刚好与强大的中产阶级价值观相反。中产阶级希望房屋得到很好的保护,不愿看到它们就这样破败下去。虽然他们希望穷人得到这种利益,但他们也希望穷人接受中产阶级的价值观,特别是自己拥有住房的价值观。最后,如果必须由政府来向客户提供服务,那么政府提供的服务必须达到中产阶级持有的"体面的服务"标准。政府不应成为态度恶劣的房东。事实上,这也是法庭做出判决的基础。因此,斯彭斯的责任就是,建设整洁的、有吸引力的社区,使波士顿市最穷困的市民愿意作一些投资,帮助自己走出穷困的泥沼。此外,斯彭斯必须用最小的成本(包括金钱和权威)达到这一目标。怎样才能达到这一目标？这个问题成为斯彭斯必须做出的一个决定,它将决定公屋要实现的价值、终极目标以及实现价值和终极目标的手段。

界定 HPD 的使命和产品

对布朗来说,这个问题更为复杂。对于警察局应该干什么、怎样运作这个问题,公民的看法更为一致。这种看法是经过很长时期逐步发展而来的,在这段时期,警察成为一门职业,警察机构在全国各城市与其监督机构处于不断的互动之中。[47]

在大多数人看来,警察的目标非常清晰,那就是:执行法律,减少犯罪。为了达到这些目标,警察局一般的做法是派出巡警在街头巡逻,发现犯罪并尽快回应求助电话。警察局还向犯罪现场派遣侦探,他们具有侦破犯罪和向法庭提供证据的专长。无论是巡警还是侦探,他们都受过培训,以便在接到逮捕证时,用最少的武力将疑犯捉拿归案。从某种程度上说,HPD 与这一模型非常接近。

但不幸的是,越来越多的证据表明,警察局的这种基本战略正受到质疑。经验研究显示,巡逻车对犯罪水平的影响远低于人们最初的期望值,对安抚公民也起不到多大作用。[48]另外的研究也表明，快速回应求助电话也无益于减少犯罪。[49]而最让人失望的是，只有受害人和目击证人告诉刑侦局谁犯下了罪行，刑侦局才能破案。[50]如果没人提供这类信息，他们根本做不成任何事情。

这些研究极大地动摇了公众和警察对警察局所持战略的信心。虽然到目前为止，没有任何人提出更高明的战略，但以下四个方面的分析，却对探求更高明战略的行动提供了指导。[51]

第一，显而易见，成功的犯罪控制有赖于警察与社区的紧密关系。如果社区不提供信息，巡警和刑侦局都将一事无成。更重要的是，如果公民缺乏自我防御能力，警察的大部分努力都将落空。因此，第一道防线总在社区本身。[52]

第二，恐惧本身也是一个重要问题。[53]如果有人怀有恐惧心理，并采取某些可能危害其邻里安全的过激行为，这肯定会使情况变得更坏。当居民不敢外出、购买枪支弹药、总是躲在百叶窗后，或不敢与犯罪行为斗争时，这个社区便失去了自我防御能力。警察可以减少居民的恐惧，但他们目前处理暴力犯罪的方式很难达到这一目标。[54]因为恐惧主要是由社区中的无序——如涂鸦、嘈杂的小孩和醉鬼——等引起的，所以，要减少恐惧，警察就必须将部分注意力放到处理这些"影响生活质量的因素"上。[55]如果警察走下巡逻车，多与居民打交道，这也将有助于减少居民心中的恐惧感。[56]

第三，除了控制犯罪以外，公民也希望在其他方面得到警察的帮助。[57]他们并非只在发生抢劫、人身侵害或入室盗窃时才致电警察，当发生意外事故、家庭争吵过于激烈或者他们感到害怕时，他们都致电警察。这类电话通常都被视为对警察的骚扰，会被尽快过滤掉。但是，警察现在正在重新评估这类电话的性质。其中，某些电话可能有助于阻止犯罪的发生，还有一些可以阻止极端无序状况的出现。有时候，响应这些电话或许仅能起到向顾客“提供高质量服务”的作用，但即便如此，适时地回应这些电话也是非常重要的。它们可以使警察得到所需要的帮助，有助于他们找出抢劫犯、平息市区的骚乱或对某件枪杀案做出更令人信服的解释。[58]

第四，警察眼中的单独事件，经常是长期的、潜在问题的外在表现。[59]事实上，对求助电话进行的分析表明，大多数这类电话都来自少数几个地点。这些地点现在被标记为“热点地区”。[60]除了响应打进的电话之外，警察局或许可以具体情况具体分析，找出更好、更持久的解决办法。[61]

以上四点反映了这样一个事实，即警察可以改变工作方式。他们仍需要驾驶巡逻车尽快回应求助电话，他们仍需要刑侦部门来调查犯罪，但是，他们应该负起更广泛的责任。在逮捕之外，他们还应采取其他多样的回应方式。

特别值得一提的是，警察局应该增加其使命的内容，使它不仅包含犯罪控制，也包含犯罪预防、降低恐惧感和紧急事件回应等内容。[62]警察应该走下警车，花更多的时间与居民直接联系。在回应某个单独事件时，他们应该深入调查此次事件是否是某个长期潜伏的问题的反映，以及应该采取哪些措施才能解决这个问题。[63]例如，加利福尼亚州的圣安娜地区最近发生了一连串入室盗窃案，警察对这些案件的回应就非常成功。他们并没有局限于抓住窃贼，而是通过当地的管理部门，勒令该地区一个已经成为毒品交易中心的汽车旅馆回到正当的生意途径上来。[64]

此外，警察局还必须建立新机制，使社区团体可以将问题反馈给他们。现在的情况是，警察有两种了解问题的渠道，它们反映了不一样的问题。一方面，他们从接到的求助电话中了解到个体居民面临的问题；另一方面，他们从报纸或民选代表那儿了解到全市面临的问题。但是，他们不了解邻里间存在的问题，因为邻里是在个体和全市之间的一个中间层次。

出现这种情况的原因很简单：警察局的组织结构不利于这种沟通。

巡警是按地理区域划分的,警察局通常会指定一名队长负责某个片区,片区居民可以向该队长反映问题。但是,片区队长通常会认为,自己的工作必须服从全市的安排,以维持全市范围内警察工作绩效的统一标准。此外,由于片区队长只能指挥巡警,他们并不一定能得到刑侦局或反毒队的援助。因此,他们处理社区问题的意愿和能力都受到了极大的限制。

不能找出并回答社区的问题会引发两个严重的后果。首先,警察无法获知当地社区想从他们那儿得到什么服务。没有这个信息,警察便可以随意确定自己的工作重点。其次,警察失去了一个重要的、可信赖的工作伙伴,这个伙伴本可以帮助他们降低犯罪率。居民——特别是那些热心于社区建设、以社区团体形式出现的居民——是警察最重要、最有价值的同盟。只有他们,才会志愿帮助警察管理街道。如果警察只能向个别市民提供服务,而不能向社区团体提供服务,他们就丧失了一个巩固邻里这第一道防御线的机会。

很显然,要采取这种关于警察局战略的新观点,就必须对 HPD 的具体行为方式进行重大改变。新产品或新产品线不但要减少犯罪造成的损害,还要强调对恐惧感和无序状况的控制;它不但强调警察局有实行规制的一面,也强调它有提供服务的一面;它不但要求警察回应个别的求助电话或遵从全市范围的工作重点,还要求警察回应社区反馈的问题。

因此,斯彭斯和布朗两人都面临着这样的问题,即如何定义他们领导的公共组织的使命、产品和活动。他们仍可以采用过去的定义。但是,正是由于他们的组织没能兑现这一定义中的承诺,他们才有了重新检视组织目标和运作状况的机会。为了确定组织是否可以做得更多,他们必须了解清楚以下两点:一是组织现在是如何运作的;二是他们可以对现有运作做哪些改变。

重新设计生产程序

一般来说,管理者能够将组织的产品和生产程序区分开来。但在实践中,产品和生产程序的联系非常紧密,而在公共部门组织,这种现象尤为明显。其原因主要有以下三方面。

第一个原因显而易见:如果不知道要生产什么产品,人们就无从设计生产程序。公屋生产机构的产品必须符合以下三个条件:只能提供给穷人、易于保值,并且只需花费较少维护费用。为此,它必须设计出一整套专门的租户选择、建筑设计和维护程序。只有这样,它才能产出所需的结果。为了适当地安排巡警警力,警察局必须将城市分成数个区域、安排警员值班、购买警车并装备对讲机。可以说,希望产出的产品决定了必需的生产程序。[65]

第二个原因不那么明显:在服务和执法部门,产品和生产程序的区别非常模糊。这主要是因为客户不但会真切地感知到前者的存在,也会感知到后者的存在。如果公屋管理机构在回应租户的维修需求方面行动迟缓,这也会成为公屋居民的体验之一。如果警察为了尽快赶到出事地点而使用警笛,那么,人们便会有这种体验,即警察在回应时会使用警笛。事实上,组织与其客户的互动既不局限于也不一定要通过有形的产品这一中介。他们的互动也包括生产和传递产品、服务或规制的方式。组织与客户的联系是时刻都在进行的、多维度的,它的每一方面都会影响客户对服务的感觉。[66]

第三,生产程序的特点常常也是组织的监督者关注的重点。在BHA的案例中,许多监督者希望将维新项目小组控制在能达成目标的最小规模范围内,并尽量从这一项目中得到最大价值。[67]他们不想用更多的人(哪怕这将降低组织的绩效),因为他们认为较低的管理费用才是效率的象征。同样,在休斯敦,监督者们相信,成立一个统一的、专门处理杀人案的分局将有益于提升警察局侦破杀人案的能力。而事实上，并没有足够的证据能够证明这一点。还有一部分人极为关注全市的警力分配，因为他们认为，这不仅影响警察的办事效率，更关系到公正和公平问题。因为监督者不但对应该生产什么产品有自己的观点，也对如何生产这些产品有自己的观点，所以政府机构使用的程序通常只是产品的一部分。

尽管将组织的运作程序、使用的技术与组织的产品区分开来是一件非常困难的事，但这样做却非常有益。因为这将把管理者的注意力集中到三个关键的问题：1）组织怎样运作以生产某个结果？2）生产程序的哪些性质和特征决定了组织监督者及客户对组织的满意程度？3）生产这一结果动用了哪些重要资产？

公屋的生产

BHA 生产程序的最重要部分在于它拥有的建筑物：BHA 投资于这些建筑物，通过它们将投资转化成租户享有的价值。BHA 的存量资本是它进行生产的核心，只要这一核心变化了，BHA 的产品也就会跟着变化。

当然，建筑物不会一直保持它们刚建起时的模样。一方面，建筑物本身会老化，墙面会剥落；另一方面，人为因素也会对建筑物造成破坏。这意味着，维修和保养也是生产程序的重要组成部分。事实上，BHA 在维修保养上的不足，正是它被接管的重要原因。BHA 生产程序的另一个重要组成部分是它挑选和驱逐租户的程序。租户至少会在三个方面影响 BHA 生产程序的数量和价值。

那些向公屋提供津贴的人关心两个问题，即什么人住在公屋里？他们是怎样入住的？正如前文提到的，无论公屋是提供给本市最穷的居民，还是提供给本市经济状况相对较好的居民，它们都会产生相应的价值，但这两种价值完全不一样。特别是当这些居住在公屋里、经济状况相对较好的居民恰好又是某个政治家或公屋管理者的朋友时，更会让人们对公屋的价值产生不一样的看法。出现这种现象的主要原因是公民和纳税人不但关心服务的数量和质量，更关心公益分配过程中的公正和公平问题。对于 BHA 来说，它服务的目标对象和挑选租户的程序都是它进行价值创造的重要活动。理想的情况是，BHA 不但能够将得到政府补贴的房屋租给那些穷困的人，而且能公平地对待每一个申请者。

从一个较长的时期来看，租户的特征和他们的行为方式不但将影响他们自己的未来，也会影响他们的子女的未来。不管环境怎么样，我们都不能简单地用“好”或“坏”这两个词汇来描述一个人。周围人群的榜样和期望往往会影响人们的行为方式，所以改变个体或公屋周围的环境，与挑选租户具有相同的重要性。BHA 有一个规模很小的组织——顾客咨询办公室，它的存在反映了 BHA 对以上观点的赞同态度。BHA 还认为，社会服务应该由居住在公屋中的居民来提供。但以上两种观点都算不上是最激进的观点。最激进的观点认为，将一群一无所有的、绝望的人变成自食其力的居民的最重要方法便是鼓励他们自治。从这个意义上说，租户服务和租户自治也是 BHA 生产程序的一个重要组成部分。

因此，BHA 的生产程序由一系列向特定人群提供住房的服务组成。这部分人群必须通过资格审核、申请筛选两个环节，并且不因触犯规则而被驱逐。住房服务则由房屋实物和一系列的维修保养组成。租户本人在生产程序中也起着非常重要的作用，他们或是对房屋起破坏作用，或是对房屋起维护作用。整体产品的好坏是由客户（即公房的租户）和监督者来评价的。监督者不仅希望投入的资本能够保值，还希望通过把公屋租给确实有需要的人来保证公共补贴的合理使用。

社区秩序的生产

警察局的情况与 BHA 不一样，前者的设备资本在其生产程序中的重要性相对较弱。当然，警察局也需要车辆、房屋、对讲机、枪械和计算机等设备，但是，每个警察的工作方式才是组织生产程序中最重要的部分。事实上，警察局 80% 以上的预算都花在薪资上。[68] 这意味着，警察局运作上的“技巧”在于警察的行为取向和工作能力，以及指导他们工作的政策和规则。

从这个意义上说，警察局与私营部门中的服务行业相似。如果有人说，警察提供着许多服务，我们并不会感到吃惊。但是，乍看起来，警察局更像规制执行者，而不像服务提供者。事实上，我们可以这样描述警察局的业务：它零售各种规制。在执行规制时，警察不但要使用公共权力，还要使用公共资金。正如费城警察研究小组（Philadelphia Police Study Task Force）所说：“公民将许多重要的公共资源交给警察保管，其中最为大家熟知的资源便是金钱：每年费城警察局的拨款高达 2.3 亿美元。更重要的是，公民还授权警察……使用武力和公共权力。警察执行逮捕任务、将犯罪嫌疑人铐起来、向某个公民开火或拉响警笛以表示对街道有优先使用权等，这些行动都动用了公共资源。”[69]

监督者对使用国家权威和武力的监管特别严密，因为他们希望确保国家权威和武力的运用是恰当（只有得到授权时才使用）和适度的（只使用达成目标所必须的最小使用量）。监督者之所以会关心这一点，是因为公民及其代表不但认为效率和效果非常重要，也认为公正和公平非常重要。[70]

如果武力使用得当，就会进一步增加武力的效力。合法、偶尔使用的武力对服从者具有更大的威慑力，频繁地滥用武力则会减弱武力具有的威慑力。如果警察为制服犯罪嫌疑人而使用的武力是合法的，那么在一旁观看的公民将支持警察，而不是犯罪嫌疑人。在这种情况下，犯罪嫌疑人会更少反抗，更愿意安静地被警察带走。从这种意义上说，警察必须学会有“节制”地使用权威，有选择地使用武力才能体现他们的专业水准和行动质量。

由于公民要求警察使用武力必须严守恰当的尺度，这使警察将维持运作的一致性放到了重要的位置，即必须以相似的方式对待相似的案件。反过来，这一目标也促使他们更多地将生产活动看成一条生产线，而不是一个手工作坊。从定义上说，生产线重复地生产同样的产品，手工作坊生产的每一件产品都与其他产品不一样。亚当·斯密的针厂是生产线的典型，而一个按客户要求定制设计建筑物的设计院则是典型的手工作坊。

极端典型的生产线与手工作坊形成了鲜明对比，但在现实中，这种极端情况则只是一个连续统的两端。例如，定制生产汽车的工厂与亚当·斯密的针厂相近，但具有手工作坊的某些特点；50%收入都来源于一种最基本工具的机械工具厂与建筑设计院相近，但具有生产线的某些特点。这一连续统记录了以下情况，即组织生产每种产品时，注入了多少新的工程和设计工作。如果绝大多数设计工作都是事先做好并体现在机床、政策、工作说明和培训之中，那么，我们看到的只是一条生产线。但是，如果大多数的设计工作都必须在生产产品时现场完成，我们看到的则是一个手工作坊。

在很大程度上，为了确保行动一致，警察局的负责人往往将警察局看成一条生产线，而不是一个手工作坊。当警察局试图事先详细描述警察可能遇到的各种情景，以及他们应该如何作相应处理时，他们实际上已表明了以上观点。这一观点也是警察局制定政策和操作指南时表现出来的指导思想。警察局将操作程序固定下来，便可以确保每个警察在处理问题时，都能使用已知的、最好的方法。他们认为，这样做将有以下两个好处。首先，有助于保持组织的有效性；其次，将所有操作程序加以标准化还将增加警察局处理问题的一致性（从而也增加其公平性），因为标准化的操作会弱化警察的处理权，从而降低警察采取不当行为的可能性。[71]

但不幸的是，警察面对的情况千差万别。[72]在处理遇到的问题时，他们经常需要采取变通形式或适度创新才能适应特定的情势。如果撇开一致性和对警察的有效控制这两个问题,警察局要想有效地回应各种问题,最好的办法是授权警察依据特定的情势采取适当的变通。简而言之,就是将警察看成一个手工作坊,而不是一条生产线。[73]在这种组织中,他们应该假定,自己并不是对每个问题都了如指掌,任一问题都有独特之处,因而需要采取适当的变通和创新才能加以解决。因此,应该由负责处理问题的"工匠"来诊断问题,并量身定做,给出合适的解决办法。[74]处理者可以充分借鉴组织已有的、在政策和操作指南中体现的经验,依据自己对特定问题的性质的认识以及处理其他问题的经验,对遇到的问题采取最妥善的解决办法。

在手工作坊中,特别是在那些临时有大量工作要做的手工作坊中,它拥有的人才是最重要的资源。因此,组织的招聘、人力资源开发和利用系统成为组织高效运作的重要因素。在警察局中,这一系统包括大量的技术工具,它们形成了组织的日常运作。例如,日程计划、任务分派系统和调度系统等都是这类工具的体现。这个系统还包括警察培训,以及规定他们在街道上应该和不应该做什么的各种规章制度。总而言之,警察局的生产程序是由技术和文化共同组成的。

布朗上任时,HPD 的技术和文化非常独特。它的技术系统体现在日程计划系统、通信系统以及它那本厚厚的警察行为规范指南等方面。它的文化系统体现在大家对组织目标、职业道德、职业能力以及获得升迁的途径等方面的共识上。

在文化层面,HPD 认为自己的工作是控制街道上的恶性犯罪,其优势在于他们具有的技术和主动性。[75]他们回应打入的求助电话,判断是否发生了犯罪事件,并在适当的时候采取逮捕行动。HPD 认为,警察个人和集体是否取得了成功,在于他们是否逮捕了犯罪嫌疑人。

在组织的表层文化之下,还隐藏着另一种文化。在这一层面,HPD 认为自己的使命是保护休斯敦市的好公民不受坏人的侵害。他们认为,自己必须做一项非常难办的工作，至于它怎样完成这项工作，休斯敦市的公民并不想知道。表面上，他们必须遵守严格的组织纪律，体现出很高的专业水平，只有这样，才能满足公民的良心需求。而在街道上执行任务时，他们则可以采取截然不同的行动方式。[76]

HPD 希望展现给公众的操作方式与他们在街道上面对的具体情况存在很大的差别，这种差别正是潜文化产生的根源。一方面，HPD 的工作环境要求手工作坊式的工作方式，另一方面，他们又试图推行生产线式的管理方式，这便在整个组织形成了一种巨大的压力。有时，警察的行动会触犯组织的规章制度，但只要公众没有发觉，其上司便会对此睁一只眼闭一只眼。但是，并不是所有的警察都这么幸运。当公众知道了警察的违纪行动时，其上司为了保护自己的声誉，往往会严加追查。

在这种情况下，警察觉得自己处于非常不利的地位，受到街道上的罪犯和上司的两面夹击。于是，他们变得越来越愤世嫉俗，对自己应该做什么和为什么要这样做形成了完全不同的理解，而正式控制工具的作用则变得越来越小。

与其他地方的警察文化一样，HPD 也强调警察应该独立于政治和社区之外。警察认为，自己是法律的代言人，是与社区分开的。这种看法使他们将自己定位于法律的执行者，处于社区之上，而不是社区之中。如果他们认为自己应处于社区之中，他们就可以与公民协作，共同建设良好的社会秩序。

在某种程度上，这种倡导独立的文化与公众对警察抱有的理念是一致的。经过四十年的斗争，警察才从政治腐败的阴影中走出来。正是由于他们将自己与政治分开，运用自己的技术专长不偏不倚地执行法律，他们才赢得了这场斗争。[77]更重要的是，在许多场合，社会也必须依靠警察独立执行法律，如废除公共学校的种族隔离，保护公众的示威游行等。这也正是警察体现其职业性的时候。

但是,警察对独立、自治和权力的欲望也体现了警察文化的阴暗面。警察觉得繁重的工作和独特的经验已将自己与社会隔离。[78]他们比常人看到更多的苦痛和丑恶现象,在他们眼里,这使他们变得与众不同,并将他们与社会隔离开来。他们还认为,自己不但易于受到罪犯的攻击,也容易成为公民和上司的替罪羊。[79]为了保护自己,他们不得不团结起来,一致对外。所有这些,都使他们在警察与社区之间筑起一道高高的隔离墙。

但是,当警察认为自己独立于社区以外时,他们忽视了这一点,即警察工作的开展最终有赖于他们与社区的联系。警察工作要取得良好的效果,必须依靠社区向他们提供治安信息、辨认犯罪嫌疑人。警察还必须依靠公民自己采取各种行动以降低受到攻击的可能性。最重要的是,只有当人们对警察抱有信心时,才能在警察出现的时候,向他们提供各种可能的帮助。如果做不到这一点,警察便不可能达到降低恐惧感和建设强大的、能抵御犯罪的社区这一目标。[80]

因此,警察局的生产线由一套复杂的、体现在文化中的技术组成,这种文化能够指导在街面上工作的警察因应情势采取适当的行为。警察局的价值在于它的责任心和它根据不同情势采取不同行动的能力。警察局不但要对公平和合理使用国家权威负责,也要对合理使用公共资金负责。此外,就像 BHA 一样,警察局要生产出想要的产品,也必须依赖它的服务对象。

利用管理系统来影响运作

为了确保组织实现重要目标和提供有价值的服务,管理者往往会利用管理系统来发起和指导组织的行动。关键的管理系统包括:(1)确定雇员的职权范围、工作内容和责任(即组织结构);(2)建立组织制定和检讨重要政策决定的程序(即战略计划系统);(3)定义组织的根本政策、重要项目和程序(即组织的技术)(4)招聘、选择、培训、评估、奖励和提升雇员（人事系统）；（5）收集和汇报组织使用资源、活动强度和获得成就的情况（管理信息和控制系统）。如何使用这些系统以增加组织的价值？从战略的高度来看，组织必须从整体上考虑管理系统，并评估它们对组织整体战略的作用。[81]

BHA 的管理系统

当 BHA 被接管时，它的组织结构是直线型的。人们一般认为这种模式有利于它更有效地完成各项工作。在此之前，BHA 的运作主要由项目经理负责。对于某个特定的住宅区项目来说，他们就像总经理一样，不仅要负责维修、租户选择和驱逐、收租等工作，还要对项目运作的总成本负责。他们通常住在自己负责管理的住宅区里，更高层级的管理者对他们的监管非常松，也很少收集有关他们的工作表现的信息。

后来，BHA 这种管理模式受到了批评，人们认为它会造成效率低下。BHA 的监督者和高层管理者认为，可以将各个项目承担的相同职能集中起来，这样将有助于提高效率。他们认为，不需要在每个项目都设一个管道工、墙体工或租户筛选人，可以将所有职能都集中起来，在有需要时，由上级向各个项目派遣相应的人员。此外，将这些职能集中起来，也能加强工作的一致性。例如，即便某个项目的管理者对维修有特别的要求，它也不会因此受到比其他项目更多的照顾。最后，将各项职能集中起来似乎也能提高组织的责任心，因为每个职能部门的管理者都要对本部门的工作质量和一致性负责。

出于以上考虑，BHA 的管理层将本来由项目经理掌管的职能收上来，统一交由专门的办公室来负责。该办公室不需要对每个项目都有深刻的了解，它只要知道如何完成某项专门的职能就行了——至少从理论上讲是这样。但在实际中，这套系统并没有像当初设想的那样正常运作。随着项目经理权力的减弱，BHA 对单个住宅区的整体生活质量变得漠不关心。职员不再将单个住宅区看成社区,而是将它们看成一堆要完成的任务。暗地里,中层管理者和职员更在乎让高层管理者满意,而不是适时回应居住在公屋中的居民的要求。

更糟糕的是,没有任何系统可以确保中心办公室能够很好地开展工作。BHA 既没有关于如何选择租户的政策,也没有规定如何收集维修情况的信息。与工会协定的人事政策使 BHA 很难激励或改变现有的员工。这样一来,即使雇员没有为达成目标做任何贡献,BHA 的管理系统也能让他们获得不菲的收入。事实上,在 BHA 的管理系统中,没有任何条款强调雇员必须帮助 BHA 实现其使命。

BHA 这种集中的、按职能分类的组织架构既给租户个人,也给社区带来了极大的不便。当租户需要 BHA 做一些维修工作或向 BHA 投诉邻居的不当行为时,他们必须向一个不知名的中心办公室提交报告,并耐心等候那些人来处理。即使是在他们居住的社区中,他们也很难组织成租户团体来采取行动,因为在这一层级,根本就没有听他们反映意见的人。他们必须将自己的意见反映到中心办公室,才有可能得到回应。事实上,中心办公室是否会回应他们也是一个未知数。

由于所有的职能都被集中起来了,租户唯一可以从 BHA 得到回应的方式便是组织一个全市范围的租户团体。当然,这并不是一项轻而易举的工作。但是,当他们真正组织起来的时候,BHA 就会发现自己不得不面对一场难以取胜的官司。租户的诉讼行动并没有让 BHA 清醒起来,BHA 仍没有采取适当的措施来满足租户的要求。恰恰相反,诉讼反而使双方的对立进一步升级。这样一来,对 BHA 能否达成目标有着举足轻重的作用的人越来越倒向 BHA 的对立面,从而破坏了一个非常重要的、潜在的联盟。

HPD 的管理系统

乍看起来，HPD 比 BHA 要复杂得多。HPD 的组织结构是一个正式、完整的金字塔式结构，它拥有各种详细的政策和程序，对运作的每一方面都做了具体的规定。它还收集各种信息，这些信息不但反映出警察个人的工作绩效，也反映出集体的工作绩效。从这个角度来说，HPD 达到了正规化的标准。[82]但是，问题不在于它是否建立了正式的系统，而在于这些系统能否帮助组织完成任务。从这个角度来看，HPD 的系统非常脆弱。

完整、正式的系统使 HPD 对自己的控制力产生了幻觉。或许，这也是 HPD 最严重的问题。从外部看，似乎一切都有章可循：各种书面政策和规章制度清晰地规定了警察应该做什么，较窄的管理幅度保证了严密的监管，警察违纪将受到严格的纪律处罚。

事实上，警察的工作并没有受到多少监管。非正式文化鼓励他们以不合规定的方式完成任务。如果被抓住，他们或是受到上司保护，或是成为上司的替罪羊。这种环境在组织内部形成了极大的压力，使他们变得日益玩世不恭。不仅如此，它还使警察认为，发挥创造性才是不正常的。由此一来，组织的重要资产——责任感、智慧和警察的积极性都得不到很好的利用。

更重要的是，正如 BHA 一样，HPD 也被它集中的、按职能分类的组织架构所羁绊，难以很好地实现目标。最初，城区的警察局是按地域划分的。相邻区域的指挥官就是当地的警察总长，负责管辖区域的所有警察事务。但不幸的是，这种按地域划分的警察局容易被地方政客利用，成为他们实现个人目标的工具，[83]而雇用和提拔警察的决定则往往被当成支持地方政治机器的棋子。不仅如此，就连执法活动，也成为奖励政治忠诚和惩治敌人的手段。

为了防止政治的不正当影响，全国的警察局进行了重组，成为集中的、按职能划分的单位。也正如 BHA 的项目经理一样，区域指挥官的权力被慢慢剥夺并集中到一个中央机构。这样做的理由也和 BHA 当年的理由一样：中央机构有利于提高完成某项职能的技巧，并可以更有效地在全局范围内调配。改革者还宣称，中央机构可以保证警察局在全市范围内提供一致的服务。

重组实现了预期的目标。它削弱了地方政客对警察局的影响，在一定程度上提高了工作技巧，警察的运作更加一致。然而，正如 BHA 一样，HPD 也为这一改变付出了代价：警察与社区的伙伴关系开始破裂。当然，由于在调度系统投入了巨大的资金，警察现在可以及时对个体居民的求助做出回应。但是，过于注重回应个体居民的求助会削弱警察与社区团体的沟通，从而使他们难以了解社区团体面临的问题。只要警察不改变这种做法，他们就会继续从个体而不是团队的角度来看待安全问题。缺少了社区团体这个伙伴，警察就会对一些更重要的社区问题束手无策。另一方面，只要警察局中没有人愿意倾听社区团体的意见，社区团体就没有多大意愿与警察结成伙伴。

在信息收集这一点上，HPD 与 BHA 极不一样。它拥有非常强大的信息系统，可以衡量出警察局的整体工作表现。但是，这些衡量标准却成为一个桎梏，使警察局对自己的使命形成了非常奇特的看法。其中，最重要的一个标准是报案数。FBI 的统一犯罪报告系统（System of Unified Crime Reports）对如何统计报案数做了规定。通过这套系统，可以将 HPD 的报案数与全国其他城市和该市历年的报案数相比较。[84]因此，分析者不但可以据此比较 HPD 与其他城市警察局的工作表现，也可将 HPD 现时的工作表现与过去的工作表现相比。由于监督者和公民能够掌握这些比较数据，所以这一标准（即报案数）成了警察局的重点关注对象。

从某些方面来说，这些数据有一定的意义。首先，它们给了警察局一个运作目标；其次，控制报案数是警察局使命的一部分，而这些数据将有助于警察局将注意力放在这一使命上。但是，它们也存在一些经不起推敲的地方。[85]第一，它们只反映了向警察报了案的犯罪，而不是所有公民遇上的全部犯罪。由于仍有许多案子没有报案，所以对于犯罪问题到底有多严重、治安状况是变好了还是变坏了以及案件是在哪里发生的等问题，人们仍不清楚。[86]第二，由于除了警察工作好坏这一因素之外，还有许多其他因素也会影响犯罪率的变化，所以很难将犯罪水平的一切变化都归功或归咎于警察。社会结构与经济变化、司法系统无法及时惩办已被逮捕的罪犯等因素都将影响犯罪率水平。第三，统计数据倾向于只强调警察使命的一部分，即降低杀人、强奸、抢劫、人身侵害和入室盗窃等案件的发案率，而警察还需在改善社区治安秩序方面做许多其他工作。由于统计数据只片面强调第一部分工作，这使警察只注意其打击犯罪的角色。

除了以上数据以外，警察还收集和汇报他们的工作情况。但是，这些数据同样也有一定的局限性。警察通常会汇报以下数据，即他们逮捕了多少人、通过逮捕这些人破了多少案子。在记录组织的活动方面，这些数据有一定的作用。但是，它们却没有反映出法院对这些案子的判决情况，因此，它们并不能真实反映出警察局的工作质量。警察局还收集“回应时间”等信息，但既没有人能够肯定回应时间的长短的确是服务的一个重要属性，也没有人能够肯定回应时间与逮捕罪犯的机会或破案有必然联系。

HPD 的人事系统也非常先进和正规，与严格执行法律这一目标保持了高度一致。但同时，它也没有全面反映出组织的使命。以警察的招聘和甄选系统为例，它过于强调警察在规定范围内使用武力的能力，这主要表现为以下几点：应聘的人中，男性远多于女性；对应聘人员有身高要求，以保证警察在体形上具有威慑力；不接受有案底的应聘者。同样，警察局的培训也更倾向于强调体能和打斗技巧训练，而不是对法律的认识、判断力或人际关系技巧。事实上，招聘和培训最关注的问题是如何将犯罪嫌疑人放倒在地、如何驾车追捕疑犯和开枪自卫。

一旦进入警队，警察可以通过两条途径得到提升。最快捷的途径是从巡警到侦探。只要巡警有意成为侦探并表现出一定的积极性，他们便具备了提升为侦探的资格。一旦成为侦探，他们的薪水便跟着水涨船高，办公条件也得到极大的改善。这时，他们将有更多的自由来制订工作计划和工作日程。更重要的是，他们可以不用穿制服（俗称“袋子”）。一解下这个袋子，他们便再也不必随时回应居民的要求。

另一条途径是等级提升。这条途径需要通过公务员考试。公务员考试的主要内容是对工作的了解，而不是管理和领导技能。能够提升至警察局的管理位置，通常意味着更高的薪水和略微改善一点的工作条件。警察可以不用再上街巡逻。虽然他们不用再回应居民的要求，但却必须回应更高一级管理者的要求。这种人事制度侵蚀了组织中巡警部分的运作能力。最好的警察离开巡警去了侦探局。那些成为巡警指挥官的人，主要是靠了他们在考试中所表现出的能力，而不是他们在街道上表现的能力，更不是他们在办公室里表现出来的管理能力。因为警察局上下都认为侦探才是效仿的榜样，所以警察局养成了这样一种文化，即非常注重打击犯罪和破案，而不是注重如何在运作中创造价值。

总而言之，虽然 HPD 的管理系统使它看起来像一个控制良好的、将注意力集中于完成工作任务的组织，但实际上，HPD 是一个不受控制的、工作重点不突出的组织。它的集权式管理结构弱化了它与社区的联系，从而难以在二者间形成伙伴关系。统计数据不但误导了警察的注意力，使他们忽视了警察应该创造的整体价值，而且容易使他们过于注重那些可信度并不高的目标。人事系统倾向招收那些对警察工作认识比较狭隘的人员，并且可能会导致巡警人力资源的枯竭，而巡警这一部分却是警察局最重要的操作部门。与 BHA 不一样的是，HPD 的管理系统的确将组织的精力和注意力集中在一个使命上，但不幸的是，整个组织忘我追求的使命却不是一个完全正确的使命。

创新和资源利用

如果我们根据某个组织的整体战略来分析该组织的产品、生产程序和管理系统，一般都会发现，在组织的产品和它的组织方式两者间存在着不一致的地方。例如，对BHA的分析表明，租户要求得到更有效的维修支持，而维修则受到各种繁复的程序约束，因此在对维修的要求和实施维修所需的程序之间就存在着不一致。此外，必须将租户组织起来才能建设出生活质量很高的社区，而BHA的组织结构却难以促成与当地社区的沟通。对HPD的分析表明，不但组织的控制系统和大多数警官的工作环境之间存在着巨大反差，而且组织也缺少任何可以减少居民的恐惧心理以提高自我保护能力的项目。

认清这些差距和不一致非常重要，因为它们表明有必要在管理上进行创新。每段差距和每一点不一致都应该成为思考、计划和投资的重点——即创新的重点。管理者不断应对这些挑战的过程，也就是组织不断改进工作、提高绩效的过程。

必须做多少创新工作取决于组织对政治和工作环境的适应能力。如果管理者接手的是一个破产的组织，那他将发现，有许多创新工作要做，如果他接手的是一个管理得很好的组织，且组织所处的环境非常稳定，他就不需要做太多的创新工作。

因为创新耗费极大，所以管理者必须了解创新需要什么资源，需要多少资源。许多公共组织中，高层管理者牢牢控制了采取创造性行动的权力，雇员对创新普遍感到陌生。在这些组织中，快速的创新活动不但会给组织的高层管理者带来巨大的压力，也会极大地考验组织战略计划系统指定、分析、设计、批准和跟踪创新的能力。

创新有时会耗尽组织普通雇员的忍耐力。切斯特·巴纳德注意到，管理者的创新要成功,就必须在雇员的“冷漠区”(zone of indifference)内行动。如果某项工作不在雇员与组织签订的合同的默认条款范围内,管理者就不应要求雇员做该项工作。[87]如果管理者的要求超出了“冷漠区”的范围,员工则会起来反对,从而导致管理者的失败。管理者会做各种事情,但他最不可能做的事情恐怕便是变革了。这主要是因为管理者已经习惯于现有的运作方式。事实上,他们已经产生了这种认识,即稳定是一种美德,是管理优秀和计划完善的组织的特征之一。因此,当变革使组织的许多事情处于不确定状态时,许多雇员便会担心组织的未来,并对变革产生抵触情绪。他们的不满情绪的高低,制约着一段时期内能够采取的变革的规模。[88]

创新也会带来政治风险。[89]最开始的时候,创新的新闻效应会吸引媒体的注意力。事实上,有时候公共部门领导发动创新的唯一目的就是吸引公众的注意力。但问题是,如果创新失败了,媒体就会寻找一个替罪羊。[90]在反对创新的政治监督者中,也存在同样的情况。对于失败的管理者,媒体和政治监督者都会对他们大加批评,谴责他们不负责任,说他们不应拿公众的钱来做实验,说他们既然不能肯定自己的主意是否可行,就不应将其付诸实践。在这种背景下,管理者可以承受一次或两次的失败,但他们肯定难以承受接二连三的失败。

管理者必须首先分清创新的类型,才能知道他们应该采取什么创新。有些创新可以被称为政策或程序创新。这类创新确定了使用组织资源的新途径,并以此来达成组织的使命。从这一点来看,斯彭斯或许可以改变BHA 挑选租户的政策,或在公屋住宅区中开展各种青少年文娱活动。布朗则可以开展新的、有助于消除居民恐惧感的活动。

另一种创新可以被称为管理创新。这类创新涉及组织及控制组织运作的新方法。例如,斯彭斯可以开发一套信息系统,借以评估维修单位的工作表现。布朗可以分散巡警的职能,以便巡警可以与当地社区建立起更有力的联系。

最后，还有一种创新可以被称为战略创新。这类创新的目的在于重新定义组织的基本目标和核心技术。斯彭斯或许可以这样想：如果BHA要获得成功，就必须转移注意力，将关注的主要对象从最贫穷的家庭转移到正努力改善自身状况的家庭上来。为此，他必须改变BHA的使命。以前，BHA的使命是向一无所有的家庭提供应急住房；现在，BHA的使命是向状况正日趋改善的家庭提供过渡性住房。布朗或许会认为有必要改变HPD采取强硬手段控制犯罪的做法，转为降低居民的恐惧感和改善向休斯敦的多民族市民的服务。

不同类型的创新之间存在着重要的联系。战略创新要获得成功，就必须进行许多程序和管理创新。事实上，只有当管理者从细节上来研究战略时，他们才能认清必须采取哪些程序和管理创新。后一种创新才能缩小组织的现状与未来目标间的差距。

程序和管理创新是进行战略变革的途径。管理者不可能在极短时间内让组织接受新战略。他们必须采取具体、实在的措施，才能让组织依据新战略运作。这些措施通常就是我们所说的管理和程序创新。

请注意，人们之所以会采取这些创新，是因为它们能帮组织引入新战略或能解决组织当前运作中的问题。有时候，因为受到这些小创新的启发，管理者会突然看到一幅全新的图景和组织应采取的新战略。[91]

组织引入新战略时，小创新可以起催化剂作用。无论组织引入哪类创新，在其引入阶段都会对组织产生副作用。有时，这些副作用会加快组织采取新战略的速度；另外一些时候，它们则会对组织采取新战略起阻碍作用。[92]对于那些想进行快速变革的管理者来说，他们必须要能够识别哪些创新能加快变革的步伐，哪些变革会对变革产生不利影响。

有一种非常重要的战略创新，它不但有利于组织采纳新目标和新方法，还能增强组织学习和创新的能力。[93]在某种程度上，组织任何重大变革都具有这种效果。只要组织必须实行诸多变革才能采纳新战略，它就能学会如何挺过频繁变革的难关。这是因为在变革过程中，它相应的能力得到了锻炼。另外，还有一种组织结构也使组织能够持续学习。[94]一般来说，这类结构具有较强的开放性，组织经常暴露于外部的刺激之中，允许以分析的方式做决策，也允许雇员组成团队完成组织的任务。[95]以价值和结果为导向的组织，往往比以制度和规则为导向的组织更能维持其开放性。[96]

不管怎么说，可行的组织战略都会在某种程度上向组织提出管理、程序或战略上的创新要求。组织的计划越庞大，所处的环境越恶劣，创新的要求也就越强烈。从这个角度来说，BHA 和 HPD 完全不一样。

BHA 的创新

看起来，只要进行几项简单的管理创新，就能解决 BHA 面临的问题。但事实上，BHA 员工士气低落，管理混乱。因此，斯彭斯必须找出能够改善其基本运作的方法，该方法必须能同时达到以下目标：及时将积存下来未花掉的、用以维新的资金发放下去，尽快维修建筑；提高维修工作的质量并缩短从申请到实施维修的等待时间；执行更加严格的租户选择和驱逐政策；加强租金收取工作。

但是，在这类操作问题背后，隐藏着一个重要的战略问题。斯彭斯必须找到一个方法，重建公民及其代表对公屋的信心。要做到这一点，他必须使公屋住宅区成为漂亮的社区，使公共价值保值和增值，而不是被浪费掉。这要求他采取行动，关闭部分条件最差的公屋，改变战略，由向一无所有的市民提供住房转为向处境正趋改善的家庭提供住房。这些改变要求 BHA 重新认识自己所处的环境，并在政策和程序方面做一些大的变动。

HPD 的创新

同样,HPD 也面临运作上的问题——特别是它使用武力和权威的方式。或许,可以通过各类培训项目和建立起旨在惩治过度使用武力的警察的管理系统,来改变 HPD 面临的问题。

HPD 的战略问题更为明显。布朗必须面对以下问题:即他是仍然沿袭 HPD 过去的管理方式,还是与传统决裂,实行新战略。新战略不但注重控制犯罪率,也注重消除市民的恐惧感并与他们建立良好的关系。它将改变 HPD 的管理风格,给警察以更大的行动自由,让他们运用自己的智慧和能力去解决实际问题。

要进行这种变革,组织就必须在组织文化方面做很大的调整。变革的成功有赖于组织在管理系统方面做出非常具体、实在的改变,并且在组织日常运作中体现出来。但是,由于这类改变数目巨大,从而会使它们看起来更像战略的彻底翻新,而不是仅仅在管理系统和运作方式上的小修小补。[97]

管理者一旦已经确定需要进行多少创新才能引入具有更高价值的战略,他们就能够进一步计算出达到目标需要多少资本。目标越高,所需的资本也越多。

在公共部门,资本的形式多种多样。很显然,新的公共资金是资本,援助和权威也是资本。但是,也许最不起眼的资本——政治对错误的容忍——才是最重要的资本。这类政治资本必须通过政治管理从政治环境获得。

还有一些资本可以从内部获取。任何组织都存在"冗余",这些冗余之处往往隐藏着新的资源和能力。[98]如果管理者对现有资源进行重组,解除部分已经不合时宜的承诺,他们便可以得到新资源。但不幸的是,这种努力通常会遭到来自内部的阻力。如果组织的雇员已在某个项目或管理安排上有了不菲的投入，他们就会认为自己职业生涯的发展有赖于这些项目的持续，因此，他们不会轻易放弃要求组织给予资助，更不会努力去适应新的工作需求。

外部政治压力可以克服内部阻力。经验告诉我们，不到万不得已的时候，下层管理者绝不会放弃对组织资源的要求。如果变革不是万不得已的事情，他们绝不会重新调整自己努力的方向。正是由于这个原因，当上级管理者要求他们采取变革措施时，他们的第一反应是怀疑和抵触。他们会向上级的上级反映，以此估算上级要求变革的决心并改变上级的决定。只有上级的实际行动和政治环境的支持才能真实反映出进行变革的决心。

有趣而重要的是，上文两个案例中的管理者——斯彭斯和布朗——在这一方面都具有很大的灵活性。这种灵活性来源于他们领导的组织的软弱无力——BHA 和 HPD 都处于破产或半破产的境地。正如其他的破产案一样，新进入的管理者通常能按自己的思路对组织进行重组。这期间，一些原有的管理者离开了组织。随着他们的离开，下属的期望也跟着变得不稳定起来。这样一来，他们就更愿意接受管理上的变革。

与布朗相比，斯彭斯所处的环境与上文的描述更为相近。这是因为 BHA 已被宣布破产，在没有最高领导者的情况下运作了好几年。在布朗的案例中，HPD 虽然犯了不少错误，但它仍得到居民比较广泛的支持。更重要的是，它的前任领导者没有一个离职；事实上，四个前任局长仍位居要职。

但是，当我们将目光投向外部，寻找支持变革的力量时，情况则刚好相反。斯彭斯面临的是一个非常艰巨的任务，他必须鼓动市民，让他们支持 BHA 的新使命。他或许可以让市民相信这一点，即 BHA 的情况正在逐步改善。但要他说服市民，让他们支持 BHA 的新使命则有相当的困难。布朗面对的情况则恰好相反。他对如何管理 HPD 有一套全新的观点，对许多休斯敦的市民来说，这些新观点极富吸引力。即使 HPD 内部还没有做好接受大规模变革的准备，休斯敦的市民对变革的强烈要求也将保证变革获得成功。

从诊断到干预

BHA 和 HPD 都存在运作上的问题，也面临着不少机会。上文对这些问题和机会进行分析的目的，是使管理者认识到这一点，即组织生产活动的转型过程中存在着许多机会，他们可以利用这些机会来创造价值。虽然上文没有明确地指出个别管理者应该做什么才能将机会变为现实，但它的确指明了哪些行动可能是有益的。为了了解管理者必须做什么才能实现运作价值，我们必须回答以下问题，即怎样才能最好地执行战略？第七章将回答这个问题。

注释

1. 领导与管理的区别问题引起了许多人的注意。例如，John Kotter：*A Force for Change：How Leadership Differs from Management*（New York：Free Press；London：Collier Macmillan，1990）。也有人认为这种区别毫无意义，参见 James Krantz 和 Thomas N. Gilmore，"The Splitting of Leadership and Management as a Social Defense，" *Human Relaions*，vol. 43，no. 2（February 1990）：183 – 204。

2. 以下描述以 Esther Scott 撰写的四个案例为基础。四个案例分别是："Managing the Boston Housing Authority：Note on Federal Public Housing Policy（1937 – 1980），" KSG Case #N16 – 85 – 626（Cambridge，Mass.：Kennedy School of Government Case Program，1985）；"The Boston Public Housing Authority（A），"KSG Case #C16 – 83 – 563（Cambridge，Mass.：Kennedy School of Government Case Program，1983）；"The Boston Public Housing Authority（B），" KSG Case #C16 – 83 – 564（Cambridge，Mass.：Kennedy School of Government Case Program，1983）；"Managing the Boston Housing Authority：The Receivership Begins"，KSG Case #16 – 85 – 627（Cambridge，Mass.：Kennedy School of Government Case Program，1985）。与哈里·斯彭斯（Harry Spence）的私人交谈也让我受益匪浅。他曾是我在肯尼迪政府学院的同事。

3. Scott，"Boston Public Housing（A），" 第 1 页。

4. 参见第二章与第三章关于公共部门破产的论述。

5. Scott,“Boston Public Housing(A),” 第 1 页。

6. “Voices from the Projects,” *Boston Magazine*, vol. 73(December 1981):170,摘自“Managing the Boston Housing Authority,” 第 2 页。

7. Scott,“Managing the Boston Housing Authority,” 第 3 页。

8. 同上,第 14 页。

9. 同上,第 13 页。

10. 以下描述以 Zachary Tumin,“Lee P. Brown and the Houston Police Department: Part A” and “Lee Brown and the Houston Police Department: Part B”(未公开发行稿件, Kennedy School of Government, 1989)。

11. Tumin,“Brown and the HPD: A 部分,” 第 8 页。

12. 同上,第 6 页。

13. 同上,第 8 页。

14. 同上,第 11 页。

15. 同上。

16. 同上。

17. 同上。

18. 同上,第 14 页。

19. 同上,第 16 页。

20. 同上,第 19 页。

21. 同上,第 20 页。

22. Houston Police Department, *Assessment of the Department: Problems and Issues*, September 1982(Houston: Houston Police Department, 1982),第 ii 页。

23. 同上。

24. 同上,第 61 页。

25. 同上,第 64 – 65 页。

26. 同上,第 62 页。

27. 同上,第 62 – 63 页。

28. 参见 Robert C. Wood, *Remedial Law: When Courts Become Administrators* (Amherst: University of Massachusetts Press, 1990)。Herbert Kaufman 也发现,公共部门组织的确会消亡。参见 Kaufman, *Are Government Organizations Immoral?* (Washington, D. C.: Brookings Institution, 1976),第 68 – 70 页。

29. 参见第二章对这点的理论探讨。对于强力机构的详尽论述,请参见 Malcolm Sparrow, *Imposing Duties: Government's Changing Approach to Compliance* (Westport, Conn.: Praeger, 1994)。

30. 由于公屋住宅区已成为毒品交易与黑帮活动的中心,公共权力可以在多大程度上强制其租户服从已成为一项重要的议题。要了解公屋署如何运用其权力将这些不法活动分子驱逐出住宅区,参见 Debora Lamm Weisel, *Tackling Drug Problems in Public Housing: A Guide for Police*(Washington, D. C.: Police Executive Research Forum,

1990）。

31. Herman Goldstein 对警察担当的不同职能作了非常经典的论述。参见 Goldstein, *Policing a Free Society*（Cambridge, Mass. : Ballinger, 1977）。

32. 要了解公共部门管理者在寻找创新空间方面遇到的困难，请参见 Moore, *Accounting for Change: Reconciling the Demands for Accountability and Innovation in the Public Sector*（Washington, D. C. : Council for Excellence in Government, 1993），第 106－107 页。另请参见 James Q. Wilson, *Bureaucracy: What Government Agencies Do and Why They Do It*（New York: Basic Books, 1989），第 218－232 页。

33. Herman B. Leonard, "Theory S vs. Theory T"（Kennedy School of Government, 影印本, 1984）。另请参见 Robert D. Behn, *Leadership Counts: Lessons for Public Managers from the Massachusetts Welfare, Training and Employment Program*（Cambridge, Mass. : Harvard University Press, 1991），第 203－206 页。

34. 甚至连美国造币厂也需要战略管理。在一次和美国雕刻与印刷管理局某高层官员谈话的过程中，我了解到，该位官员也面临以下重要问题：她是否需要生产可供收集的金属制品，以与像富兰克林造币厂（Franklin Mint）一类的私营企业竞争？如果要参与这类竞争，她怎样与后者竞争？简而言之，她发现自己处于与第一章中的图书馆管理员相同的境地，即他们领导的公共机构拥有额外的能力，能够生产传统使命要求以外的产品。

35. 要衡量公共部门组织的整体绩效是一件极为困难的事情。当会计总署（The General Accounting Office/GAO）要对联邦机构进行"整体管理评价"时，就面临着这样的难题。最后，它只能将对管理系统的审计与对项目评估的基本表格结合起来，对极少数几个联邦部门的少数项目进行评价。即使对某些长期存在的核心项目，GAO 也不能对其生产效率的增长情况进行评估。当然，就更不用说评估组织适应政治期望的能力了。关于这些报道的例证，请参见 U. S. General Accounting Office, *Increasing the Department of Housing and Urban Development's Effectiveness through Improved Management*, vols. 1 and 2（Washington, D. C. : GAO, 1984）; U. S. General Accounting Office, *Social Security Administration: Stable Leadership and Better Management Needed to Improve Effectiveness*（Washington, D. C. : Gao, 1987）。

36. 我在这里采纳了 Laurence E. Lynn, Jr. 的观点。他说："将公众的要求转化为运作结果，需要政府组织及其领导理解并时刻关注技术与服务。"参见 Lynn, *Managing Public Policy*（Boston: Little, Brown, 1987），第 70－71 页。关于私营部门的比喻，请参见 Michael Hammer, *Re－Engineering the Corporation: A Manifesto for Business Revolution*（New York: Harper Business, 1993）。

37. Herbert Kaufman 举了一个例子，例中提到的组织很好地适应了所处的环境。参见 Kaufman, *The Forest Ranger*（Baltimore: Johns Hopkins University Press, 1960）。另一个很生动的例子源于 Martha Derthick, *Agency under Stress: The Social Security Administration in American Government*（Washington, D. C. : Brookings Institution, 1990）。

38. 这是被 Wilson 认可的唯一一种创新。参见 Wilson, *Bureaucracy*, 第 225 页。

39. 关于这一问题的讨论,以及管理者面临的创新挑战的具体实例,请参见 Moore,*Accounting for Change*。

40. Terrence E. Deal and Allan A. Kennedy,*Corporate Cultures:The Rites and Rituals of Corporate Life*(Reading Mass.:Addison - Wesley,1982),第 23 页。

41. Max D. Richards,*Organization Goal Structures*(St. Paul,Minn.:West Publishig,1978),第 1 - 35 页。

42. 同上,第 6 - 7 页。

43. 例如,Kenneth Andrews 说:"一般而言,长期计划比较笼统,而运作计划非常具体。这样做便可以确立标准,使评价短期绩效有据可依。"参见 Andrews,*The Concept of Corporate Strategy*(Homewood Ill.:Irwin,1987),第 111 页。

44. Herbert Simon 似乎也同意这一观点。他说:"在'目标'与'过程'之间,没有质的区别,只有量的区别。'过程'是一种行动,它的即期目标处于手段与目的这一金字塔中的较低层级;而'目标'是一系列的活动,它在手段与目的金字塔中处于较高的层级。"参见 Simon,"The Proverbs of Administration," 选编于 Jay M. Shafritz and Albert C. Hyde, eds. , *Classics of Public Administration*, 2d ed. (Chicago: Dorsey Press, 1987),第 171 页。

45. Richards,Organizational Goal Structures,第 89 - 109 页。

46. 关于联邦政府公屋的目标的讨论,请参见 Eugene J. Meehan,*The Quality of Federal Poicymaking*(Columbia:University of Missouri Press,1979)。

47. 关于战略概念演化过程的论述,请参见 Malcom K. Sparrow, Mark H. Moore, and David M. Kennedy, *Beyond 911: A New Era for Policing* (New York: Basic Books, 1990),第 30 - 57 页。另请参见 George L. Kelling and Mark H. Moore,"The Evolving Strategy of Policing," *Perspectives on Policing*, no. 4(Washington D. C. :National Institute of Justice,and Cambridge,Mass. :Kennedy School of Government,1988)。

48. George L. Kelling et al. , *The Kansas City Preventative Patrol Experiment: A Summary Report*(Washington D. C. :Police Foundation,1974).

49. William G. Spelman and Dale K. Brown, *Calling the Police: Citizen Reporting of Serious Crime*(Washington,D. C. :National Institute of Justice,1984).

50. Peter W. Greenwood, Jan M. Chaiken, and Joan Petersilia, *The Criminal Investigation Process*(Lexington,Mass. :D. C. Heath,1977);John Eck,*Solving Crimes: The Investigation of Burglary and Robbery* (Washington, D. C. : Police Executive Research Forum,1984).

51. Sparrow,Moore,and Kennedy,*Beyond 911*,第 95 - 125 页。关于一些可供选择的警察战略——如"社区警务"或"解决问题警务"——的效果的证据,请参见 Mark H. Moore,"Community and Problem - Solvng Policing," 选编于 Michael Tonry and Norval Morris,eds. ,Modern Policing(Chicago: University of Chicago Press, 1992), 第 99 - 158 页。另请参见 Dennis Rosenbaum,*The Challenge of Community Policing*(Thousand Oaks, Calif:Sage Publications,1994)。

52. 对社区自我防御能力的讨论，请参见 Dennis P. Rosenbaum ed., *Community Crime Prevention: Does It Work?* (Thousand Oaks, Calif: Sage Publications, 1986)。

53. Mark H. Moore and Robert Trojanowicz, "Policing and the Fear of Crime," *Perspectives on Policing*, no. 3 (Washington D. C.: National Institute of Justice and Kennedy School of Government, 1988).

54. 同上。

55. James Q. Wilson and George L. Kelling, " Police and Neighborhood Safety: Broken Windows," *Atlantic Monthly*, March 1982, 29 – 38.

56. Anthony M. Pate, Mary Ann Wycoff, Wesley G. Skogan, and Lawrence W. Sherman, *Reducing Fear of Crime in Houston and Newark: A Summary Report* (Washington, D. C.: Police Foundation, 1986).

57. John E. Boydstun, Michael E. Sherry and Nicholas P. Moelter, *Patrol Staff in San Diego: One – or Two – Officer Units* (Washington, D. C.: Police Foundation, 1977), 表 18, 第 28 页。

58. Mark H. Moore and Darrel W. Stephens, *Beyond Command and Control: The Strategic Management of Police Departments* (Washington, D. C.: Police Executive Research Forum, 1991).

59. Herman Goldstein, *Problem – Oriented Policing* (New York: McGraw – Hill, 1990), 第 32 – 34 页。

60. Lawrence W. Sherman, P. R. Garten, and M. E. Burger, "Hot Spots of Predatory Crime: Routing Activities in the Criminology of Place," *Criminology*, vol. 21 (February 1989): 27 – 55.

61. Goldstein, *Problem – Oriented Policing*, 第 32 – 49 页。

62. Sparrow, Moore and Kennedy, *Beyond 911*, 第 97 – 104 页。

63. 关于这类技巧的一般讨论，请参见 Goldstein, *Problem – Oriented Policing*。关于这些技巧在实践中的应用，请参见 John E. Eck, William Spelman, Diane Hill, Darrel W. Stephens, John R. Stedman, and Gerard R. Murphy, *Problem – Solving: Problem – Oriented Policing in Newport News*, (Washington, D. C.: Police Executive Research Forum, 1987)。

64. 加利福尼亚 Santa Ana 警察局制作了以这一事件为主题的录影带，用来作为培训的教材。

65. Mark H. Moore 精彩地论述了产品与生产程序及管理系统之间的关系。参见 Mark H. Moore, " A Feasibility Estimate of a Policy Decision to Expand Methadone Maintenace," *Public Policy*, vol. 26, no. 2 (Spring 1978): 285 – 304。

66. 感谢我的同事 Robert Leone 向我再三强调这一点。James L. Heskett, W. Earl Sasser and Christopher W. L. Hart, *Service Breakthroughs: Breaking the Rues of the Game* (New York: Free Press, 1990)。

67. Scott, "Managing the Boston Public Housing", 第 11 页。

68. Michael T. Farmer, *Survey of Police Operational and Administrative Practices* (Washington, D. C. : Police Executive Research Forum, 1978).

69. Philadelphia Police Study Task Force, *Philadelphia and Its Police: Toward a New Relationship* (Philadelphia Police Study Task Force, 1987),第 129 页。

70. 法律机构应能够对自己动用的法律权威负责,并表明这些权威的使用是正当的。关于这方面的论述,请参见 Kenneth Culp Davis, *Discretionary Justice: A Preliminary Inquiry* (Baton roughe: Louisiana State University Press, 1969)。

71. 关于削弱司法自决权的重要性的论述,请参见 James Vorenberg, "Narrwoing the Discretion of Criminal Justice Officials," *Duke Law Journal*, vol. 1976, no. 4 (1976): 651 - 697。

72. 关于警察可能碰到的各种情况的生动描写,参见 Jonathan Rubinstein, *City Police* (New York: Farrar, Straus, and Giroux, 1973)。关于这一方面小说式的描写,参见 Joseph Wambaugh, *The Blue Knight* (Boston: Little, Brown, 1972)。

73. Sparrow, Moore and Kennedy, *Beyond 911*. 另请参见 Mark H. Moore, William Spelman, and Malcolm Sparrow, "Police Innovation: From Production Lines to Job Shops," 选编于 Alan Altshuler and Robert Behn, *Research on Innovations in State and Local Government* (Washington D. C. : Urban Institute, 即将出版)。

74. Claude Levi - Straussss, *The Savage Mind* (Chicago: University of Chicago Press, 1966),第 16 - 36 页。

75. 要了解当时休斯敦警察局的组织文化,以及它对使用致命武器与妇女的态度,请参见 Kenneth Winston, "A Policewoman's (Non) Use of Deadly Force," KSG Case # C16 - 91 - 1040 (Cambridge, Mass. : Kennedy School of Government Case Program, 1991)。

76. 这种态度不仅仅限于休斯敦。参见 Mark H. Moore, "Police Accountability, Police Culture, and the 'Dirty Deal,'" *Governing*, vol. 4, no. 11 (August 1991): 9。

77. Robert M. Fogelson, *Big City Police: An Urban Institute Study* (Cambridge, Mass. : Harvard University Press, 1977).

78. Sparrow, Moore and Kennedy, *Beyond 911*,第 50 - 54 页。更详尽的论述,请参见 Arthur Niederhoffer, *Beind the Shield: The Police in Urban Society* (Garden City, N. J. : Doubleday, 1967)。

79. Sparrow, Moore and Kennedy, *Beyond 911*,第 54 - 57 页。

80. Wesley, G. Skogan, *Disorder and Decline: Crime and the Spiral of Decay in American Neighborhoods* (New York: Free Press, 1990),第 113 - 114 页。

81. Leonar, "Theory S. and Theory T." 另请参见 Behn, *Leadership Counts*,第 203 - 206 页。

82. 关于规范化与传统官僚形式为什么如此适应警察局的论述,请参见 Mark H. Moore, "Policing: Deregulating or Redefining Accountability," 选编于 John DiIulio, Jr., ed., *Deregulating the Public Service: Can Government Be Improved* (Washington, D. C. :

Brookings Institution,1994),第 198－235 页。

83. Fogelson,*Big City Police*.

84. 关于统一犯罪报告(Unified Crime Reports)对警察工作的冲击,请参见 Dennis W. Banas and Robert C. Trojanowicz,"Uniform Crime Reporting and Community Policing:A Historical Perspective," *Community Policing Series*, no. 5 (Ann Arbor: Michigan State University,National Foot Patrol Center,1985)。另请参见 George L. Kelling and James K. Stewart,"The Evolution of Contemporary Policing," 选编于 William Geller, ed. , *Local Government Police Management*,3d ed. (Washington,D. C. :International City Management Association,1991),第 3－21 页。

85. 关于评价警察绩效的论述,请参见 Geoffrey Alpert and Mark H. Moore, "Measuring Police Performance in the New Paradigm of Policing",选编于 John DiIulio, Jr. ,:*Peformace Measures for the Criminal Justice System*, Bureau of Justice Statistics－Princeton Project 研讨论文(Washington,D. C. :U. S. Department of Justice,1993)。

86. Wesley Skogan,"Dimensions of the 'Dark Figure' of Unreported Crime," *Crime and Delinquency*,vol. 23(January 1977):41－50.

87. Chester I. Barnard,*The Functions of the Executive* (Cambridge, Mass. : Harvard University Press,1966),第 167－171 页。

88. Wilson,*Bureaucracy*,第 230－232 页。

89. Moore,*Accounting for Change*,第 119－122 页。

90. 要了解媒体对公共部门勇于创新的管理者的批判,请参见 Esther Scott "Managing a Press 'Feeding Frenzy':Gregory Coler and the Florida Department of Health and Rehabilitative Services," KSG Case #C16－92－1135.0(Cambridge,Mass. :Kennedy School of Government Case Program,1992)。

91. 要了解这一现象的有趣例证,请参见 David M. Kennedy,"Fighting Fear in Baltimore County",KSG Case #C16－90－938.0(Cambridge,Mass. :Kennedy School of Government Case Program,1990)。

92. Moore,Spelman,and Sparrow,"Police Innovation:From Production Lines to Job Shops."

93. 要想了解什么是"学习型"组织,以及怎样才能造就学习型组织,请参见 Chris Argyris and Donald Schon,*Organizational Learning*:*A Theory of Action Perspective* (Reading Mass. :Addison－Wesley,1978)。

94. Peter M. Senge,*The Fifth Discipline*: *The Art and Practice of the Learning Organization*(New York:Doubleday,1990),第 188 页。

95. Rosabeth Moss Kanter,*When Giants Learn to Dance*:*Mastering the Challenge of Strategy,Management,and Careers in the 1990's*(New York:Simon and Schuster,1989),第 152－155 页。

96. Thomas J. Peters and Robert H. Waterman,*In Search of Excellence*:*Lessons from*

America's Best – Run Companies(New York : Warner, 1982) ,第 284 – 285 页。

97. Lee P. Brown, "Community Policing: A Practical Guide," *Perspectives on Policing*, no. 12, (Washington, D. C. : National Institute of Justice, and Cambridge, Mass. : Kennedy School of Government, 1989).

98. Jay R. Galbraith, *Designing Complex Organizations* (Reading Mass. : Addison – Wesley, 1973) ,第 15 – 16 页。

第七章　战略执行：运作管理的技巧

管理者必须采取一系列详尽、具体的行动，才能完成组织战略变革。[1] 他们不可能简单地下一道命令，要求组织去追求新目标、制定新的运作程序来实现新目标。[2] 他们也不可能摇一摇笔杆子，就轻易地改变组织的管理系统。恰恰相反，他们必须采取各种详尽、具体的行动，如与雇员和外界就新目标进行沟通、争取外界支持、再造运作程序和重新分配下属所负的责任等，才能推动组织为新目标而努力。

管理者一般认为，战略行动就是他们根据计划而采取的行动，如管理者休假会议、正式的预算系统和重大的组织调整，等等。[3] 但是，研究发现，这一观点并不完全正确。[4] 有时，媒体或政治监督者会突然对某个组织的运作产生兴趣。许多管理者的战略思想正是因此而起的，因而具有极强的偶然性。[5] 因此，好的战略管理者不但知道如何制订行动计划，也知道如何利用外界突然出现的机会。[6]

第三章曾指出，在外部环境很混乱时，要继续使组织保持目标，最好的办法是为组织制定一个大的战略方向，而不是一套详尽的战略计划。当然，这个方向必须具体到让组织清楚地认识到要达成目标必须完成的政治和组织工作。但是，在第三章，我将这些工作当成必须通过有计划的行动加以解决的问题。在一切顺利、管理者足智多谋又有足够运气的情况下，无论他们采取什么干预方式和干预行动，无论这些方式和行动是事先计划的还是偶然想到的，它们都会为下一次干预埋下伏笔，从而不断扩大干预的效果。有时候，这一连串的干预的效果会累积起来，引起组织战略的真正变革。为了了解这种做法在现实中的表现，让我们来看一下斯彭斯和布朗为实现使命采取的行动。

斯彭斯：重整波士顿公屋

1979 年，加里蒂法官命令对 BHA 实施接管。此后不久，他选择斯彭斯作为法庭指定的接管人。由于 BHA 的上诉直到 1980 年才结束，斯彭斯有整整三个月的时间来为接管 BHA 作准备。

铺垫

斯彭斯利用这段时间完成了两项重要工作。首先，他与加里蒂法官谈妥了自己应负的责任并获得了法官的支持；其次，他招到了一批满意的核心管理人员。

斯彭斯与加里蒂法官一起起草了他的正式“任命书”。在任命书的最后一节，法官命令斯彭斯“向原告各租户提供补救”。为了达到这一目标，他被授予“指挥、控制、管理、执行和使用 BHA 的财产、资金和人员的权力”。[7]

为了保证他能负起责任，斯彭斯同意每半年就工作进展向法官汇报一次，每年听证一次，以方便法官决定接管工作是否要延续下去。斯彭斯还同意建立一个由学者、租户和波士顿工商界人士参与的“房屋顾问委员会"（Housing Advisory Committee）。委员会独立向斯彭斯和法官汇报BHA的工作进展。

最后，斯彭斯和法官都同意，斯彭斯不但将成为BHA的发言人，也将是法庭努力改善租户居住条件的发言人。通过这些安排，斯彭斯被放到了一个他自己想要的位置，即他必须为市民和租户做出实在的结果。

为了完成这些新任务，斯彭斯在以前的同事中招聘了一个小小的管理团队。他雇用卡罗尔·格特（Carol Gutt）担任秘书，凯·吉布斯（Kay Gibbs）担任执行助理，霍华德·科恩（Howard Cohen）担任首席顾问，罗德·所罗门（Rod Solomon）负责特别项目，大卫·吉尔摩（David Gilmore）担任操作部经理。此前，他曾和格特、科恩和吉尔摩共过事。在聘用这些人时，他说："最重要的是忠诚。我必须承认……我也关心能力问题。但是，我必须保证，这些人是我可以信任的人。"[8]

最后，斯彭斯在正式上任的前一夜，给几个重要的人物打了电话。他们是：马萨诸塞州社区与发展委员会执行官拜伦·马修斯（Byrne Matthews），该机构负责向BHA提供州资金；HUD新英格兰地区办公室的主任马文·西夫林格（Marvin Siflinger），该机构负责向BHA提供联邦资金；两个代表BHA大多数工人的地方工会——运输工会（Teamsters）和建筑行业协会（Building and Construction Trades Council）（前者代表BHA包括现场经理在内的白领工人，后者代表BHA维修单位的熟练工匠）。斯彭斯在电话中告诉他们，他将被任命为BHA的接管人，希望将来能和他们展开富有成效的合作。

向职员提出挑战

第二天早上十点钟，作为BHA的接管人，斯彭斯召开了第一次高级管理人员会议。他要求各位高级管理人员准备一份本部门的工作说明书，并提交一份对本部门重要职员的评估报告。

会后，斯彭斯深入研究了 BHA 的运作。他仔细翻查了堆积了几个月的维修申请报告，并着手解决这些长期以来被忽略的问题。在此后的日子里，他发出了大量的备忘录。

不止于此，斯彭斯还深入到工作现场。他每周至少两次不经事先通知便到公屋区检查工作。他还规定，每半个月召开一次高级管理人员会议，要求他们在会上汇报过去一段时间内开展的活动、遇到的问题和取得的成就。

斯彭斯的这些做法不但使他有机会与 BHA 人员进行广泛的接触，并且使他对工作有了深入了解。通过这些接触和了解，他看到了“管理上的……几乎所有问题”。这样做还使他可以对 BHA 管理人员的能力、精力和动机做出客观的评估。最重要的是，这使他能够在 BHA 建立和推行工作绩效标准。他解释道：“到第二天时，我便开始把他们上交的公文退回给他们说，‘这里面有打印错误。’这种事情在 BHA 广泛存在，因为整个组织已经乱得像一盘散沙。在 BHA，完全没有标准这一说。……从某种意义上说，这只是一件非常小的事情，简直就不值一提。但换个角度来看，它也反映了 BHA 低劣的工作质量。”[9]

为了推行工作标准和增强个人责任心，斯彭斯采取了更强硬的措施：他发布正式的公文，对犯错误的人员进行惩戒，对有功的人员进行嘉奖，并将这些记录记入个人人事档案。两个长期以来被认为是“混混”的管理者在屡犯错误后，离开了 BHA。他们的离职引发了一场离职潮。在六个月内，BHA 的所有高层管理者都自动离职，离开了 BHA。

重组

离职潮给斯彭斯重组 BHA 提供了机会。重组的目的有两个：一是使组织将注意力放到重要工作上来；二是充分发挥其重要雇员的才智。斯彭斯的战略行动之一，便是将建设管理局（Construction Management

Bureau）从计划和重建部（Division of Planning and Redevelopment）分离出来，成为直接向他汇报的部门。这一行动反映了他的以下看法，即迅速改善 BHA 管辖的公屋的条件是 BHA 的当务之急。这一行动还为他招聘一个一流的管理者——罗伯特·蒂尔尼（Robevt Tierney）——创造了条件。斯彭斯解释说："我绝不可能用比这更低的职位或更少的薪水招到一个比罗伯特·蒂尔尼更有才干的人。"[10]

斯彭斯采取的第二个行动是，将入住部（Department of Occupancy）从操作部中分离出来，并任命大卫·吉尔摩为特别助理，负责管理入住部。不仅如此，斯彭斯还让大卫·吉尔摩领导安全和维修这两个已经独立出来的部门。这一行动表明，斯彭斯对租户选择也给予了同样的重视，在斯彭斯看来，安全和维修这两类问题是 BHA 最重要的，也是最迫切需要解决的问题。当然，他也意识到，要真正解决这两类问题，还将耗费比建筑和租户选择更多的时间。斯彭斯不但希望他的主要助手们能立即着手解决这些重要的、长期的问题，而且希望他们能全力以赴地去解决这些问题。

争取支持和资源

机构重组之后，斯彭斯便将主要注意力放到了争取外部的政治支持上。由于 BHA 管理的房屋条件恶劣，此前就已引起了外部政治力量的广泛关注。如果斯彭斯能向他们表明自己有能力提高 BHA 的工作绩效，他们中的许多人将非常乐于向他提供帮助。

斯彭斯凭借精力、决心和乐观的精神通过了这场考验。此外，罗伯特·蒂尔尼在公屋维新（下文将详细讨论）方面迅速取得的成功向外界表明，BHA 的确在发生变化。这些变化使人们开始恢复对 BHA 的信心。

为了争取政治上的支持，斯彭斯非常注意马萨诸塞州议会提出的各种要求。1978 年，BHA 雇用约翰·瓦希克（John Washek）担任计划员一职。斯彭斯上任后不久,便任命约翰·瓦希克为特别助理,专门负责与议员的联络。在此之前,BHA 主要通过裙带关系来换取议会的支持。现在,斯彭斯和瓦希克希望换一种方式,通过“优秀的信息服务”来换取议会的支持。这一方法的基本思路是依议员所好——而不是依其所需——提供信息。瓦希克的“优秀的信息服务”方法取得了极大的成功:1980 年,议会为 D 大街的修缮拨款 2000 万美元;1981 年,议会为维新项目拨款 800 万美元(这是 1977 年以来的头一次)。

议会的另一个举动也表明了它对 BHA 的信任:它授予 BHA 更广泛的签署建筑合同的权力。根据“工程分包条例”,公共机构应该将大的建筑工程拆细成多个小项目,以方便小分包商获得参与公共建筑工程投标的机会。[11]该条例的初衷是为了扩大竞争和加强竞争的公平性,但是,它也产生了不少副作用,使总承包商难以成立一支可以完成所有工作的队伍。根据这一条例,总承包商必须使用那些参与了投标的分包商。这样做的直接后果是增加了建筑成本。长期以来,BHA 都试图得到这项条例的豁免权。

经过斯彭斯和瓦希克的努力,议会同意 BHA 的大规模建筑工程可以不受该条例的限制。瓦希克回忆道:“这是一个巨大的政治胜利……这是一项重要的立法。小承包商(他们拧成了一股绳)为此进行了激烈的抗争……我认为,这件事表明我们与议会的关系是经得起考验的。”[12]在联邦这一层次,斯彭斯的游说非常成功。在他受命后不到半年里,斯彭斯便宣布了一项耗资巨大的计划,该计划拟投资 1350 万美元对最破旧的房屋进行加固和修缮。此外,HUD 还同意 BHA 将以前没有花掉的钱与新拨付的款项共 2600 万美元合在一起使用,从而使 BHA 能够对另一个很破旧的公屋住宅区——忠诚路公屋区——加以修缮。

1981 年里根上台后,斯彭斯发现联邦政府的支持力度有所下降。事实上,里根政府试图在 1981 年财政年度将 HUD 对地方政府的补贴减少

15%，在1982年财政年度再减少30%。斯彭斯认为，当时在这一方面“缺乏全国性的游说活动”，于是他倡议成立了公屋署协会（Council of Large Public Housing Authorities/CLPHA）。1982年3月，斯彭斯作为CLPHA的发言人，在参议院的银行、房屋和城市事务委员会房屋分会作证时说，HUD提出的补贴预算“对公屋是一个灾难，”如果HUD一意孤行，“几年之后，这个国家便不会再有公屋，低收入居民将失去安身立命之所。”[13]

斯彭斯的游说取得了显著的成效。在1981年和1982年两个财政年度里，国会都向地方公屋项目提供了补充拨款，以将其得到的款项总额维持在与过去持平的水平上。此后，当HUD以行政方式削减对公屋的补贴时，CLPHA便向法院提起诉讼，并最终胜诉，由立法强令HUD支付应拨付的款额。

斯彭斯将游说的成功归功于CLPHA（在大量私人捐款的帮助下，CLPHA已经发展成一个专业的研究与游说组织）。但很多人认为，CLPHA的成功与斯彭斯密不可分。法庭指定的前任检察官罗伯特·威特莱斯利满怀崇敬地说：“[斯彭斯]在这件事上表现出了全国领袖的风范……他得到了大量的金钱援助……[但是]芝加哥人因为斯彭斯而得到了更多。”[14]

运作Ⅰ：改造公屋

新资金的注入和更大的合同签署权给了罗伯特·蒂尔尼足够的资源，使他可以着手改造BHA破败的房产。他现在的问题是从哪里开始做起。经过商议，斯彭斯和蒂尔尼决定将资源用于两个主要战略目标。

首先，他们将稳定BHA最大、空置率最高和最破败的公屋衰败的形势。为此，他们采取了三步走的方法：第一步，将居住在最破败的公屋中的家庭搬迁到好一点的住房；第二步，彻底关闭这些最破败的住房，并进行防虫处理;第三步,改善新搬入的住房的条件,提供更好的水、电、热设施。

从一个角度来看,他们采取的这种稳定措施既提高了住户的生活质量,又提高了 BHA 的管理水平。居民搬入入住率更高和水、电、热设施更齐全的住房,得到了实惠;BHA 简化了维修工作,也得到了实惠。

从另一个角度看,彻底关闭一些房屋的措施减少了可供使用的房屋总量,从而损害了部分潜在客户的利益。虽然有人争论说,这并非什么大损失,因为不管怎么样,都将会有一些房屋空置。但是,无可争辩的事实是,稳定措施减少了公屋总量,因此部分潜在客户将不能得到 BHA 的服务。

第二,斯彭斯与蒂尔尼将主要关注对部分公屋的改造工作。其中,有三处公屋得到了特别关照。第一个是 D 大街公屋。这是一个以白人住户为主的公屋区,也是参议院议长威廉·伯格密切关注的一个项目。事实上,斯彭斯上任后不久,还来不及向马萨诸塞州议会争取,他们就已经向 D 大街改造项目拨了一笔款。为了不引起种族偏见之嫌,议会又向另一个以黑人住户为主的公屋区——多彻斯特的富兰克林·菲尔德区——拨付了一笔数量差不多的款项。此外,正如前文提到的,斯彭斯还与联邦政府商议,为忠诚路公屋区——一个各种族混居的公屋住宅区——筹备了一笔 2500 万美元的改造资金。

通过对这些重建项目的选择,斯彭斯表明了 BHA 要在运作中体现的重要公共价值。与伯格的交易表明,斯彭斯并不反对利用 BHA 的资源来满足在政治上极具影响力的白人的利益,但同时,他也非常关注向穷困的少数民族居民提供公屋。斯彭斯对忠诚路公屋区的关注还表明,他极为关注社区组织——特别是种族混居社区的组织。正如他解释的那样:“我想向全市人民表明,只要居民愿意像忠诚路的居民那样团结和制订完善的计划,并且愿与 BHA 合作,我们就愿意为他们投入资金。”[15]

运作Ⅱ：改善治安

BHA 改造最破败的公屋的工作取得了一定的成功，它向外界表明，BHA 的工作正在逐步改善。但是，斯彭斯知道，只有公屋中的安全问题得到了解决，这些表面的收获才能得到巩固。在 1981 年 4 月的一次发言中（该发言后来被刊登在《波士顿环球杂志》的封二页），斯彭斯指出，“公屋区中的秩序混乱和社区缺乏凝聚力”是急待解决的重要问题。在他看来，这些问题主要源于“相关负责机构”——如警察和 BHA 本身——的缺位。为了说明这一点，斯彭斯举出了两个例子，如警察不愿进入有问题的公屋，BHA 不执行租约条款，等等。[16]

为了解决这些问题，斯彭斯建议，由 BHA 的保安与波士顿警察局组成“共建警队”，负责在 BHA 最乱的公屋住宅区巡逻。在斯彭斯和租户政策顾问委员会（Tenants Policy Council）（将 BHA 告上法庭的原告）的游说下，波士顿社区发展基金（Boston's Community Development Block Grant）不顾市长凯文·怀特（Kevin White）的反对，为此项目拨付了 200 万美元的款项。从 1981 年 5 月开始，50 名警察和 23 名保安开始在 13 个治安最差的公屋住宅区中开展巡逻。

斯彭斯还决定加大力度，将制造麻烦的租户驱逐出公屋。这一行动牵涉两个问题。一是如何将 BHA 法律事务人员的精力集中到这个方面；二是如何为 BHA 争取新的、更广泛的权力。他的首席顾问霍华德·柯亨领军解决了这一问题。

通过与波士顿住房法庭（Boston Housing Court）达成的一项非正式协议，柯亨成功地解决了第一个问题。此前，BHA 法律事务人员的大部分时间都花在了应付租户对其雇员违反住房条例的诉讼上。虽然这都是些鸡毛蒜皮的事情，但它们却全被法庭当作刑事诉讼案来处理。通过柯亨的游说，法庭同意将这些诉讼当成民事诉讼案。由于处理民事诉讼案不如处理刑事诉讼案那么烦琐，BHA 的法律事务人员便能抽身出来处理租户驱逐事务。

为了更好地利用这些新获得的资源，柯亨还试图缩短驱逐制造麻烦的租户所需的时间。他认为驱逐行动最大的障碍在于其他租户不愿出庭作证，因为这些租户担心，驱逐行动耗时漫长，他们将不得不在这个过程中与他们邻门而居。如果这个过程可以缩短的话，就会有更多的租户愿意出庭作证，相应地，BHA 也可以很迅速地完成驱逐行动。

1980 年 5 月，加里蒂法官同意柯亨快速驱逐一个租户的要求，原因是该租户已经犯了并且威胁要再犯严重的罪行。此前，驱逐法案在提交法庭前，BHA 必须将案件提交给行政申诉委员会讨论。依据新制定的紧急驱逐程序，BHA 可以越过行政申诉委员会，将案件直接提交法庭决定。后来，这些案件都直接呈交给加里蒂法官本人。

紧急驱逐程序甫一通过，BHA 就发动了驱逐乔治和艾琳·瑞德的行动。他们在查尔斯镇的公屋住宅区居住了三十多年。他们的儿子被控用尖刀刺伤了一个女居民，原因是警察因怀疑他与一起种族杀人案有关而追捕他们时，该女居民拒绝向他提供藏身之所。在加里蒂法官的法庭上，陪审团判定瑞德败诉。BHA 在 1980 年 8 月将瑞德一家驱逐出公屋。瑞德迅速提出上诉，马萨诸塞州最高法院推翻了陪审团的判决，认为此案并不适用紧急驱逐程序。最高法院还认为，虽然紧急驱逐程序并不违背宪法，但它需要得到立法机构的认可。于是，斯彭斯签署了一项规定，只要驱逐案牵涉刑事犯罪，便准许 BHA 绕过申诉委员会，将案件直接提交法庭。1981 年 11 月，这一规定成为法律。

现在再回头看，人们也许会认为，BHA 在紧急驱逐程序上固执己见是一个错误。斯彭斯和 BHA 为此失去了一个主要联盟——波士顿的法律界。更糟糕的是，紧急驱逐程序并没有多大的实际用途。但从另一个角度来说，紧急驱逐程序也帮斯彭斯达到了一个目的，即它向外界表明，

BHA 将不会轻易放过制造麻烦的租户,也绝不会对犯罪行为手软。事实上,在这一方面取得的真正成果是 BHA 驱逐了约 50 名制造小麻烦的租户。在这些驱逐事件中,此前一直软弱无力的法律事务人员发挥了重要的作用。

斯彭斯还努力在别的方面改善治安状况。他要求瓦希克仔细研究租户挑选程序,找出其中的问题并提出解决方法。通过研究,瓦希克发现,就像当初的法律事务部门一样,租户挑选部门大部分的时间都在处理不相关的事情。

根据 BHA 原有的政策,只要有人向 BHA 申请住房,他们就会对申请人进行一系列的资格调查,此后,调查结果会逐年更新。如果申请者很快就能入住的话,这种调查的确具有重要意义。但问题是,一共有 8000 人在等候入住,平均等候时间是好几年,等到 BHA 同意申请者入住的时候,他们可能已经搬到别的地方去了(甚至去世了)。

瓦希克改进了这个程序,从而有效地扭转了这种局面。根据新制定的程序,BHA 将只对申请者进行粗略的审查,只要通过审查,BHA 就会暂时将他们的申请置于一边。等快要轮到他们时,BHA 才会对他们进行调查,而且这次调查比以前 BHA 的调查更彻底、更全面。以前,BHA 有两人负责调查工作;现在 BHA 安排了六个人来做这项工作。调查的方法也不再限于电话调查,还引入了上门调查等方式。

总的来说,挑选租户的标准基本上与以前相同。这些标准包括收入和行为标准两部分。对收入指标的硬性规定主要是为了确保最穷的居民能得到服务;对行为标准的规定是为了保证现有租户和未来租户的利益不受损害。如果申请者有以下三种情况中的一种,他将失去获得住房的资格:一是“有长期不能担负财政义务的记录”;二是有骚扰他人和破坏财物的记录;三是曾被 BHA 驱逐或拖欠 BHA 的租金。

尽管如此,修改后的程序对租户的人口构成还是产生了重要的影响。

BHA 开始拒绝一些申请者。1983 年 5 月,它大约拒绝了 50 名申请者。此外,调查人员和现场经理开始注意以下问题,即如何给申请者安排最合适的住宅区。正如斯彭斯解释的那样:“如果每个楼道有三层,每层都住有三户人——即一个楼道共住了九户人——而且,这些家庭都是女性单亲家庭,这几户人家的男少年便会成为一个大问题。他们会在楼道里横行霸道,因为没有人可以镇住他们。我还没想出解决这个问题的好办法……但我的确认为……如果你要安排租户入住……你也许会说,‘天哪,我们这个楼道真的需要一个强有力的妇女,或是一个男人,才能管好这些孩子。’”[17]

后来,BHA 引入了一个程序,该程序本是为加快租户搬入空房的速度而制定的,但出人意料的是,它在租户挑选方面也起了非常有益的作用。在斯彭斯的领导下,BHA 制订了“家园计划”(homesteading program)。该计划规定,BHA 将向那些愿意自己装修住房以备早日入住的租户提供原材料。莱斯莉·纽曼是租户阶层的律师,他向我们解释了“家园计划”是如何有效地筛选租户的:

> BHA 很难为每套空置房都配备冰箱……于是,他们对排在等候名单第一位的家庭说,“我们有一套空置的房可以给你住,如果你可以……帮忙并且……自己有个冰箱,我们立即就可以让你搬进去。”这个家庭——有三个孩子的女性单亲家庭——的主人说,“恐怕不行,因为我买不起冰箱。”这时,BHA 的职员便会说,“那好,我们一将冰箱准备好,就会让你住进去。你仍然排在等候名单的前列。”但随后,他们便会问排在等候名单第二位的家庭,“你们能不能搬进去并配置好各种设备?”如果这户人家有一个男性,夫妻双方都在工作,而且买得起冰箱,BHA 便会让他们先搬进去。[18]

这一程序与斯彭斯改变租户组成结构的想法不谋而合。从 1974 年起，HUD 允许（甚至是鼓励）各地公屋署制定标准，以达到“以下目标……即在广泛的范围内为收入水平较低的家庭提供住房。”[19] 判断租户收入水平的唯一标准是，他们的收入必须不足中等收入家庭的 80%。一些地方的公屋署，如纽约市公屋署，长期以来都把将不同收入的家庭混杂在一起作为重要的租户挑选政策。因此，在纽约市的公屋租户中，只有 25% 的家庭依靠社会福利生活，公屋署 50% 的收入来源于租金。这与波士顿的情况形成了鲜明的对比。在波士顿的公屋租户中，75% 的家庭依靠社会福利度日，租金收入只占公屋署总收入的 25%。事实上，波士顿公屋租户的人均收入在全国排倒数第一。

这种反差使斯彭斯和他的下属将混杂不同收入水平的租户作为主要的挑选政策。斯彭斯说：“我们认为，必须挑选收入水平不同的租户，不能单以工作和不工作作为挑选标准。”斯彭斯解释道：“如果一个社区主要由有工作的居民组成，而另一个社区主要由没有工作的居民组成，这两个社区之间会有非常大的差别……富兰克林住宅区中，大约 15% 的居民有工作。我们试图在该住宅区建立一个租户组织。在召开租户会议时，你猜发生了什么事？参加会议的人中，有三分之二的人是有工作的！而有工作的人在整个住宅区中才占了 15% 的比例！也只有他们才会相信，参加这样的会议是有价值的……我们由此得出结论，我们必须在下辖的公屋住宅区中增加有工作的家庭的数量。”[20]

斯彭斯认为，他关于将不同收入的家庭混杂起来的倡议，并不违反公屋署帮助穷人的初衷。他说：“如果一个有工作的家庭，其一年的税前总收入只有 5000 – 12000 美元，那么，这个家庭也和那些依靠社会福利生活的家庭一样迫切需要公屋。”[21] 但是，凯·吉布斯对此持反对意见，他认为，这种做法过于武断并带有歧视。他说：“假设某个依靠社会福利生活的家庭已经等了五年，可你却将住房分给了一个昨天才申请的人，原因是他有工作。这样做公平吗?”[22]

1983 年春天,这场关于混杂不同收入水平的家庭的争论变得更加激烈。BHA 将忠诚路公屋区的管理工作承包给了一个私人机构。在签署指导今后工作的合同时,租户、BHA 和承包机构都同意以下条款:在重建工作完成后,承包机构除了必须保证现有租户能入住外,“将来挑选租户时,中低等收入的家庭必须占到总住户的 25% 以上。”合同这样定义中低等收入家庭:“收入总额在 HUD 限定标准的 75% –100%”。[23]

运作Ⅲ:社区组织

除了采取以上所说的安全措施之外,斯彭斯还在每个公屋住宅区发起了将租户组织起来的行动计划。虽然扫盲、酗酒治疗和职业培训等活动也是行动计划的一部分,但该计划的主要目的不是社会工作,而是培养租户处理自己的事务的能力。1982 年 8 月,斯彭斯向加里蒂法官作了第五次半年汇报。在这次汇报中,斯彭斯这样来解释他的这一重大改变:“接管人之所以希望提高租户的能力,是因为他认为仅有管理水平的提高和投资并不能长期确保 BHA 公屋住宅区的改造,只有与强有力的居民组织结成伙伴关系,才能确保住宅区的安全与可持续发展。”[24]

斯彭斯在 1982 年发起的支持服务项目(Supportive Services Program)是该行动计划中最典型的一个项目。州政府向该项目拨了 100 万美元。项目的内容如下:BHA 与三个公屋住宅区——蜜仙山、蜜仙山扩展区和 D 大街——的租户小组签订合同,由他们雇用人员,提供教育、职业、咨询和社区组织服务。

斯彭斯还在另一些住宅区发起了类似的项目,该项目的名称为“社区能力建设”(Community Capacity Building)。在私人捐款的资助下,共有六个 BHA 的住宅区雇用了社区组织者来帮助租户成立委员会,负责处理维修、青少年、花草养护及娱乐等方面的问题。莱斯莉·纽曼这样描述了这些项目的作用："接管后，参加地方各类会员组织的租户比以前多了很多。"[25]

斯彭斯致力于成立以住宅区为基础的租户组织，这使他与以全市范围为基础的租户组织——租户政策顾问委员会（the Tenants Policy Council/TPC）——发生了矛盾。虽然在改善租户居住条件这一点上，TPC与斯彭斯的目标是一致的，但TPC最后还是意识到，斯彭斯组建地方租户组织的行动对他们是一个威胁。斯彭斯和TPC从同一个渠道争取资金，他培养的地方社区组织逐渐在顾问委员会之外独立行事，各项政策也逐渐以地方为基础做出，而不是以全市范围（即委员会）为基础做出。

此前，斯彭斯已表示了向委员会提出挑战的意图。他后来回忆道："我开始向委员会施压，对他们说，'嗨，你看看，你没有地方基础，而我们又希望分权。在我看来，为了解决发展问题，我们必须建立强有力的地方租户组织'。只要你谈到强有力的地方组织，这对他来说无疑是个很可怕的威胁。"[26]

激烈的辩论终于在1982年5月爆发。在一封同意TPC1983财政年度的预算为85700美元的信中，斯彭斯这样写道："虽然我同意……1983财政年度的预算，但是，我想强调一点，即BHA仍然非常关注……委员会人员的生产力……委员会的活动缺乏协调，而且缺乏连续性。委员会主席（米拉·麦克阿多）非但不对强有力的地方租户政策顾问委员会（Local Tenants Policy Council/LTPC）持支持和鼓励态度，还试图把持弱小的LTPC的事务。"[27]

最终，斯彭斯瓦解了TPC。5月17日，委员会投票要求麦克阿多辞职。从1965年担任此职务以来，她已经在这个位置上待了17年。但是，对委员会持批评态度的人并不满足于主席人选的变更。1983年2月，加里蒂下令解散委员会，命令4月18日生效。他要求接管人、原告团和房屋顾问委员会"起草一份筹备计划，在目前还没有租户组织的住宅区中筹建租户组织来取代 TPC。"[28]

为了进一步加强社区建设,斯彭斯希望改变 BHA 将各项职能集中起来的倾向,将各项责任分解后,交给各住宅区的项目经理负责。在给加里蒂法官的第二份报告中,他写道:"由于各个住宅区和社区对公屋的要求并不一致,这就必然要求分散决策权。也只有这样,才能及时作出合适的决策。"[29]在报告的后半部分,斯彭斯对操作部作了如下介绍:"无论是在理论上还是在实践上,我们的日常工作都应该坚持这一原则,即现场经理是服务租户的第一个环节,也是最重要的环节,其他所有的工作都是为了方便和支持现场操作。"[30]

斯彭斯将维修、治安、入住、收入和支出以及资产改善五个方面作为分权的目标。在接管后的头三年,以上五个方面实施分权的进展并不一样。以对租户的选择为例,这方面的分权始终处于建议阶段,未能具体实行。事实上,为了根本改变运作方式,这方面的部分职能反而被集中起来了。

其他方面的确发生了不少变化。例如,到 1982 年止,所有现场经理都担负起了自己管辖的住宅区的预算责任。这时,现场经理已经不再仅仅局限于接受中央办公室派发的资金和人员,而是开始根据自己的需要决定各项工作的轻重缓急。当然,他们暂时还不具备决定预算的全部权力。例如,他们不能将用于一项工作的资金用于另一项工作,也不能自主决定购买何种材料或将某项工作承包出去。尽管如此,他们现在已经可以算得上是"责任中心"(responsibility center)。[31]同样,在接管期间,BHA 自己委派保安在各个住宅区全日执勤,而不是像以前一样,由下班的警察和私营保安企业派人巡逻或驻守老旧的住宅区。但在形式上,这些警察和保安仍然受治安主任的监管。

在斯彭斯看来,各方面分权的进展之所以会快慢不一,是因为"我们的现场经理的素质参差不齐……大多数现场经理非常差劲……如果这些人缺少管理能力，你便不可能实行分权。”[32]斯彭斯承认，在很大程度上，他们早期将现场经理纳入决策圈的努力是一种“象征性的行动”；但作为与过去做法的决裂，这些行动既是对现场经理的考验，也是向他们提出的挑战。例如，现场经理需要参加总部的会议，这些会议旨在设计出能稳定住宅区治安状况的各种方案。“他们以前从来没有参与过这种带有计划性的工作，”斯彭斯说。他采取了另一种更加稳妥的做法——要求现场经理提出自己的预算方案——因为“对于管理者来说，最重要的权力便是对资源的控制。此外，通过他们的预算，你很容易就能了解到他们在做什么。”[33]

斯彭斯还认为，分权的进展之所以会比较慢，是因为他花了不少时间才“认识到操作环节的组织架构不利于分权”。[34]最初，BHA 的组织架构非常狭窄，在项目经理以上，还存在着四个层次，它们是：最上层的斯彭斯，操作部总裁吉尔摩；现场管理总监（director of field management）；六个负责监管项目经理的区域总监（district directors）。区域总监是根据许可令而设置的。斯彭斯说：“起初，设立区域总监的目的是为了管理那些能力不强的、身为工会会员的项目经理。因为区域总监不是工会会员。”[35]但是，当项目经理的素质逐步提高后，区域总监越来越清闲，也越来越爱管不该管的事，从而影响了项目经理的自主权。

经过与现场管理人员的不断商讨，斯彭斯和吉尔摩终于做出了一个不寻常的决定。1983 年 2 月，他们取消了现场管理总监这一职务，并以四个地域总监（area directors）代替了六个区域总监，他们直接向吉尔摩汇报。在新的组织架构下，每个地域总监都要负责监管七到八名项目经理。“这意味着，”斯彭斯解释道，“每个人现在都很忙……人们不会再反对将决策权下放，因为没有人担心自己会因此丢掉饭碗。”[36]

运作Ⅳ：例行维修

斯彭斯对例行维修作了重大变革。他将熟练技工分配到每个住宅区。以前,维修职能和现场管理是分离的。这两者的统一,为 BHA 的工作带来了深远的影响。根据斯彭斯引入的新组织架构,以前负责向住宅区派遣维修工人的主管,现在必须直接向项目经理汇报。项目经理享有应该进行何种维修工作的决定权。过去直接掌管所有维修工作的维修部,现在被称为“中央维修部”(Central Maintenance),其规模被大幅度裁减。它现在的任务是完成大修工作,这些大修工作往往是住宅区的维修工没有能力完成的,如屋顶维修、锅炉维修、修复空置房以备下一户租户入住,等等。

但是,在接管期间,例行维修工作的分权并没有彻底完成。许多项目经理缺少熟练的技工,不得不依赖“轮换”工匠来完成某些维修工作。这些轮换工匠根据掌管维修工作的主管制定的日程表,在各个住宅区中轮流工作。轮换日程经常会被紧急情况打断,这样一来,项目经理便经常无法完成一些当地需要的例行维修工作。

总体来说,人们对例行维修工作方面的变革有不同的看法。一个现场经理说:“例行维修工作一直在改善。我想,如果用 10 分制来给各年的表现打分的话,三四年前大概是 2 分,现在大概能得 6 - 7 分。在接到维修通知后,我们可以在一周内处理完毕。”[37]1983 年 2 月,纽曼律师在给加里蒂法官的一份备忘录中,对 BHA 的工作作了充分的肯定,但同时也对 BHA 在操作方面存在的问题提出了尖锐的批评。他说:“BHA 的租户最希望得到……一个体面、安全和卫生的住所,但事实证明,BHA 为达到这一目标而设定的必需的程序是不充分的。就这一点来说,BHA 与接管前并没有多大的区别。BHA 不但缺乏方向和目标,也缺乏确保工作完成的系统以及评价维修工作与现场经理的工作表现的数据。这种不足使接管难以取得全面成功。”[38]

然而,BHA 并不完全同意纽曼的批评意见。大卫 · 吉尔摩认为,BHA 的维修工作得到了切实的改善。为了解释为什么有部分租户对维修工作感到不满意，他给出了一个放之四海而皆准的理由——资源不足。除此以外，他还指出，在界定维修工作的轻重缓急的标准方面，BHA 有一套完全不同的标准。这套标准反映了 BHA 的工作是以公民——而不是服务对象——为导向的。他说："我会在一秒钟内派出玻璃维修工去修复一个破损的窗户，但是，我不一定会让灰泥工去抹平一块脱落的油漆，或去修理墙上一条头发丝大小的裂缝。你知道为什么吗？很多人会注意到破裂的窗户，如果住宅区里有很多窗户的玻璃是破的，这便会让人们以为问题很严重。如果住宅区的墙上有很多裂缝，则除了住户之外，谁也不会注意。"[39]

为了解决维修这个棘手的问题，吉尔摩想出了一个办法，即"依靠住户"。[40]"依靠"不仅意味着 BHA 将不会处理住户在维修方面提出的一些小问题，还意味着 BHA 将采用其他方法——如向租户提供原料——来帮助他们解决维修方面的需要。吉尔摩指出，BHA 已经向租户提供了"几十万加仑的油漆"。[41]

BHA：1983 年春

到 1983 年春天时，斯彭斯及其同事的辛勤工作终于有了回报。从财务的角度来看，BHA 不但偿清了几百万美元的运营赤字，还略有盈余。

从运作上看，房屋的破败状况得到了有效遏制。在情况最糟糕的几处住宅区进行的维新工作不但改善了 BHA 在公民和监督者心目中的形象，也极大地改善了租户的生活条件。这些变化既是住户新树立的精神的结果，也是这种精神得到发扬的原因。这种精神还促使居民成立了多个居民组织。虽然在维修方面仍存在一些悬而未决的问题，但随着居民组织的不断出现和分权进度的加快，人们有理由相信，即使是最难解决的问题，最终也能得到妥善处理。

空置量是衡量成功与否的一个重要指标，因此斯彭斯对接管前后这一数据的变化作了强调:接管前,空置住宅的总量是2800套;现在,空置住房的总量是2300套。斯彭斯相信,到1984年底时,除了那些正在重建的住宅外,入住率将达到100%。他认为这是一个了不起的成就,因为这不但表明公屋的价值已经得到了回归,而且还表明已经取得的进步是可以维持的。就这方面来说,斯彭斯一点都没说错。

但另一方面,空置率的降低还有其他方面的原因。在接管期间,BHA可以提供的公屋总量减少了。减少的原因有两个:一是早期的"稳定";二是后期的"重建"。在重建过程中,为了适应大家庭的需要,BHA减少了一些住宅楼的套房数量,扩大了单套房的面积。从整体上说,接管期间,公屋住宅区中的总人口数有了增加,但增加的人数比率低于空置率降低的幅度。

也许,接管期间取得的最重要成就在于它无形的一面——恢复了公民对公屋署的信心。斯彭斯曾这样描述他在接管早期采用的策略:"你可以先树立起自己的诚信,然后,再把这种诚信传递给其他人。要重建某个组织,你首先要把它当成一个人来看待。"[42]在树立自己的诚信方面,斯彭斯没有任何困难。了不起的是,他成功地把自己具有的这种诚信意识灌输到了他领导的组织中。

布朗:开拓警察事业的新局面

李·布朗接手的是一个极力反对他担任领导的组织。[43]在他被任命后的二十四小时内,在所有十二个主要领导中,只有一人没有公开发表反对意见。当地的工会也不甘认输,他们派出了一个调查组,赴亚特兰大市调查。调查组后来宣称布朗不适合担当这一重任。尽管如此,休斯敦市政委员会还是以11票赞成3票反对通过了任命布朗为警察局长的决议。

新思想：为未来确定方向

起初，布朗尽量避免引起激烈的对抗。市政委员会刚一宣布决议，他就召开了一次总指挥秘密会议。会后，他召开记者招待会，并在会上宣称，他希望“与那些想把警察局建设成全国模范警局的人合作”。[44]他这样评价他的几位总指挥，“我相信我们将能够愉快地合作，为达成共同的目标而努力。”[45]关于警察滥用武力，他说：“我们将不会容忍……滥用警察权力。警察不应以践踏法律的形式来执行法律。”[46]关于他自己是黑人的问题，他说：“我们所有公民——包括少数民族公民——都应该尊重和支持警察。警察能否完成其使命，完全取决于社会各族人民是否支持他们。”[47]

布朗的这番话表明，他将用这些思想来指导 HPD 未来的发展。一方面，他向警察局保证，他将关注未来，强调警察局的优点，而不会追究警察局的历史错误或对其不足之处横加指责。另一方面，如果警察局想实现其宏伟目标，就必须改变自己。最重要的是，警察局必须更关注休斯敦多民族社区的问题，只有这样，它才会具有更高的价值。

但是，为了给 HPD 的未来定形，还必须将这个总的使命具体化。因此，布朗让计划与研究部的理查德·桑德负责作一份对警察局的评估报告。布朗要求桑德：(1)据实描写他对警察局的看法；(2)描述警察局的优点与不足之处；(3)确定组织的根本目标；(4)找出达成这些目标需要引入的运作和管理创新。

征询休斯敦社区居民的意见

在组织内部的工作逐步启动以后，布朗开始将注意力投向外部。那年夏天，他向休斯敦工商界与不同民族居民征询意见，了解他们希望 HPD 的运作应该具有哪些特质，才能使 HPD 成为全国警察局的模范。

同时,警察局原来的几位要员似乎过得挺自在。在他们看来,布朗关心外部的政治游戏多过关心内部管理。这正中他们下怀,他们可以安然地待在原来的位子上。前文曾提到,两位前任局长——B. K. 约翰逊与约翰·贝尔斯仍是副局长。约翰逊负责调查分局;贝尔斯暂时没有安排,因为布朗接替了他的局长职务。局中其他的主要职务,即现场行动分局与后勤分局的局长分别由约翰·麦基汉与托马斯·米切尔担任,他们都是HPD的资深警官。

评估报告可能会对这些内部人形成威胁。但是,评估报告的作者却是一位级别较低的警员。与其说他的事业前景与李·布朗相关,还不如说他的前途完全掌握在几位前辈要员身上。因此,他似乎不太可能提出什么激进的观点,所以从整体上看,报告将只会提出争取更多资源的要求。他们认为,李·布朗只不过是一个傀儡,他待在HPD的时间最长不会超过两年,只可能短,不可能长。

将新思想付诸实践:评估报告

直到夏天快要结束时,报告还没出来。布朗对这种迟缓越来越不满意,而HPD上下也随着他的不满意的增长变得更加紧张起来。一直以来,布朗都向桑德定期通报他在各种意见征询过程中了解的内容,并要求他将这些观点写入报告。但由于受到各位前任老板的压制,桑德提交的各种草案都只反映了HPD自己对自己的看法,没有反映出社区对HPD的看法。

最后,布朗不得不聘请罗伯特·华沙曼担任顾问,帮助桑德完成报告。根据桑德的回忆,各位前任要员起初只是对报告内容略为好奇,现在他们却"急得像热锅上的蚂蚁"。各位副局长都向他打听报告的内容,问他"报告有没有提到我领导的分局中存在的真正问题?""报告有没有提到我?"等一类问题。尽管桑德要他们不要担心,但整个HPD还是一直处于提心吊胆之中。

9月底，露底的时候终于到了。布朗请各位总指挥参加一次为期一天的休假会议，会议地址定在当地一家企业的会议室。会议室是布朗向这家企业借来使用的。企业愿意向布朗出借会议室这一点表明：(1)通过夏天里的联系，布朗已经获得了当地工商界的支持；(2)现在，他是主人，而各位前任局长是客人。会议室完美的布置也预示了未来管理要达到的标准——这些标准是各位前任局长不敢肯定自己能达到的。

早上8：00，四个副局长和八个局长助理进入房间。他们发现，房中央摆着一张马蹄形会议桌，桌上除了摆放着写上了各人名字的卡片以外，还在每个人的座位前放置了一些材料，其中包括了一份会议议程、报告的副本、两张标明各人应在会上作何发言的图稿。桑德回忆道："这就像一个围栏一样，把我们紧紧拴住了。"[48]这也是他们第一次看到类似的报告。布朗与他们一起，从头到尾仔细研究了报告。

报告的基本结构表明了布朗与华沙曼希望HPD以怎样的眼光来看待自己。报告第一部分的题目是"概述"。这部分讨论了休斯敦的发展、它给HPD带来的使命以及创造的机会。报告第二部分的题目是"休斯敦警察局"。这部分详尽地描述了HPD当前的组织结构和运作方式。报告第三部分的题目是"对组织的观察"。这部分指出了HPD当前面临的基本挑战。这份报告别出心裁之处在于它表明了以下观点，即休斯敦不断变化的环境向HPD提出了不同的要求和任务，休斯敦的需求——而不是HPD想提供的东西——决定了HPD的价值。

报告的第三部分直接而强烈地指出了这一点。报告在指出HPD"已经做了大量有益的工作，其中有些已经成为全国各地效仿的榜样，HPD应该为这些成绩感到自豪"之后，话锋一转，尖锐地提出了HPD现在面临的问题的关键所在："城市的扩张和迅速增长吸引了一大批新兴劳动力队伍，警察局不得不跟着扩张以满足……日益增长的……需求……由于缺乏先进的管理系统,警察局的工作处于非常被动的局面……它将来面对的挑战是从被动应付到主动出击;发展……自己的能力以帮助警察局在资源有限的情况下,以国际城市中种族和社会风俗迥异的人们可以接受的方式提供高质量的警察服务。"[49]

为了证明警察局必须"以人们可以接受的方式"提供高质量的服务这一观点,作者宣称:"在美国,执法必须遵守一条基本的原则,即警察是社区的一部分,而不是存在于他们服务的社区以外。对于 HPD 来说,寻求社区对警察工作的支持和征求他们对警察的意见既是恰当的,也是必需的。"[50]

在确立起这一观点后,报告又根据布朗此前与当地社区领导会谈得到的信息,进一步确定了社区希望 HPD 加以改进的三个主要方面:服务质量、对警察的恐惧和警察管理。针对服务质量,他们写道:

> 居民认为服务质量的问题主要在以下几方面:一是警察很少到社区中巡逻;二是警察对居民态度不够友善;三是警察回应居民求助电话的时间太长……许多居民希望能回到"警察随叫随到"的时代……少数民族居民希望有更多少数民族裔的警察回应其求助电话。西班牙裔居民希望看到更多的双语警察,因为他们认为这些人对语言问题更敏感,对社区青少年吸毒等问题也更关注……居民认为,警察应该是"朋友",是一个可以信赖和依靠的人——而不是只在犯罪发生后才会出现的陌生面孔。[51]

针对对警察的恐惧,报告写道:

> 居民仍对警察感到恐惧,在一些黑人和西班牙人社区,这种现象尤为严重。居民投诉警察在逮捕犯罪嫌疑人后,仍用脏话侮辱他们

或过度使用武力……居民认为，要减轻居民对警察的恐惧感，同样需要警察和社区之间积极互动。[52]

针对警察局的管理，报告写道："居民认为HPD的大多数管理者都是危机导向型的……他们还认为，HPD的管理思想和管理哲学'过于简单化、自我服务意识严重、缺乏同情心'。一些居民还认为，HPD部分高层管理人员不能或不愿接受外部建议。"[53]

在强调了以上各点以后，布朗告诉他的高级幕僚，HPD不应在社区以外（或社区以上）运作，而应与社区结成伙伴关系。他们的任务是建造一个具有"服务精神"——而不是"冒险精神"——的组织。他还坚称，能否在HPD推动这一变革，全赖于HPD的各位管理人员，他们必须立即行动起来完成这一任务。

评估报告总结了HPD要采取的两个重要行动，并以此作为报告的结尾。这两个重要行动将"为提高运作的有效性和解决这类问题打下坚实的基础"。它们是："建立起一个过渡性的组织结构，以纠正现有结构的功能性失调"；"制订一个行动计划，列出改进项目，以纠正此报告中指出的各种无效性。"[54]

布朗用了九个小时与他的主要幕僚讨论这份报告。布朗回忆道："在这次会议上，我告诉各位副局长和局长助理，我想将HPD建成一个模范警察局——不仅仅是一个模范，而是一个全国排名第一的警察局。我向他们解释这意味着什么——我们的价值系统将是什么，我们希望最终的结果是什么。我告诉他们，向居民提供服务才是我们存在的唯一理由。"[55]瑞克·桑德回忆这次会议带来的冲击时说："这完全是彼得·德鲁克的管理风格，布朗向所有的人表明，他并非他们所想象的那种不明就里的局外人。有一件事情是房间里所有人都感觉到的，那就是：布朗才是真正的领导，他自己也非常清楚这一点……这次会议……是优秀管理的一个缩影。‘我们面临着这些问题，’他说，‘告诉我，我们怎样才能解决它们。’”[56]

确定责任

随后的几个月，布朗和华沙曼开始了他们在报告和会议上决定的行动。他们重新设计了组织结构、敦促 HPD 管理人员着手管理工作，并要求各方切实承担起深化组织变革的责任。

重组

最棘手、最紧迫的问题是如何安排布朗的四名高级下属。这四位下属是：副局长托马斯·米切尔，他负责行政和后勤服务局；副局长约翰·麦克基汉，他负责规模庞大的现场行动局；副局长 B. K. 约翰逊，他是前任局长，现在负责政治权力最大的调查局；副局长约翰·贝尔斯，他也曾担任警察局长一职，现在暂没有职位。他们具有公务员序列的职等，没有特殊原因，不能降职或解雇。另外，除贝尔斯（希望新上任的市长能提拔他，所以脱离了其他三个人的战线）之外的三个人每周都会召开一次“茶话会”，抱怨如今的警察局一天不如一天，有时他们甚至联合起来对付布朗。

原则上，布朗有多种选择来处置他们。他可以逼迫他们辞职；可以要求得克萨斯公务员委员会授予他更多的权力；他还可以在官员和下级直线领导之间建立一个单独的汇报渠道，从而架空他们的职权。然而，布朗并没有这样做，他决定在保留现有人员的前提下让组织发挥作用。

布朗最大的问题是副局长多，而可安排的职务少。于是他说服城市理事会给他一个额外的副局长职务名额。接着，他把行政和后勤服务局分成两个独立的机构。他让约翰逊掌管调查局，米切尔负责分离之后的行政局（它的规模现在已缩减）。他还做了一个重要的调整，将负责现场行动局的麦克基汉调到新成立的、缩减后的后勤服务局。唯一没有公开反对布朗提名的贝尔斯则被任命为现场行动局的负责人。

本次重组最大的变化在于贝尔斯被任命为现场行动局的总指挥。在某种程度上，这保证了贝尔斯将来会继续效忠。虽然贝尔斯对没有被提拔为局长感到失望，但他认识到，他想当局长的野心已经疏远了他与其他同事（也可能包括布朗）的关系。布朗授予他这一大权在握的职位，重新确立了他在组织中的威望。而且，布朗和贝尔斯都认为：休斯敦警察局要获得成功的关键在于改进巡逻工作。这种认识上的一致性巩固了他们的伙伴关系。另外，从警察局的等级和工作记录可以看出，贝尔斯是一名强有力的关键性人物。如果将他与麦克基汉相比，这一点就更为明显。因而，让拥有广泛经验的贝尔斯取代麦克基汉，布朗实际上是发出一个信号：巡逻是警察局最重要的工作。布朗简明地说明了他任命的理由："贝尔斯和我一样，也认识到巡逻工作的重要性。我并不需要一名务虚的总参谋。"[57]

让管理者管理

在决定继续保留现有管理人员之后，布朗必须想尽办法，让他们成为积极主动和对自己的工作负责的人。为了达到这一目标，他决定下放制定预算的权力，让警察局的高层和中层管理者制定警察局的年度预算，并对预算的执行负责。因为 HPD 约 90% 的预算都花在了工资上，所以，从任一方面来说，这都不是一个很困难的任务。但是，HPD 的管理者以前从来没有做过这类工作。此前，警察局的预算都是由一个有四十年经验的文官助理——乔治·霍根——来制定的。布朗委派担任计划与研究部总裁职务的鲍伯·华沙曼监督这一新程序的开展。此外，布朗还从皮特、马威克与米切尔会计师行（Peat，Marwick，and Mitchell）聘请了一名会计师（她刚好是个黑人妇女）担任 HPD 的预算总裁，负责向警察局的管理者传授基本的预算制定方法。

在这种情况下，霍根不久之后就宣布退休。他的退休使各位副局长失去了支持，不得不靠自己的力量来对付李·布朗。一个行政助手这样描绘了他们的第一次会议：

> 会议室里既没有其他警官，也没有拿着一大沓数据和图表的会计师，只有各位副局长和布朗本人。每隔一会儿，便会有一个副局长跑出会议室……满脸苍白……他们对制定预算狗屁不懂。布朗根据那次会议提出的情况制定了总预算案。贝尔斯几乎被那次会议吓得半身不遂，因为他根本不知道将会发生什么情况。[58]

华沙曼也回忆了这次会议的情况，但他强调了会议对警察局的管理者产生的另一种影响。

毫无疑问，没有一个副局长知道如何制定预算，而李·布朗问的问题又都是重要和很难回答的问题……但是，预算一经各方同意后，只要李·布朗出席市政委员会，他便带上所有的副局长和他们的副手。我记得有一次市里的预算官员要与局长个别商谈预算，最终，他却不得不在会议室面对40个警官……李·布朗在这一方面很强硬——无论是对他的手下，还是对市政委员会。[59]

制订行动计划

除了为警察局制定年度预算外，布朗还指导了另一计划工作，即写出"行动计划"（action plan），以具体指出警察局如何充分利用机会和弥补评估报告中指出的不足。1983年春季，布朗公布了行动计划。除了计划的内容以外，该计划在形式和职能方面也具有极高的重要性。

第一，尽管该计划是警察局内部人员起草，且内容主要针对警察局运作问题，但它不光是写给警察局看的，也是写给社区看的。计划的序言写道："本文件为HPD做出行动计划……改善管理、服务和效果……本行动计划是警察局关于改进使命和长短期目标的公开声明。"[60]唯恐有人忽视这一点的重要性，计划继续指出："通过发表该声明，警察局向社区表明一点：它希望居民广泛参与警察局制订行动计划、改善提高和制定方向等各方面的活动。"[61]HPD这样做，其实是确立自己对休斯敦居民负有的责任。

其次，该计划从以下几方面来说明改革方案的合理性：改革是针对休斯敦的问题而提出的；解决方案是警察局内部进行深入分析后得出的结论；方案整体上吸取了警察领域的最优经验；方案综合考虑了警察局的传统和优点。因而，该计划以及它对警察局提出的要求，是理智和必需的。

最后，该计划按抽象程度不同，层次分明地描述了三部分，这三部分一环扣一环，缺一不可。首先，计划大致分析了休斯敦社区的主要问题；接着，它指出了那些"要求警察局必须改进的价值观和信念"；最后，计划详尽指出了休斯敦警察局改善绩效的具体行动方案。

事实上，布朗把该计划看成是警察局使命和目标从抽象到具体的等级链，而这些使命和目标是HPD政治和工作环境所要求的。最宽泛、最抽象的目标是组织的价值观。往下是组织内管理人员所要承担的具体的、特定的责任。该计划之所以公开发表，就是要让警察局所有人带着责任感去完成这一计划。布朗和华沙曼认为，把计划定位于居民的期望之中，也就赋予了该计划一种生命——那将是一种不可抗拒的动力，它将严格规范警察局及警察局内部人员的日常行为。这一点很重要，因为计划的目的就是要带来重大的变革。

确立组织价值观

令人吃惊的是，计划宣扬的价值观更为激进。相比之下，具体的运作方案倒要温和得多。计划提出了十大基本价值观来指导HPD当前的运作和将来的发展：

价值观1：单凭警察局自己难以完成任务……警察局要主动邀请社区居民参与各种直接影响社区生活质量的警务活动。

价值观2：警察局对犯罪行为的反应应该以预防为主，并体现执法之严。

价值观3：警察局应恪守以下原则，即警察局的服务应保持并增进民主之价值。

价值观4：警察局提供的服务要能增强社区的能力。

价值观5：警察局要让居民参与各项政策的制定。

价值观6：警察局应与社区齐心协力了解社区犯罪问题的本质，并研究出最有效的解决方案。

价值观7：警察局应尽可能以最有效的方式管理资源。

价值观8：警察局在采取任何可能影响工作绩效的行动时，均应积极地征求其雇员的意见，并以能够提高雇员工作满意度和工作效果的方式来管理警察局。

价值观9：警察局应保持高度的正直感和专业水平。

价值观10：警察局相信，当整个组织及其运作保持稳定、连续和一致时，警察局的职能才能最有效地发挥出来。[62]

这些价值观的排列顺序和内容都是相当重要的。总的说来，它们指明了警察应承担的新责任，为警察局和社区之间提出了一种新型的关系。

例如，通过强调对犯罪的预防，他们不但开拓了打击犯罪的新局面，而且更加关注警察局的内部工作。他们对增进民主和保持“高度的正直感和专业水平”的承诺，意味着他们终于承认自己有保护公民宪法权利的责任。“警察局要主动邀请社区居民参与各种直接影响社区生活质量的警务活动”和“警察局提供的服务要能增强社区的能力”表明，他们将欢迎公众的合作，而不是只追求工作的独立性和自主权。

这些价值观与警察局部分成员的观念并不一致。他们相信，拘捕犯罪分子远比预防犯罪更为有效。他们过去的一贯做法使他们不屑于保护公民的宪法权利。他们更关心怎样才能维持工作的独立性和自主权，而不是如何征求公民的意见。但是，这些新提出的价值观的确向休斯敦的新社区——包括刚迁入的、极具进取心的中产阶层以及少数民族——表明，他们终于盼到了一位关心自己需求的警察局长了。

在休斯敦社区支持的价值观和警察局支持的价值观二者之间，存在着极大的张力。但是，正是这种张力给予了价值观宣言以重整警察局的力量。[63]如果这些价值观能成为全局上下遵守的制度，那么，它就能改变组织的文化。如果它们得不到内外部的支持，或被执行任务的警察不当一回事，那它们最多只能算是一种公关工具而已。[64]因此，它很大程度上取决于警察局高层领导工作的改进，而这正是这份报告承诺要实现的。

报告引人注目的地方在于，它开门见山地提议对现场行动分局进行改革。这一提法反映了布朗的观点。他深信，必须对巡逻工作进行改革，才能从整体上提高警察工作的质量。这一点也与他此前决定重点依靠现场行动分局领导约翰·贝尔斯的思路一致。至于如何改革巡逻工作，报告指出了以下五个重要方面：

> 最大限度地让居民感受到巡警的存在。
>
> 迅速回应公民的紧急求助电话。
>
> 由警察和社区共同采取有效措施，将犯罪遏制于初期阶段。
>
> 稳定各片区的警务人员，允许他们与社区居民发展友好的关系。
>
> 鼓励社区参与，共同决定社区巡警各项工作的优先顺序。[65]

有人可能会认为，以上五方面无非是对现状的重复而已。前三个方面强调了巡逻和快速响应居民求助电话的重要性，这也只不过是老调重弹。但只要细细研究一下,便不难发现,以上五方面包含了一些与旧时做法完全不同的因素。首先,应该由警察和社区一道来遏制犯罪。其次,应稳定各片区的警务人员,不仅要让居民感受到巡警的存在,还要允许他们与社区居民发展友好的关系。当警察在社区巡逻时,鼓励社区参与决定各项工作的优先顺序。以上表达方式已经隐含了一种不同的警察工作方式,它更加强调警察与公民进行沟通、就社区的问题进行对话以及进行犯罪预防,而不是单单强调逮捕。[66]

如果仔细审查现场行动分局为实现这五方面要采取的具体行动,布朗培植新工作方式的用心就会显得更加明显。现场行动分局将致力于以下各方面:重新设计巡逻路线,使它与社区界线保持一致;确定回应紧急求助电话所需的警员数目;设计出一套系统,以管理警员没有回应求助电话时的时间;培养分析能力,以积极解决问题和预防犯罪;解决社区指定要求警察加以注意的问题。这些具体的目标指出了组织将要采取的创新措施,它们将使现场行动分局以积极的态度来对待社区指出的问题。[67]

虽然行动计划的核心在于它对现场行动分局的价值及其具体计划的阐述,但除此以外,还有其他几点值得一提。布朗进一步推动了分权政策:他要求各分局的负责人与社区团体商定具体政策并对制定出的政策负责。这一要求不但为警察局进行创新提供了条件,还使它暴露于公众的监督之下。布朗还在局长办公室设立了调查科(Inspection Division),专门对 HPD 各个单位的年度工作表现进行统计。在此以前,从来都没有检讨各单位工作表现的机制,只有危机发生后,高层管理者才会安排一些相应的调查。

同样,其他一些方面也反映了布朗使"巡警成为警察局的脊梁"的决心。他建议对巡警进行培训,使他们掌握基本的犯罪现场调查技术。他废除了侦探这一警衔,授予所有侦探警察队长的警衔。此外,布朗还建议加强对警察声称"结案"的案子的审查,以新的方法来对犯罪调查进行控制。这些变革在某种程度上减少了 HPD 侦探相对于巡警所具有的独立性,降低了他们的地位。

重要的创新

布朗采取的种种创新相互作用,终于在 HPD 营造出了一种不同的气氛。少数管理者认为布朗将最终获胜,于是响应布朗的号召,跟着采取了一些创新。所有这些因素加在一起,终于将 HPD 推向了布朗希望它走上的轨道。在所有的创新行动中,以下三个行动具有极为重要的实际意义和象征意义。

城西指挥所

布朗接任前,HPD 便已在实施一个创新,该创新刚好与布朗的目标高度一致。1979 年,休斯敦的选民授权该市借款 3500 万美元,以修缮和建设几处警务室。HPD 当时的计划是建设几个小警务室,每个警务室都配备一小股巡逻队伍,而侦探则继续在总部办公。

副队长杰里夫·迪弗当时担任长期计划部门的主管,他认为该计划反映的警务模式已不被大众认可,于是在 1979 年提出了另一种替代方法:在初具雏形的休斯敦西区,建立"多目标指挥中心"为该区提供服务。他建议将所有的警务职能——包括侦探工作——都授权给该指挥中心。

他的想法是将警务所设计成可以促进警察融入社区生活、与社区实行整合的机构。警务所不应以"占领军"的面貌出现于社区,而应有利于双方的联系。为了达到这一目的,警察局的每一种职能,包括警察和公民日常需要的全部工作,都可以在警务所完成。这些工作囊括了拘留、审问、车场、无线电维修、行政办公室、警察巡逻装备、侦探办公室以及社区活动室等。

虽然分权和整合这一想法的最初用意是为了改变 HPD 的外部结构,

但不久之后,HPD 便开始进行组织结构改革。当时担任 HPD 局长的 B. K. 约翰逊授权迪弗成立一个分权研究组(Decentralization Study Group)。研究组共由十三个工作小组组成,每个小组代表一种可能受到影响的部门职能。1981 年 7 月,研究组完成了该项目。研究组在递交的报告中建议将 HPD 的职能完全分化,并为此提出了具体的计划。但是,由于市长选举临近,再加上约翰逊局长自己也前途未卜,迪弗的计划被束之高阁。

李·布朗为该计划注入了新的生命。新成立的城西指挥所便是他要以社区为基础开展警务工作的象征。该指挥所按分权计划运作,年预算 1700 万美元。1983 年春天,布朗和市长要求市政委员会支持该项计划。但不幸的是,他们一致反对。许多委员——其中部分是城市重新划区后第一次当选的议员——都要求将指挥所建在自己代表的区域。最后,委员会还是同意了该计划,但要求 HPD 另外还要建设三个指挥所。1984 年 10 月 1 日,市长和警察局长为城西指挥所破土动工。这成为布朗以社区为导向开展警务工作的坚实象征。

DART 计划

在布朗另一项有关 HPD 未来发展的政策创新中,迪弗也立下了汗马功劳。迪弗领导的分权研究组曾建议休斯敦以分管片区责任团队(Directed Area Responsibility Team/DART)的形式配置警力。DART 计划包括以下要素:

1. 将同一区域的犯罪和治安责任全部交给一个由巡警和侦探组成的团队,该团队由一名指挥官负责。

2. 维持“忠于巡逻路线”的原则。除非在紧急情况下,DART 的警察不得被派往其管辖区域以外的地方执行任务。

3. 更多地运用一人一车的巡逻方式以增大警察在社区出现的频率,并减少回应所需的时间。

4. 在DART中，巡警和侦探共存，这将有助于改善双方在信息收集上的合作态度，并进一步充实巡警的工作。

5. 运用"巡逻档案"，鼓励警察更深入地了解他们巡逻的社区。

6. 运用"犯罪分析"确定责任区的犯罪模式。

7. 与居民领袖、神职人员和社区居民磋商，找出警察可以帮助解决的社区问题。

8. 制定"策略性的行动计划"，以针对在信息收集过程中引起DART注意的犯罪模式提出解决方案。

9. 用策略性的行动计划来指导警察回应求助电话以外的工作。

鲍伯·华沙曼认为，DART在三方面促进了布朗的改革：纠正了过去的错误做法；建立起当地居民对警察的信心；使休斯敦的警察改革工作引起全国注意：

> DART的重要性以以下事实为基础：休斯敦警察局……一直以来……都具有浓厚的"边疆开拓主义"(frontierism)特征——警察"成群结队地"四处出击。他们不需对某个特定区域负责。不仅在巡警和侦探之间缺乏沟通，警察与社区之间也缺乏沟通。DART以一种非常简单的方式纠正了这一做法。它使巡警按规定路线巡逻，将侦探分散到各个区域，使他们对社区团体负一定的责任。但由于他们对诸如领导、轮流监督、按社区配置警察小队长等重要问题几乎毫无认识，所以布朗决定以一个地区为试点，看一下采取DART计划会引发什么后果。尽管布朗知道DART计划仍存在一些不足之处，可能会引起一些不良后果，但由于他更希望看到HPD有所变化，所以他仍鼓励采用DART计划。[68]

布朗将DART计划的试点工作交给约翰·贝尔斯负责。1983年秋天，贝尔斯带领现场行动分局的110名警察，开始在一个区域开展试点工作。

休斯敦减少恐惧感的试验

休斯敦制订的行动计划和正在筹备的DART计划为它赢得了国家司法学会（National Institute of Justice）的基金拨款，该项拨款将用于验证几个减少休斯敦居民对犯罪的恐惧感的战略。华沙曼认为，布朗和HPD的需要很快便会超越单纯的计划和对未来的憧憬，他们将需要一场"胜利"——只有胜利才能显示出布朗的领导能力和警察局实施变革的能力。如果HPD能引起全国的好感和注意力，那将带来以下几方面的好处：HPD自我感觉更好一点；休斯敦的居民有一点夸耀的资本，布朗的威望会更高一点。华沙曼回忆道："当国家司法学会宣布减少恐惧感计划时……我们便努力争取得到该计划的拨款……我们最终得到了拨款。我们将它当成一个重要的机会，通过它，休斯敦的居民可以亲身体验一下在全国都具有重要性的事件。此后，我们竭尽全力，希望找到可以从下而上加以施行的方法……因此，我们成立了警察工作小组……他们想出了不少主意，并将这些主意用于自己的工作。"[69]

与布朗和华沙曼一道工作的警察工作小组将在休斯敦的四个社区中，验证六个减少居民对犯罪的恐惧感的战略。第一个战略被称为社区组织回应团队（Community Organizing Response Teams），此战略旨在让警察"帮助社区围绕不同的问题（如与特定犯罪问题、治安无序、破坏他人财产等）组织起来"。第二个是邻里信息网络战略（Neighborhood Information Networks），旨在督促HPD定期印发简报，向居民提供有关犯罪的信息。第三个是店前警务所（Storefront Police Station）战略，旨在以规模更小的、不那么正式的警察办公室代替指挥所。第四个是受害人回访战略（Victim Follow Up）。此战略要求警察致电最近犯罪事件的受害人，向他们表达自己的同情和支持。第五个是警察服务回应战略（Police Service Response），旨在督促警察向曾致电求助的公民邮寄意见征集表，让居民表达自己对警察提供的服务的看法。第六个是有指导的居民接触（Directed Citizen Contact）战略，旨在向警察提供必要的调查工具和方法，以便他们了解居民关心的问题。这些战略是布朗强调的重点警务工作的反映。

主流警员的参与

随着行动计划中提到的各种管理变化的逐步到位，以及对城西指挥所、DART、减少恐惧感计划的广泛议论，HPD 警务工作开始有了改变。但是，仍有一些人犹豫不决，担心这场变革将因难以深入而再次流产。他们的这种担忧不无道理，因为尽管 DART 计划和减少恐惧感计划都得到了好评，但是布朗却不能将其中任何一项向纵深推进。在休斯敦的绝大多数警务所和巡逻队中，传统组织文化仍占据着绝对的主导地位。HPD 怎样才能将一系列独立的创新转化为一整套全新的警务哲学？这个问题以前便存在，现在仍没有得到有效的解决。

作为对这些担心的回应，布朗采取了两个创新措施。第一，他努力把休斯敦的政治环境与依托社区开展警务工作这一使命联系起来，使前者成为后者的基础，以此来获得他想要的支持。其次，他动用自己的正式和非正式权威，努力在 HPD 营造一种环境，帮助那些愿意接受他提倡的使命的人取得个人职业生涯的成功。

从 1984 年到 1985 年，布朗力图为 HPD 争取居民、金融和政治团体的支持。布朗发现，除非遇上危机，HPD 一般都不向居民领袖开放。他改变了这一点，成立了几个委员会，并努力说服其他人接受这一主意。“我们经常需要工商界的支持。”布朗解释说。有了这些人对 HPD 的支持，布朗及他制定的预算方案就更易得到市长和市政委员会的好感。“所有那些向我们提供帮助的人都接受我们，”布朗说。“因为我们的成败也将影响到他们。”[70]

为了达到第二个目标，他任命一些年轻人担任变革的领导。布朗极大地依赖新生代的中层领导来再造休斯敦的警察事业。托马斯·科比副队长便是新生代领导的一个重要代表。此前，科比已经通过了一系列的晋升考试，并不断得到提升。布朗任命他担任队长，并把他派到休斯敦市最乱的地区——北谢泼德（North Shepherd）警务所。

1983 年，在减少恐惧感试验开始后不久，科比到北谢泼德上任。他说北谢泼德警务所“乱得一团糟”，警务所的警官和警员千方百计逃避 HPD 正在推行的新规定。当时，北谢泼德警务所的队长和副队长已经休假一个月了，警务所人心涣散。

科比认为警务所混乱的原因在于，它没有考虑到各位警员在警阶和工作表现上的差异以及由此引发的大量人事问题。起初，科比也不知道从何入手。但不久之后，他便想出了办法。“我就依葫芦画瓢，照李·布朗的做法做。”科比说。他找出警务所中那些能力强、态度端正的警官——这些人“厌恶这里的混乱，有激情，有奉献精神和自豪感。只等一个好的领导来利用、引导和激发他们的潜能”。[71]

很快，科比制订了有自己特色的、依托社区开展警务工作的计划。他将店前警务所的数量从一个增加到四个，并在办公室做巡逻档案和犯罪分析。科比非常喜欢店前警务所这个主意。在他看来，店前警务所具有非同一般的力量。他这样评价店前警务所：“你将某个好东西放入一堆坏东西，并将所有坏东西转变成好东西。”[72]

科比还将社区关系引入到日常的巡逻工作。HPD 以前的做法是从总部派遣警官到各个社区，由他们与社区团体打交道。但科比认为，这样做是错误的。由于这些派下来的警官与警务所和当地社区没有多少关联，他们怎么能处理好与北谢泼德地区的学校的关系？怎么能管理好当地的“休斯敦人在警戒”(Houstonians on Watch)项目？科比的解决办法非常简单：“应该由当地的人民来做这件事。”他向布朗建议，由他的警务所来完成这项此前由总部统一担负的职能。布朗很快就同意了这一请求。[73]

在布朗规划的警务工作使命中，托马斯·科比和其他一些警官看到了其中隐藏的机会和挑战。他们将自己的事业前途押在了布朗提出的具有创新意义的方向上，其中的风险不言自明。布朗能否承受得起改革的考验？如果这个问题不明朗，警务工作走向何方就难以定论。

经过三年管理上的酝酿和运作上的创新，外部环境对 HPD 的支持和要求都得到了巩固与增强，HPD 内部的新生代干部也逐渐成熟起来。布朗认为，建立一种机制，以降低他个人在组织中的重要性的时机成熟了。在他看来，建立起一种可以确定新战略的机制与组织富有进取心和取得成功一样重要。

为此，他举行了一系列的会议来讨论 HPD 的未来发展。会议的参加者囊括了 HPD 各个层级的警员。在第一次会议上，参加者都同意，HPD 未来工作的基础在于坚持布朗陈述的价值观及其提倡的以社区为依托开展警务工作的模式。在此后的会议中，他们制定了一系列的运作指南，这些运作指南现在仍在指导着 HPD 的工作。事实上，整个组织重新经历了另一轮的“行动计划”过程。不同的是，这次制订的计划既不是布朗提出的，也不是华沙曼提出的，而是组织自己提出的。

休斯敦的警务工作状况：1988 年

1989 年，李·布朗被任命为纽约市警察局长。一位年轻的、致力于社区警务的女管理者接替了他在 HPD 的职务。她的名字叫伊丽莎白·华生。她上任后的首个行动便是宣布 HPD 将继续沿着布朗指明的道路走下去。毕竟，保持方向的连续性也是 HPD 努力维护的价值之一。

组织再造：战略管理者如何思考和行动

将这些案例与其他案例结合起来，并把它们置于公共和私人组织具体的管理环境中，我们便不难发现，它们指明了公共组织管理者提高组织工作绩效的有效方法。[74]

承担外部政治责任

或许，最重要的教训是布朗和斯彭斯对政治管理投入的精力。具体来说，他们通过承担责任、与监督者商谈责任条款等行动，建立起了强大的政治支持。斯彭斯与加里蒂法官紧密合作，划定了自己的权力与责任范围，并在定期汇报工作这一程序上达成了一致意见。此外，斯彭斯又倡议成立了顾问委员会并使自己向委员会负责。同样，布朗在首次新闻发布会上便宣布了自己的总体目标。其后，他广泛征询了休斯敦各个选民团体的意见。最后，由于他认为这些场合的言论仅是非正式和粗线条的，所以又公布了《HPD 评估报告》和《行动计划》。这些文件确立了布朗将要达成的目标。

这种行动方式与公共管理者的一般做法刚好相反。[75]公共管理者一般都试图逃避外部责任，不希望把自己的组织暴露在外部责任的压力之下。[76]他们担心，承担责任将会占用太多的时间，并使组织不得不同时接受诸多相反的要求。[77]更糟糕的是，他们担心，如果自己过多关注外部政治，组织内部的人会认为他们具有个人野心，或缺乏管理好组织以承担组织责任的兴趣，或无力保护组织免受外部不良影响的侵蚀。[78]

斯彭斯和布朗的做法刚好与这类做法相反，所以特别引人注目。他们大胆地承担起应负的责任，而不是尽力逃避责任；他们鼓励公众提出自己的期望，而不是向提出看法的公众浇冷水。更重要的是，这种做法看起来也非常有效：他们领导的组织的工作绩效得到了提升。为什么？经过仔细分析，我们发现以下两个原因起了重要作用。

首先，因为新承担的责任反映了政治监督者的期望。通过承担政治责任，斯彭斯和布朗得到了更多的政治支持。在监督者看来，斯彭斯和布朗领导的组织终于开始做他们应该做的事情了，这些组织终于具有了一定的价值。于是，以前的小气吝啬变成了现在的慷慨大方，以前的怀疑变成了现在的信任。反过来，监督者的态度又增加了斯彭斯和布朗的权力，因为这给予他们更多可支配的资源和更多的自主支配权。这便形成了一个悖论：通过给予监督者更多的权力，斯彭斯和布朗增大了自己的权力和达成目标的能力。

其次，通过将组织的目标明确下来，并把与强有力的监督者达成的协议当成组织目标的后盾，斯彭斯和布朗增加了自己对组织的掌控能力。一旦他们的目标与背后强有力的监督者的期望与要求联系起来，他们的战略使命便不再是某个傀儡的奇思异想，而成为组织必须回应的"现实"。[79]

当然，只要对两个案例进行仔细研究，我们也不难发现，斯彭斯和布朗并没有将自己的组织暴露在可能对组织造成破坏性影响的政治监督者之下。相反，他们对监督者进行了挑选，只有那些要求组织创造的价值与斯彭斯和布朗希望创造的价值相一致的监督者，才有可能被选中。事实上，他们有目的地瓦解了支持组织传统战略的政治联盟，并促成了新联盟的形成。新联盟希望组织达成的目标，刚好也是斯彭斯和布朗希望组织达成的目标。[80]一旦这个强有力的外部政治联盟要求组织进行改革，而这些改革又正是他们希望进行的，这时，改革就成为一件容易得多的事情了。[81]

事实上，在这一阶段，组织变革采取了一种诸位都很熟悉的形式。与拉克尔肖斯和米勒一样，斯彭斯和布朗接管的组织已成为新兴政治力量批评的焦点。这些批评使组织当前的战略失去了信誉，并使组织处于破产边缘。正如私营部门破产后出现的情况一样，新上任的管理者丝毫不受旧制度的约束。因此，他们可以依据自己的意愿对组织进行清理和整顿，改变组织旧有的做法，使组织的运作朝向新的目标。对于监督者来说，由于他们此前已习惯了组织的迟缓和毫无生气的工作表现，一般都会对管理者创造附加“资本”的新举措产生很深的印象。对于雇员来说，由于害怕被抛在改革之外，也会对管理者哪怕是微小的刺激做出反应。如果运气足够好的话，这便会产生一个奇迹：组织的战略产生重大变化。

如果形势有利，这种改变组织方向的变化也不会太困难。[82]因此，管理学专业的学者或许会认为，只有当组织的政治环境发生了变化，而且雇请了一名新的管理者（他的目标与新要求一致）来实施战略变革时，承担责任——而不是逃避责任——的方法才是有效的战略。

但是，承担外部责任的方法适用于更广的范围。事实上，在公共部门，这一方法总是有用。也许在有些情况下，组织可以不采取这种方法。例如，组织所处的环境非常稳定，可以沿用过去的传统；或组织已经建立起了极高的威望，以至于他们可以不受外界的监督。[83]在这种情况下，虽然管理者可以不承担责任，但是，这样做可能会引发难以预期的灾难。[84]原因很简单，政治监督者希望组织的运作体现出他们持有的价值观，而这样做则是把组织与这一目的隔绝开来，因此蕴含了极大的风险。[85]这类组织疏远了一类非常重要的“顾客”，因此，从长期来看，他们必遭遇灾难。

同样，管理者在拒绝承担责任的同时，也就使自己改变组织的能力大打折扣。[86]由于没有暴露于外部的要求，下属便会要求管理者保护他们免受变化的侵扰，而管理者则不得不满足这种要求。为了保护组织的士气不受打击，管理者会形成这种想法，即他的责任是将组织与外部要求隔绝开来，而不是在组织内部大力执行这些要求。[87]这样一来，管理者便成为组织的雇员向监督者讨价还价的代理，而不是监督者向雇员讨价还价的代理。这样做的直接后果是降低了组织的回应性，贬低了它在公民和监督者眼中的价值。

是否在任何情况下，承担责任都具有价值？这个问题尚有待检验。但就目前来看，我们可以说，如果管理者试图给组织带来战略性的变革，承担责任不失为一个非常重要的方法。[88]如果不承担责任，管理者将不得不独自面对组织。反之，管理者则可以借助组织外部的、公众要求变革的力量来推动组织变革，这无疑将使组织处于更有利的地位。

组织结构与人员安排

在承担责任之外，斯彭斯和布朗还采取了另一种方法。他们重新设计了组织结构，并聘用新人担当重要的职务，以此来使组织将注意力集中在重要的工作任务上。所有的管理者都知道，他们最终都必须依靠下属来完成工作任务。因此，他们自然都会聘用那些忠于自己的下属，并重新规划组织的结构，以便能够最大限度地利用这些人的才智。[89]

带来自己的原班人马

在某种程度上，斯彭斯和布朗采用了这种方式。斯彭斯除了让罗伯特·蒂尔尼负责级别提升后的建设管理局之外，又任命大卫·吉尔摩担任操作部的特别助理。布朗雇用了鲍伯·华沙曼来协助他完成两份报告，这两份报告后来成了他的战略计划。但是，两人在这一点上也有区别。与斯彭斯相比，布朗决定更多地依靠组织现有的直线管理人员。他很少从组织以外聘用人员。即使聘用外部人员，也只是授以参谋部门的职务，而不是直线部门的管理职务。在运作方面，布朗将所有的赌注都押在组织原有的管理者身上，毫不顾忌他们都曾公开反对过自己。

他们为什么会在这方面存在差异？这可以用制约组织的因素的不同来解释。在安排组织的高层人员方面，斯彭斯享有更高的自由度。但是，这方面的差异还反映出管理风格的不同。布朗总是决定利用组织现有的人员，尽量少用外部人员。

重要的是，两种方法都可行。传统的管理理念认为，管理者应该“总是任用他们可以信赖的人”。从以上案例得出的结论无疑推翻了这一论断。这些案例表明，哪怕下属对管理者缺乏个人忠诚，也不赞同管理者制定的组织使命，管理者仍然能够取得成功。布朗处理持反对意见的下属的办法是委以重任，而且这些任务的绩效可以客观地评估。在约翰·贝尔斯和他的同事身上，这一点表现得特别明显。在这种安排下，完成组织重要任务的绩效——而不是个人的忠诚度——成为联系管理者和重要下属的主要纽带。一段时间之后，这种工作关系可能会培育成下属对管理者的个人忠诚感和对使命的深度投入。刚开始时，这种情况并不一定会出现。不管怎么说，布朗以这种手法驾驭了反对他的人，并领导组织完成了重要变革。

当然，不得不与持反对意见的人一起工作无疑会使工作更加艰难。如果管理者的下属都是信得过的、自发自动的人，管理者自然会觉得身心愉悦，工作也会更有效率。但是，布朗的例子表明，即使管理者不使用忠于自己的下属团队，同样也可以获得成功。事实上，这样做甚至还会带来一些好处。例如，它既可以让管理者与组织的知识、传统保持接触，又能避免被人指控搞裙带关系。

如果管理者任用那些不忠于自己或不赞同自己使命的人，他们能否取得成功的关键在于本人的个性。一些管理者自我感觉很安全，另一些管理者容易产生焦虑感。两相比较，在缺乏亲密的同盟时，前者比后者会处理得更为妥当。但是，当管理者在组织中缺乏亲密的盟友时，他们获得的外部支持力量的大小，也会影响他们在组织中生存下去的能力。获得的外部支持力量越强大，他们需要从组织内部得到的支持（无论是心理支持，还是运作上的支持）就越小。

一般而言，组织现有人员的素质与即将入主的管理者所了解的人员的素质之间存在差异，这种差异也会影响管理者需要从外部引入的人员数量。绝大多数管理者都有自己的人脉网络。[90]这个网络中的人员素质可能会比组织现有人员素质高，其可用的人员数量也可能会比较多。还有一种情况，如斯彭斯所遇到的那样，这一网络中的人员具有组织所缺少的专长。在这种情况下，管理者引入更多的外部人员，不啻为一种经济的、提升组织管理层水平或技术专长的途径。

将结构与人员和重要工作相结合

雇用谁和采用什么组织结构这两个问题是紧密联系在一起的。例如，为了给理查德·蒂尔尼和大卫·吉尔摩腾出位置，斯彭斯调整了 BHA 的组织结构。同样，布朗为了给他的四个副局长腾出位置，也调整了 HPD 的组织结构。

不仅如此，他们还利用调整组织结构的机会重新确定了需要完成的、具有战略意义的工作。斯彭斯提高了建设管理局在组织中的地位，以此表明他“修缮”和“建造”的决心。同样，布朗任命贝尔斯担任现场行动分局的总指挥，以此表明巡逻职能在新计划中的重要性。总而言之，组织结构是围绕战略目标而设置的，它允许管理者将才智用于他认为对组织短、中期发展具有重要作用的工作上。[91]

请注意，管理者在调整组织结构以达到上述目标时，并不认为调整后的组织结构将永远维持下去。相反，他认为之所以要调整组织结构，是为了让下属管理者更好地将注意力放在现在必须完成的重点工作上，以重新定位组织，为未来的发展作准备。组织理论强调保持组织结构连贯的重要性，但与这种需要相比，组织理论显得毫无意义。因此，BHA 和 HPD 在经过斯彭斯和布朗调整后，其组织结构都成为一种职能、项目和地理区划相混合的形态。[92]

确定内部责任

上任伊始，斯彭斯和布朗便以两种方式向组织的传统行为模式提出了挑战：一是提高内部责任标准；二是承担外部责任。事实上，前者寓于后者之中，要承担外部责任，就必须提高内部责任标准。另一方面，只有承担起外部责任后，才能令人信服地提高内部责任标准。[93]这主要是由于需要经过较长的时间，组织才可能承担得起外部责任。但是，斯彭斯和布朗采用了其他方法，从而有效地在组织内部传达了承担外部责任的迫切需要。有趣的是，他们的行动均分为两个阶段。

第一阶段，斯彭斯和布朗制定了新的、精确的绩效标准，以此来对组织产生震动。例如，斯彭斯责令下属重新打印有错误的信函，将处分和批评意见放入个人档案，等等。布朗召开管理会议时，必定会事先将环境布置好，使与会人员感觉到他强调提高管理绩效的必要性。他们的这些行为向下属表明，绩效是一件非常重要的事情，他们将会看重各人在绩效水平上的差异，每个人都必须更加努力地工作，只有这样，才能满足新老板的要求。

除此以外，这些行为还有另一方面的效果：它们使组织的焦点集中到新管理者身上。斯彭斯和布朗采取的纪律整肃行为，哪怕处分很轻，也具有非同寻常的意义。组织中的人员会透过这些处分来琢磨新绩效标准到底有多高，组织将沿着什么方向前进。在这一阶段，组织中的人员会认真地听管理者解释，看他的标准与前任有何不同之处。

当然，对于斯彭斯和布朗来说，无论是在制定新标准还是在获得雇员的注意力方面，他们都不需要太大的努力。这主要是因为他们接手的组织已经处于崩溃的边缘，现在来了新管理者，所有雇员自然都预料到他会提高绩效标准。由于每个人都知道会有这个结果，所以即使是一个非常细微的行动，在雇员眼里都具有非常重要的意义。

值得指出的是，在如何运用这种力量方面，斯彭斯和布朗两人采用了同样的方法。他们都是运用这种力量来挑战组织，而不是向组织提供某种保证。他们谁也没有在公开场合批评过自己的组织。事实上，他们都公开表明了自己对组织的支持态度。他们不断通过示范、具有象征意义的行动以及与下属管理者的私下交谈等，向其他人表明组织正在不断提高自己的绩效标准。

在第二阶段，较高的绩效标准具有的象征意义和一般性越来越弱，变得越来越实在和具体。[94]斯彭斯和布朗找出了较好的、为组织不同部门分配富有挑战性的任务的方法。这时，雇员开始清楚自己需要做什么，不想遵从（或害怕自己难以达到）新标准的人逐步离开。一部分人则着手工作、取得成功并开始全情投入到新角色中去。组织中的人员不再忧虑，也不再对新老板猜疑不止，而是将注意力转到了新老板安排的工作任务上。

为了达成目标，斯彭斯和布朗还运用了预算和计划程序。一直以来，公共部门都把这些程序视为获得成功不可或缺的工具。事实上，它们也的确非常重要。[95]但是，斯彭斯和布朗运用这些工具的目的却与其他人不同。在运用预算和财务系统工具时，他们没有强调中央人员在资源分配方面的作用，而是用预算程序来向直线管理人员施加压力，让他们为自己单位的运作负责。

因此，他们都把预算职能下放，将此前由职能部门负责的预算制定工作交给各个直线部门的负责人去完成。在这一过程中，他们失去了部分对预算的控制权，从而也失去了部分习惯于与组织传统预算部门打交道的监督者的信任。[96]另一方面，他们也得到了一个机会，可以将管理责任分配到组织的各个部分。这样做可以部分卸下管理者肩上的管理重任，将它们交给下属。举例来说，布朗认为，HPD 要成为全国最好的警察局，关键在于他的下属，当布朗将他的下属带到市预算官员面前时，他意在让市政委员会也以同样的眼光来看待他们。

除了预算程序以外，斯彭斯和布朗还借助了计划程序。在这一点上，布朗表现得特别明显。他极大地依赖战略计划程序，借此提出评估报告和行动计划。战略计划程序与一般预算程序的不同之处在于，前者将组织的注意力集中于少数几个可能对组织未来绩效产生关键影响的领域。总体来说，预算作为战略管理工具的不足之处在于，它试图面面俱到，全面考虑组织的所有活动。[97]由于管理者经常将预算用于此种目标，因此，他便需通盘考虑组织的每一细微之处。这便会引发一个难以避免的问题，即预算对过去的描述比对未来的描述更翔实、更精确。战略计划则与此相反，它有意识地避免了这一点。[98]它并不试图解释组织中发生的一切事情，而是只关注组织面对的关键问题、重大机会和组织必须采取的相应措施。

布朗自觉地运用了战略计划程序，以此将组织的注意力集中于几个重要的工作任务上。与布朗相比，斯彭斯对这一战略的运用并不那么明显。之所以会出现这种情况，可能是由于斯彭斯的运作任务及目标已经在接管条文中有了清晰的描述：住户的投诉和判决书已经明白无误地指明了他需要达成的目标任务。它们可以代替战略计划。但对布朗来说，情况却不一样，他必须自己制订战略计划。这种差异也可能是由另一原因引起的，即斯彭斯从别处带来了大部分的幕僚。他在与他们谈判时，便已就战略计划达成了一致意见。而布朗则必须公开自己的各项委任。

但是，这些差异还反映了他们在管理风格和技巧上的不一样。总体来看，斯彭斯的风格比布朗的更趋向于封闭式。这一差异极有可能影响到战略的持久性。由于布朗采用了开放式的管理风格，其战略亦是公开的，为大众所熟知，因此他很容易受到政治的影响。如果政治环境相信他的改革是可取的，那么，他的开放性将促进改革。反之，如果政治环境对改革持怀疑态度，那么，这种开放性将严重地阻碍改革。[99]在总体计划上，斯彭斯缺乏布朗所具有的开放性，因此，他很难像布朗那样动员外部力量支持自己的目标。但是，从另一方面来说，斯彭斯比布朗更能经受得起政治环境的起伏变化。

获得更多的资源

斯彭斯和布朗之所以能获得成功，不仅在于他们能充分利用现有资源，还在于他们能获得新资源。斯彭斯不但稳定地从马萨诸塞州得到拨款，还争取到了联邦政府的资助。他还通过各种方法，使 HUD 未能实施减少补贴拨款的计划。该计划一旦实施，必将对 BHA 产生灾难性的影响。即使是在波士顿财政最困难的时候，布朗也设法增加了自己的预算拨款。除此以外，他还从联邦政府那儿获得了一笔数量不菲的拨款，用以开展全国瞩目的试验。

额外的资源使布朗和斯彭斯如虎添翼，为他们提高本组织的服务质量和增加服务数量打下了坚实的物质基础。不仅如此，这些资源还让他们得以采取创新措施，建立和发展组织未来极为需要的各种能力。最后，他们的成功是一个象征，表明了他们在当地社区和全国范围内具有的能力和影响。这种能力和影响必将帮助他们在未来的事业中取得更多的成功。从他们给组织带来了更多的资源这一点来说，他们对组织的影响已不再局限于这些额外的资源所能购买到的东西。

同样重要的是，除了金钱以外，斯彭斯和布朗还寻求并获得了更大的权力。很显然，斯彭斯需要更大的权力：某些租户可能破坏 BHA 的房产，使它们不适合入住。针对这些人，斯彭斯通过争取，获得了对他们更大的控制权。布朗对权力的需求要更微妙一些。布朗试图让 HPD 与社区融合到一起，但有人认为，这样做将把警察局“政治化”，使警察局屈从于外部的腐化影响。由于布朗的举动反映了人们对法治和保护宪法权利的要求，因此，在允许社区参与警务活动方面，警察得到了前所未有的、广泛的授权。在本文提到的两个案例中，更多的授权都带来了绩效的改进：波士顿的公屋变得更有吸引力、更安全；休斯敦市的治安状况更好，居民的恐惧感也日益减弱。

政治背景、个人特质以及他们采取的行动等三个因素帮助斯彭斯和布朗获得了更多资源。就政治背景而言，在他们入主以前，组织处于一种极端困难的境地，但公众仍希望提高组织的工作绩效。因此，组织已具有了获得更多资源的前提条件。

在个人特质方面，斯彭斯和布朗都具有诚信、能力高、精力充沛和追求有价值的目标等特征。在某种程度上，这些特质可以转移到组织中去。这也是他们能吸引更多投资的一个重要原因。

他们采取的重要行动与第五章描述的技巧相似。斯彭斯和布朗两人都在与外部权威环境建立良好关系方面花费大量的时间。他们与工商团体开会，发表广播演讲，举行一系列新闻发布会。这些活动的目的是为了让自己始终处于媒体关注的焦点位置。就像考夫曼的联邦执行官一样，斯彭斯和布朗将三分之一的时间用于外部管理，而不是内部管理。[100]

还有一点非常重要的是，他们都有一个战略计划，据此确定各方的责任并定期汇报取得的成绩。他们愿意承担责任的态度使他们获得了监督者的信任，而这种信任反过来又使监督者给他们更多的权力和金钱。

采取重大行动并公之于众

由于具备了以上这些条件，再加上斯彭斯和布朗巧妙地利用了这些条件，他们得以从不断流入本组织的额外资源中得益。单凭额外资源的流入，就已具有了改进工作绩效的可能性。但是，斯彭斯和布朗并没有停留在这一点上。他们还尽力去改变组织做事的方式方法，即不断创新——或促使组织变得更具有创新性。[101]

多数重要创新集中在少数几个重大的、受到广泛关注的活动中。[102]斯彭斯整合了条件最差的公屋住宅区，修缮了三个重要的住宅区，并重新树立了针对不良租户的权威。这些行动从根本上改变了 BHA 的生产程序。(除此以外，他们还改变了组织的战略目标。组织以前的目标是向一无所有的居民提供紧急用房，现在的目标是向有工作的低收入家庭提供住房。)布朗则在社区中建起具有多种职能的警务所，引入 DART 试验计划，并发起受全国瞩目的减少恐惧感计划。

我们可以看出，在斯彭斯和布朗采取的全部行动这个大背景下，以上创新更是加倍影响了 BHA 和 HPD 的发展。一方面，每个创新本身都极为重要，这是因为完成创新后，提供给顾客的服务质量都有了极大的提高。另一方面，创新也对组织本身产生了重要影响。例如，创新活动象征着斯彭斯和布朗要在组织中推广的价值。斯彭斯用建设表明 BHA 将致力于质量、修缮、投资和维护，并以此来改变租户及雇员的无助、无望和灰心情绪。布朗用他的计划在组织中推动“服务精神”、树立 HPD 巡逻和服务职能及调查和犯罪控制部门的价值。简而言之，这些创新活动成为组织方向的象征，也是管理者现在正努力领导组织前进的方向。

创新活动还为斯彭斯和布朗提供了一个机会，使他们能够考验其高层和中层管理者的素质及决心。除此以外，还使高层管理者有机会重新审视对自己和组织的看法。那些参与了重要创新活动的管理者可能会觉得，组织向他们提出了新的挑战，他们必须承担新的、与过去完全不一样的工作任务。如果他们能够获得成功，他们将不仅在能力上得到提升，还会更加忠于新目标和方法。这样一来，斯彭斯和布朗在实行改革时，便既有了组织外部的支持者，又有了组织内部的支持者。

最后，这些创新还表明，斯彭斯和布朗倡导的目标和方法是可行的。他们以强有力的证据表明了以下两点：此前被认为不现实的行动是可行的；此前被认为毫无作用的机制是有价值的。这是再多的争论或计划都不可能做到的，也是从任何其他城市或组织身上学不到的。他们以事实表明，BHA 和 HPD 的人也能够创新。因此，许多用以反对公共部门创新的说法并非都是正确的。

重要的创新活动具有深远的意义,这主要表现在以下三个方面:创新活动的象征意义;它们对管理者和雇员的触动;斯彭斯和布朗提出的观点的可行性和价值。它们有助于在组织中创造一种开放的气氛,从而利于推行斯彭斯和布朗倡导的改革。[103]这一点不仅适用于组织内部,同样也适用于组织外部。创新活动证明,组织使命正在逐步实现,各方正在按战略计划行事。这一成功反过来又为斯彭斯和布朗带来了更多的资源、权威和自主权。这时,组织的雇员便会看到,自己必须承认管理者具有的权能;同时,他们还会在组织内部听到越来越多的人赞同组织提出的方向。在这种背景下,组织便会变得更具回应性。

再造基本运作程序

从一定角度来看,上文讨论过的大部分内容都只是表面现象。新上任的管理者一般会发表一番大胆的演讲,对组织的使命、重组高层管理人员、重新规划预算和计划程序以及争取额外资源等做出各种描述。这种做法既无新意,也不具有特别的重要性。尽管这样做的管理者往往能得到提升,但他们离开之后,却没能给组织留下多少影响。[104]

但是,我认为,这些行动除了短暂的结果之外,只要运用得当,都可以产生更广泛的影响。这些行动为组织按一定的方向变化提供了准备。[105]它们为组织创造了新的机会。组织能否成功地利用这些机会,则有赖于其管理者能否持续地鼓励组织进行变革。斯彭斯和布朗与他人的不同之处也在于他们没有停留在这些表面的骚动上:他们利用这种骚动,再造了组织的基本运作程序。他们追求为组织创造出"核心技术"。[106]

以斯彭斯的案例来说,再造组织基本运作程序采取了以下形式:首先,他认识到,租户自己在创造具有高价值的福利住宅方面起着核心作用;然后,他据此调整了 BHA 的活动,以充分利用这一事实。但是,在增加租户对生产高质量的住宅区的贡献方面，斯彭斯陷入了两难困境。一方面，他非常看重自己接受的委任。该委任要求他与 BHA 将主要精力放在为最贫困的居民提供临时住房上，并且以公平和无歧视的方式来实现这一目标。但另一方面，他知道，许多够资格的租户在不合理地使用住宅，从而降低了它们本应具有的价值。因此，他必须找出一个方法，既使贫困和有需要的人士能够获得福利住宅，又能保证入住的租户是不会搞破坏的好租户。

为了解决这一问题，现有政策的做法是将合格与不合格的租户区分开来，合格的租户必须满足贫困这一要求。但是，如果贫困的租户有破坏房产或制造麻烦的前科（无论是在 BHA 的住宅区或其他地方的住宅区），他们就会被拒绝。问题在于，BHA 并没有根据这一规则来挑选申请者和有效地驱逐破坏规则的租户。在选择和驱逐租户的基本运作程序方面，斯彭斯和瓦希克必须做出重要改变。

就租户选择而言，瓦希克采取了四个重要变革措施。第一，他改变了申请系统。根据改变后的申请程序，BHA 将只在申请者快要入住时，才对他们进行细致的调查。这样做使他们可以进行更全面、与现实更接近的调查。第二，由于新程序为调查者提供了更多的调查时间，调查者可以与申请者的邻居和朋友进行更深入的访谈，从而使最终的决定建立在准确、最新和全面的申请者信息基础上。第三，过去，接受申请与否的最终决定权掌握在总部，斯彭斯和瓦希克对此进行了改革，将最终决定权交给了项目经理，他们对自己管理的住宅区中的各项服务质量负责。这一做法改变了租户与 BHA 的关系。此前，听取租户意见的人对租户毫无了解，只要求租户完成例行手续。现在，与租户打交道的是一个定期访问他、对他有一定的了解、知道他将怎样影响住宅区其他住户的生活质量的人。第四，过去，只有当住房得到了全面维护、设备齐全并被证实为适合居住时，BHA 才会允许租户搬入。根据新的“家园计划”，只要租户自己愿意完成入住前的房屋准备工作,他就可以搬入。这便给了那些情况较好的租户一些便利。与那些完全依靠 BHA 提供服务和设备的租户相比,他们有了优先搬入的权利。

这些变革产生了巨大的影响,极大地改变了租户的组成特征。租户的收入水平比过去提高了;有工作(低工资工作)的租户增多了;成年人与未成年人的比例增长了。BHA 租户特征的变化在一定程度上降低了 BHA 在以下方面具有的价值,即向居民中最有需要的人提供住房。另一方面,这种做法提高了住房的质量,使那些境况稍好的租户能住上情况得以改善的住房。许多公民和监督者既希望 BHA 向身陷困境的居民提供高质量的福利住房,又希望入住的租户能够爱惜住房。这一变化有助于实现这一目标,从而维护了 BHA 在这部分公民和监督者心目中的信誉。从长期来看,由于这种信誉维护了公屋在人们心目中的地位,因此将使公屋的总供应量增加。

不管斯彭斯的新战略是否增加了公共价值,但他通过改变租户挑选的基本运作程序,极大地改变了 BHA 提供给顾客和公民的产品。随着组织产品的改变,组织在基本运作技术方面也作了重大改变。

在布朗的案例中,HPD 核心技术的改变在于它采取的以下变革:此前,HPD 的工作重点是犯罪控制,并且将逮捕视为达成这一目的的最有效的手段。现在,HPD 不仅重视事后的逮捕,也重视事前的犯罪预防;不仅重视犯罪控制,也重视减少恐惧感;同时,还对巡逻职能作了调整,以保证警察与公民和社会保持紧密联系,方便巡警更好地发现和回应社区问题。[107]

迪弗提出的 DART 计划最终成为 HPD 一项正式的政策,该政策强调警务应以社区为导向。[108]要实现警务以社区为导向这一目标,需要在运作和管理上进行多方面的创新。这些创新包括:(1)按现有的社区界线重新设计巡逻路线,划分巡逻区域;(2)引入“求助电话管理系统”,以减少具有一等优先权的求助电话的数量，从而增加片区巡警响应求助电话的数量，也使巡警有更多的时间来处理社区指定的问题；[109]（3）制定新的评估程序，鼓励巡警在非当值时间内参与预防犯罪、解决问题和减少恐惧感活动；（4）培训和授权巡警进行初步的犯罪调查。

要引入这些创新，需要进行大量的工作。除了检验各种技巧是否可行以外，还需要对现有的政策和程序进行修订，对警察进行培训。在基本运作程序方面施行的改革，不但极大地改变了 HPD 提供的服务的性质，也极大地改变了 HPD 向休斯敦居民提供的价值。

围绕合作和回应性进行组织

斯彭斯和布朗两人都认识到，BHA 和 HPD 的顾客不仅是服务的领受者，也是生产程序中一个重要的环节。他们对战略的选择和组织运作方式的再造便充分体现了这一认识。[110]斯彭斯明白，单靠向最有需要的居民提供高质量的公屋，BHA 是难以获得成功的，只有 BHA 的服务对象爱惜住宅，并保证住宅在其他用户、向 BHA 提供资金的公民心目中的价值，BHA 才可能获得成功。布朗明白，如果居民不向警察提供犯罪信息并采取自卫措施，HPD 将难以在逮捕罪犯和提供社区安全方面获得成功。从这个意义上说，公民、顾客和政府机构共同生产了公共部门组织的价值。

如果公共组织必须依靠公民和顾客的帮助才能达成目标，那么，管理者必须找出增加外部投入的方法。有趣的是，斯彭斯和布朗两人不约而同地运用了同样的方法：分散运作职能，使公民和顾客觉得自己能够影响组织的运作和目标。斯彭斯和布朗两人都认为，如果公民和顾客“拥有”组织，他们将会更愿意以授权者和合作者的身份支持组织。简而言之，分权将有助于建立起一种工作伙伴的关系。[111]

对改革前的 BHA 和 HPD 来说，要与公民和顾客建立起有效的工作伙伴关系实在是一件非常困难的事情。正如许多其他公共机构一样，改革前的 BHA 和 HPD 采取了集权和职能制的组织形式。[112]“集权”是指除了最例行的运作决策之外,所有其他决策都必须由组织的高层管理者做出。“职能制”是指组织的高层管理者按不同的职能分工,而不是按计划和地域分工。

公共机构钟情于集权和职能制组织形式并不是一件偶然的事,它反映出激进年代人们对政治的不信任和对科学管理的信心。从政治的角度来看,集权的职能制组织之所以优于分权的、按地域划分的组织形式,主要是因为大权在握的地方政客可能与地方公共组织勾结,从而滋生腐败,而前一种组织形式则可以阻止这种现象的出现。[113]此外,前一种组织形式还有利于统一应用行政管理规则。从运作的角度来看,前者不但有利于培养专长,也有利于产生规模效应,避免组织过于庞大带来的浪费。[114]

但是,正如私营部门中“接近顾客”和“强调行动”等原则已逐步取代科学管理一样,斯彭斯和布朗似乎也正努力打破集权式的组织结构,以便他们领导的组织可以接近顾客、更易于接受基层部门的创新行动。[115]斯彭斯试图采取以下行动:将挑选与驱逐租户、维修、治安和社会服务的权利交还给项目经理;革除监管层,给中层管理者以自由行动的空间,并让他们承担相应的责任,从而使 BHA 的组织结构趋向扁平化。布朗则采取了以下行动:重新划分了地理区域,以确保它们与政治社区的划分相吻合;让警务所承担警察局具有的大部分职能,将警员分配到各个警务所,并授权巡警进行犯罪调查。

这些改革使波士顿福利住宅区及休斯敦的居民团体更易于与 BHA 和 HPD 形成工作伙伴关系。这些团体可以在组织中找到可以回应他们所有需求的人——BHA 的租户可以去找项目经理;休斯敦居民可以去找片区负责人。项目经理和片区负责人就像一个小小的局长,全面统管组织各方面的职能。

这两个案例告诉我们,要从集权的职能制组织结构转化为分权的、按地域划分的组织结构并不是一件容易的事。它涉及两个重要步骤。

首先，推行分权的管理者必须大力打破集权的职能单位，并将这部分职能（和人员）分配到分权的、按地域划分的单位中去。最温和的办法是直接把人员派过去，但维持原有的组织层级汇报关系。因此，斯彭斯派总部的维修工参与下层各个项目的维修工作，布朗则将侦探派到城西指挥所。

稍微强硬一点的办法是打破职能单位对某项职能的垄断，将这些职能分解给其他单位。布朗在这方面的做法是授予巡警进行初步调查的权力。斯彭斯由于受到工会条款的制约，在重新谈判劳动合同之前，不能这样做。但是，他最终还是在维修工作方面取得了对方的部分让步。

最激进的办法是将职能部门的专家全部交给新设置的、某一地域范围的管理者来管理。这种行动通常会激起强烈反对，并引起公众对管理者的强烈批评。他们会指控管理者破坏专家部门的作用和士气，他们以前可是组织的精英。为了防止不满情绪，保护职能单位所代表的技术专长，许多管理者决定不将全部专家都调到地域单位，而是仍保留一个规模很小的专门单位，负责以下三方面的工作：一是那些极为依赖专家完成的工作；二是监督新的地域指挥手下的工作质量和工作表现；三是为分配到其他指挥者手下的专门人员提供培训。因此，斯彭斯保留了一个维修单位，专门负责完成紧急或特别复杂的维修工作。布朗也没有将凶杀案侦探分配到各个地域单位去。这里关键在于，在充分利用新的、多职能单位的专门技术的同时，保持组织核心中的集权单位不变。

一旦管理者打破了集权的职能单位，他们就必须采取第二步行动。地区指挥官在实行分权前，大都是某项职能方面的专家，现在，管理者必须将他们训练成为一个熟悉组织所有职能的总指挥。毫不奇怪，这是一个很大的心理冲击。在职能部门，管理者之所以成为管理者，是因为他们在某项职能专长方面比其他人更突出。他们的工作是发现并纠正下属的技术错误,使下属能像他们一样很好地完成工作任务。而在新组织中,中层管理者必须同时负责多项职能,其中只有部分工作是他们熟悉的。因此,他们必须重新思考一个问题,即怎样才算是一个管理者。现在,他们的工作是帮助具有某方面专长的专家们组成团队共同工作,而不是将某项职能做到尽善尽美。更重要的是,如果希望这些管理者与地方团体建立起有效的工作伙伴关系,他们还需要政治管理方面的培训。因为新任务对他们的考验将主要集中在这些技巧上。简而言之,以前的中层管理者是技术专家,负责在一个封闭的官僚环境中监督其他专家的工作,而现在,他们是全面的管理者,在与地方社区团体的对话中扮演协调者的角色,协调诸多专家的行动。

要成功地实行按地域分权的组织方式,还有赖于制定出一套有效的机制,使分权的、以地域为基础的单位对工作绩效负责。最低程度上,这要求对组织的财务管理系统和绩效评估系统作适当的调整,对组织用以衡量有效性和成绩的传统方法进行分解,使它们适合于评估新成立的单位。[116]一个能更好地确保各单位履行责任的机制将包括新设计的各种系统,如顾客调查等,它们旨在强调适时回应的重要性。这种系统还可能包括事后对地域单位工作绩效的统计评估。以布朗为例,他在自己的办公室成立了评估小组,以对各个总指挥的有效性进行总体评估。正是通过这类机制,斯彭斯和布朗等管理者才创造了在运作上分权、在责任上集中、能及时回应顾客需求的组织。

按地域分权的组织还有另一个值得一提的特征。只要按地域分权能将组织与顾客紧密联系到一起,组织就能适时地回应顾客的需求。这将给组织施加压力,使它保持调整、适应创新和改进的能力,以不断满足地方的需要。只有与顾客保持紧密联系,公共机构才能决定他们到底需要什么。正如市场将促使私营企业不断调整和创新一样,与顾客的紧密联系将促使公共机构实行变革。[117]

连续行动

对这两个案例进行归纳，我们可以得出六个结论，它们揭示了个体管理者在给组织引入战略变革时扮演的角色。

第一，要成功地实施组织战略，管理者既要有领导艺术，又要有管理艺术。[118]成功的管理者不会将自己局限于组织内部，或仅仅将现有的管理系统加以完善。他们也在组织的外部花功夫。这样做不仅是为了获得支持，也是为了将组织暴露于各种批评、要求以及现在还难以觉察到的各种要求之中。他们承担起向权威环境阐明目标和就责任进行谈判的工作。他们不仅注重组织取得的成绩，也关注要求进行创新和改进的领域。简而言之，他们不仅保护自己的组织，也向自己的组织提出挑战。

第二，这些管理者似乎很好地掌握了施加给组织的压力的强度。[119]他们在给组织适当保证之后，又提出新的挑战；在表扬之后，又提出适度的批评；提出新要求，同时也给予新资源。在前期，他们遭遇反对和背叛是很自然的事，但管理者很清楚，要达成目标，就必须在组织内找到可以并肩作战的伙伴。[120]

第三，管理者对运作绩效的影响中，只有一部分是通过操控管理系统实现的。一般来说，对什么将有助于组织将注意力集中在该做的事情上这个问题，管理者有自己的看法。因此，当他们用管理系统来指导组织时，他们不会运用一些抽象的观念——如什么系统才是全面或完美的，什么系统是现代的，等等——来指导组织，而是会用自己的上述看法来指导组织。[121]他们不会在描绘组织结构图上花太多的时间，更不会在引入新的绩效评估系统上花太多的时间。他们会将主要的注意力放在组织面临的实质问题上。为了促使组织采纳具有更高价值的战略，他们将采取以下措施：有选择地把组织暴露于外部的压力和需求之下；采取象征性的行动，这些行动旨在将他们用以指导组织未来发展的价值观传递给其他雇员;专注于几项重要的创新。

这并不是说他们根本不用管理系统。事实上,斯彭斯和布朗对组织结构、计划程序、人事系统和绩效评估系统做了很大的变革。我们也不能说管理系统的变革本身难以带来组织运作方式的变化。事实上,管理系统发生的较大变化——如从职能制转为地域分权制,或从内部绩效评估转为外部评估——不仅将维持一定形式的发展,还会引起新一轮的变革。

我们的观点是,管理系统的较大变化一般都发生在雇员以新方式思考和工作之后,而不是发生在它之前。管理系统的变化强化了变革,而不是发出了变革的信号。他们促进了变革,而不是指导了变革。变革管理系统的目标是为了提高运作绩效。

第四,管理者好像是依据自己的直觉——而不是一个详尽的计划——来实施管理的。[122]管理者一般都大致了解自己要做什么,知道必须在哪些方面作进一步的改善提高,也清楚自己将投身哪些工作。但是,他们并不会遵从这些计划,而是在机会出现时进行创新。他们脑海里知道要解决什么问题(也将这些问题呈现到组织面前),只待时机出现,便开始行动。

第五,管理者从其他人那儿得到助益。他们并不在乎是否每个创新计划都是自己提出的。他们也继承前任开拓的创新事业。如果有人解决了某个他们想要解决的问题,他们也会欢呼庆祝;如果有人提出一个新问题和新的解决办法,他们依然会认为这是一个好消息。

第六,管理者知道,行动的步伐和顺序也是非常重要的。如果步伐太快,组织就会乱成一锅粥;如果太慢,他们就会失去进行大手笔组织变革的动力。[123]此外,他们还知道,组织对某项行动的反应与他们采取的其他行动也有关系。如果做的与说的不一致,则会使两者都失去可信度。反之,如果言行一致,则会强化两者的效果。

总而言之,通过一系列坚实的行动以实施战略变革的管理者中,有的人依计划行事,有的人则凭感觉行事。由于管理者的行动会对组织产生难以预测的影响,因此,他们必须不时根据现实情况的变化调整自己的行动。他们采取的全部行动中,只有一小部分涉及对组织管理系统的变革,其他的则与以下内容有关:使组织时刻关注宏观和微观目标;完善组织的结构和计划系统,这些系统用以在组织内分配重要的工作任务;将精力集中于产品和程序的创新,以使组织转向具有更高价值的战略。很多时候,他们对组织的最大影响在于将组织暴露于外部挑战之下,而这些挑战以前曾被组织拒之门外。正如私营企业的管理者意识到努力接近客户对组织获得成功具有非同一般的重要性一样,公共部门组织的管理者也日益认识到,与公民及其代表保持紧密的联系是公共部门组织提高绩效的关键。没有与政治环境的紧密联系,没有他们的帮助,公共部门组织的管理者将无从知道什么是值得生产的,也无法生产出任何价值。

注释

1. Richard F. Vancil, *Implementing Strategy: The Role of Top Management* (Boston: Division of Research, Harvard Business School, 1982),这一案例也可从哈佛商学院案例服务处(HBS Case Services)得到。

2. 杜鲁门总统认识到,即使贵为总统也难以统领一切。他表达了想象艾森豪威尔将军当选总统时的愤怒。他说:"他只会坐在这张桌子后说,'干这干那'。你知道结果会怎样?不会有任何结果。"引自 Richard E. Neustadt, *Presidential Power and the Modern Presdidents: The Politics of Leadership from Roosevelt to Reagan* (New York: Free Press, 1990),第10页。

3. Laurence E. Lynn, Jr., and John M. Seidl, "Bottom – Line Management for Public Agencies," *Harvard Business Review*, vol. 55, no. 1 (1977)。另请参见 Thomas North Gilmore, *Making a Leadership Change: How Organizations and Leaders Can Handle Leadership Transitions Successfully* (San Francisco: Jossey – Bass, 1988)。

4. 关于公共部门管理者在做什么的一般论述,请参见 Herbert Kaufman, *The Administrative Behavior of Federal Bureau Chiefs* (Washington, D. C.: Brookings Institution, 1981)。

5. Thomas J. Peters, "Leadership: Sad Tales in Silver Linings," *Harvard Business Review*, no. 79611 (1979): 164 – 172.

6. 关于斯彭斯的干预及其后果的描述,我主要借助了 Esther Scott 撰写的案例,"Managing the Boston Housing Authority:The Receivership Begins," KSG Case #C16 - 85 - 627(Cambridge,Mass. :Kennedy School of Government Case Program,1985);Esther Scott,"The Boston Public Housing Authority(B)",KSG Case #C16 - 83 - 564(Cambridge,Mass. :Kennedy School of Government Case Program,1983)。

7. Scott,"Managing the Boston Housing Authority," 第 32 页。

8. Scott,"Boston Public Housing(B)",第 1 页。

9. 同上,第 3 页。

10. 同上,第 7 页。

11. 关于采购问题的一般讨论,请参见 Steven Kelman,*The Fear of Discretion and the Quality of Government Performance*(Washington,D. C. :AEI Press,1990)。

12. Scott,"Boston Public Housing(B)",第 8 页。

13. 同上,第 9 页。

14. 同上,第 10 页。

15. 同上,第 6 页。

16. 同上,第 10 页。

17. 同上,第 15 页。

18. 同上,第 16 页。

19. 同上。

20. 同上,第 17 页。

21. 同上。

22. 同上,第 18 页。

23. 同上。

24. 同上,第 20 页。

25. 同上,第 21 页。

26. 同上。

27. 同上,第 22 页。

28. 同上,第 23 页。

29. 同上,第 25 页。

30. 同上。

31. Robert N. Anthony and Regina Herzlinger, *Management Control in Nonprofit Organizations*(Homewood Ill. :Irwin,1975),第 17 - 18 页。

32. Scott,"Boston Public Housing(B)",第 26 页。

33. 同上。

34. 同上。

35. 同上。

36. 同上,27 页。

37. 同上。

38. 同上。

39. 同上，第 30 页。

40. 同上。

41. 同上。

42. 同上，第 34 页。

43. 对布朗的干预、想法、行动与结果的叙述，都是以 Zachary Tumin，"Lee P. Brown and the Houston Police Department: Part A" 与 "Lee P. Brown and the Houston Police Department: Part B"（未公开发行的稿件，Kennedy School of Government，1989）为基础而写成。

44. Tumin，"Lee P. Brown and the Houston Police Department: Part A"，第 29 页。

45. 同上。

46. 同上。

47. 同上。

48. Tumin，"Brown and the HPD: Part B"，第 5 页。

49. Houston Police Department, *Assessment of the Department: Problems and Issues, September* 1982 (Houston: Houston Police Department, 1982)，第 64 – 65 页。

50. 同上，第 65 页。

51. 同上。

52. 同上，第 67 页。

53. 同上。

54. 同上。

55. 杜民："Brown and the HPD: B 部分"，第 9 页。

56. 同上。

57. 同上，第 11 页。

58. 同上，第 12 页。

59. 同上。

60. Lee P. Brown, *Plan of Action, April* 1983 (Houston: Houston Police Department, 1983)第 1 页。

61. 同上。

62. 同上，第 4 – 8 页。

63. Wilson 相信，在这种情形下，执行官可以极大地改变组织的工作绩效。参见 Wilson, *Bureaucracy*，第 217 页。

64. Mark H. Moore 进一步论述了这一观点。参见 "Police Leadership: The Impossible Dream?" 选编于 Erwin C. Hargrove and John C. Glidewell, eds., *Impossible Jobs in Public Management* (Lawrence: University of Kansas Press, 1991)。

65. Brown, *Plan of Action*，第 8 页。

66. Malcom, K. Sparrow, Mark H. Moore and David M. Kennedy, *Beyond 911: A New Era for Policing* (New York: Basic Books, 1990)，第 96 – 97 页。

67. Herman Goldstein, *Problem – Oriented Policing* (Philadelphia: Temple University Presds, 1990).

68. Tumin, "Brown and the HPD: Part B," 第 17 页。

69. 同上，第 19 页。

70. 同上，第 22 页。

71. 同上，第 20 页。

72. 同上，第 21 页。

73. 同上。

74. 管理学文献既来自私营部门，也来自公共部门。私营部门管理学文献包括以下经典著作：Chester Barnard, *The Functions of the Executive* (Cambridge, Mass. : Harvard University Press, 1938); Peter F. Drucker, *Management: Tasks, Responsibilities, Practices* (New York: Harper and Row, 1973); Michael E. Porter, *Competitive Strategy: Techqiues for Analyzing Industries and Competitors* (New York: Free Press, 1980); Thomas J. Peters and Robert H. Waterman, *In Search of Excellence: Lessons from America's Best – Run Companies* (New York: Warner, 1982)。公共部门的文献包括：Laurence E. Lynn, Jr. : *Managing the Public's Business: The Job of the Government Executive* (New York: Basic Books, 1981); Gordon Chase and Elizabeth C. Reveal, *How to Manage in the Public Sector* (Reading Mass. : Addison – Wesley, 1983); Jameson Doig and Erwin C. Hargrove, *Leadership and Innovation: A Biographical Perspective on Entrepreneurs* (Baltimore: Johns Hopkins University, 1987); Laurence E. Lynn, *Managing Public Policy* (Boston, Little, Brown, 1987); Philip B. Heymann, *The Politics of Public Management* (New Haven, Conn. : Yale University Press, 1987)。Steven Kelman, *Procurement and Public Management: The Fear of Discretion and the Quality of Government Performance* (Washington, D. C. : AEI Press, 1990)。Erwin C. Hargrove and John C. Glidewell, eds, *Impossible Jobs in Public Management* (Lawrence: University of Kansas Press, 1991); Robert D. Behn, *Leadership Counts: Lessons for Public Managers from the Massachusetts Welfare, Training and Employment Program* (Cambridge, Mass. : Harvard University Press, 1991); Martin A. Levin and Mary Bryna Sanger, *Making Government Work: How Entrepreneurial Executives Turn Bright Ideas into Real Results* (San Francisco: Jossey – Bass, 1994); Richard N. Haass, *The Power to Persuade: How to Be Effective in Government, the Public Sector, or Any Unruly Organization* (Boston: Houghton Mifflin, 1994)。

75. 例如，James Q. Wilson 就注意到，许多公共部门的执行官主要将注意力放在如何确立自主权这一点上。事实上，他向盛行的官僚经济理论提出挑战，认为执行官更偏好于得到自主权，而不是获得增长。参见 Wilson, *Bureaucracy*, 第 179 – 195 页。在他看来，这种需要源于以下期望，即他们有责任以最低的成本维持组织的存在。正如他所说的那样："对政府执行官来说，利益相关者与官僚竞争者数量的减少，增大了自主权，从而降低了维持组织存在的成本，增大了组织制定前后一致的使命的可能性"（第 183 页）。请注意，Wilson 认为这是一个实证观点，而不是一个规范观点。他认为，一般的执行官最大的兴趣均在于保持各方的平衡。但是，如果执行官想改变组织的方向，并且愿意做大量的工作来达成这一目标，他能采取的最重要的办法，便是引入外部环境中要求变革的因素。

76. 有的领导特别擅长将自己的组织与外部责任和变革要求隔离开来，要了解这类例证，请参见 Eugene Lewins 对 Hymann Rickover 的描写，"Admiral Hymann Ricover:Technological Entrepreneurship in the U. S. Navy，"选编于 James W. Doig and Erwin C. Hargrove eds.，*Leadership and Innovation: Entrepreneurs in Government*（Baltimore:Johns Hopkins University Press，1990）。

77. 组织及其管理者会面临相互冲突的压力，关于这一方面的论述，请参见 Gary E. Miller 和 Ira Iscoe："A State Mental Health Commissioner and the Politics of Mental Illness，"选编于 Hargrove and Glidewell，*Impossible Jobs in Public Management*。John Chubb 和 Terry Moe 认为，不同的政治要求是导致美国学校教育失败的首要原因。参见 Chubb 和 Moe，Politics，*Markets，and America's Schools*（Washington，D. C.：Brookings Institution，1990）。

78. Rickover 是持反对意见的代表人物。参见 Lewis，"Admiral Hyman Rickover，"第 84－87 页。

79. 在 Knapp 执政时期，这种机制也是 Patrick Murphy 成功地控制纽约市警察局腐败的关键。如果纳普政府没有持续存在，默菲就不能采取如此激进的内部行动来控制腐败，其行动也不可能有什么效果。参见"The Knapp Commission and Patrick Murphy，"KSG Case # C14 － 77 － 181. 0（Cambridge，Mass.：Kennedy School of Government Case Program，1977）。

80. 从这方面来说，他们采用 Hargrove and Doig 提出的一个战略。Hargrove 和 Doig 认为，政治"碎片化……带来了创建政治同盟的机会，在一致与封闭运行的政府系统中，这类同盟尚不存在；这种可能性吸引了对这类活动感兴趣的男男女女。"参见 Doig 和 Hargrove，*Leadership and Innovation:A Biographical Perspective*，第 9 页。

81. 长期以来，Selznick，Wilson 与其他理论家都认为外部政治环境在建立并使其组织目标制度化方面具有重要作用。因此，Selznick 才这样写道："当企业、大学或政府机构发展了自己的客户之后，组织便获得了稳定的资源和沟通渠道。"Philip Selznick，*Leadership in Administration: A Sociological Interpretation，rev. ed.*（Berkeley: University of California Press，1984），第 7 页。没有被人们普遍认识到的一点是，这种外部压力同样也是动摇和改变组织目标与使命的关键因素。因此，如果执行官想改变组织的目标与使命，他们必须引入外部的责任因素。这是从以上案例得出的有趣结论。

82. 关于对公共部门机构破产的分析，请参见 Robert C. Wood，*Remedial Law: When Courts Become Administrators*（Amherst:University of Massachussetts Press，1990）。

83. 经典案例是 David Lilienthal at the Tennessee Valley Authority。关于这方面富有洞察力的论述，请参见 Erwin C. Hargrove，"David Lilienthal and the Tennessee Valley Authority，"选编于 James W. Doig and Erwin C. Hargrove，*Leadership and Innovation*:

Entrepreneurs in Government(Baltimore:Johns Hopkins University Press,1990),第 25－60 页。

84. 关于过于“自主”可能带来的灾难,请参见 Robert Caro, *The Power Broker: Robert Moses and the Fall of New York*(New York:Knopt,1974)。

85. Woodrow Wilson 描述了时刻与公众意愿保持一致的重要性。他说:“我们是一个具有公务员文化的社会,并且具有足够的能力根据自己的良心行事。但是,我们仍然通过选举与定期向公众咨询意见等方法,来与公众保持一致。因此,武断与阶级斗争在我们的社会根本行不通。”参见 Wilson,“The Study of Administration,” 选编于 Jay M. Shafritz 和 Albert C. Hyde eds. ,*Classics of Public Administration*,2d ed. (Chicago: Dorsey Press,1987),第 22 页。

86. Rosabeth Moss Kanter 认为,组织的外部环境在刺激私营部门组织进行创新方面具有重要作用。他说:“环绕组织的外部环境不断刺激组织,这显然会促使它不断变革。” Kanter, *The Change Masters: Innovation and Entrepreneurship in the American Corporation*(New York:Simon and Schuster,1983),第 280 页。

87. Ronald A. Heifetz 生动地描述了领导面临的压力,他们必须满足追随者的期望,而不是向他们提出挑战,要求他们适应自己不喜欢的工作。参见 Heifetz, *Leadership without Easy Answers*(Cambridge, Mass. :Harvard University Press,1994),第 69－73 页。

88. Robert Behn 的研究表明,即使在组织外部政治环境比较平静、管理者寻求“项目”创新和“战略”创新的情况下,创造外部对组织的要求也具有重要的意义。这一观点出现在 Behn,“A Curmudgeon's View of Public Administration,” *State and Local Government Review*,1987 年春,第 47 页、第 54－61 页。然后,他又在 *Leadership Counts* 一书中举了一个非常有说服力的例证。

89. Thomas Gilmore 认为,在组织进行重要的战略变革时,下属起着重要作用,特别是当组织的领导发生更替时,这一作用更加明显。参见 Gilmore, *Making a Leadership Change: How Organizations and Leaders Can Handle Leadership Transitions Successfully*(San Francisco:Jossey－Bass,1988)。

90. John Kotter 相信这是促使管理者成功的一个重要因素。参见 Kotter, *The General Managers*(New York:Free Press;London:Collier Macmillan,1986)。

91. 很久以前,Alfred D. Chandler 便注意到了组织战略与组织结构间的联系。参见 Chandler, *Strategy and Structure: Chapters in the History of the Industrial Enterprise*(Cambridge,Mass. :MIT 出版社,1962)。

92. 要了解这些不同的组织逻辑以及管理者如何运用组织结构形塑组织活动与组织目标,请参见 Henry Mintzberg, *The Structuring of Organizations: A Synthesis of the Research*(Englewood Cliffs,N. J. :Prentice－Hall,1979),第 108－115 页。

93. 关于引入外部责任感与提升内部责任感的能力这一点,在 Patrick Murphy 试图控制纽约警察腐败的案例中也得到了非常生动的表现。参见注释 79。

94. 在 Behn 的描述中,Chet Atkins 使用一个类似的程序来管理马萨诸塞福利署

“招聘培训选择”(Employment Training Choices)项目的执行。Behn,*Leadership Counts*,第49－82页。

95. 关于预算在私人组织管理控制过程中所起作用的论述,请参见 Anthony 和 Herzlinger,*Management Control in Nonprofit Organizations*,第227－258页。关于公共部门预算的论述,请参见 Allen Schick,“The Road to PPB:The Stages of Budget Reform,” *Public Administration Review*,vol. 26(December 1966),第243－258页。

96. 还有一个例证,其中的管理者做出了类似的交易,但却做出了截然不同的选择。参见“MBTA:The Budget Process(A)”,KSG Case #C16－79－249.0 与“MBTA:The Budget Process(B)”,KSG Case #C16－79－250.0(均源自 Cambridge, Mass.:Kennedy School of Government Case Program,1979)。

97. Richard G. Darman,“Policy Development Note #4:Propositions for Discussion on Recent Progress and Remaining Problems in the Design of Policy Development Systems”(Kennedy School of Government,影印本,1980)。

98. John M. Bryson,*Strategic Planning for Public and Nonprofit Organizations*(San Francisco:Jossey－Bass,1988),第7页。

99. 1991年11月,Kathryn Whitmire 竞选市长失败,休斯敦市对布朗项目的支持也宣告结束,之后不久便发生了这起事件。

100. Kaufman,*Federal Bureau Chiefs*,第77－78页。

101. 关于私营部门创新的论述,请参见 Kanter,*The Change Masters*;Donald K. Clifford and Richard Cavanagh,*The Winning Performance:How America's High－Growth, Midsize Companies Succeed*(New York:Bantam,1985)。

102. 关于优秀的“项目创新”与“战略创新”的区别,请参见 Mark H. Moore,“Gordon Chase and Public Sector Innovation,”该论文于公共政策分析与管理协会(Association for Public Policy Analysis and Management)第九次年会上宣读,Seattle, Washington,October 30,1987。

103. Malcolm Sparrow 讨论了创新对组织采取新目标与解冻组织形成的冲击。参见 Sparrow,“Implementing Community Policing,” Perspectives on Policing, no. 9(Washington,D. C.:National Institute of Justice,and Cambridge,Mass.:Kennedy School of Government,1988)。

104. Moore,“Gordon Chase and Public Sector Innovation.”

105. Sparrow,“Implementing Community Policing.”

106. Wilson 定义了组织的核心技术,解释了变革如此困难的原因,并提出了变革组织需要的条件。参见 Wilson,*Bureaucracy*,第221－232页。

107. 在这一点上,布朗与许多其他警察管理者的意见是一致的。参见 Sparrow, Moore and Keneddy,*Beyond 911*。

108. Lee P. Brown,“Community Policing:A Practical Guide for Police Officials,” *Perspectives on Policing*, vol. 12(Washington, D. C.:National Institute of Justice, and Cambridge,Mass.:Kennedy School of Government,1989).

109. 关于这类问题的论述,请参见 David M. Kennedy,“Computer - Aided Police Dispiatching in Houston, Texas,” KSG Case # C16 - 90 - 985.0 (Cambridge, Mass.: Kennedy School of Government Case Program,1990)。

110. 关于多部门合作以产生政府想要的结果方面的论述,请参见 David Osborne 和 Ted Gaebler,*Reinventing Government: How the Entrepreneurial Spirit is Transforming the Public Sector from Schoolhouse to Statehouse, City Hall to the Pentagon* (Reading, Mass.: Addison - Wesley,1992),第 49 - 75 页。

111. 同上。

112. Henry Mintzberg,*Structure in Fives: Designing Effective Organizations* (Englewood Cliffs, N. J.: Prentice - Hall,1993),第 53 - 54 页、第 95 页。

113. Michael Barzelay and Babak J. Armajani: Breaking through Bureaucracy: A New Vision for Managing in Government (Berkeley: University of California Press,1992),第 3 - 5 页。

114. 同上。

115. 私营部门的这些术语是由 Peters 和 Waterman 在 *In Search of Excellence* 一书中提出的,Osborne 和 Gaebler 在 *Reinventing Government* 一书中将这些主题引入公共部门。

116. Anthony and Herzlinger,*Management Control in Nonprofit Organizations*.

117. 关于外部环境在组织创新方面所起的作用以及如何设计创新型组织,参见 Kanter,*The Change Masters*,以及 Peter M. Senge,*The Fifth Discipline: The Art and Practice of the Learning Organization* (纽约:双日出版社,1990)。

118. 关于领导与管理的区别的论述,请参见 John Kotter,*A Force for Change: How Leadership Differs from Management* (New York: Free Press; London: Collier Macmillan, 1990)。有人认为,这种区别可以被作为一种防御工具,详情请参见 James Krantz 和 Thomas N. Gilmore,“The Splitting of Leadership and Management as a Social Defense,” *Human Relations*, vol. 43, no. 2 (February 1990): 183 - 204。也有人将领导定义为帮助团体与组织完成“适应性的工作”。关于这种定义的讨论及行使这类领导可能遇到的困难,请参见 Heifetz,*Leadership without Easy Answers*。

119. Heifetz 认为,管理“学习速度”是领导要做的重要工作之一。参见 Heifetz, *Leadership without Easy Answers*,第 241 - 246 页。

120. Heifetz 还认为,建立“伙伴关系”也是实施有效领导不可缺少的内容。同上,第 268 - 273 页。

121. Edward Banfield 在管理者的“管理”工作与“实质”工作间做了区分。他还认为,前一项工作必须服从于第二项工作,在权衡利弊得失时,必须以“艺术”——而不是以“科学”——作指导,特别不能以管理“科学”作指导。参见 Banfield,“The Training of the Executive,” *Public Policy*, vol. 10 (1960): 16 - 43。

122. Kanter 还注意到,组织高层管理者的临场发挥具有重要的作用。她说:“研究众多的细小决定或许比研究一个重大的战略决定更准确……许多后来成为战略的内容——如计划或使命的一部分、某项重要的方向指示——就是在各种会议上提出来的。”参见 Kanter, *The Change Masters*, 第 295 页。Behn 的“摸索”概念也包含了管理活动临场发挥的意义；参见 Leadership Counts, 第 127 – 150 页。要想了解这类过程最终成为整体战略的有趣案例，请参见“Ellen Schall and the Department of Juvenile Justice,” KSG Case #C16 – 87 – 793.0 (Cambridge, Mass.: Kennedy School of Government Case Program, 1987)。

123. 要了解维持组织动能具有的重要性，请考虑一下 70 年代早期 Gordon Chase，在纽约市发起的大规模的例行维护计划。参见“Methadone Maintenance,” KSG Case #C14 – 76 – 65.0 (Cambridge, Mass.: Kennedy School of Government Case Program, 1976)。

结论：为多元、不确定的社会而行动

本文提到了好几个管理者，我们不仅看到了他们面临的问题，也分享了他们采取的对策。这些管理者是：第一章中善于思考的图书馆管理员；第二章中不遗余力的环卫署署长；第三章中勇敢的领导者——环保署署长和青年服务署署长；第四章中富有企业家精神的社区事务署署长和疾病控制中心主任；第六章及第七章中坚毅的战略家——波士顿公屋署署长和休斯敦警察局局长。正如文中所描绘的那样，这些管理者展现出了一种共性：想象力丰富、目标明确、富有企业家精神和精于计算。他们关注怎样才能增加自己领导的组织对社会的价值。在寻找价值的过程中，他们让自己的意志自由驰骋，从现实环境中为明天寻找机会。他们立足现实，筹划明天，思考如何确定目标，怎样才能让政治监督者和合作者共同参与，如何指导组织的运作，等等。最重要的是，他们没有停留在计划上，他们还勇敢地将计划付诸行动。

能这样做的公共组织或许不多，社会可能也不赞赏具有这类特质的公共部门执行官。在民主社会，公共组织的目标本是由民选官员来决定的。如果公共部门执行官都具有上述特质，他们就会自主决定公共组织的目标。一些公民担心这将破坏民主的质量。但是，本书的目标正是要鼓励公共部门组织的执行官发挥自己的想象力、制订组织的目标、发扬企业家精神和精于计算。毫无疑问，人们必将在心理和道德上质疑这种领导方式。但是，如果本文提倡的管理导向和技巧真对民主构成了威胁，我们就应弃之如敝屣；如果普通公民在自己的工作中不使用这种领导方式，那它就毫不相关。

公共部门领导者面临的伦理挑战

公民对公共机构管理者有两种截然不同的印象。[1] 第一种是公务员的印象。他们是政治领袖忠实的执行者。他们唯一的道德责任是将自己的智慧和管理专长用来达成法律、选举或法院规定的目标，而不管这个目标本身如何。[2] 他们越中立，越有责任心，就是越好的公务员。

请注意，管理者对何为有价值的公共目标或许有自己的看法，但依据上述观点，这种看法即使不是值得怀疑的，也是毫不相关的。事实上，有规定明确要求管理者抑制自己对公共利益的看法，更不能将自己的看法置于政治监督者的看法之上。

第二种印象刚好与第一种印象相反。公共机构管理者是道德独立的行动者。二战后的纽伦堡审判明确地表达了这一观点。[3] 尽管纳粹军官辩护说，他们只是在执行命令，他们仍然被判犯有战争罪而处死。法庭认为，无论何时，公共部门官员都不能完全背弃自己个人的道德责任：哪怕他们受到政治领袖权威的制约，他们仍是独立的、负有责任的道德行动者。

请注意，这种观点要求公共机构的官员表明自己的道德立场。事实上，它要求管理者用自己的道德观来抵制上司违法或不道德的命令。[4] 他们也不应该总是保持沉默。相反，他们的责任是大声抗议，推动那些同意其观点的人团结起来进行抗争。[5] 作为道德领袖，公共部门管理者应当在不公正和腐败面前表现出"勇敢的一面"，哪怕是为此要与强大的政治权力作斗争。[6]

公民对公共机构管理者同时具有两种截然不同的印象，这的确是一件令人吃惊的事。因为从表面上看，这两种观点完全不一致。说得再重一点，持第一种观点的人反对公共部门的官员有自己的对错观（更不用说根据自己的观点擅自行事了）；持第二种观点的人则认为，公共部门的官员必须要有自己的对错观（并据此行事）。

很明显，我们持着一种模棱两可的观点：一方面，我们害怕公共部门的官员自己对公共价值有一套看法，并利用社会的利益和价值来追求他们自己的看法。当我们以这种方式思考时，我们便暗示了以下观点：我们对政治组织和政治程序非常信任，相信它们有能力对社会真正的利益和价值做出正确的判断；同时我们又担心，如果官僚机构的权力过大，它将对政治组织和政治程序的决定产生消极影响。

另一方面，我们也担心公共部门的官员毫无道德责任感。如果他们无需对自己的行动负责，那么，社会将失去一个对抗腐败和不公正的重要堡垒，我们的政治系统就会被削弱。[7] 当我们以这种方式思考时，我们在提醒自己：政治组织很脆弱，它们同样会滋生腐败，易于受到短期利益的诱惑，因此，也必须受到有良心的、公共部门官员的制约。

调和不同的观点

当然，在一定程度上，上文提到的两种观点也可以调和。例如，公共部门管理者要在何种程度上根据自己的道德观行事，这完全取决于他们要维护的价值的重要性和一般性。如果公共部门管理者与政治监督者之间的冲突仅仅是政策上的差异问题，那么，公共部门管理者最好闭嘴。因为民主选举要达到的一个最基本目标，就是让政治监督者的政策主张成为公共政策并被推行，这项权利不应受到官僚机构的阻碍和破坏。[8]

但是，如果冲突涉及最基本的问题，如不公正或腐败问题时，下属官员则应该旗帜鲜明地表示反对，因为选举没有给任何公共部门官员实施不公正或偷盗的权利。至于冲突是由政策差异引起的，还是由重大的公正或腐败问题引起的，答案在大多数情况下是一目了然的。只要分清了这一点，根据上文提到的几条简单的原则，管理者就可以确定何时体面地让步，何时积极地反对来自政治监督者的压力。

但是，当人们掺入个人感情时，其间的区别就会变得模糊起来。当公共部门的官员在公共政策方面有分歧时，他们很难将反对者仅仅视为观点不同的人，而是经常把他们当成不公正或心怀不轨的腐败分子。例如，杰里夫·米勒不仅认为，释放少年犯是更好、更有效的控制青少年犯罪的办法，他甚至还认为，将少年犯囚禁起来是不公正和根本错误的。只需将这一提法稍加引申，便不难得出以下结论：米勒的反对者并不是在反对某项政策，他们之所以这样做，是因为他们持有不公正的态度，因此他们对米勒的指责也是不可信的。

迈尔斯·马奥尼的案例说明，公共部门的官员很容易将持不同政见者视为腐败分子。马奥尼和他的属下怀疑开发商、怀特市长和BRA官员正在搞腐败。这种怀疑没有任何直接证据，仅仅是因为他们在政策上有重大分歧。马奥尼和他的属下还将怀疑范围扩大到州长的助手阿尔·克雷默头上，因为他与反对者的意见一致。只有州长萨金特幸免于成为怀疑对象。或许这是因为萨金特是他们的头儿，而他们又希望得到州长的保护，从而在主观愿望上将他想象成廉洁的官员。随着时间的推移，他们甚至产生了这样的怀疑：动机不良的助手操纵了萨金特州长，使他受到了极为错误的政治野心的影响。

以下看法可以将相互对立的观点统一起来，即：决策前，公共部门的官员有义务阐明自己的观点；一旦决策已经做出，他们的义务就是忠实地执行新采纳的政策。[9] 因此，对马奥尼而言，当萨金特州长希望他批准公园广场项目时，他必须将自己的观点抛到一边，尽其所能执行决策。至于他公开违背州长的意愿，那更是大错特错。

但这种看法没有考虑到决策的另一个本质，即决策的连续性。无论是理论上还是实践上，民主社会都要求对决策进行不断的检讨。这并不是说所有的事情都会没完没了地拖下去。我们都已看到，不时有权威的集体决策被写入法律、成为政府命令或政策协议。这表明的实际意义是，人们认为某些价值高于其他价值，需要将资源和组织作相应的调整分配。更重要的是，由于政治系统很复杂，很难使它们就某个决策达成一致意见，因此，某个决策一旦做出，人们就会有一种强烈的、将这个决策维持下去的欲望。

尽管如此，所有的决策迟早都要重新审查。事实上，人们从决策执行过程中得到经验后，很快就会找到检讨决策的理由。一旦找到了检讨的理由，公共部门的官员就会重拾反对之音。[10]

这个过程本应该在申塞与猪流感一案中出现。如果申塞更精确地估计到了执行过程的情况，或认真地对待了执行过程中出现的问题，他可能会改变自己坚决主张全面注射疫苗的立场，转而采取海琴战略式回应（根据这一做法，如果流感来袭，情况会比较坏；但如果流感没有发生，情况则会好得多）。

很显然，如果每隔一小段时间又要对决策进行检讨，那么，公共部门的官员将不得不时时都要表明自己的观点，他们保持沉默、配合决策执行的义务就会完全消失。

大多数时候，这种处理方法或许可以统一对公共部门管理者应具有的品质的不同看法。但是，对于那些希望采取一种有效、民主的管理办法的管理者来说，它仍然难以令人满意。对于一些关键的问题，如什么才是值得做的、应该采取哪些创新以及怎样才能将监督者引入对这些问题的讨论等，这种处理方法只提供了有限的应对措施：保持沉默、尽责服从；积极建议之后，再根据决策结果选择安静地服从或辞职；或成为壮烈的牺牲品。对于那些希望给公共利益贡献一点力量的人来说，所有这些方法都不足取。

令人怀疑的假设和有瑕疵的批评

更糟糕的是，人们对公共部门管理者的这种看法以关于民主治理运作方式的假设为基础。这种假设是为了让居民和监督者相信公共管理者处于有效的控制之中，而不是帮助他们认识到公共部门管理者面临的道德困境并及时提出有用的建议。下面主要介绍两种错误的假设。

第一种假设是，管理者的行为有清晰的、连贯的和稳定的政策引导，且这些政策是长期政治讨论的结果。[11] 当然，确实存在一些这样的政策。而且只要它们存在，管理者就有责任去执行。

但更多的情况是，指导管理者的政策的背后，各种政治利益还在争论，冲突并未得到解决。[12] 即便已经解决，也是短暂的。一旦执行过程出现困难，冲突会再次爆发。

当冲突悬而未决时，管理者对谁负责及目的为何等问题都不明确。他们往往要自己决定如何平衡各政治利益，管理者往往通过在执行过程适应批评，而不是重新展开政策争论以求一个更清晰、更连续的政策来达到这一目标。所以，管理者在政策执行中作出的决策，和当初作出政策的决策一样重要。[13]

第二种错误假设是，为政府工作的人乐意将自己有关公共利益与公共价值的观念束之高阁。然而，实际上，许多人之所以愿意为政府工作，是因为他们想实现自己有关公共利益的想法。[14] 其实，这也是政府在招聘人员时具有的竞争优势，否则，政府将很难招到社会上最有才干的人。[15]

此外,居民往往支持那些有事业心的公共管理者,喜欢那些不惜财物而追求自己理想的政府官员。然而,现在政府机构招到这种人才之后,却要求他们改变自己的初衷,放弃自己的理想,这无疑是一个非常过分的要求。[16]

由于传统对公共部门管理者的看法毫无根据,它们不仅不能提供有用的指导,反而滋生了管理者世俗和虚伪的倾向。通常,公共管理者会公开宣称他们代表某种美德,并认为自己是这些美德的忠实维护者。而事实上,他们往往会暴露出自己的真实价值观。[17]他们没有以一种新的方式来平衡各种利益,而是选择那些与他们意见一致的利益方,并把其目标建立在这部分利益的基础之上。所以,公众并不了解管理者的真实形象:管理者已成为老练的政治家,他们为自己、组织以及事业建立了坚实的保护墙,避免政治潮流揭穿他们的欺骗行为。[18]

从这点上看,许多公共管理者认为马奥尼是失败的,一方面因为他在强有力的反对势力攻击下,不能及时调整目标;另一方面因为他没有找到支持者。相比之下,在许多公共管理者眼中,米勒就厉害得多:一方面,他采取了一个有利的政治姿态;另一方面,他寻求到更多的帮助与授权来实现他远大而有风险的抱负。总之,判断一个管理者是否成功,是看他是否能召集到一批能支持他观点的政治势力,而不是看他如何整合或适应各冲突势力。

作为探索者的公共管理者

分析公共管理者的职责还有另外一种角度,该角度与民主治理的实际更接近,并能维护或提升民主责任的理念。从这一思路分析,公共管理者既不是公仆也不是烈士,他们是受社会委托来寻找公共价值的探索者。[19]在寻找的过程中,管理者需要发挥自己的想象力与创造力。同时,他们还要回应一些政治要求。他们最重要的道德责任是认真地寻找公共价值。[20]

在这里，“认真”的意义是指：管理者乐意开诚布公地陈述自己的观点，并让其观点接受政治评论或实际的有效性测试。他们不应该隐藏观点或妨碍检验，而应该坦白地报告他们的组织在追求什么、在做什么以及达到了什么目标。基于这些报告，组织监督者才能给出一个连续评价，这些评价也许前后并不一致。管理者要做的是，在该评价和充分考虑技术和管理机会的基础上，重新定义价值和创造价值。

这样，第一章我们提到的图书管理员可以通过提出建议、等待政策决定来判断当地社区是否需要她向双职工家庭提供服务。同时，她还可以先采取行动，然后汇报其工作，再等待回音。第二章的环卫署署长也可以先进行私有化试验，用节省下的资源在居民集中区控制鼠患，然后报告这些行动，再看看市长、市政委员会以及新闻媒体如何反应。第三章中，EPA 管理者拉克尔肖斯针对明目张胆的污染者发起了一场激进的行动。要评价该行动的价值，应考虑两方面：第一，行动的效果，即污染者是否被说服采取净化措施；第二，政治对其行动的反应。

“事后”责任

值得注意的是，这种对公共部门管理者与其监督者之间关系的看法，与传统模式有所不同。在传统模式下，授权发生在“事前”。如果管理者有新的想法，他们应先提出报告，经批准后再采取行动。本书认为，事前征询意见仍是管理者最常用的办法。该模式中，管理者听取、咨询监督者们的各种意见，并对此做出反应。他们甚至可以在责任范围内提出一种或多种能够解决利益集团冲突的备选方案。但是，采取另一种方法，即事后根据管理者的工作业绩再给予相应的授权往往能为管理者留下更多的行动空间。[21]

当然，在传统模式中，事后评估一直是管理者与其监督者沟通的一种重要方式。[22]但是，当公众将管理者看作寻求公共价值的探索者时，事后再对结果进行讨论就有了更高的价值。应该说，先做再看人们的反应比先让人们表明需求能让管理者更轻松地明白什么才是可行的、什么才是监督者们偏好的。[23]

战略是一种强化的责任

在新模式中，管理者有责任提出关于公共价值的观点。当环境发生变化时，他们不但有权力也有责任向监督者提出这些观点。因为这些观点是管理者提出来的，所以他们应对这些观点负责。

但是，要想这些观点被采纳，管理者还要考虑许多环境因素。首先，这些观点必须符合监督者的政治观；其次，要动员有关职员帮助实现新目标；最后，这些观点要得到公民和纳税人的支持。

另外，管理者还要为公共部门提出一个合理的组织战略。[24]这也就是拉克尔肖斯提出的 EPA 的使命不仅具有实践意义，而且具有道德说服力的原因。虽然 EPA 的使命是拉克尔肖斯自己提出的，该思想可以说只与他个人有关，但他最终表达的却是在当时的环境下，社会最需要的是什么。从这个意义上说，一个一致的使命不仅要符合实践要求，还要符合道德要求。

实质和运作上的风险

第三章曾提到，战略使命很多，创造公共价值的途径也很多。在做出选择的过程中，管理者不可避免地要面临艰难的道德抉择。[25]通常，最困难的道德问题是：当管理者追求自己的战略时，他们应让社会承担多大的实质风险？在采取某一战略使命时，公共管理者只能在主观上判断政治价值观的变化趋势，或主观上希望自己领导的组织能形成新的能力，而不能客观准确地预见将会发生什么。也就是说，这种主观判断会使社会和组织承担一定的风险。

社会承担的实质和运作风险越大，管理者个人的责任也就越大。这也是米勒和申塞不同于拉克尔肖斯、斯彭斯和布朗的一个重要之处。可以说，为了社会的利益，米勒和申塞承担了更大的风险。他们如同在赌博，下注的依据则是自己领导的组织能以新方法来处理新问题。

相比之下，拉克尔肖斯的风险就小多了。当然，当他动员社会开始清理污染时，他并不知道环境是否已经受到威胁，也不知道他的方法是否是最好的。但是与米勒和申塞相比，他承担的风险要小得多。

斯彭斯和布朗处于中间的位置。他们的使命包含一些公共价值方面的风险。斯彭斯的风险是，没有在数量上满足波士顿最穷困的居民的住房要求；布朗的风险是，警察回应速度有所下降。但他们认为，作为回报，这方面的变化将带来不少收益；一旦社会看到这些收益，社会就会承认这一点，即他们领导的组织的价值在不断增大。

民主责任的风险

有时，最困难的道德问题不在实质和运作上，而在政治责任上。具体说，就是公共部门管理者应以什么样的姿态、代表哪些利益来回应政治环境。

正如第五章指出的，管理者在倡导自己的观点时，可以自主选择是积极一点，还是保守一点；是操纵多一点，还是操纵少一点。因为政治冲突无时不在，所以管理者可以选择与某方结成同盟，反对另一方。因为他们掌握着重要信息，与居民和客户团体的关系紧密，所以他们能在政治环境中扩大或缩小某些利益。由于管理者的行为既能加强某一团体的力量，也能削弱某一团体的力量，所以他们既能为某些团体提供帮助，也能拒绝承认某些团体的要求。这样，在政策执行过程中，对不同团体的利益诉求，管理者可以分别采取扩大、满足和漠视的态度。

在这种选择中，管理者不得不承担道德风险：因为每一股政治力量的利益诉求都有其合理性的一面，都值得管理者听取和采纳，所以，如果管理者决定牺牲一方的利益诉求来满足另一方的利益诉求，他就是做出了关于公共价值的决定，必须对这一决定承担责任。

某些议员与司法人员希望保留部分旧式管教学校的能力，当米勒决定与这些人断绝关系，与为青少年利益奔走的倡导者结成同盟时，他实际上是在做一个重要的道德决定。当拉克尔肖斯决定不仅与总统尼克松，而且与州长马斯基、环境组织和想继续使用杀虫剂的农民保持沟通时，他实际上也是在做一个重要的道德决定。

总之，从民主的角度说，只要畅通的沟通渠道不至于使太多的"特殊利益"参与进来，导致管理者无法对新的政治和技术环境做出反应，保持与公众沟通的渠道畅通和向公众负责就是一种美德。

对下属的责任

有时候，组织内的挑战才是管理者面临的最难处理的道德问题。之所以会出现这个问题，是因为对许多公共部门的员工来说，公共部门组织（和它的使命及其依赖的特殊技术）已经成为一个家，甚至一个庇护所。如果管理者实施的战略极大地改变了组织的使命、结构安排和工作内容，很多员工会因自己丧失了在组织中具有的作用而感到不安。更严重的是，他们会因此失去对组织的信任，因为他们感觉被曾经承诺要保护他们的管理者和领导者背叛了。他们会让管理者知道：他们不欢迎这些改变。只要管理者并非麻木不仁，他们将会感受到员工的痛苦与困惑。这既是一个重要的管理难题，也是一个重要的道德问题。

举例来说，米勒、斯彭斯和布朗都让组织做一些与以前大相径庭的工作。毫无疑问，在少管所工作的人会觉得米勒不但没有帮助他们成功，反而把他们出卖了；BHA 的前任高层管理者会因斯彭斯不再重用他们而感到羞耻;HPD 的高层管理者和许多中下层管理者对布朗为 HPD 引入的新观念感到愤怒。

因为这些人过去工作都很出色,所以他们有权利希望新来的管理能给他们体面的安排与支持。他们本身并没有错,只是这个世界在变化。他们或许有权按自己的方式来做事情,管理者或许应给予他们足够的时间接受再培训,以看他们能否作些必要的改变。

传统解决方法的缺陷

一件让这些道德问题变得有趣的事情是,大家公认的解决方法往往是错误的。例如,对于管理者应让社会承担多少风险这个问题,大部分人的答案是零,即大家认为,公共管理者不应该用公众的钱来赌博。但这一答案肯定错误,因为管理者总是让社会承担风险。本书的案例表明:对管理者、组织和公众而言,在新政治观念、新技术或管理环境中摸索新方向,远不如在变化不定的环境中故步自封危险。

在管理者让社会承担的风险程度与他保持的政治中立之间应该有一定的关系。斯彭斯和布朗在改革自己领导的组织时,通过努力使自己承担起应担负的责任,从而没有受到太多的批评。但是,正如米勒的案例显示的那样,有时管理者还需要向社会展示一种新的价值观,这一价值观既可能是以前从未出现过的,也可能是以前没有受到足够重视的。

类似的,对于管理者应满足哪些政治主张的问题,有人说,他们应满足所有的政治观点;也有人说,他们只需要满足民选首脑的观点。这两种看法都是错误的。因为:第一,有许多政治观点是需要抛弃的,它们反映的只是某一利益集团的特殊利益或过于稀奇古怪的公共价值观念;第二,不仅民选首脑的意见很重要,其他民选监督者、立法人员以及通过法律体现出来的政治协议的要求,都需要管理者重视。因此,管理者往往只能自己决定应满足哪些政治要求,满足到什么程度。

第三,对管理者应对其职员和组织过去的传统负担多少责任的问题,有人认为,管理者的职责是保护职员、保证组织的连续性。这也是不对的。通常,组织还需要重新考虑其使命和方法。有时候,需要减少它们对政府拨款的需求,不是因为它们的事情不重要,而是因为此时其他事情更加重要。在这种情况下,管理者的任务是让组织面对现实,而不是保护组织。

当然,管理者应该考虑职员和组织的传统。这种责任不应该被轻易抹杀掉,因为职员和组织过去的成就蕴涵了不少实践智慧,他们有权向管理者提出自己的合理要求。

公共管理者作为探索者的职责

或许公共管理者道德责任中亘古不变的一点是,他们无论从道义上,还是从公共责任上,都应该尽力寻求公共价值。他们有责任想出并表明组织的使命。该使命不仅要与管理者作为职业经理人或管理专家的想法相吻合,或与政策分析和项目评估专家提出的技术相适应,还要满足当时权威环境的政治要求。他们有责任准确汇报他们正在做什么,以及这样做的后果是什么。清晰地表达使命、活动和业绩已成为管理者对其监督者负责的重要指标,通过这种责任机制,管理者从他们的监督者那里领会到自己要做什么。

有时,政治力量给管理者的反馈和压力反而能让他们勇往直前,摆脱旧枷锁。这时,管理者必须担负这一道德责任,即他们应向组织和雇员提出多大的挑战。

公共部门领导者面临的心理挑战

通过对这些道德难题的分析,我们明白了以下问题,即公共部门管理者既要受到道德上的挑战,还要受到心理上的挑战。因为他们为我们所有人服务，而我们总是对他们应做什么有不同的观点，而且我们觉得有权表达这些观点，所以，管理者的周围总是笼罩着沉重的压力。因为他们引导政治期望，所以他们成为解决社会冲突的指挥棒。[26]他们不可能赢得所有人的掌声。如果大家能容忍他们的行为，他们就万幸了。批判者的声音总是比支持者的声音更强大、更公开化。事实上，因为个性抹杀已成为一个重要的政治手腕，管理者往往成为不公平或恶意攻击的焦点。攻击者不仅攻击他们的工作业绩，还攻击他们的个人价值观和行为。[27]

寻求避难是一种错误选择

在这种巨大的压力下，公共管理者往往需要寻求心理上的庇护。为此，他们往往采取两种方式：一是坚信所从事事业的正义性，二是不断从亲密的事业同盟或关爱他们的家人或朋友那里寻求安慰。[28]有时，他们可以从政治环境中找到和自己观点一致的支持者，或者从和他们长期共事的下属中找到忠诚的拥护者。[29]

但是，管理者要完成他们负有的艰巨的道德责任，即找出公共价值——这种价值是政治性的，有时会冲击他们领导的组织——他们就必须远离上述庇护。他们必须时刻对自己的使命持怀疑态度，因为这些使命很可能是错的、过于古怪或不合时宜的。他们必须与同盟者保持一定的距离，因为他们有责任听取反对者的意见并做出回应。他们还必须避免与下属过于密切，因为他们很可能要让下属改变做事方式。

在刀锋上行走

公共管理者的工作要求具有很强的心理素质，因为管理者必须在以下两种心理导向之间取得平衡。一、管理者要有坚定的信念，致力于追求自己的价值观。同时，信念又不能太强，不然，管理者将难以接受质疑，不能把握继续学习的机会。[30]管理者为之努力奋斗的观念应该是随环境而变的。二、他们下定决心、全身心行动时，还应保留一些思考和反思的空间。[31]

管理者不只是在碰到问题时才需处理坚信与质疑、行动与反思之间的平衡关系，而是每天都要这样做。有时，他们要坚持自己的观点，采取行动，领导组织向特定目标前进；有时，他们要开放地听取他人意见，改变组织的方向。

我的同事罗纳德·海费茨把这种挑战称为“在刀锋上行走”。[32]他指出，组织的领导者需要高度的平衡感以避免经常发生的两种失误。

第一种失误源于领导者没有勇气挑战当前政治和组织内的观点与制度安排，其后果是领导者不能辨别和抓住创造价值的机会。[33]这时，决定什么值得做的是政治势力之间的平衡状态与组织的传统。尽管在多数情况下，这样做是对的。但认为这样做理所当然则有失偏颇。如果一个人面对太大的维持现状的压力，那他很可能会怀疑他起初认为是正确的事情。

第二种失误源于领导者对现状冲击得太厉害，且没有以一种渐进的速度进行。这时，领导者不是被其政治监督者，就是被其下属所“扼杀”，因为他们无法忍受或不同意领导者的做法。[34]后果是领导者无法继续承担管理责任。

合作伙伴的重要作用

海费茨认为，走好“刀锋之路”的唯一办法是抓住反馈和反思这根平衡木。管理者必须一步一步向前走。但要保持平衡，他们需要认真听取受影响各方的反馈意见，这些人包括客户、监督者和职员。管理者不能仅仅听取支持者的意见，因为他们会引导管理者走上一条越来越窄的道路，最终，管理者将无路可走。申塞和马奥尼就是例证。

管理者需要一批合作伙伴来防止他们偏离方向。[35]没有伙伴，管理者不可能取得成功，或者不能保证道路正确，或心理上不够自信，没有精力坚持下去。但我们的案例显示，管理者不仅要从支持者中寻找伙伴，还要从竞争对手中寻找伙伴，因为竞争对手能告诉他们一些最关键的东西。由于总有一些价值要牺牲，所以管理者总是受到反对。但不能因此就说管理者腐败或邪恶。民主社会的公共管理者必须回应他人的需要，必须接受质疑，学会听取反对者的意见。

作为一门职业的公共部门执行官

马克斯·韦伯在讨论“政治家职业”时，曾写道，政治家最重要的心理特征是“激情”。[36]他严肃地指出，他所说的激情并不是那种“无谓的兴奋”。[37]他是从一种实际的角度来谈论激情，即以一种高度集中、平静的心态来工作。[38]

更有趣的是，韦伯把两种似乎矛盾的特质联系在一起：一是由事业心带来的心理毅力和精力；二是明辨、慎思与保持客观态度的心态。韦伯的一个重要观点是，管理者应努力克服心理障碍，勇敢面对现实中的冲突和不确定性并相机行事。

冷静、专注能帮助公共部门管理者总揽全局，在多元与充满不确定性的社会中，这也是组织管理者应该具有的一种“管理气质”。本书的目的就是帮助公共部门管理者养成这种气质，使他们的管理效率更高、责任感更强、回应更敏捷以及民主程度更高。本书提出的一些观点和技巧虽然无法取代管理者优秀的个性和经验，但它们可以帮助管理者突破个性和经验的制约。

注释

1. 这类相互冲突的观点是由 Malcolm Sparrow 与我提出的。参见 Mark H. Moore 和 Malcolm K. Sparrow, *Ethics in Government: The Moral Challenge of Public Leadership*

(Englewood Cliffs, N. J. : Prentice - Hall, 1990),第 21 页。

2. 公民试图通过政府程序表达三个核心价值,在 Herbert Kaufman 关于这三个核心价值的论述中,总结为"对非歧视性竞争的追求"。参见 Kaufman,"Emerging Conflicts in the Doctrines of Public Administration," *American Political Science Review*, vol. 50, no. 4(December 1956):1057 - 1073。

3. 关于这一点的论述,请参见 Telford Taylor, *The Anatomy of the Nuremberg Trials: A Personal Memoir*(New York: Knopt, 1992)。John P. Burke 认为,纽伦堡原则为公共部门官员确立了一条规则,即他们必须以道德为准则——而不是职务的要求——行事。但是,他还认为,这只是个小小的例外。参见 Burke, *Bureaucratic Responsibility* (Baltimore: Johns Hopkins University Press, 1986),第 167 - 178 页。

4. 美国军队在处理越战 William Calley Jr. 事件时再次确认了这一原则。参见 Robert Anthony Calaff,"Battling Evil from Within: Laws of War, Obedience, and U. S. Army Basic Training since My Lai"(A. B. Honors Thesis, Harvard University, 1985)。

5. 关于这方面的论述,请参见 Sissela Bok,"Blowing the Whistle," Joel Fleishman, Lance Liebman and Mark H. Moore, *Public Duties: The Moral Obligations of Government Officials*(Cambridge, Mass. : Harvard University Press, 1981)、第 204 - 220 页。另请参见 Edward Weisband and Thomas M. Franck, *Resignation in Protest* (New York: Grossman Publishers, 1975)。

6. John F. Kennedy, *Profiles in Courage*(New York: Harper Perennial, 1956)。

7. Burke 对这种观点提出了怀疑,参见 *Bureaucratic Responsibility*,第 162 - 164 页。

8. 这种提法反映了一种价值,即 Kaufman 在"Emerging Conflicts"一文中描述的"对代议制的追求"。

9. 我在肯尼迪政府学院执教的十年中,这一观点很容易就得到了各位政府官员学员的赞同。

10. Albert O. Hirshman 讨论了企业成员的各种选择。参见他的经典著作, *Exit, Voice, and Loyalty*(Cambridge, Mass. : Harvard University Press, 1970)。

11. 例如, Burke 说:"政府官员一般都要面对清晰的、事先制定好的规则,这些规则规定了他们将要扮演的角色……当他们要满足的期望和遵守的规则比较模糊时,他们便可以向组织机构的上层——如立法机关或上级——要求予以澄清。他们可以向上层提出请求,而处理这一请求的机构则具有更好的政治选择机会。" Burke, *Bureaucratic Responsibility*,第 163 页。这与 Pendleton Herring 早先提出的观点矛盾:"官僚肩负重担,立法程序达成的各种妥协,如协调不同团体的利益、使经济和社会妥协有效地发挥作用……在执行这些任务方面,他们比立法者处于更有利的位置。" Herring,"Public Administration and the Public Interest," Shafritz and Hyde, eds. , *Classics of Public Administration*, 2d ed. (Chicago: Dorsey Press, 1987),第 74 页。

12. Charles E. Lindblom, *The Policy - Making Process*, 2d ed. (Englewood Cliffs, N. J. : Prentice - Hall, 1980),第 5 页:"有时候,政策是各个政策制定者的妥协,并非每个人的问题都与政策要应对的问题相同。有时候,正如我们已经注意到的那样,政策

是机会的产物，而不是‘问题’的产物。”

13. Laurence E. Lynn，Jr. 对这一点作了精彩有力的论述。参见 Laurence E. Lynn，Jr.，*Managing Public Policy*（Boston：Little，Brown，1987），第 46－49 页。

14. Derek Bok，*The Cost of Talent：How Executives and Professionals Are Paid and How It Affects America*（New York：Free Press and Maxwell Macmillan International），第 208 页。

15. 同上。

16. 要了解不同公共部门管理者对这种环境的不同应对方法，请参见标题为“Surviving at the EPA”的系列案例：“Surviving at the EPA：David Tundermann，” KSG Case #C16－84－588.0；“Surviving at the EPA：Mike Walsh，” KSG Case #C16－84－589.0 “Surviving at the EPA：Mike Cook，” KSG Case # C16－84－590.0；“Surviving at the EPA：Bill Hedeman，” KSG Case # C16－84－591.0；“Surviving at the EPA：Gary Dietrich”，KSG Case #C16－84－592.0；“Note on the EPA under Administrator Anne Gorsuch，” KSG Case #N16－84－587.0（均为 Cambridge，Mass.：Kennedy School of Government Case Program，1984）。

17. 要想了解变得愤世嫉俗的管理者的形象，请参见 Michael Maccoby，The Gamesman：The New Corportate Leaders（New York：Simon and Schuster，1976）。

18. 例如，参见 Robert Caro，*The Power Broker：Robert Moses and the Fall of New York*（New York：Knopt，1974）；Eugene Lew，“Admiral Hyman Rickover：Technological Entrepreneurship in the U.S. Navy，”选编于 James W. Doig 和 Erwin C. Hargrove，eds.，*Leadership* 和 *Innovation：Entrepreneurs in Government*（Baltimore：Johns Hopkins University Press，1990）。

19. 在这一观点上，我试图回应将近一个世纪前 Woodrow Wilson 的劝告：“我们将公众意见视为至尊；在它的统治之下，我们不能期望短期内便学会治理国家……为了取得哪怕一点微小的进步，我们也必须征询公众这个由无数人组成的至尊的意见……（公众）不会同意任何简单的事情：必须融入不同的意见、对计划进行周密考虑并克制过于偏激的原则，才能取得进步。对某项决策的考虑往往会持续数年，经过多次修改。”Jay M. Shafritz and Albert C. Hyde，eds.，*Classics of Public Administration*，2d ed.（Chicago：Dorsey Press，1987），重印 Wilson“The Study of Administration”；参见第 13、第 16 页。

20. Kaufman 提出了政府机构的三点核心价值。在这一观点上，我与他得出的第三点，即“追求执行官式的领导（executive leadership）”这一价值保持了一致（参见“Emerging Confliccts”）。此外，我也赞同 Robert Behn 提出的“宏大的领导战略。”参见“*Leadership Counts：Lessons for Public Managers from the Massachusetts Welfare，Training，and Employment Program*”（Cambridge，Mass.：Harvard University Press，1991），第 203－208 页。

21. 转向“事后”责任还有一个额外的好处，即企业领导者必须保持原则上的一致性。Thomas J. Peters 和 Robert H. Waterman 也提倡这一点，即“准备、发射、瞄准”原则。他们认为，遵从这一原则可以给组织一种“行动偏好”，它不仅能加快组织中各类事件的发生速度,也能增加各种主意实施时的可靠性。组织会在这一过程中逐步将自己当成一个正在取得成就的机构。参见 Peters 和 Waterman, *In Search of Excellence*,第 119 – 155 页。我想增加一点看法,即人们通常会发现,"发射"后更易"瞄准"。出现这一情况的原因是,管理者在有了实践经验后,就会更加了解要采取的行动的可行性及其价值。在公共部门,更典型的过程是"准备、准备、准备、瞄准;错了,重新准备"。公共部门给官员以巨大的压力,使他们不断推迟行动,直到获得完全授权为止。据说,这样可以使社会规避不必要的技术与道德风险。毫无疑问,这样做有一定的作用。但这种战略会使组织行动缓慢,使他们失去行动的信心。因为他们将只会通过技术与政策分析猜测将发生什么,而不是通过项目评估学习与汇报已经取得的成就。

22. 例如,William F. Willoughby, *The Movement for Budgetary Reform in the States* (New York: D. Appleton, for the Institute for Government Research, 1918),第 1 – 8 页。重印于 Shafritz and Hyde, *Classics*,第 33 – 37 页。

23. Carol H. Weiss:"Purpose of Evaluation," 重印于 Shafritz and Hyde, Classics,第 474 – 483 页。

24. 参见第三章。

25. Mark H. Moore, "Realms of Obligations and Virtues," 选编于 Joel L. Fleishman, Lance Liebman, and Mark H. Moore, eds., *Public Duties: the Moral Obligations of Government Officials* (Cambridge, Mass.: Harvard University Press, 1981)。另请参见 Moore and Sparrow, *Ethics in Government*。

26. 要了解管理公共部门的亲身经验,请参见 Donald Rumsfeld, "A Politician Turned Executive Surveys Both Worlds," *Fortune*, vol. 100, no. 5 (September 10, 1979): 89 – 94; Michael Blumenthal, "Candid Reflections of a Businessman in Washington," *Fortune*, vol. 98, no. 1 (January 29, 1979): 36 – 49。

27. 关于公共部门官员隐私权范围的论述,请参见 Dennis F. Thompson, "The Private Lives of Public Officials," 选编于 Joel L. Fleishman, Lance Liebman, and Mark H. Moore, eds., *Public Duties: the Moral Obligations of Government Officials* (Cambridge, Mass.: Harvard University Press, 1981),第 221 – 247 页。

28. 一些公共部门官员起初抱有理想、乐于帮助同事,而后又对这样做深怀疑虑。关于这方面的论述,请参见 Michael Walzer, "Political Solidarity and Personal Honor," 选编于 Michael Walzer, *Obligations: Essays on Disobedience, War, and Citizenship* (Cambridge, Mass.: Harvard University Press, 1970),第 190 – 202 页。

29. 关于某个同事逐渐腐化的生动描写,请参见 Thomas Powers, *The Man Who Kept the Secrets: Richard Helms and the CIA* (New York: Knopt, 1979)。

30. 他们必须在行使权力的冲动与学习需要之间维持平衡。Karl W. Deutsch 描写了这个困境。他说:"简而言之,拥有权力意味着自己不用屈服,而是强迫环境或其他人屈服。狭义上说,权力是输出相对于输入的优先权,是发表看法而不是听取意见的能力。从某种意义上说,权力就是不用学习的能力。" Deutsch, *The Nerves of*

Government:*Models of Political Communication and Control*(New York:Free Press,1966),第111页。

31. 在这一点上,我采取了 Donald A. Schon 的结论。他说:"为了获得这种结果,参与政策制定程序的专家必须能在不利的环境下展开研究。他们必须能依据自己的看法提出意见和采取行动,同时又能站在持反对意见的人的立场进行换位思考,以理解他们的看法。"Schon,*The Reflective Practitioner*:*How Professionals Think in Action*(New York:Basic Books,1983),第350页。

32. "领导就像剃须刀的刀锋,因为他必须看到一段时间内的社会不均衡,在这段时间内,人们不得不面对生活与社区中的矛盾,并调整自己的价值与行为以适应现实。"Ronald A. Heifetz,*Leadership without Easy Answers*(Cambridge, Mass.:Harvard University Press,1994),第126－128页。

33. 同上,第163－165页。

34. 同上,第235－237页。

35. 同上,第268－271页。

36. Max Weber:"Politics as a Vocation," 选编于 H. H. Gerth and C. Wright Mills, eds.,From Max Weber: *Essays in Sociology*(New York:Oxford University Press,1946),第115页。

37. 同上。

38. 同上。

图书在版编目(CIP)数据

创造公共价值:政府战略管理/(美)穆尔著;伍满桂译.—北京:商务印书馆,2016(2017.2重印)
(公共管理名著译丛)
ISBN 978-7-100-12156-9

Ⅰ.①创… Ⅱ.①穆… ②伍… Ⅲ.①公共管理-研究 Ⅳ.①D035

中国版本图书馆CIP数据核字(2016)第070459号

创造公共价值
——政府战略管理
〔美〕马克·H.穆尔 著
伍满桂 译
陈振明 校

商 务 印 书 馆 出 版
(北京王府井大街36号 邮政编码 100710)
商 务 印 书 馆 发 行
北 京 冠 中 印 刷 厂 印 刷
ISBN 978-7-100-12156-9

2016年6月第1版 开本787×1092 1/16
2017年2月北京第2次印刷 印张27¼
定价:65.00元